SE05

Curso MAD360

La diferencia entre aprobar y sacar plaza

Auxiliar de Mantenimiento

UNIVERSIDAD DE GRANADA

Accede a tu **Curso MAD360** y disfruta de los siguientes recursos:

- Técnicas de Memoria 360.
- Test *online*.
- Temario en formato digital.
- Planificación de estudio.
- Foro entre opositores hasta la fecha del examen.*
- Recursos y novedades exclusivas.
- Consulta sobre la oposición y el proceso selectivo.
- Actualizaciones legislativas (Boletines Oficiales) hasta 60 días antes de la fecha del examen.*

Para acceder al Curso MAD360** será necesaria la compra de todos los libros para esta especialidad de la edición 2023.

Valida los códigos que encuentras en la última página de tus libros y disfruta de la experiencia MAD360.

Infórmate en: mad.es/registro-campus

NOTA IMPORTANTE:

* Examen de esta categoría profesional correspondiente a la convocatoria publicada en el BOE n.º 121 de 22 de mayo de 2023, o hasta el 30 de junio del 2024, lo que se cumpla antes.

** El acceso al CURSO MAD360 estará disponible desde julio de 2023 (algunos recursos podrían estar disponibles en fecha posterior). Tendrá una duración de 365 días, desde la validación de códigos, o hasta el 31 de diciembre de 2024, lo que se cumpla antes.

MAD se reserva el derecho a ampliar dichas fechas.

Auxiliar de Mantenimiento de la Universidad de Granada

Julio, 2023

0397-01X-0-0-0723

Auxiliar de Mantenimiento de la Universidad de Granada

Temario
Volumen 2

MIGUEL BALDOMERO RAMÍREZ FERNÁNDEZ
Doctor en Educación y Ciencias Sociales
Ingeniero Técnico Industrial/Graduado en Ingeniería Mecánica/Ingeniero de Organización Industrial Ex profesor de Educación Secundaria. Especialidad Tecnología
Inspector de Educación de Sevilla
Profesor de la Universidad Pablo de Olavide de Sevilla

JOSÉ ANTONIO VEGA ÁLVAREZ
Maestro Industrial

Primera edición, julio 2023 (418 páginas)
Derechos de edición reservados a favor de 7 Editores
IMPRESO EN ESPAÑA
Diseño Portada: 7 Editores
Edita: 7 Editores
Avda. San Francisco Javier, 9 · Edificio Sevilla 2 · Planta 11 · Módulos 25-27 · 41018 Sevilla
Teléfono: 954 784 411 · WEB: www.mad.es · e-mail: administracion@7editores.com
ISBN: 978-84-142-7242-8
ISBN obra completa: 978-84-142-7243-5

Presentación

Presentamos el **segundo** volumen para la adecuada preparación del programa establecido por la convocatoria para el ingreso por el sistema general de acceso libre, en la **Escala Auxiliar de Conservación y Mantenimiento (Auxiliar de Mantenimiento)**, grupo C, subgrupo C2, publicada en el BOE núm. 121, de 22 de mayo de 2023.

Contiene los **temas 5 a 8** que componen dicho programa convenientemente desarrollados y actualizados conforme a la normativa vigente en la fecha de publicación del manual. El mismo se completa con otro volumen donde se desarrollan el resto de los temas.

Dentro de cada tema se han contemplado un conjunto de **recursos didácticos**, a modo de recordatorios y actividades, que te serán de gran utilidad para asentar los conocimientos y te facilitarán la preparación efectiva de esta prueba.

Asimismo, puedes complementar el estudio con nuestro manual de test, que te será de gran utilidad para la preparación de las pruebas selectivas, favoreciendo tu autoevaluación y la comprobación de los conocimientos adquiridos.

Finalmente, a través de nuestro Curso *online* MAD360, te ofrecemos una serie de recursos adicionales para completar tu preparación. Consulta las condiciones en la primera página de tu manual.

Bloque Específico

1. Electricidad 13

- Conocimiento, conservación y manejo de herramientas más usuales.
- Conocimientos básicos en el funcionamiento de la electricidad en baja tensión.
- Pantallas de iluminación: elementos que la componen, desmontaje, reparación y cambio.
- Luces de emergencia: potencia, cambio o reparación.
- Reparaciones básicas: enchufes, interruptores, focos, fusibles, alargaderas...
- Símbolos básicos en instalaciones eléctricas.

2. Carpintería 127

- Conocimiento, conservación y manejo de herramientas más usuales.
- Conocimientos básicos de herrajes (cerraduras, manivelas...)
- Reparación básica de persianas.
  Conocimientos básicos de colas y pegamentos.
- Técnicas básicas de lijado, cepillado, encolado y barnizado.

3. Fontanería 239

- Conocimiento, conservación y manejo de herramientas más usuales.
- Conocimiento de los materiales más usuales.
- Conocimiento y mantenimiento básico de llaves de paso y grifos.
- Conocimiento y mantenimiento básico de desagües, sifones y cisternas.
- Conocimiento y mantenimiento básico de válvulas y purgadores.
- Símbolos básicos en instalaciones de fontanería.

4. Albañilería 327

- Conocimiento, conservación y manejo de herramientas más usuales.
- Conocimiento de los materiales más usuales.
- Reparaciones básicas de fijación: azulejos, rodapiés, baldosas y ladrillos.
- Pequeñas reparaciones: arquetas, grietas interiores, etc.
- Conocimientos básicos en «Pladur» y techos desmontables.

TEMARIO

Bloque Específico

TEMA 1

Electricidad

Electricidad. Conocimiento, conservación y manejo de herramientas más usuales. Conocimientos básicos en el funcionamiento de la electricidad en baja tensión. Pantallas de iluminación: elementos que la componen, desmontaje, reparación y cambio. Luces de emergencia: potencia, cambio o reparación. Reparaciones básicas: enchufes, interruptores, focos, fusibles, alargaderas... Símbolos básicos en instalaciones eléctricas.

Organiza y respeta tus **descansos**: son imprescindibles para aumentar la memoria a largo plazo. Más tips para potenciar tu memoria en tu Curso MAD360.

Índice

1. Conocimiento, conservación y manejo de herramientas más usuales
2. Conocimientos básicos en el funcionamiento de la electricidad en baja tensión
3. Pantallas de iluminación: elementos que la componen, desmontaje, reparación y cambio
4. Luces de emergencia: potencia, cambio o reparación
5. Reparaciones básicas: enchufes, interruptores, focos, fusibles, alargaderas...
6. Símbolos básicos en instalaciones eléctricas

1. Conocimiento, conservación y manejo de herramientas más usuales

1.1. Introducción

El operario de instalaciones eléctricas debe conocer, además de los materiales y las técnicas de montaje, los distintos tipos de herramientas que existen el mercado para que se pueda realizar su trabajo con una buena competitiva profesionalidad. Esto le permitirá entender mejor cómo funcionan los circuitos y dispositivos eléctricos que en ellos intervienen, facilitándole la localización y posterior reparación de averías.

1.2. Útiles y herramientas manuales en los trabajos de electricidad

1.2.1. Tipos de alicates

1.2.1.1. Alicates para electrónica

Los alicates para electrónica, en principio, no son muy diferentes de los alicates normales, sólo que (correspondiendo a su campo de aplicación) tienen un tamaño más pequeño.

1.2.1.2. Alicates de corte

Creados con el objetivo de cortar los cables de forma adecuada, de manera más práctica que los universales. Funcionan al igual que una cizalla, cortando los materiales sin desprender virutas.

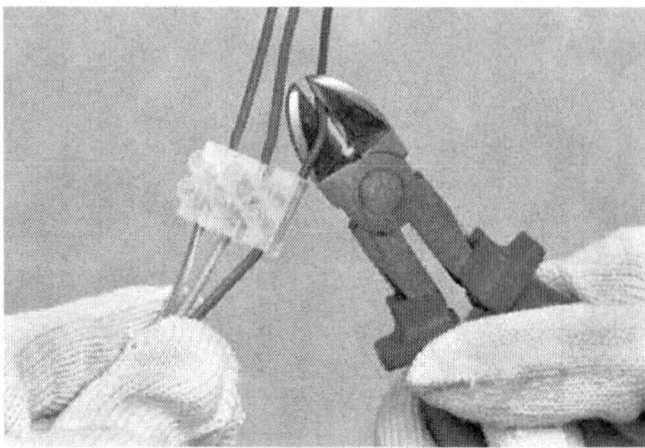

Este tipo de alicates son parecidos a las tijeras, pero su boca, según el tipo de corte, es distinta.

Los tipos pueden ser de corte frontal, lateral, para terminales, etc.

No olvidemos que para trabajos en electricidad este tipo de herramienta deberá estar perfectamente aislada, ya que, en ocasiones, deberemos cortar conductores con tensión.

1.2.1.3. Alicates de punta fina

Nos facilitan el acceso a rincones de mecanismos o lugares a los que de otra forma no podríamos llegar.

Existen también versiones de estas herramientas con boca curva que nos permiten la realización de operaciones que nos resultarían difíciles de hacer sin esta herramienta.

1.2.1.4. Alicate de puntas acodadas

Los alicates de punta acodada son una herramienta versátil en electricidad para varios propósitos:

Nos facilitan el acceso a componentes difíciles.

Nos ayudan al preformado de componentes (doblado de las patillas) para su montaje en circuitos.

Son útiles para la preparación de terminales para soldar cables.

Hacen de disipador de calor para la soldadura de diodos y semiconductores. Cuando
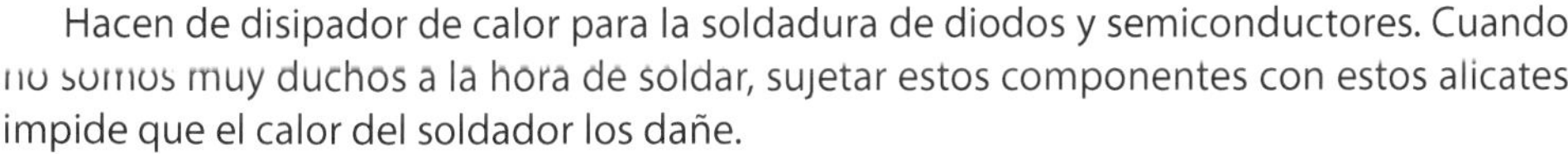
no somos muy duchos a la hora de soldar, sujetar estos componentes con estos alicates impide que el calor del soldador los dañe.

1.2.1.5. Alicates de puntas planas

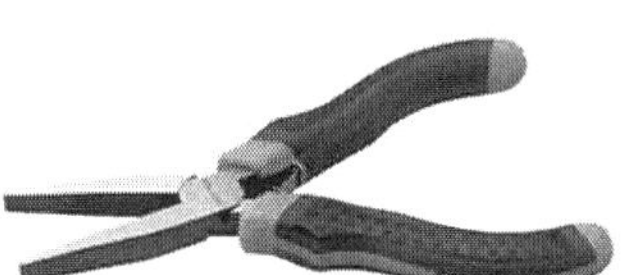

Se utilizan para agarre y plegado en ángulo recto de alambres y piezas de chapa.

Las áreas de agarre son dentadas.

1.2.1.6. Alicates de puntas redondas

Son utilizados para el agarre y curvado de alambres y piezas de chapa.

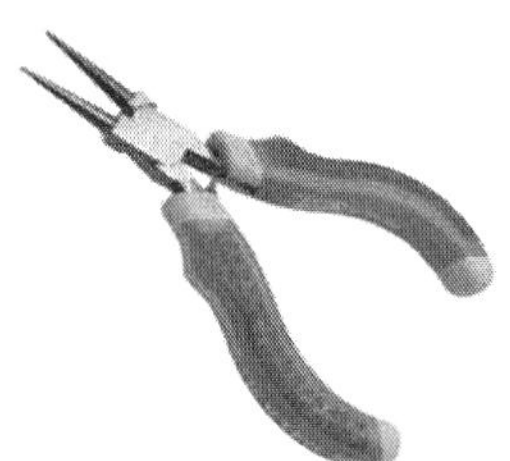

1.2.1.7. Alicates universales

Los alicates universales cumplen una misión múltiple al poder usarlos en varios cometidos: doblar, coger, enderezar, cortar, etc.

Es una herramienta multifunción compuesta de varias partes: pinza, mandíbulas estriadas, sección de corte, etc.

Puede realizar funciones de tenazas corrientes, tenazas de tubos y alicates de boca plana, si bien hay que decir que estos cometidos los cumplen sólo parcialmente, puesto que no es una herramienta específica.

Los alicates universales *(en el ojo)* van bien para sujetar y agarrar, como es para roscar o aflojar tornillos con cabeza deformada. Nunca debemos usar esta herramienta para roscar tornillos en perfectas condiciones, pues corremos el riesgo de deformarlos.

Con la parte central puede cortar alambres, clavos, conductores, etc. y con el lateral materiales más duros.

Los alicates deberán tener una buena articulación, carecer de holguras, y no presentar resistencia en su apertura y cierre. Es aconsejable lubricarlos en su articulación.

Unos buenos alicates deben ser de acero de calidad, puesto que a esta herramienta le podemos exigir muchas prestaciones.

Los alicates cromados se caracterizan por ser resistentes al óxido.

Cuando sean alicates diseñados para realizar trabajos eléctricos deberán poseer mango aislante para protegernos de las posibles descargas eléctricas.

1.2.1.8. Alicates pelacables

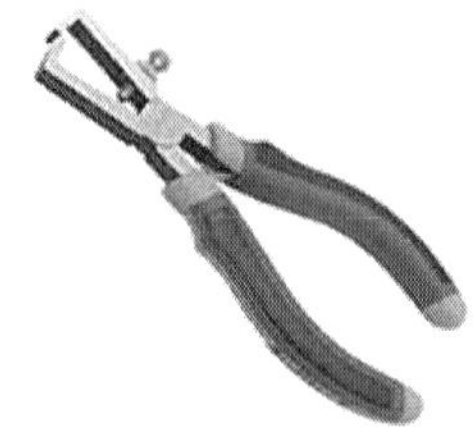

Son útiles que los electricistas emplean para quitar la capa o funda de aislamiento a los conductores cubiertos, con el objeto de realizar empalmes, embornamientos o conexiones con terminales de cables.

Existen numerosas versiones de este tipo y se emplean para eliminar la protección aislante de los conductores.

Aunque los alicates "pelacables" estén dotados de un mango aislante, se tienen que utilizar siempre con cables sin corriente.

Cuando pelamos la punta de un cable eléctrico con un alicate, lo más probable es que usemos demasiada presión y corte muchos filamentos de cobre, si no todos. Esto debilita el cable, reduce su capacidad de conducción y, en algunos casos, puede llevar a que el cable falle.

Recuerda que...

Para rescatar a una víctima por electrocución, lo primero que debe hacerse es aislarlo de la electricidad, cortando la fuente de alimentación de la corriente. En caso que no se pueda cortar dicha corriente, será suficiente con coger a la persona de la ropa y tirar de él, no entrando en contacto con la piel. Para ello se debe cubrir la parte desnuda con ropa seca u otro material aislante.

1.2.1.9. Tijeras de electricista

Es una herramienta que consta de dos cuchillas y que, por medio de la acción de ellas, permite el desgarramiento o corte del material.

Son cortas y robustas, con una muesca o hendidura afilada en la parte interna. Se emplean para cortar papel, cartón, hilos y cables de pequeña sección y sobre todo para pelar cables, quitándoles el aislante a la hora de hacer conexiones.

Deben tenerse siempre limpias y afiladas. Se afilan por el corte, siguiendo la misma inclinación de fábrica y no afilando nunca por la parte interior de las hojas. Los mangos están recubiertos de material aislante.

Hay también tijeras especiales cuya acción de corte evita picos en hilos y filamentos. Su uso es indicado en electrónica.

1.2.1.10. Pinzas de sujeción

Esta pequeña herramienta no es imprescindible, pero sí muy útil como una tercera mano de sujeción en la soldadura de cables, conectores y pequeñas placas de circuito impreso.

Estas son las típicas pinzas de muelle. Las hay que tienen las puntas recubiertas con una capa de plástico o goma, o incluso que están hechas íntegramente con plástico.

En nuestro caso nos interesan las más simples, que son metálicas y sin recubrimiento en las puntas.

1.2.2. Otros útiles

1.2.2.1. Soldador eléctrico

Se conoce, también, con el nombre de *estañador* ya que este aparato sirve para soldar con estaño. Se utiliza en diversidad de oficios y tareas: electricista, electrónica, joyería, artesanía, etc.

El soldador eléctrico es un instrumento que está compuesto por:

- Un mango de plástico.
- Una resistencia eléctrica que proporciona el calor necesario.
- Una punta de soldar que transmite el calor producido por la resistencia.
- Un cable y un enchufe para conectarlo a la red.

La soldadura con estaño se conoce como soldadura blanda, ya que para realizarla son suficientes temperaturas de 200 a 300 ºC.

En función de cada trabajo tendremos un estañador adecuado, siendo los más comunes:

- **Soldador de martillo**. De gran potencia (entre 100 y 500 w), resultan adecuados para aquellos trabajos que requieran un gran aporte de calorías. Estos tienen una punta gruesa, se usa para trabajos grandes, para soldar chapas, pletinas, canalones, etc.

- **De lápiz**. Su nombre proviene de su forma. Se utilizan para soldar cables, alambres, etc. En electrónica su potencia no deberá pasar del 35 w. Los hay de dos tipos:
  * De punta recta.
  * De punta curva.

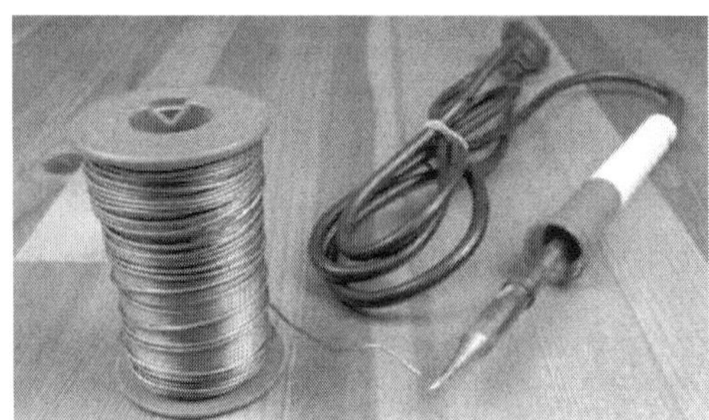

- **De pistola**. Su forma se asemeja a la de una pistola. Calienta más deprisa y alcanza temperaturas altas. También son más potentes pero de menor precisión.

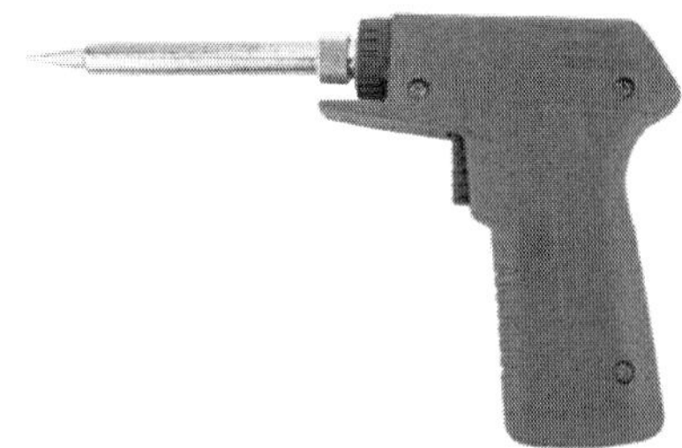

- **Instantáneo**. Mantienen la temperatura constante cuando están enchufados. Para realizar una soldadura con estos soldadores precisaremos estaño, puesto que este metal es el que sirve para unir una pieza con otra.

Muy importante para obtener buenas soldaduras es que la punta esté lisa y perfectamente limpia, exenta de residuos de estaño o resina quemada. Por eso, cuando se suelda, se tendrá siempre a mano un paño limpio o esponja destinados para tal fin (las que suelen traer los soportes para los soldadores). No se debe utilizar ningún sistema abrasivo, porque esto lo estropearía.

En soldadura blanda el estaño puede estar solo o mezclado con plomo. Cuando hay este tipo de mezcla en la etiqueta deberá aparecer, al igual que la proporción; por ejemplo: 70/30 que nos indica que hay 70% de estaño y 30% de plomo. Esta aleación funde alrededor de los 190 ºC y contiene una resina que facilita la unión, limpia los elementos que se unen y los protege evitando que se oxiden, ya que la temperatura a la que son sometidos acelera la oxidación.

Tendremos en cuenta una serie de cosas a la hora de trabajar con estas herramientas como son:

- Antes de empezar a trabajar con un soldador nuevo hay que estañar su punta cubriéndola de estaño.
- Periódicamente se tiene que limpiar la punta de soldar con una carda o con un cepillo de puntas metálicas y quitar el óxido que se forma entre la punta y la resistencia.
- Con el uso continuado, la punta de soldar se redondea, y es conveniente devolverle su forma con una lima.
- Es aconsejable tener conectado el soldador mientras se trabaja, en lugar de enchufarlo y desenchufarlo.
- Cuando la punta del soldador está caliente no se debe apoyar en lugares en que puedan quemarse, por ello se recomienda usar soportes adecuados.
- No se deben tocar las partes metálicas de un soldador cuando está caliente, ya que puede producir graves quemaduras, y hay que evitar que rocen el cable de conexión a la red.

- No se debe sacudir el soldador para eliminar el exceso de estaño, ya que las salpicaduras pueden originar quemaduras; para limpiarlo hay que utilizar una carda.

1.2.2.2. Linterna

Instrumento para alumbrado de mano, se alimenta con pilas o batería. Suele estar compuesta de una carcasa que alberga las pilas y la bombilla.

Algunos modelos incorporan varios tipos de iluminación en la misma linterna: una lámpara fluorescente, un intermitente para señalización y un dispositivo óptico para obtener un haz luminoso dirigible.

1.2.2.3. Destornilladores

El típico destornillador de electricista se caracteriza por llevar el vástago de acero recubierto de una funda de plástico (tipo STANLEY), que permite manipularlos sin peligro de electrocución. Los mangos igualmente son de plástico para el mismo fin. La punta del destornillador de electricista no ofrece ningún ensanche con respecto al vástago (como suele ocurrir en el resto de los destornilladores) para facilitar su manejo dentro de las cajas de enchufe. Por último, se han empezado a utilizar destornilladores con punta imantada, que facilitan la operación con los tornillos en lugares de difícil acceso.

Los destornilladores más utilizados por los electricistas son:

- **Tipo Philips** o de **estrella** (cruciforme).
- **Destornillador comprobador de corriente**. Está diseñado con una pequeña lámpara de neón en el interior de un mango transparente, que permite comprobar si existe tensión eléctrica en un polo o conductor. Se llama también detector de tensión.

1.2.2.4. Martillo

Es muy útil en los trabajos eléctricos para encajar piezas, enderezarlas, etc. Los más utilizados son:

- **Martillo de remaches**: de cabeza pesada y boca cuadrada y amplia.
- **Martillo de electricista**: muy fino en su cabeza, con boca cuadrada delgada y poco pesada y cola acabada en un largo y estrecho bisel.
- **Martillo de cabeza blanda**: tiene la cabeza formada por dos materiales, acero en el centro y plástico en los extremos, para golpear piezas en las que no deben quedar marcas de golpes por su poca consistencia o delicadeza.

1.2.2.5.Cortadores o cuchillas de cúter

Utilizados para todo tipo de trabajo, sobre todo para cortar la funda de los conductores para pelarlos.

1.2.2.6. Guía pasacables

Los cables se introducen "a mano" en los tubos sin demasiada dificultad, sin embargo, esta operación no es tan sencilla en instalaciones reales, en las que las conducciones disponen de tramos de gran longitud, con curvas y en algunos casos, con un buen número de cables de gran sección. En estos casos, es necesario utilizar un accesorio denominado guía pasacable.

Entre los electricistas, se conoce popularmente como "la guía" y es un útil imprescindible en el montaje de este tipo de instalaciones eléctricas. Se fabrican en acero, nailon o fibra de vidrio, con diferentes grosores y longitudes, para adaptarse así a diferentes situaciones de montaje.

A modo de cabeza, en uno de sus extremos se encuentra una punta metálica redondeada, normalmente acoplada a un muelle de unos 10 cm, que facilita su deslizamiento en el interior del tubo, especialmente en los tramos curvos. La otra punta es un ojal, también metálico, en el cual se insertan las puntas de los conductores.

Una vez introducida la guía en el tubo, se deben pelar las puntas de los conductores entre 5 y 8 cm. Luego, se introducen en el ojal las partes desnudas de los cables y se doblan sobre sí mismas. Por último, en los casos en los que se formen grandes mazos de conductores, o en los que se utilicen cables flexibles, es aconsejable cerrar los dobleces con un par de vueltas de cinta aislante.

El uso de la guía requiere la intervención de dos operarios, uno para tirar de ella y otro para facilitar la inserción del mazo de cables. Este último debe prestar especial atención a que el aislante de los cables no se dañe por un roce inadecuado sobre el borde del tubo o las cajas de registro.

1.2.2.7. Crimpadora

La crimpadora se utiliza para **unir (crimpar o corrugar) diferentes tipos de cables a distintos tipos de conectores** mediante la deformación de una o ambas piezas.

La crimpadora también se conoce como: pinzas de compresión, ponchadora, tenaza de crimpar, tenaza de crimpado, pinzas de engrapado, alicates de engaste o alicates terminales.

1.3. Herramientas y materiales necesarias para trabajar con las canalizaciones

Dependiendo de las características y necesidades de la instalación eléctrica, las canalizaciones pueden realizarse empotradas o en superficie.

1.3.1. Canalizaciones empotradas

Utilizadas principalmente para instalaciones domésticas y de edificios, una vez finalizada, solamente son visibles los mecanismos, las tapas de las cajas de empalme y de los cuadros de protección.

Canalizaciones eléctricas empotradas

1.3.2. Canalizaciones en superficie

En las instalaciones en superficie, tanto las conducciones eléctricas, como las cajas de empalme y de mecanismos se fijan sobre la superficie de las paredes y techos.

Los tubos en este tipo de canalizaciones, según el Reglamento Electrotécnico de Baja Tensión, deberán ser perfectamente rígidos y en casos especiales podrán usarse tubos curvantes.

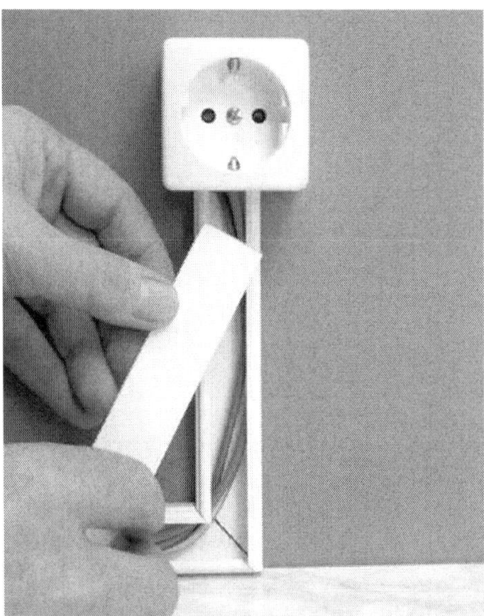

Instalación de enchufe y canalización de conectores en superficie

1.3.3. Materiales

1.3.3.1. Tubos protectores

Las conducciones con tubos pueden colocarse directamente sobre paredes o techos, tanto en entornos industriales como domésticos. Su instalación puede hacerse empotrada o superficial.

Los tubos protectores pueden ser de plástico o metálicos. En ambos casos existen modelos tipo flexible y de tipo rígido. Los diámetros interiores normalizados para los tubos son los siguientes: 12, 16, 20, 25, 32, 40, 50, 63 y 75 mm.

Tubo de plástico flexible (corrugado)

Es el más utilizado para instalaciones empotradas en viviendas y edificios. Fabricado en PVC, está estriado en toda su superficie para facilitar el curvado y la fijación a la pared.

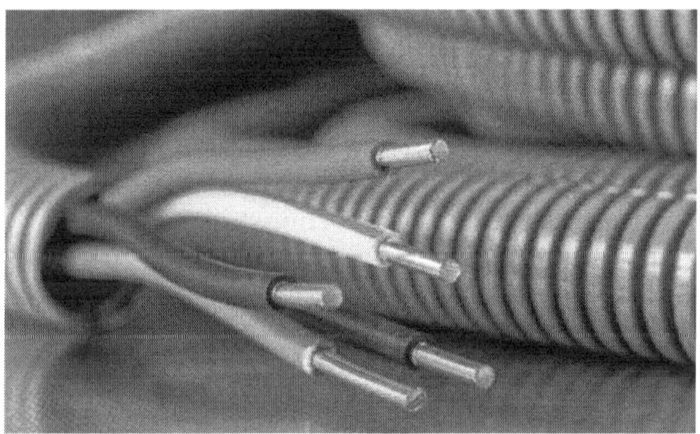

Tubo corrugado

Su mecanizado no requiere herramientas especiales. El corte se puede hacer con una tijera o navaja de electricista y el curvado de forma manual.

Los tubos corrugados están codificados por colores según el tipo de aplicación: negro (instalaciones eléctricas), morado (alta fidelidad – música), blanco (informática), marrón (instalaciones de emergencia), verde (telefonía), azul oscuro (alumbrado) y azul claro (videoporteros).

Tubo de plástico rígido

Construido en material de PVC, se utiliza principalmente en instalaciones industriales y se monta generalmente en superficie.

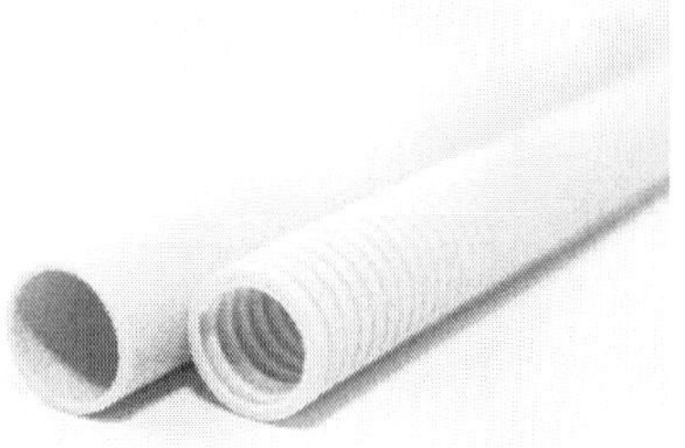

Tubos de plástico rígido y flexible

El corte se realiza con un arco de sierra para metales. Para facilitar esta tarea, es necesario fijar el tubo al banco de trabajo con una mordaza de cadena. En ningún caso se debe utilizar un tornillo de banco ya que se corre el riesgo de deteriorar el tubo.

Mordaza de cadena

El curvado de este tipo de tubo se hace aplicando calor sobre él con un hornillo, soplete o decapador de aire caliente.

La unión se realiza con manguitos de empalme, que puede ser enchufables o de rosca. El roscado de este tipo de tubos se realiza con una terraja de diámetro adecuado.

Tubo metálico rígido

Construido en una aleación de acero o aluminio, es el más utilizado en ambientes industriales, y se instala siempre en superficie.

Aquí, de igual forma que en los tubos rígidos de plástico, es necesario utilizar la mordaza de cadena para todas las operaciones de mecanizado. El corte se puede realizar con un arco de sierra para metales o con un corta-tubos; es la herramienta ideal para realizar cortes perfectos diametralmente.

El curvado de los tubos metálicos se ha de realizar con una máquina curvadora de tubos. En el mercado existen de diferentes tipos en función de la tecnología empleada: manuales, hidráulicas y eléctricas.

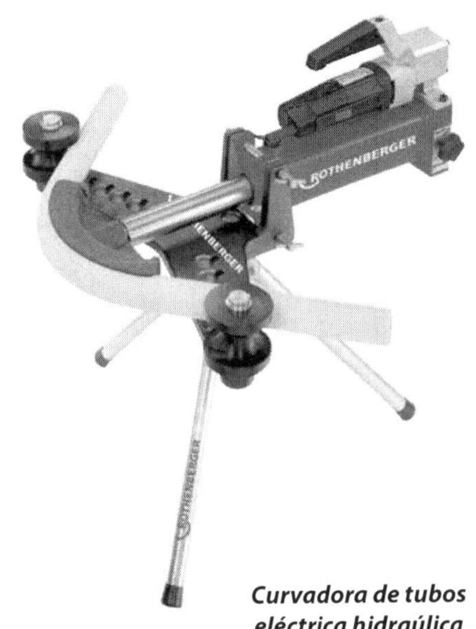

Curvadora de tubos eléctrica hidraúlica

El roscado se realiza con una terraja de diámetro adecuado, de igual forma que en los tubos de plástico. La unión de los tubos metálicos puede realizarse con manguitos roscados o enchufables, aunque también son habituales las piezas en forma de T o cruz para la unión de más de dos tubos. Este tipo de piezas suele disponer de una tapa fijada por tornillos, que permite ver el interior y los conductores que pasan por ellas.

1.3.3.2. Canales de plástico o metálicos

En la actualidad, este tipo de canalizaciones está teniendo gran éxito en instalaciones superficiales domésticas, de locales públicos e incluso para montajes provisionales como pueden ser los de ferias y exposiciones.

Instalación con canales de plástico en cocina

Tiene la ventaja de no necesitar obra para su instalación, siendo muy cómodo el cableado de los montajes, debido a que la tapa es desmontable en todos los canales.

Los canales, también conocidos como "canaletas", se suelen fabricar en material de plástico (PVC) o metálico (una aleación de aluminio). El mecanizado no requiere herramientas especiales.

El corte se puede realizar con unas simples tijeras de electricista o una cuchilla, en los modelos de plástico poco grueso y con un arco de sierra para los de aluminio y plástico grueso.

La unión de los diferentes tramos de canales en una instalación, se realiza con todo tipo de piezas adicionales: ángulos para esquinas y rincones, piezas en T, etc.

1.4. Herramientas necesarias para trabajar en las comprobaciones y medidas eléctricas

El operario de Mantenimiento debe conocer, además de los materiales y las técnicas de montaje, cuáles son las magnitudes eléctricas básicas y cómo se miden. Esto le permitirá entender mejor cómo funcionan los circuitos y dispositivos eléctricos que en ellos intervienen, facilitándole la localización y posterior reparación de averías.

1.4.1. Comprobación de continuidad

Todo cuerpo presenta una resistencia al paso de la corriente eléctrica. En función de que esa resistencia sea mayor o menor, la conducción de corriente se hace con mayor o menor dificultad.

La **resistencia eléctrica** se mide en ohmios (Ω). Cuanto menor sea el número de ohmios que presenta un cuerpo, mejor circulará la corriente eléctrica a través de él. Por el contrario, cuanto mayor sea el número de ohmios, más dificultad encontrará dicha corriente para circular por el cuerpo.

El óhmetro, también denominado **ohmnímetro**, es el instrumento destinado a medir la resistencia eléctrica. Existen muchos tipos de óhmetros en el mercado, pero quizás la forma más rápida y eficaz de realizar la medida de resistencia eléctrica por un técnico electricista es usando un **polímetro**.

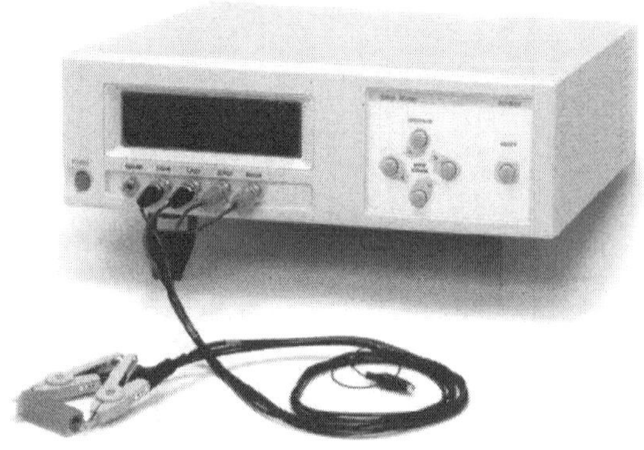

Ohmnímetro

Polímetro

Es un instrumento adecuado para realizar mediciones eléctricas. Los hay en versión **analógica** y los más modernos en versión **digital**, que muestran las mediciones de forma clara.

Los analógicos son los que van provistos de aguja y debemos buscar la escala en la que tenemos que leer la medida. La clase de precisión de los aparatos analógicos de medida indica el error máximo expresado en porcentaje del valor final de la escala, para cualquier medida efectuada en las denominadas condiciones de referencia.

Los digitales disponen de una pantalla óptica. Presentan una ventaja sobre los anteriores al facilitarnos el número de unidades leídas por medio de una lectura directa en su pantalla. Los digitales son más sencillos de manejar.

Como su nombre nos indica, mide varias medidas, como son:

- Tensión *(voltios)*. Corriente alterna y corriente continua.
- Intensidad *(amperios)*.
- Resistencia *(ohmios)*.
- Potencia *(watios)*.

Los polímetros suelen medir la continuidad con una señal acústica.

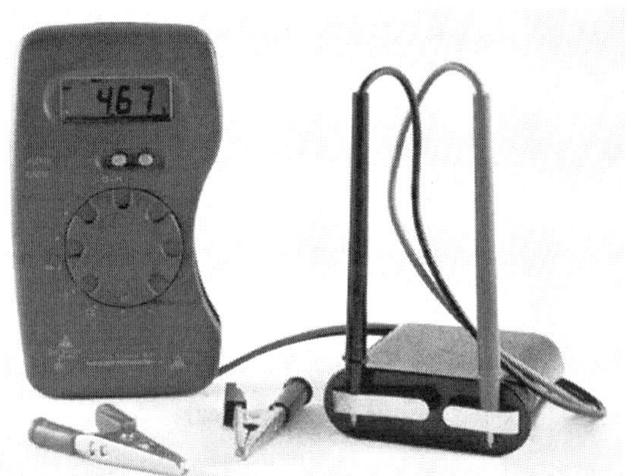

Sabías que...

La primera población del mundo iluminada con electricidad fue Godalming, en el condado de Surrey (Inglaterra), en el año 1.881 y **la central eléctrica más grande**, jamás proyectada es la de las Tres Gargantas, en el río Yangtsé, en China.

Se comercializan muchos modelos; estos instrumentos ayudan a localizar averías.

El manejo de estos aparatos es sencillo, sólo tendremos que introducir las puntas que acompañan al aparato en los alojamientos adecuados, según qué deseemos medir.

Vienen normalmente con una punta con cable negro, que es el común, y se introduce en COM, y la otra punta en color rojo en cualquiera de los demás alojamientos, dependiendo de la medida a realizar.

Para usarlo seguiremos unas pautas:

- Utilizar la escala idónea y colocar bien los terminales.
- Si no estamos seguros de la cantidad a medir, colocaremos el selector del polímero en la escala más alta.

- La resistencia y conductividad se miden sin corriente en el circuito. Este nos ofrece la resistencia eléctrica en ohmios, que nos sirve, por ejemplo, para comprobar si un cable está cortado o no.

1.4.2. Medida de la intensidad de corriente

La cantidad de cargas que circulan por un circuito eléctrico por unidad de tiempo recibe el nombre de intensidad de corriente. Ésta se mide con un instrumento denominado amperímetro y tiene como unidad el amperio.

El **amperímetro** se conecta en serie con la carga. Por tanto, es necesario cortar o desconectar algún conductor eléctrico para su utilización.

Así, si se desea medir la intensidad de corriente que atraviesa una lámpara, el amperímetro se debe **conectar en serie** con ella.

Circuito con conexión en paralelo y con conexión en serie

En un **circuito en serie**, la corriente del circuito es la misma que la que recorre todos sus receptores.

En un **circuito paralelo**, la corriente se divide en cada una de las ramas en función del consumo de cada uno de los receptores. Así, la intensidad total es la suma de las intensidades parciales.

1.4.3. Medida de la tensión eléctrica

En un circuito eléctrico, las cargas circulan siempre que existe una diferencia de potencial entre dos puntos de este. Esa diferencia de potencial es la denominada **tensión eléctrica o voltaje**.

La tensión se mide en voltios con un instrumento denominado **voltímetro**. Este se conecta en paralelo entre los dos puntos con diferente potencial.

Voltímetro

El voltímetro se conecta en paralelo con los elementos que se miden. En un circuito paralelo, las tensiones en los bornes de los receptores y la de la red de alimentación, son iguales.

El voltímetro mide la diferencia de potencial (voltaje) entre los puntos a los que se conecta.

Estos medidores pueden ser del tipo:

- Analógico.
- Digital.

En un circuito en serie la tensión de la red se reparte entre cada uno de los receptores que intervienen, en función de las características eléctricas de los mismos. Así, la suma de las tensiones parciales da como resultado la tensión total, que es la de la red del circuito.

1.4.4. Medida de la potencia eléctrica

En **corriente continua**, la potencia eléctrica es el producto de la tensión por la intensidad. En **corriente alterna**, esto también se cumple siempre que los receptores sean puramente resistivos. Si los receptores son **inductivos**, es decir, aquellos que tienen devanados como los motores y los transformadores, el cálculo por este producto solamente será aproximado ya que intervienen otros factores.

1.4.4.1. Medida de la potencia con el método voltamperimétrico

Se puede decir que la potencia de un receptor eléctrico es el resultado de multiplicar el valor obtenido por un voltímetro y un amperímetro conectados, en serie y en paralelo al receptor, tal y como se muestra en la figura 33.

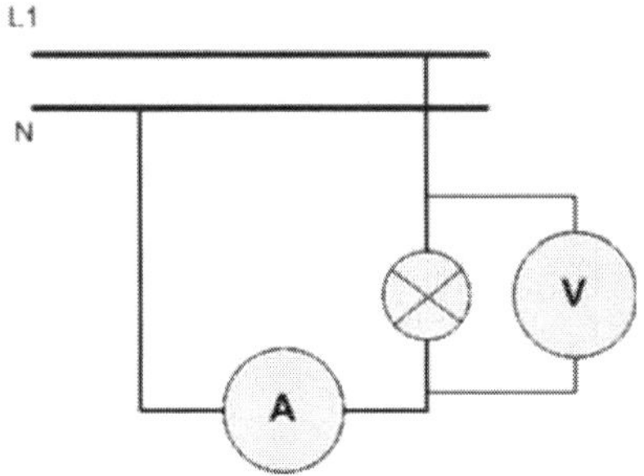

Medida de potencia con el método voltamperimétrico

La potencia se mide en vatios y su símbolo es W.

1.4.4.2. Medida de la potencia con el vatímetro

Es un instrumento que realiza las funciones combinadas del amperímetro y del voltímetro y señala directamente la potencia consumida por un circuito eléctrico.

Se compone de una bobina con una aguja indicadora unida a ella, que gira alrededor de un eje, de tal modo que puede oscilar en el campo magnético de la segunda bobina, y está sometida a un resorte cuyo momento recuperador es proporcional al ángulo girado. El par que tiende a hacer girar la bobina es proporcional, al mismo tiempo, a la intensidad de la corriente que la recorre y al campo magnético proporcional a la intensidad de corriente en la bobina fija.

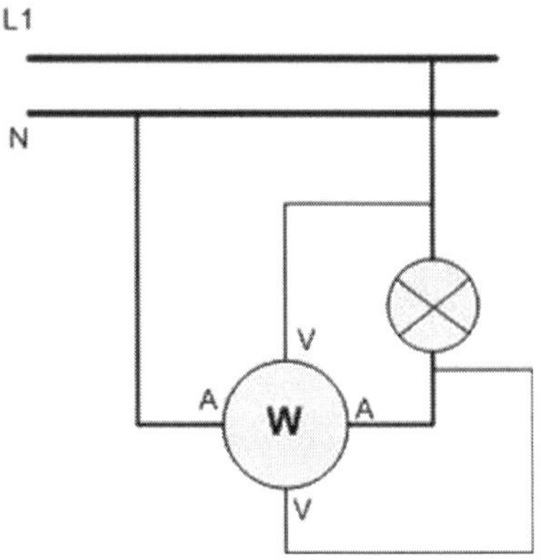

Medida de potencia con vatímetro

Por consiguiente, si la bobina fija se conecta como el amperímetro, la intensidad que pasa por ella es proporcional a la intensidad total y su campo magnético es proporcional a esta intensidad. Si la bobina móvil se conecta como el voltímetro, la intensidad de la corriente que la recorre es proporcional a la diferencia de potencial entre los bornes.

El vatímetro está provisto de cuatro bornes: dos corresponden al amperímetro y dos al voltímetro.

1.4.5. Pinza amperimétrica

Mide la intensidad en un punto de la instalación.

La pinza amperimétrica es un instrumento de medición muy útil que permite la medición de intensidades en conductores activos sin la necesidad de interrumpir el circuito.

Cuando se realizan mediciones de intensidad con un multímetro convencional, necesitamos cortar el cable y conectar el instrumento al circuito que estamos midiendo tal como se muestra en el dibujo.

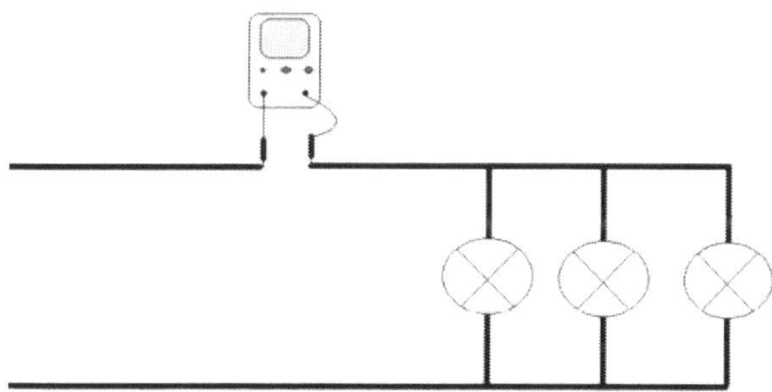

Sin embargo, utilizando las pinzas amperimétricas, podemos medir la intensidad simplemente amordazando el conductor como se muestra en la figura.

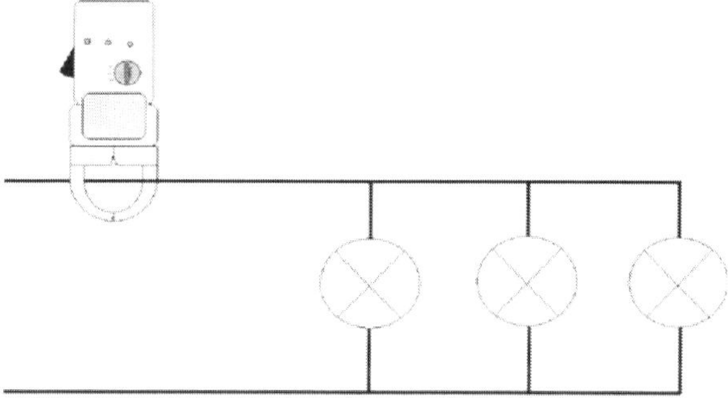

Una de las ventajas de este método es que podemos medir grandes intensidades sin la necesidad de desconectar el circuito que estamos midiendo.

Por lo general, una pinza amperimétrica de corriente alterna funciona igual que un transformador de intensidad (TI) captando el flujo magnético generado por la intensidad que fluye a través de un conductor. Asumiendo que la intensidad que fluye por el conductor que vamos a medir es el primario del transformador, se obtiene, por la inducción electromagnética, una corriente proporcional a la del primario en el secundario (bobina) del transformador, que está conectado al circuito de medición del instrumento. Esto proporciona la lectura de intensidad.

1.4.6. Medida de la iluminación. Luxómetro

Este aparato nos sirve para medir las iluminaciones, es decir, el número de lux existente en un punto determinado en el momento de efectuar la medición.

El luxómetro sirve para la medición precisa de los acontecimientos luminosos en diferentes lugares, como son: la industria, el comercio, la agricultura, la docencia, etc. Además se puede utilizar el luxómetro para comprobar la iluminación del ordenador, del puesto de trabajo, en la decoración de escaparates y para el mundo del diseño.

La unidad de medida es el lux *(lx)*, equivalente a la iluminación de una superficie que recibe, de manera uniformemente repartida, un flujo de un lumen por metro cuadrado.

Este aparato funciona a través de una célula fotoeléctrica sin necesidad de pilas.

1.4.7. El buscapolos

Es el nombre más común con el que se conoce a este detector de tensión; también se le denomina "busca fases", y con él podemos encontrar la fase *(el cable que tiene la corriente eléctrica)* que tiene electricidad.

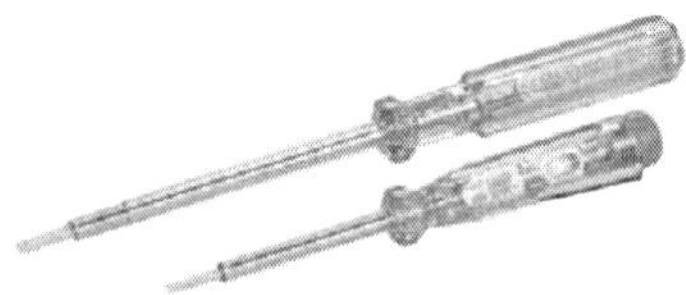

Detecta las fases activas de la red eléctrica.

El buscapolo es útil como medida de seguridad del electricista para la manipulación de la instalación.

Permite saber si hay tensión entre el conductor, con el que se pone en contacto con el vástago del destornillador, y la tierra.

Con esta herramienta podremos saber si el conductor tiene tensión, pero no podremos medirla, para eso tenemos otros instrumentos distintos.

Se fabrica con forma de destornillador en cuyo interior (del mango) lleva una lámpara de neón. El vástago del destornillador deberá estar casi en su totalidad aislado.

Para usarlo cogeremos el buscapolos de modo que uno de los dedos se apoye sobre la placa metálica que lleva en el extremo del mango, y tocaremos con la punta del destornillador el cable que queramos comprobar si tiene tensión. Si la luz se enciende significa que tocamos la fase; si por el contrario no se enciende, será el neutro.

Lo correcto en las instalaciones eléctricas sería lo siguiente:

- La fase (L), será de color negro, marrón o gris.
- El neutro (N), es de color azul, para el retorno.
- Toma a tierra (bicolor): su color es amarillo con franja verde.

Estos destornilladores, normalmente tienen la boca plana y sus medidas más usuales son las siguientes:

- 3 mm de boca/140 mm de largo.
- 3,5 mm de boca/190 mm de largo.

1.4.8. Puntas de prueba o comprobador de tensión

Miden la tensión en un punto de la instalación.

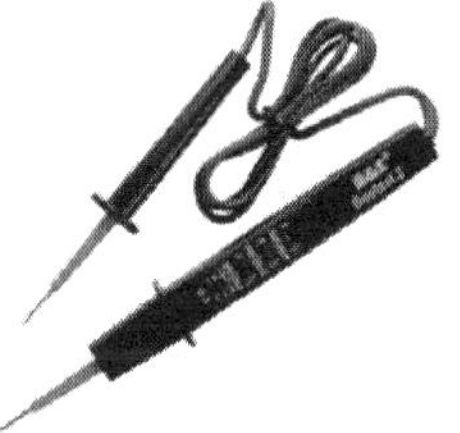

Este tipo de aparato nos indica si un circuito tiene tensión, mediante el encendido de una luzo varias, en función de la tensión de la red. Es un instrumento sencillo y de poco coste.

Se trata de dos pinzas unidas por medio de un cable. En una de las pinzas se alojan unos diodos luminosos que indican la cantidad de tensión.

Estos comprobadores deberán estar perfectamente aislados, permitiéndonos medir la tensión o ausencia de esta en un circuito.

Se fabrican para varias tensiones, siendo los más comunes:

- 110 – 220 v.
- 110 – 220 – 380 v.

Si sometemos un comprobador a una tensión de 110 v, sólo se iluminará el primer led, el que corresponde a 110 v.

Si sometemos un comprobador a una tensión de 220 v, se encenderá el led que indica 110 v y el que indica 220 v.

Si la tensión es de 380 v, y estamos usando el comprobador de tres led, se iluminarán los tres.

También disponemos en el mercado de comprobadores para tensiones más bajas como son 12 o 24 voltios.

Actividad 1

La herramienta que nos ayuda a medir si un circuito tiene tensión, mediante el encendido de una luz o varias, en función de la tensión de la red se denomina:

- ☐ a) Buscapolos.
- ☐ b) Comprobador de tensión.
- ☐ c) Luxómetro.

1.5. materiales para alumbrado

Para iluminar espacios carentes de luz es necesaria la presencia de fuentes de luz artificiales, las lámparas, y aparatos que sirvan de soporte y distribuyan adecuadamente la luz, las luminarias. De esta forma es posible vencer las limitaciones que la naturaleza impone a las actividades humanas.

1.5.1. Lámparas incandescentes

Las lámparas incandescentes fueron la primera forma de generar luz a partir de la energía eléctrica. Desde que fueran inventadas, la tecnología ha cambiado mucho produciéndose sustanciosos avances en la cantidad de luz producida, el consumo y la duración de las lámparas. Su principio de funcionamiento es simple, se pasa una corriente eléctrica por un filamento hasta que este alcanza una temperatura tan alta que emite radiaciones visibles por el ojo humano.

Desde el 1 de septiembre del año 2012 la Unión Europea prohibió la fabricación de bombillas incandescentes. Es posible que todavía encuentras alguna en las tiendas porque está permitida su venta hasta que se acaben las existencias.

En ese momento, los consumidores dispondrán básicamente de 3 opciones para sustituirlas: las bombillas fluorescentes compactas, las lámparas tubulares o fluorescentes tradicionales, y las bombillas LED.

1.5.2. Lámparas de descarga

Las lámparas de descarga constituyen una forma alternativa de producir luz de una manera más eficiente y económica que las lámparas incandescentes. Por eso, su uso está tan extendido hoy en día. La luz emitida se consigue por excitación de un gas sometido a descargas eléctricas entre dos electrodos. Según el gas contenido en la lámpara y la presión a la que esté sometido tendremos diferentes tipos de lámparas, cada una de ellas con sus propias características luminosas.

1.5.2.1. Características cromáticas

Debido a la forma discontinua del espectro de estas lámparas, la luz emitida es una mezcla de unas pocas radiaciones monocromáticas; en su mayor parte en la zona ultravioleta (UV) o visible del espectro. Esto hace que la reproducción del color no sea muy buena y su rendimiento en color tampoco.

Para solucionar este problema podemos tratar de completar el espectro con radiaciones de longitudes de onda distintas a las de la lámpara. La primera opción es combinar en una misma lámpara dos fuentes de luz con espectros que se complementen como ocurre en las lámparas de luz de mezcla (incandescencia y descarga). También podemos aumentar la presión del gas. De esta manera se consigue aumentar la anchura de las líneas del espectro de manera que formen bandas anchas y más próximas entre sí. Otra solución es añadir sustancias sólidas al gas, que al vaporizarse emitan radiaciones monocromáticas complementarias. Por último, podemos recubrir la pared interna del tubo con unas sustancias fluorescentes que conviertan los rayos ultravioletas en radiaciones visibles.

1.5.2.2. Características de duración

Hay dos aspectos básicos que afectan a la duración de las lámparas. El primero es la depreciación del flujo. Este se produce por ennegrecimiento de la superficie de la superficie del tubo donde se va depositando el material emisor de electrones que recubre los electrodos. En aquellas lámparas que usan sustancias fluorescentes otro factor es la perdida gradual de la eficacia de estas sustancias.

El segundo es el deterioro de los componentes de la lámpara que se debe a la degradación de los electrodos por agotamiento del material emisor que los recubre. Otras causas son un cambio gradual de la composición del gas de relleno y las fugas de gas en lámparas a alta presión.

Tipo de lámpara	Vida promedio (h)
Fluorescente estándar	12500
Luz de mezcla	9000
Mercurio a alta presión	25000
Halogenuros metálicos	11000
Sodio a baja presión	23000
Sodio a alta presión	23000

1.5.2.3. Factores externos que influyen en el funcionamiento

Los factores externos que más influyen en el funcionamiento de la lámpara son la temperatura ambiente y la influencia del número de encendidos.

Las lámparas de descarga son, en general, sensibles a las temperaturas exteriores. Dependiendo de sus características de construcción (tubo desnudo, ampolla exterior...) se verán más o menos afectadas en diferente medida. Las lámparas a alta presión, por ejemplo, son sensibles a las bajas temperaturas en que tienen problemas de arranque. Por contra, la temperatura de trabajo estará limitada por las características térmicas de los componentes (200 ºC para el casquillo y entre 350 y 520 ºC para la ampolla según el material y tipo de lámpara).

La influencia del número de encendidos es muy importante para establecer la duración de una lámpara de descarga ya que el deterioro de la sustancia emisora de los electrodos depende en gran medida de este factor.

1.5.2.4. Partes de una lámpara de descarga

Las formas de las lámparas de descarga varían según la clase de lámpara con que tratemos. De todas maneras, todas tienen una serie de elementos en común como el tubo de descarga, los electrodos, la ampolla exterior o el casquillo.

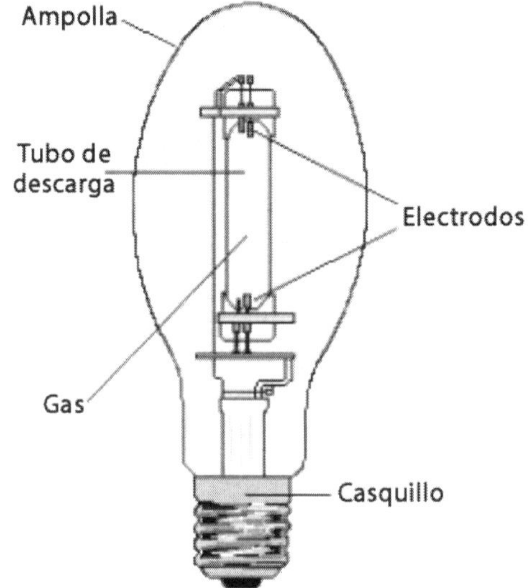

Principales partes de una lámpara de descarga

Ampolla exterior

La ampolla es un elemento que sirve para proteger al tubo de descarga de los agentes atmosféricos. Es un elemento presente en todas las lámparas excepto en las lámparas fluorescentes que no disponen de él. En su interior se hace el vacío o se rellena con un gas inerte. Sus formas son muy variadas y puede estar recubierta internamente con sustancias fluorescentes que filtran y convierten las radiaciones ultravioletas en visibles mejorando el rendimiento en color de estas lámparas y su eficiencia.

Tubo de descarga

Es un tubo, normalmente de forma cilíndrica, donde se producen las descargas eléctricas entre los electrodos. Está relleno con un gas (vapor de mercurio o sodio habitualmente) a alta o baja presión que determina las propiedades de la lámpara. En las lámparas fluorescentes se recubre la cara interna con sustancias fluorescentes que convierten las emisiones ultravioletas en luz visible. Los materiales que se emplean en su fabricación dependen del tipo de lámpara y de las condiciones de uso.

Electrodos

Los electrodos son los elementos responsables de la descarga eléctrica en el tubo. Están hechos de wolframio y se conectan a la corriente a través del casquillo. Se recubren con una sustancia emisora para facilitar la emisión de los electrones en el tubo.

Casquillo

El casquillo tiene la función de conectar los electrodos a la red a través del portalámparas. Puede ser de rosca o bayoneta aunque hay algunas lámparas como las fluorescentes que disponen de casquillos de espigas con dos contactos en los extremos del tubo. Los materiales de que se elaboran dependerán de los requisitos térmicos y mecánicos de cada tipo de lámpara.

Gas

En el interior del tubo de descarga encontramos una mezcla entre un vapor de sodio o mercurio y un gas inerte de relleno. El primero determina las propiedades de la luz de la lámpara y es el responsable de la emisión de la luz como consecuencia de la descarga. El segundo, el gas inerte, cumple varias funciones. La principal es disminuir la tensión de ruptura necesaria para ionizar el gas que rellena el tubo e iniciar así la descarga más fácilmente. Otras funciones que realiza son limitar la corriente de electrones y servir de aislante térmico para ayudar a mantener la temperatura de trabajo de la lámpara.

1.5.2.5. Clases de lámparas de descarga

Las lámparas de descarga se pueden clasificar según el gas utilizado (vapor de mercurio o sodio) o la presión a la que este se encuentre (alta o baja presión). Las propiedades varían mucho de unas a otras y esto las hace adecuadas para unos usos u otros.

- Lámparas de vapor de mercurio:
  - Baja presión:
    - Lámparas fluorescentes

   * Alta presión:
      - Lámparas de vapor de mercurio a alta presión.
      - Lámparas de luz de mezcla
      - Lámparas con halogenuros metálicos
- Lámparas de vapor de sodio:
   * Lámparas de vapor de sodio a baja presión
   * Lámparas de vapor de sodio a alta presión

A) Lámparas de vapor de mercurio

Lámparas fluorescentes

Las lámparas fluorescentes son lámparas de vapor de mercurio a baja presión (0,8 Pa). En estas condiciones, en el espectro de emisión del mercurio predominan las radiaciones ultravioletas en la banda de 253,7 nm. Para que estas radiaciones sean útiles, se recubren las paredes interiores del tubo con polvos fluorescentes que convierten los rayos ultravioletas en radiaciones visibles. De la composición de estas sustancias dependerán la cantidad y calidad de la luz, y las cualidades cromáticas de la lámpara. En la actualidad se usan dos tipos de polvos; los que producen un espectro continuo y los trifósforos que emiten un espectro de tres bandas con los colores primarios. De la combinación estos tres colores se obtiene una luz blanca que ofrece un buen rendimiento de color sin penalizar la eficiencia como ocurre en el caso del espectro continuo.

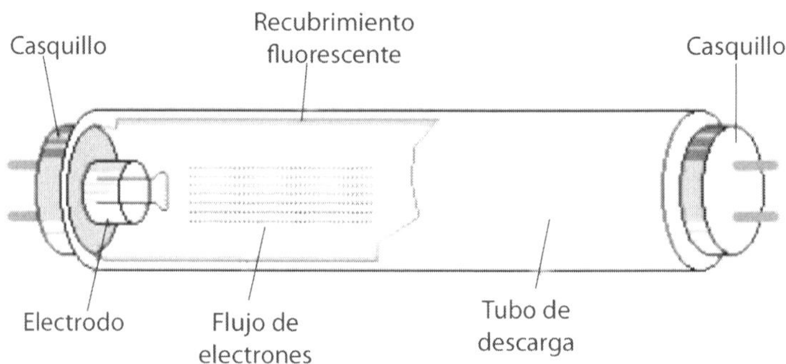

Lámpara fluorescente

Las lámparas fluorescentes se caracterizan por carecer de ampolla exterior. Están formadas por un tubo de diámetro normalizado, normalmente cilíndrico, cerrado en cada extremo con un casquillo de dos contactos donde se alojan los electrodos. El tubo de descarga está relleno con vapor de mercurio a baja presión y una pequeña cantidad de un gas inerte que sirve para facilitar el encendido y controlar la descarga de electrones.

La eficacia de estas lámparas depende de muchos factores: potencia de la lámpara, tipo y presión del gas de relleno, propiedades de la sustancia fluorescente que recubre el tubo, temperatura ambiente... Esta última es muy importante porque determina la presión del gas y en último término el flujo de la lámpara. La eficacia oscila entre los 38 y 91 lm/W dependiendo de las características de cada lámpara.

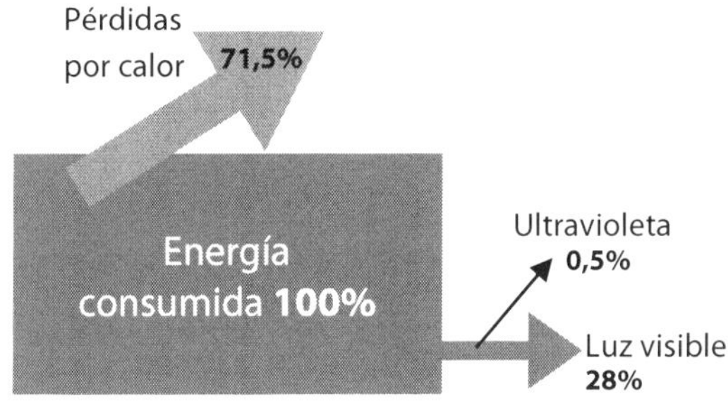

Balance energético de una lámpara fluorescente

La duración de estas lámparas se sitúa entre 5000 y 7000 horas. Su vida termina cuando el desgaste sufrido por la sustancia emisora que recubre los electrodos, hecho que se incrementa con el número de encendidos, impide el encendido al necesitarse una tensión de ruptura superior a la suministrada por la red. Además de esto, hemos de considerar la depreciación del flujo provocada por la pérdida de eficacia de los polvos fluorescentes y el ennegrecimiento de las paredes del tubo donde se deposita la sustancia emisora.

El rendimiento en color de estas lámparas varía de moderado a excelente según las sustancias fluorescentes empleadas. Para las lámparas destinadas a usos habituales que no requieran de gran precisión su valor está entre 80 y 90. De igual forma la apariencia y la temperatura de color varía según las características concretas de cada lámpara.

Apariencia de color	T_{color} (K)
Blanco cálido	3000
Blanco	3500
Natural	4000
Blanco frío	4200
Luz día	6500

Las lámparas fluorescentes necesitan para su funcionamiento la presencia de elementos auxiliares. Para limitar la corriente que atraviesa el tubo de descarga utilizan el balasto y para el encendido existen varias posibilidades que se pueden resumir en arranque con cebador o sin él. En el primer caso, el cebador se utiliza para calentar los electrodos antes de someterlos a la tensión de arranque. En el segundo caso tenemos las lámparas de

arranque rápido en las que se calientan continuamente los electrodos y las de arranque instantáneo en que la ignición se consigue aplicando una tensión elevada.

Más modernamente han aparecido las lámparas fluorescentes compactas que llevan incorporado el balasto y el cebador. Son lámparas pequeñas con casquillo de rosca o bayoneta pensadas para sustituir a las lámparas incandescentes con ahorros de hasta el 70% de energía y unas buenas prestaciones.

Lámparas de vapor de mercurio a alta presión

A medida que aumentamos la presión del vapor de mercurio en el interior del tubo de descarga, la radiación ultravioleta característica de la lámpara a baja presión pierde importancia respecto a las emisiones en la zona visible (violeta de 404.7 nm, azul 435.8 nm, verde 546.1 nm y amarillo 579 nm).

En estas condiciones la luz emitida, de color azul verdoso, no contiene radiaciones rojas. Para resolver este problema se acostumbra añadir sustancias fluorescentes que emitan en esta zona del espectro. De esta manera se mejoran las características cromáticas de la lámpara. La temperatura de color se mueve entre 3500 y 4500 K con índices de rendimiento en color de 40 a 45 normalmente. La vida útil, teniendo en cuenta la depreciación se establece en unas 8000 horas. La eficacia oscila entre 40 y 60 lm/W y aumenta con la potencia, aunque para una misma potencia es posible incrementar la eficacia añadiendo un recubrimiento de polvos fosforescentes que conviertan la luz ultravioleta en visible.

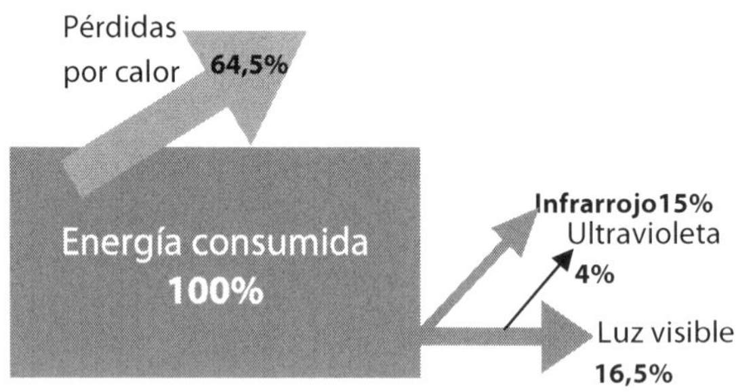

Balance energético de una lámpara de mercurio a alta presión

Los modelos más habituales de estas lámparas tienen una tensión de encendido entre 150 y 180 V que permite conectarlas a la red de 220 V sin necesidad de elementos auxiliares. Para encenderlas se recurre a un electrodo auxiliar próximo a uno de los electrodos principales que ioniza el gas inerte contenido en el tubo y facilita el inicio de la descarga entre los electrodos principales. A continuación, se inicia un periodo transitorio de unos cuatro minutos, caracterizado porque la luz pasa de un tono violeta a blanco azulado, en el que se produce la vaporización del mercurio y un incremento progresivo de la presión del vapor y el flujo luminoso hasta alcanzar los valores normales. Si en estos momentos se apagara la lámpara no sería posible su reencendido hasta que se enfriara, puesto que la alta presión del mercurio haría necesaria una tensión de ruptura muy alta.

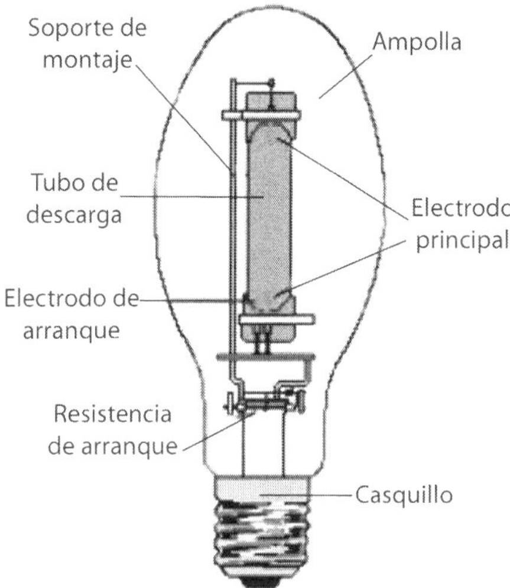

Lámpara de mercurio a alta presión

Lámparas de luz de mezcla

Las lámparas de luz de mezcla son una combinación de una lámpara de mercurio a alta presión con una lámpara incandescente y, habitualmente, un recubrimiento fosforescente. El resultado de esta mezcla es la superposición, al espectro del mercurio, del espectro continuo característico de la lámpara incandescente y las radiaciones rojas provenientes de la fosforescencia.

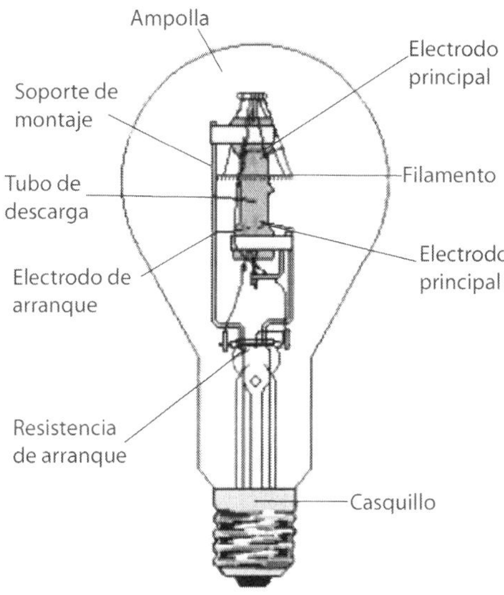

Lámpara de luz de mezcla

Su eficacia se sitúa entre 20 y 60 lm/W y es el resultado de la combinación de la eficacia de una lámpara incandescente con la de una lámpara de descarga. Estas lámparas ofrecen una buena reproducción del color con un rendimiento en color de 60 y una temperatura de color de 3600 K.

La duración viene limitada por el tiempo de vida del filamento que es la principal causa de fallo. Respecto a la depreciación del flujo hay que considerar dos causas. Por un lado tenemos el ennegrecimiento de la ampolla por culpa del wolframio evaporado y por otro la pérdida de eficacia de los polvos fosforescentes. En general, la vida media se sitúa en torno a las 6000 horas.

Una particularidad de estas lámparas es que no necesitan balasto ya que el propio filamento actúa como estabilizador de la corriente. Esto las hace adecuadas para sustituir las lámparas incandescentes sin necesidad de modificar las instalaciones.

Lámparas con halogenuros metálicos

Si añadimos en el tubo de descarga yoduros metálicos (sodio, talio, indio...) se consigue mejorar considerablemente la capacidad de reproducir el color de la lámpara de vapor de mercurio. Cada una de estas sustancias aporta nuevas líneas al espectro (por ejemplo, amarillo el sodio, verde el talio y rojo y azul el indio).

Los resultados de estas aportaciones son una temperatura de color de 3000 a 6000 K dependiendo de los yoduros añadidos y un rendimiento del color de entre 65 y 85. La eficiencia de estas lámparas ronda entre los 60 y 96 lm/W y su vida media es de unas 10000 horas. Tienen un periodo de encendido de unos diez minutos, que es el tiempo necesario hasta que se estabiliza la descarga. Para su funcionamiento es necesario un dispositivo especial de encendido, puesto que las tensiones de arranque son muy elevadas (1500-5000 V).

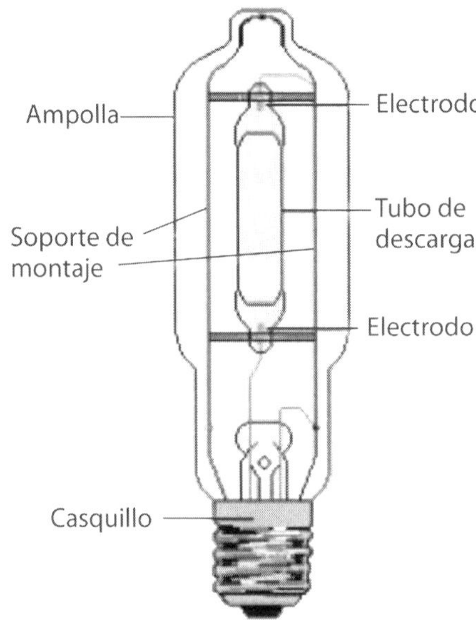

Lámpara con halogenuros metálicos

Las excelentes prestaciones cromáticas la hacen adecuada entre otras para la iluminación de instalaciones deportivas, para retransmisiones de TV, estudios de cine, proyectores, etc.

B) Lámparas de vapor de sodio

Lámparas de vapor de sodio a baja presión

La descarga eléctrica en un tubo con vapor de sodio a baja presión produce una radiación monocromática característica formada por dos rayas en el espectro (589 nm y 589.6 nm) muy próximas entre sí.

La radiación emitida, de color amarillo, está muy próxima al máximo de sensibilidad del ojo humano (555 nm). Por ello, la eficacia de estas lámparas es muy elevada (entre 160 y 180 lm/W). Otras ventajas que ofrece es que permite una gran comodidad y agudeza visual, además de una buena percepción de contrastes. Por contra, su monocromatismo hace que la reproducción de colores y el rendimiento en color sean muy malos haciendo imposible distinguir los colores de los objetos.

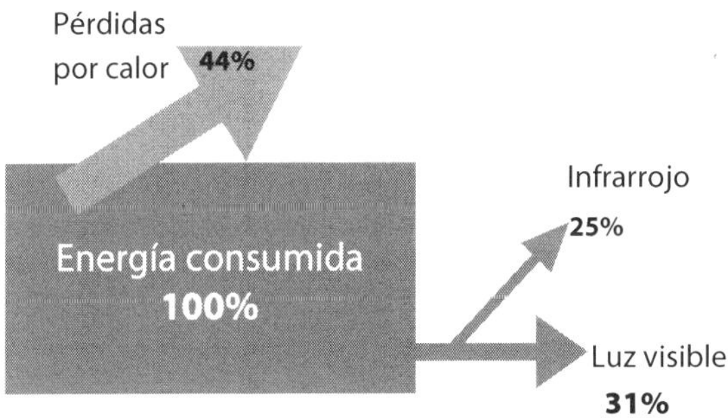

Balance energético de una lámpara de vapor de sodio a baja presión

La vida media de estas lámparas es muy elevada, de unas 15000 horas y la depreciación de flujo luminoso que sufren a lo largo de su vida es muy baja por lo que su vida útil es de entre 6000 y 8000 horas. Esto junto a su alta eficiencia y las ventajas visuales que ofrece la hacen muy adecuada para usos de alumbrado público, aunque también se utiliza con finalidades decorativas. En cuanto al final de su vida útil, este se produce por agotamiento de la sustancia emisora de electrones como ocurre en otras lámparas de descarga. Aunque también se puede producir por deterioro del tubo de descarga o de la ampolla exterior.

En estas lámparas el tubo de descarga tiene forma de U para disminuir las pérdidas por calor y reducir el tamaño de la lámpara. Está elaborado de materiales muy resistentes pues el sodio es muy corrosivo y se le practican unas pequeñas hendiduras para facilitar la concentración del sodio y que se vaporice a la temperatura menor posible. El tubo está encerrado en una ampolla en la que se ha practicado el vacío con objeto de aumentar el aislamiento térmico. De esta manera se ayuda a mantener la elevada temperatura de funcionamiento necesaria en la pared del tubo (270 ºC).

El tiempo de arranque de una lámpara de este tipo es de unos diez minutos. Es el tiempo necesario desde que se inicia la descarga en el tubo en una mezcla de gases inertes (neón y argón) hasta que se vaporiza todo el sodio y comienza a emitir luz. Físicamente esto se corresponde a pasar de una luz roja (propia del neón) a la amarilla característica del sodio. Se procede así para reducir la tensión de encendido.

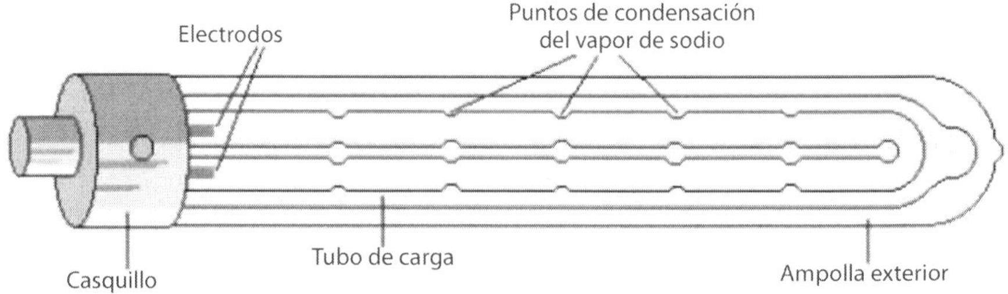

Lámpara de vapor de sodio a baja presión

Lámparas de vapor de sodio a alta presión

Las lámparas de vapor de sodio a alta presión tienen una distribución espectral que abarca casi todo el espectro visible proporcionando una luz blanca dorada mucho más agradable que la proporcionada por las lámparas de baja presión.

Las consecuencias de esto es que tienen un rendimiento en color (T_{color}= 2100 K) y capacidad para reproducir los colores mucho mejores que la de las lámparas a baja presión (IRC = 25, aunque hay modelos de 65 y 80). No obstante, esto se consigue a base de sacrificar eficacia; aunque su valor que ronda los 130 lm/W sigue siendo un valor alto comparado con los de otros tipos de lámparas.

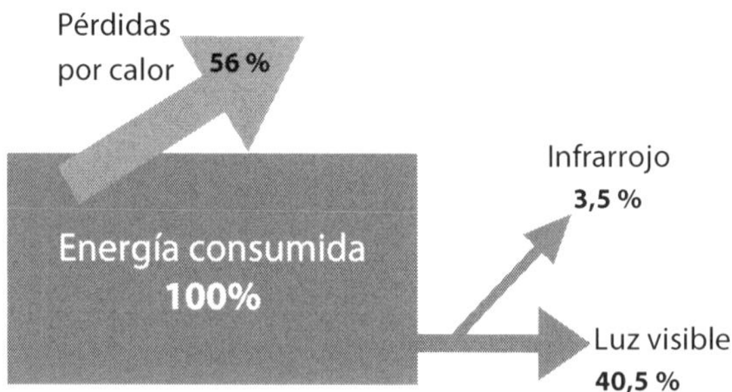

Balance energético de una lámpara de vapor de sodio a alta presión

La vida media de este tipo de lámparas ronda las 20000 horas y su vida útil entre 8000 y 12000 horas. Entre las causas que limitan la duración de la lámpara, además de mencionar la depreciación del flujo tenemos que hablar del fallo por fugas en el tubo de descarga y del incremento progresivo de la tensión de encendido necesaria hasta niveles que impiden su correcto funcionamiento.

Las condiciones de funcionamiento son muy exigentes debido a las altas temperaturas (1000 ºC), la presión y las agresiones químicas producidas por el sodio que debe soportar el tubo de descarga. En su interior hay una mezcla de sodio, vapor de mercurio que actúa como amortiguador de la descarga y xenón que sirve para facilitar el arranque y reducir las pérdidas térmicas. El tubo está rodeado por una ampolla en la que se ha hecho el vacío. La tensión de encendido de estas lámparas es muy elevada y su tiempo de arranque es muy breve.

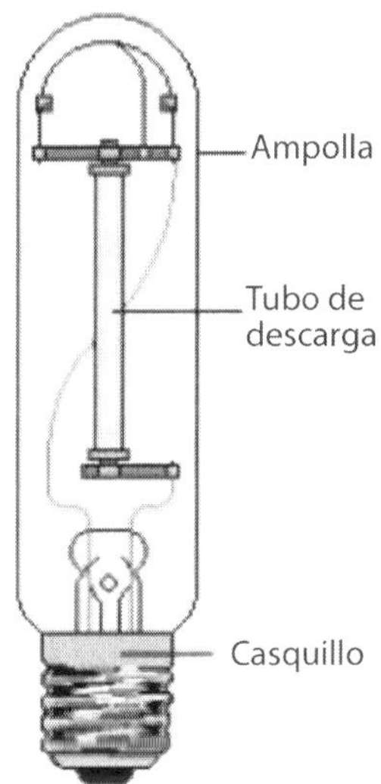

Lámpara de vapor de sodio a alta presión

Este tipo de lámparas tienen muchos usos posibles tanto en iluminación de interiores como de exteriores. Algunos ejemplos son en iluminación de naves industriales, alumbrado público o iluminación decorativa.

1.5.3. Lámparas LED

Una **lámpara de LED**, **lámpara de tecnología LED** o más simplemente **lámpara LED** (diodo emisor de luz, *light emitting diode*), es una lámpara de estado sólido que usa leds como fuente lumínica.

Los **diodos** funcionan con energía eléctrica de corriente continua (CC), por eso las lámparas de led deben incluir circuitos internos para operar desde la corriente alterna normal. Los leds se dañan a altas temperaturas, por lo que estas lámparas tienen elementos de gestión del calor (disipadores y aletas de refrigeración).

Las lámparas de led tienen una **vida útil** prolongada y gran eficiencia energética, pero su costo inicial es mayor que el costo de las lámparas fluorescentes. Esta vida útil puede estar entre 25,000 y 50,000 horas, mientras que las bombillas incandescentes y de las bombillas halógenas tienen una vida útil de 1.000 horas y 3.000 horas, respectivamente.

Una de las desventajas que ofrecían las luces LE era la necesidad de disponer de muchos dispositivos LED para poder alcanzar la luminosidad similar a las lámparas incandescentes y fluorescentes compactas. Sin embargo, con la aparición de las LEDs nPola que es cinco veces más luminoso que el LED corriente se salvó esta desventaja. Para hacernos una idea, si antes para fabricar una bombilla LED de 60 W para el hogar se utilizaban entre 10 a 20 LEDs antiguos, ahora son solamente necesarios 1 o 2 LEDs nPolan.

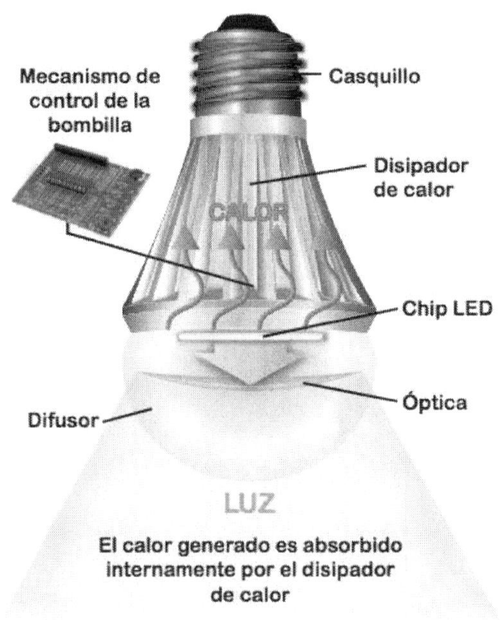

Partes de una bombilla LED

1.6. Materiales para protecciones

1.6.1. Cuadro general de mando y protección

Se conoce, también, como cuadro de distribución. El Cuadro General de Mando y Protección es el elemento al que debemos prestarle la máxima atención porque protege al usuario de cualquier anomalía que se pueda producir en la instalación. Es un conjunto de pequeños mecanismos de funcionamiento, situado en el origen de la instalación interior y que sustituye a los antiguos "plomos o fusibles" en la función que tenían de proteger la instalación. Estos nuevos dispositivos mejoran la protección anterior y añaden nuevas seguridades a las personas.

La ubicación de estos interruptores se realizará siempre en cajas de material aislante y autoextinguible.

Existen muchos tipos de protecciones que pueden hacer una instalación segura contra cualquier tipo de contingencia, pero hay tres que deben de usarse en todo tipo de instalación: de alumbrado, domesticas, de fuerza, redes de distribución, etc. ya sea de baja o alta tensión. Estas tres protecciones son:

- Protección contra cortocircuitos.
- Protección contra sobrecargas.
- Protección contra electrocución.

El Cuadro General de Mando y Protección está formado por el:

- Interruptor General Automático (IGA).
- Interruptor Diferencial (ID).
- Pequeños Interruptores Automáticos (PIAs).

Se colocan tantos PIAs como circuitos independientes tenga la instalación. En ningún caso la intensidad nominal de estos aparatos podrá ser superior al interruptor general automático (IGA).

Los conductores serán de cobre. Los conductores de protección, presentarán las mismas características que los conductores activos.

La identificación de los conductores de la instalación se realiza por colores, que son los siguientes:

- Conductores activos: negro, marrón y gris cuando sea necesario identificar las tres fases se puede emplear el color gris.
- Conductor neutro: azul claro.
- Conductor de protección: amarillo – verde.

1.6.2. ICP

Estas siglas significan Interruptor de Control de Potencia. Se trata de un mecanismo situado junto al cuadro de protección, justo delante de éste. Estará colocado en un mueble independiente y precintado por la compañía suministradora.

Tiene como función la de controlar la potencia que consume la línea, desconectándose cuando la potencia consumida sea superior a la contratada.

Por tanto no es un aparato de seguridad, es de control, que efectúa por el paso de la intensidad.

A este aparto solamente se conectan los conductores activos del circuito que en cada caso corresponda (monofásico, bifásico, trifásico) y nunca el conductor neutro ni el de toma a tierra.

Este aparato es propiedad de la compañía suministradora. Por esto en la caja de alojamiento del ICP tiene 4 tornillos de latón precintables por la compañía. Esta caja suele

empotrarse y no situarse a más de dos metros de altura del suelo. Estará fabricada en material aislante y autoextinguible, y tendrá las medidas normalizadas.

Si se dispara podremos rearmarla nosotros mismos sin que sea necesario que lo realice la compañía propietaria.

En el caso que se dispare continuamente, es porque se sobrepasa la potencia contratada, la solución es contratar una nueva potencia. Para evitar esto, mientras nos facilitan la nueva potencia, y evitar que siga saltando continuamente lo que deberemos hacer es no conectar a la vez aparatos de gran consumo como radiadores, fotocopiadoras, etc.

Los ICP pueden ser:

- Interruptores unipolares: 220/380 v.
- Interruptores bipolares: 220 v.
- Interruptores tripolares: 380 v.
- Interruptores tetrapolares: 380 v.

1.6.3. Interruptor general automático

Se conoce por las siglas IGA. Es un elemento encargado de proteger de sobrecargas o cortocircuitos la instalación completa de locales. Evita que se queme la derivación individual del local en caso de tener una sobrecarga o cortocircuito y es el elemento que se ha de utilizar para desconectar los circuitos en caso de reparaciones, ausencias largas, etc.

El interruptor general es independiente del interruptor para el control de potencia (ICP) y no puede ser sustituido por este.

Este elemento es de reciente incorporación en el Cuadro General de Mando y Protección, por lo que es habitual que muchos cuadros no lo tengan instalado. En ese caso, la función del Interruptor General Automático lo cumple el Interruptor Diferencial.

Actualmente, en las nuevas instalaciones, debe de colocarse antes el interruptor de control de potencia (ICP) y a continuación el interruptor automático diferencial (IAD).

1.6.4. Interruptor diferencial

Se conoce también por las siglas IAD (interruptor automático diferencial).

Este tipo de mecanismos, evitan el paso de la corriente peligrosa por el cuerpo humano. La peligrosidad de los efectos sobre el cuerpo humano depende de la intensidad de la corriente y de su duración.

El interruptor diferencial se instala sencillamente en la línea, haciendo pasar por él todos los cables de alimentación, incluso el neutro, puesto que de no ser así, el interruptor desconectaría cada vez que pase la corriente. El neutro no debe de estar conectado a tierra en ningún sitio del interruptor.

Este interruptor se encarga de proteger a las personas de los contactos indirectos, de tal forma que no permite el paso de intensidades de defecto que puedan perjudicar a las personas. Este elemento de seguridad es tan importante que algunos autores lo definen como "salvavidas".

Los interruptores diferenciales se fabrican para muchos valores de sensibilidad (Is), según sea la longitud de las líneas a proteger y el tipo y condición de la instalación, incluso se fabrican con sensibilidad ajustable, para que el usuario lo adapte a sus necesidades.

Los utilizados en instalaciones de poca potencia se suelen fabricar compactos y para intensidades nominales de 5 a 125 A. Suelen ser de dos tipos de sensibilidad, fija y sin posibilidad de ser modificada:

- Interruptores de media sensibilidad Is=0,3 A=300 mA
- Interruptores de alta sensibilidad Is=0,03 A =30 mA

Para comprobar el correcto funcionamiento de los diferenciales van provistos de un pulsador de prueba. Cuando pulsamos este interruptor lo que realiza es un cortocircuito en las dos fases, por lo cual provoca un desequilibrio entre estas fases que determina la desconexión del mismo.

Si se desconecta se puede volver a conectar manualmente, pero si volviera a dispararse es porque existe una avería o derivación en la instalación, y en este caso, no debemos volver a conectarlo, sino que procederemos a buscar la avería, que generalmente se encontrará en un receptor.

Es conveniente que esta comprobación se realice periódicamente. Si no dispara al pulsar el botón se deberá a una avería del propio aparato.

Se fabrican dos modelos de diferenciales:

- Uno de dos polos para suministros bifásicos.
- Otro de 4 polos para suministros trifásicos con neutro.

1.6.5. Pequeños interruptores automáticos (PIA)

Son conocidos por su abreviatura normalmente como automáticos.

Protegen a las instalaciones de:

- Sobrecargas.
- Cortocircuitos.

Sustituyen a los antiguos fusibles que había en las instalaciones. Tienen la ventaja de que no hay que reponerlos cuando se desconectan o sobrecargan, se rearman y siguen funcionando. Se encargan de proteger cada circuito de sobrecargas y cortocircuitos, con arreglo a la capacidad de cada uno. Nos permite desconectar los aparatos que queramos sin cortar del todo el suministro de electricidad. Por ejemplo, uno puede encargarse de los enchufes, otro de la iluminación, etc.

En función del número de polos se clasifican en:

- Unipolares.
- Bipolares.
- Tripolares.
- Tetrapolares.

Estos últimos se usan en redes trifásicas con neutro.

Para proteger la instalación contra cortocircuitos. Estos aparatos constan de un disparador o desconectador magnético, formado por una bobina, que actúa sobre un contacto móvil, cuando la intensidad que la atraviesa supera su valor nominal (In). Este elemento es muy rápido en su funcionamiento.

También poseen un desconectador térmico, formado por una lámina bimetálica, que se dobla al ser calentada por un exceso de intensidad. Esta es la protección contra sobrecargas y su velocidad de desconexión es inversamente proporcional a la sobrecarga. Cuando la desconexión es por efecto de una sobrecarga, debe de esperarse a que enfríe la bilámina y cierre su contacto, para que la corriente pase de nuevo a los circuitos protegidos.

Los interruptores automáticos magnetotérmicos para instalaciones de Baja Tensión, suelen fabricarse para intensidades entre 5 y 125 amperios, de forma modular y calibración fija, sin posibilidad de regulación. Para intensidades mayores, en instalaciones industriales, de hasta 1.000 A o más, suelen estar provistos de una regulación externa, al menos para el elemento magnético, de protección contra cortocircuitos.

El número de PIAs será igual al número de circuitos del local, oficina, etc. y sirven además de elemento de corte de cada uno de estos circuitos.

1.6.6. Toma de tierra

La puesta a tierra tiene una gran importancia como sistema de protección de las personas y animales, así como de las instalaciones propiamente dichas. *"Poner a tierra"* significa unir a tierra un punto de una instalación a través del dispositivo apropiado. Con la puesta a tierra se trata de:

- Proteger de posibles contactos con partes sometidas a tensiones elevadas, a partes de las instalaciones destinadas a no ser recorridas por intensidades de corriente o a transportar intensidades de corriente de baja tensión.

- Disipar las sobreintensidades de origen atmosférico (ejemplo: pararrayos, antenas...).
- Mantener al potencial de tierra una parte de un circuito eléctrico recorrido por una intensidad de corriente (ejemplo: puesta a tierra del neutro de las redes de distribución).

Las puestas a tierra se establecen con el objetivo principal de limitar la tensión que con respecto a tierra pueden presentar en un momento dado las masas metálicas, asegurar la actuación de las protecciones y eliminar o disminuir el riesgo que supone una avería en el material utilizado.

Según el Reglamento Electrotécnico para Baja Tensión (RD 842/2002, de 2 de agosto), la puesta o conexión a tierra es la unión eléctrica directa, sin fusibles ni protección alguna, de una parte del circuito eléctrico o de una parte conductora no perteneciente al mismo mediante una toma de tierra con un electrodo o grupos de electrodos enterrados en el suelo.

Detalle toma de tierra con pica

Mediante la instalación de puesta a tierra se deberá conseguir que en el conjunto de instalaciones, edificios y superficie próxima del terreno no aparezcan diferencias de potencial peligrosas y que, al mismo tiempo, permita el paso a tierra de las corrientes de defecto o las de descarga de origen atmosférico.Todo sistema de puesta a tierra consta de las partes siguientes:

- El terreno (o tierra propiamente dicha).
- Tomas de tierra.
- Línea principal de tierra.
- Derivaciones de la línea principal de tierra.
- Conductores de protección.

Actividad 2

Señala cuál de las siguientes no es una función de la reactancia en el funcionamiento del tubo fluorescente:

- ☐ a) Proporcionar la corriente de arranque o precalentamiento de los filamentos para conseguir de estos la emisión inicial de electrones.
- ☐ b) Suministrar la tensión de salida en vacío suficiente para hacer saltar el arco en el interior de la lámpara.
- ☐ c) Generar la alta tensión necesaria para el encendido de la lámpara.

1.7. Materiales para conducción

1.7.1. Circuito eléctrico

Podemos definirlo, de forma genérica, como el conjunto de cables y mecanismos de protección, maniobra, control, etc. necesarios para que los aparatos funcionen correctamente.

Los cables deben ser de diferentes colores y sección. En función de la potencia que suministren su color nos indicará:

- *La fase (L)*, puede ser de color negro, marrón o gris. Son los encargados de llevar la energía. El color gris, para una fase se empleará únicamente, cuando sea necesario identificar tres fases distintas.
- *El neutro (N)*, es de color azul y es el retorno.
- *La toma a tierra*. Su cable es amarillo con una franja verde.

La sección del cableado dependerá de la utilización que vamos a usar. Para el alumbrado utilizaremos una sección mínima de cable de 1,5 mm^2 y 10 A.

1.7.2. Conductores

En el Reglamento Electrotécnico de Baja Tensión (REBT), concretamente en la Instrucción Técnica Complementaria primera (ITC-BT-01), se definen muchos términos, entre los que aparece la definición de canalización eléctrica como el "conjunto constituido por uno o varios conductores eléctricos y los elementos que aseguran su fijación y, en su caso, su protección mecánica".

Es muy cierto que la anterior definición es más general que la que suele usarse para el término canalización eléctrica, a la que nos referimos normalmente como a los soportes de los conductores y no incluimos a los propios conductores.

Para nosotros se trata de aquellos elementos que facilitan el transporte de la energía eléctrica entre el generador y los receptores.

Los conductores ofrecen una resistencia baja al paso de corrientes eléctricas. Esta cualidad la presentan los materiales metálicos en general, siendo destacables por su mejor conductividad la plata, el cobre y el aluminio. Pero no solo el material determina la resistencia de un conductor al paso de corriente, sino también sus características geométricas, como la longitud del conductor, la sección de este o la temperatura a la que opera.

Normalmente los conductores eléctricos o cables se componen de:

- **Alma del cable**: compuesta por un hilo o más, dependiendo de si se trata de conductores rígidos o flexibles.
- **Aislamiento**: parte que recubre el conductor; se encarga de que la corriente eléctrica no escape del cable. Fabricado de diferentes materiales atendiendo principalmente a la tensión y a las condiciones de trabajo.

- **Capa de relleno**: se encarga de que el cable conserve un aspecto circular; se encuentra entre al aislamiento y el conductor.
- **Cubiertas protectoras**: cuyo cometido es la protección del conjunto de los conductores y su aislamiento de los agentes externos.

Se puede identificar el tipo de aislamiento que tiene un cable en las inscripciones que aparecen sobre él. Los cables que se utilizan para instalaciones en viviendas y oficinas son: THN, THW, THHW y THWN. El significado de estas abreviaturas es el siguiente:

- **T (Thermoplastic):** aislamiento termoplástico (este lo tienen todos los cables.
- **H (Heat resistant):** resistente al calor hasta 75° centígrados.
- **HH (Heat resistant):** resistente al calor hasta 90° centígrados.
- **W (Water resistant):** resistente al agua y a la humedad.
- **LS (Low smoke):** este cable tiene baja emisión de humos y bajo contenido de gases contaminantes.
- **SPT (Service paralell thermoplastic):** esta nomenclatura se usa para identificar un cordón que se compone de dos cables flexibles y paralelos con aislamiento de plástico y que están unidos entre sí. También se denomina cordón dúplex.

En los **aislamientos de los cables eléctricos** encontramos dos tipos de aislantes, los aislamientos termoplásticos y los aislamientos termoestables.

Aislamiento termoplástico

- PVC: Policloruro de vinilo.
- PE: Polietileno.
- PCP: Policloropreno, neopreno o plástico.

Aislamiento termoestable

- XLPE: Polietileno reticulado.
- EPR: Etileno-propileno.
- MICC: Cobre revestido, mineral aislado.

Dependiendo de la tensión para la que están preparados para funcionar los cables se categorizan en grupos de tensiones que van por rangos de voltios.

- Cables de muy baja tensión (Hasta 50V).
- Cables de baja tensión (Hasta 1000V).
- Cables de media tensión (Hasta 30kV).
- Cables de alta tensión (Hasta 66kV).
- Cables de muy alta tensión (Por encima de los 770kV).

Las medidas de los cables y alambres eléctricos se suelen categorizar en calibres si se habla del sistema AWG (American Wire Gauge), sin embargo, es más común conocerlos dependiendo del diámetro del cable en el sistema métrico decimal y categorizarlos en milímetros cuadrados dependiendo del diámetro de la sección.

FOTO	CALIBRE / AWG	SECCIÓN EN MM²	CONSUMO DE CORRIENTE	EJEMPLOS
	4	25 mm²	Muy alto	Aires acondicionados centrales, equipos industriales (se requiere instalación especial de 240 volts).
	6	16 mm²	Alto	Aires acondicionados, estufas eléctricas y acometidas de energía eléctrica.
	8	10 mm²	Medio - alto	Secadoras de ropa, refrigeradores, aires acondicionados de ventana.
	10	6 mm²	Medio	Hornos de microondas, licuadoras, contactos de casas y oficinas, extensiones de uso rudo.
	12	4 mm²	Medio - bajo	Cableado de iluminación, contactos de casas, extensiones reforzadas.
	14	2.5 mm²	Bajo	Extensiones de bajo consumo, lámparas.
	16	1.5 mm²	Muy bajo	Productos electrónicos como termostatos, timbres o sistemas de seguridad.

Atendiendo a un criterio general de existencia de cobertura, podemos hablar de:

- Conductores aislados: conjunto que incluye el conductor, su aislamiento y sus eventuales pantallas.

- Conductores desnudos: son los que carecen de cobertura que los aísle. Este tipo de conductores se utiliza en redes aéreas para transporte de energía eléctrica.

Atendiendo a su rigidez, hablaremos de:

- Conductores rígidos: tienen incapacidad para doblarse con facilidad. Pueden utilizarse para tomas de tierra en viviendas. Se instalan en el fondo de las zanjas de cimentación de los edificios y, antes de empezar ésta, se dispone un cable rígido de cobre desnudo de una sección mínima previamente calculada.
- Conductores flexibles: constituidos por multitud de finos alambres recubiertos por materia plástica.

Por el color de los cables, distinguimos:

- **Cable verde y amarillo**: de toma de tierra.
- **Cable azul**: cable neutro. Hasta 1970 se utilizaba uno de color rojo.
- **Cable marrón**: cable de fase, aunque también puede ser negro o gris, dependiendo del color del aparato que lo lleve incorporado.
- **Cable negro**: cable de fase, que también puede ser blanco. Visible en la mayoría de instalaciones.
- **Cable blanco**: cable neutro. Son también tomas de tierra, pero solo se conectan al transformador para llevar de vuelta la energía.
- **Cables de colores con rayas**: neutrales, al igual que los anteriores. Se usan para identificar qué cable neutral corresponde a cada cable de color.
- **Cables de colores**: excepto los que tengan rayas, son cables de corriente o de carga. El más común es el rojo.

En condiciones normales la **toma de tierra no lleva corriente eléctrica** y está ahí solo como protección. Son cables que van hacia el cuadro eléctrico del local, y desde allí hacia la toma de tierra del edificio (una pica enterrada que, si es necesario, lleva la corriente hacia el subsuelo). En caso de un mal contacto o un cortocircuito mientras se manipula un aparato eléctrico, el cable de toma de tierra "atrapa" y expulsa del local esa corriente eléctrica que, de lo contrario, podría acabar en el cuerpo del operario.

El **cable de fase** es por el que entra la corriente eléctrica y es con el que hay que tener cuidado, ya que hablamos de una tensión de 220 o 230 voltios. Solo los profesionales autorizados deben manipularlos, y solo después de haber cortado la corriente.

En cuanto al **cable neutro**, su función es la de permitir "regresar" a la corriente. Para poder transmitirse, la electricidad necesita de dos conductores, ya que la corriente se genera solo cuando los electrones se mueven desde un punto hacia otro. El voltaje de la instalación eléctrica es la diferencia de potencial eléctrico entre el cable de fase y el cable neutro.

Actualmente, la **Norma IEC 60446 de la Comisión Electrotécnica Internacional** es la que se emplea mayoritariamente en Europa. En esta norma se indican los colores y/o etiquetas para identificar cada tipo de cable.

Antiguamente se solía utilizar el color marrón o negro para identificar el cable de fase. En la actualidad la norma indica que, en instalaciones monofásicas, se debe utilizar el color marrón. Este cable se etiqueta como L.

Este color también identifica la primera fase (L1) de una instalación trifásica, siendo las siguientes de color negro (L2) y gris (L3).

No es de extrañar que en algunos casos nos encontremos también cableado de color gris para identificar la fase en una instalación doméstica.

El neutro, si nos atenemos a la IEC 60446 mantiene el color azul de las versiones anteriores de la norma. Su etiqueta es N.

El cable de tierra se describe como verde-amarillo. En la mayoría de los casos es realmente verde con una línea amarilla. Estos conductores no llevan marca.

1.8. Otros materiales, contadores y aislamientos

1.8.1. Caja eléctrica o de elementos

En electricidad, caja empotrable destina a alojar los interruptores, bases, etc. Si no va empotrada y va atornillada se denomina zócalo.

1.8.2. Caja de empalmes de conexiones

Las conexiones entre conductores se realizarán en el interior de cajas apropiadas de material aislante y no propagador de la llama. Si son metálicas estarán protegidas contra la corrosión. Las dimensiones de estas cajas serán tales que permitan alojar holgadamente todos los conductores que deban contener.

En ningún caso se permitirá la unión de conductores como empalmes o derivaciones por simple retorcimiento o arrollamiento entre sí de los conductores, sino que deberá realizarse siempre utilizando bornes de conexión montados individualmente o constituyendo bloques o regletas de conexión; puede permitirse asimismo, la utilización de bridas de conexión.

El retorcimiento o arrollamiento de conductores no se refiere a aquellos casos en los que se utilice cualquier dispositivo conector que asegure una correcta unión entre los conductores aunque se produzca un retorcimiento parcial de los mismos y con la posibilidad de que puedan desmontarse fácilmente.

Actividad 3

Relaciona:

Caja empotrable destina a alojar los interruptores, bases, etc	Interruptores
Pieza de material aislante con dos varillas metálicas, las cuales se introducen en las hembrillas del enchufe para establecer una conexión eléctrica.	Caja de elementos
Permite la apertura y el cierre de un circuito eléctrico de forma segura y conveniente.	Conductor eléctrico
Material que ofrezca poca resistencia al flujo de electricidad	Clavija eléctrica

1.8.3. Bornes de conexión o clemas

Elementos de unión que mediante tornillos o presión unen los conductores eléctricos.

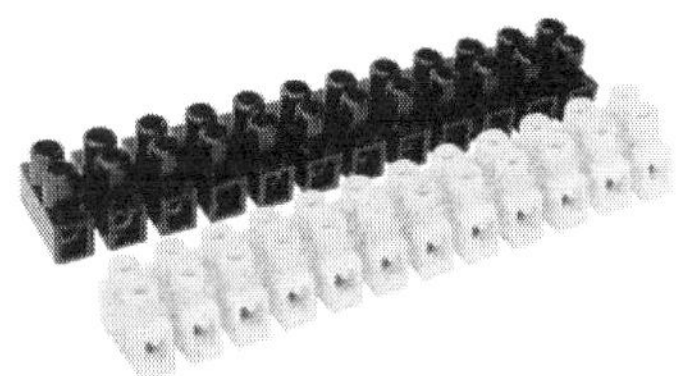

1.8.4. Cinta aislante

Cinta con adhesivo que se usa para conexiones de conductores, aislamientos, etc.

Tiene una duración limitada, puesto que suele endurecerse con el tiempo y el calor. Sirve para uniones momentáneas a estabilizar después con otros sistemas.

Se pelan los cables que hay que unir eliminando el revestimiento aislante por 2 - 3 centímetros, se retuercen bien los dos conectores manteniendo el entrelazamiento bien compacto y se envuelven con diversas vueltas de cinta aislante partiendo desde una parte aislada de un cable, hasta llevarla a la parte aislada del otro cable y volviendo atrás.

Tenemos que prestar atención a que la unión no esté sometida a tracción.

1.8.5. Contadores

1.8.5.1. Contador

Dispositivo que mide la energía consumida (activa o reactiva). Puede ser propiedad del cliente (consumidor) o de la empresa suministradora (compañía eléctrica).

1.8.5.2. Contador eléctrico de energía activa

Aparato destinado a medir la energía activa consumida en una instalación. Puede ser propiedad de la empresa eléctrica o del usuario. Se mide en Kwh.

1.8.5.3. Contador eléctrico de energía reactiva

Aparato destinado a medir la energía reactiva consumida en una instalación. Se mide esta energía en Kva.

1.8.5.4. Contador de tarifa múltiple

Aparato con varios totalizadores que puede discriminar consumos en diferentes períodos (horas del día, días del año, etc.). Requieren de la instalación de un reloj.

1.8.6. Aislamientos

Los aislamientos eléctricos son materiales de muy baja conductividad eléctrica.

Suelen clasificarse en **orgánicos** (como el algodón, los plásticos, el papel, las parafinas y la galatita) e **inorgánicos** (como la mica, la porcelana y el vidrio).

Recuerda que...

El propósito de un interruptor es permitir la apertura y el cierre de un circuito eléctrico de forma segura y conveniente. Los interruptores se utilizan en las instalaciones eléctricas para controlar manualmente luces, motores y otras cargas. Existen también interruptores activados automáticamente por luz, calor presión, movimiento, magnetismo corriente y otras variables.

La Unión Técnica de Electricidad clasifica los materiales aislantes eléctricos según las temperaturas máximas de trabajo:

CLASE	TEMPERATURA MÁXIMA	MATERIALES
0	90 ºC	– Algodón – Seda – Papel – Celulosa – Combinación de los anteriores, cuando no están preparados ni bañados en aceites
A	105 ºC	– Materiales del grupo anterior impregnados de aceite, barnices o lacas
B	130 ºC	– Mica* – Fibra de vidrio*
C	No tiene límite	– Mica – Porcelana – Vidrio – Materiales similares

* Combinados aglutinantes orgánicos

1.8.7. Cuadro de mando

La energía eléctrica es muy útil y fácil de manipular, pero también es peligrosa y potencialmente puede provocar quemaduras y muertes. La mayoría de los accidentes que se producen por electricidad es por ignorancia. Una persona recibe una descarga eléctrica cuando se convierte en el eslabón que cierra un circuito eléctrico.

No debe manipular, reparar o modificar su instalación sin la intervención de un instalador electricista autorizado, ya que, de lo contrario, además de poder afectar a la seguridad, se perderá la garantía que, en su caso, pudiera tener la instalación y en el supuesto de modificación, no sería garantizada la misma.

Nunca trabaje sobre dispositivos con tensión, ni asuma que están desconectados. Siempre seremos recelosos en este tema.

Si necesita trabajar sobre un circuito con tensión, utilice siempre herramientas asiladas, así como equipos de protección apropiados al ambiente eléctrico.

Comprobar que el interruptor general y el cuadro de mando y protección están situados en un punto de fácil acceso. Nunca se colocarán armarios o muebles que dificulten el acceso a estos.

El **cuadro de protección** está destinado a la protección de los circuitos, así como a los usuarios, contra contactos indirectos. Suele constar de:

- **Interruptor de control de potencia (ICP).** Es un mecanismo destinado al corte automático del suministro cuando se sobrepasa por el abonado la potencia contratada.
- **Interruptor automático diferencial (IAD).** Este desconecta automáticamente la instalación en caso de producirse una derivación de algún aparato o en algún punto de instalación. Este interruptor está dotado de un dispositivo de prueba cuyo accionamiento permite verificar, en su caso, su correcto funcionamiento.

Periódicamente se pulsará el botón de prueba del interruptor diferencial (normalmente de color amarillo, gris o negro), para comprobar si funciona correctamente. Si no dispara al pulsar el botón es que está averiado. En este caso los usuarios no están protegidos. Llame cuanto antes al electricista de mantenimiento para que lo revise.

- **Pequeños interruptores automáticos (PIA)**. Son dispositivos automáticos magnetotérmicos de corte unipolar y protección de los circuitos interiores. Resguardan a cada uno de estos, con arreglo a su capacidad, de sobrecargas y cortocircuitos, y permiten el corte de corriente a los mismos.

  Nunca se deben bloquear los interruptores automáticos, para que funcionen libremente en caso de fallo en la instalación.

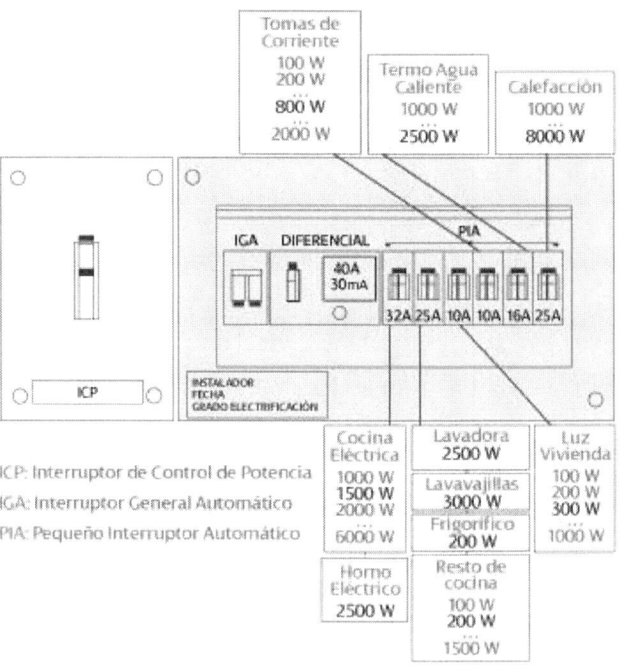

- **Conductores eléctricos**: elementos metálicos (generalmente de cobre) que siempre estarán recubiertos con material protector (aislante) destinados a transportar la energía eléctrica. Estos se sitúan en el interior de los tubos de las canalizaciones. Los empalmes y cambios de dirección de los conductores se realizan mediante cajas de registro y derivación.

  El color de los conductores permite diferenciar la utilización de los mismos, estos son: color azul para el neutro; amarillo con franja verde para la toma de tierra y negro, marrón o gris para fases activas.

  Se conoce como "mecanismos" a los elementos de instalación que sirven para la acción directa del usuario. Suelen ser interruptores simples, conmutadores, pulsadores y bases de enchufes, etc. Estos nos sirven para apagar, activar y conectar.

2. Conocimientos básicos en el funcionamiento de la electricidad en baja tensión

2.1. Introducción

El considerable incremento de consumo de energía eléctrica que se produce a partir de los años cincuenta hace necesario establecer normas que regulen el uso de este tipo de energía en viviendas, edificios, industrias, alumbrado público, etc., normas que garanticen la seguridad de las personas y los aparatos, la fiabilidad de las instalaciones, la calidad del suministro, etc.

La norma fundamental que regula las condiciones y garantías que deben reunir las instalaciones eléctricas es el Reglamento Electrotécnico para Baja Tensión, siendo también de aplicación en este ámbito normas UNE y normas específicas de las empresas distribuidoras de energía eléctrica.

El RBT califica en su artículo 3 como instalación eléctrica de baja tensión todo conjunto de aparatos y de circuito asociados en previsión de un fin particular: producción, conversión, transformación, transmisión, distribución o utilización de la energía eléctrica.

Se aplica a las instalaciones que distribuyan la energía eléctrica cuyas tensiones nominales sean iguales o inferiores a **1.000 V para corriente alterna y 1.500 V para corriente continua**.

2.2. Características generales de las instalaciones receptoras

El grado de electrificación básico se plantea como la electrificación necesaria para la cobertura de las posibles necesidades de utilización primarias sin necesidad de obras posteriores de adecuación, tal como se indica en la **ITC-BT-10**. Su objeto es permitir la utilización de los aparatos electrodomésticos de uso común en una vivienda.

La capacidad de instalación se corresponderá como mínimo al valor de la intensidad asignada determinada para el interruptor general automático. Igualmente se cumplirá esta condición para la derivación individual.

2.2.1. Circuitos interiores

1. **Protección general**. Los circuitos de protección privados se ejecutarán según lo dispuesto en la **ITC-BT-17** y constarán como mínimo de:
   - Un interruptor general automático de corte omnipolar, que permita su accionamiento manual y que esté dotado de elementos de protección contra sobrecarga y cortocircuitos. Este interruptor será independiente del interruptor de control de potencia.

- Un interruptor diferencial general, destinado a la protección contra contactos indirectos de todos los circuitos; salvo que la protección contra contactos indirectos se efectúe mediante otros dispositivos de acuerdo con la ITC-BT-24.
- Dispositivos de corte omnipolar, destinados a la protección contra sobrecargas y cortocircuitos de cada uno de los circuitos interiores de la vivienda o local.
- Dispositivo de protección contra sobretensiones, según ITC-BT-23, si fuese necesario.

Si por el tipo o carácter de la instalación se instalase un interruptor diferencial por cada circuito o grupo de circuitos, se podría prescindir del interruptor diferencial general, siempre que queden protegidos todos los circuitos. En el caso de que se instale más de un interruptor diferencial en serie, existirá una selectividad entre ellos.

2. **Previsión para instalaciones de sistemas de automatización, gestión técnica de la energía y seguridad**. En el caso de instalaciones de sistemas de automatización, gestión técnica de la energía y de seguridad, que se desarrolla en la **ITC-BT-51**, la alimentación a los dispositivos de control y mando centralizado de los sistemas electrónicos se hará mediante un interruptor automático de corte omnipolar con dispositivo de protección contra sobrecargas y cortocircuitos que se podrá situar aguas arriba de cualquier interruptor diferencial, siempre que su alimentación se realice a través de una fuente de MBTS o MBTP, según **ITC-BT-36**.
3. **Derivaciones**. Los tipos de circuitos independientes serán los que se indican a continuación y estarán protegidos cada uno de ellos por un interruptor automático de corte omnipolar con accionamiento manual y dispositivos de protección contra sobrecargas y cortocircuitos con una intensidad asignada según su aplicación e indicada en el **apartado 3**.

   a) **Electrificación básica**. Circuitos independientes:

      * C_1 circuito de distribución interna, destinado a alimentar los puntos de iluminación.
      * C_2 circuito de distribución interna, destinado a tomas de corriente de uso general y frigorífico.
      * C_3 circuito de distribución interna, destinado a alimentar la cocina y horno.
      * C_4 circuito de distribución interna, destinado a alimentar la lavadora, lavavajillas y termo eléctrico.
      * C_5 circuito de distribución interna, destinado a alimentar tomas de corriente de los cuartos de baño, así como las bases auxiliares del cuarto de cocina.

   b) **Electrificación elevada**. Es el caso de viviendas con una previsión importante de aparatos electrodomésticos que obligue a instalar más de un circuito de cualquiera de los tipos descritos anteriormente, así como con previsión de sistemas de calefacción eléctrica, acondicionamiento de aire, automatización, gestión técnica de la energía y seguridad o con superficies útiles de las viviendas superiores a 160 m^2 . En este caso se instalará, además de los correspondientes a la electrificación básica, los siguientes circuitos:

* C_6 Circuito adicional del tipo C_1, por cada 30 puntos de luz.
* C_7 Circuito adicional del tipo C_2, por cada 20 tomas de corriente de uso general o si la superficie útil de la vivienda es mayor de 160 m^2.
* C_8 Circuito de distribución interna, destinado a la instalación de calefacción eléctrica, cuando existe previsión de ésta.
* C_9 Circuito de distribución interna, destinado a la instalación aire acondicionado, cuando existe previsión de éste.
* C_{10} Circuito de distribución interna, destinado a la instalación de una secadora independiente.
* C_{11} Circuito de distribución interna, destinado a la alimentación del sistema de automatización, gestión técnica de la energía y de seguridad, cuando exista previsión de éste.
* C_{12} Circuitos adicionales de cualquiera de los tipos C_3 o C_4, cuando se prevean, o circuito adicional del tipo C_5, cuando su número de tomas de corriente exceda de 6.
* C_{13} Circuito adicional para la infraestructura de recarga de vehículos eléctricos, cuando esté prevista una o más plazas o espacios para el estacionamiento de vehículos eléctricos.

Tanto para la electrificación básica como para la elevada, se colocará, como mínimo, un interruptor diferencial de las características indicadas en el apartado 2.1 de la ITC-BT-25 por cada cinco circuitos instalados.

En el circuito C_{13}, se colocará un interruptor diferencial exclusivo para éste con las características especificadas en la (ITC) BT-52. En aparcamientos o estacionamientos colectivos en edificios o conjuntos inmobiliarios en régimen de propiedad horizontal, el circuito C13 quedará sustituido por los esquemas de conexión correspondientes instalados en las zonas comunes según establece la (ITC) BT-52.

2.2.2. Determinación del número de circuitos, sección de los conductores y de las caídas de tensión

En la siguiente tabla se relacionan los circuitos mínimos previstos con sus características eléctricas.

La sección mínima indicada por circuito está calculada para un número limitado de puntos de utilización. De aumentarse el número de puntos de utilización, será necesaria la instalación de circuitos adicionales correspondientes.

Cada accesorio o elemento del circuito en cuestión tendrá una corriente asignada, no inferior al valor de la intensidad prevista del receptor o receptores a conectar.

El valor de la intensidad de corriente prevista en cada circuito se calculará de acuerdo con la fórmula:

$$I = n \cdot I_a \cdot F_s \cdot F_u$$

- N: n.º de tomas o receptores.
- I_a: intensidad prevista por toma o receptor.
- F_s (factor de simultaneidad): relación de receptores conectados simultáneamente sobre el total.
- F_u (factor de utilización): factor medio de utilización de la potencia máxima del receptor.

Los dispositivos automáticos de protección tanto para el valor de la intensidad asignada como para la Intensidad máxima de cortocircuito se corresponderán con la intensidad admisible del circuito y la de cortocircuito en ese punto respectivamente.

Los conductores serán de cobre y su sección será como mínimo la indicada en la tabla, y además estará condicionada a que la caída de tensión sea como máximo el 3 %. Esta caída de tensión se calculará para una intensidad de funcionamiento del circuito igual a la intensidad nominal del interruptor automático de dicho circuito y para una distancia correspondiente a la del punto de utilización más alejado del origen de la instalación interior. El valor de la caída de tensión podrá compensarse entre la de la instalación interior y la de las derivaciones individuales, de forma que la caída de tensión total sea inferior a la suma de los valores límite especificados para ambas, según el tipo de esquema utilizado.

Circuito de utilización	Potencia prevista por toma (W)	Factor simultaneidad Fs	Factor utilización Fu	Tipo de toma (7)	Interruptor Automático (A)	Máximo n.º de puntos de utilización o tomas por circuito	Conductores sección mínima mm² (5)	Tubo o conducto Diámetro mm (3)
C_1 Iluminación	200	0,75	0,5	Punto de luz **(9)**	10	30	1,5	16
C_2 Tomas de uso general	3.450	0,2	0,25	Base 16A 2p + T	16	20	2,5	20
C_3 Cocina y horno	5.400	0,5	0,75	Base 25 A 2p+T	25	2	6	25
C_4 Lavadora, lavavajillas y termo eléctrico	3.450	0,66	0,75	Base 16A 2p + T combinadas con fusibles o interruptores automáticos de 16 A **(8)**	20	3	4 **(6)**	20
C_5 Baño, cuarto de cocina	3.450	0,4	0,5	Base 16A 2p + T	16	6	2,5	20
C_8 Calefacción	**(2)**	---	---	---	25	---	6	2
C_9 Aire acondicionado	**(2)**	---	---	---	25	---	6	25

.../...

.../...

C_{10} Secadora	3.450	1	0,75	Base 16A 2p + T		1	2,5	20
C_{11} Automatización	**(4)**	---	---	---	10	---	1,5	16
C_{13} Recarga del vehículo eléctrico	**(10)**	1	1	(10)	(10)	3	2,5	20

(1) La tensión considerada es de 230 V entre fase y neutro.

(2) La potencia máxima permisible por circuito será de 5.750 W.

(3) Diámetros externos según **ITC-BT 19.**

(4) La potencia máxima permisible por circuito será de 2.300 W.

(5) Este valor corresponde a una instalación de dos conductores y tierra con aislamiento de PVC bajo tubo empotrado en obra, según **tabla** de **ITC-BT-19**. Otras secciones pueden ser requeridas para otros tipos de cable o condiciones de instalación.

(6) En este circuito exclusivamente, cada toma individual puede conectarse mediante un conductor de sección 2,5 mm^2 que parta de una caja de derivación del circuito de 4 mm^2.

(7) Las bases de toma de corriente de 16 A 2p + T serán fijas del tipo indicado en la figura C2a y las de 25 A 2p + T serán del tipo indicado en la figura ESB 25-5A, ambas de la norma UNE 20315.

(8) Los fusibles a interruptores automáticos no son necesarios si se dispone de circuitos independientes para cada aparato, con interruptor automático de 16 A en cada circuito. el desdoblamiento del circuito con este fin no supondrá el paso a electrificación elevada ni la necesidad de disponer de un diferencial adicional.

(9) El punto de luz incluirá conductor de protección.

(10) La potencia prevista por toma, los tipos de bases de toma de corriente y la intensidad asignada del interruptor automático para el circuito C_{13} se especifican en la ITC-BT-52.

Características eléctricas de los circuitos.

2.2.3. Puntos de utilización

En cada estancia existirán como mínimo los siguientes puntos de utilización:

Estancia	Circuito	Mecanismo	N.º mínimo	Superf./Longitud
Acceso	C_1	pulsador timbre	1	---
Vestíbulo	C_1	Punto de luz Interruptor 1 0.A		---
	C_2	Base 16 A 2p + T	1	---
Sala de estar o Salón	C_1	Punto de luz Interruptor 10 A	1 1	hasta 10m^2 (dos si S > 10 m^2) uno por cada punto de luz
	C_2	Base 16 A 2p + T	3(1)	una por cada 6 m^2, redondeado al entero superior
	C_8	Toma de calefacción	1	hasta 10 m^2 (dos si S > 10 m^2)
	C_9	Toma de aire acondicionado	1	hasta 10 m^2 (dos si S > 10 m^2)
Dormitorios	C_1	Puntos de luz Interruptor 10 A	1 1	hasta 10 m^2 (dos si S > 10 m^2) uno por cada punto de luz
	C_2	Base 16 A 2p + T	3(1)	una por cada 6 m^2, redondeado al entero superior
	C_8	Toma de calefacción	1	---
	C_9	Toma de aire acondicionado	1	---

.../...

.../...

Baños	C_1	Puntos de luz Interruptor 10 A	1	---
	C_5	Base 16 A 2p + T	1	---
	C_8	Toma de calefacción	1	---
Pasillos o distribuidores	C_1	Puntos de luz Interruptor/Conmutador 10 A	1 1	uno cada 5 m de longitud uno en cada acceso
	C_2	Base 16 A 2p + T	1	hasta 5 m (dos si L > 5 m)
	C_8	Toma de calefacción	1	---
Cocina	C_1	Puntos de luz Interruptor 10 A	1 1	hasta 10m² (dos si S > 10 m²) uno por cada punto de luz
	C_2	Base 16 A 2p + T	2	extractor y frigorífico
	C_3	Base 25 A 2p + T	1	cocina/horno
	C_4	Base 16A 2p + T	3	lavadora, lavavajillas y termo
	C_5	Base 16A 2p + T	3[(2)]	encima del plano de trabajo
	C_8	Toma calefacción	1	---
	C_{10}	Base 16 A 2p + T	1	secadora
Terrazas y Vestidores	C_1	Puntos de luz Interruptor 10 A	1 1	hasta 10 m² (dos si S > 10 m²) uno por cada punto de luz
Garajes unifamiliares y otros	C_1	Puntos de luz Interruptor 10 A	1 1	hasta 10 m² (dos si S > 10 m²) uno por cada punto de luz
	C_2	Base 16A 2p + T	1	hasta 10 m² (dos si S > 10 m²)
	C_{13}	Base de toma de corriente(3).	1	

(1) En donde se prevea la instalación de una torna para el receptor de TV, la base correspondiente deberá ser múltiple, y en este caso se considerará como una sola base a los efectos del número de puntos de utilización de la **tabla** anterior.
(2) Se colocarán fuera de un volumen delimitado por los planos verticales situados a 0,5 m del fregadero y de la encimera de cocción o cocina.
(3) La potencia prevista por toma, los tipos de bases de toma de corriente y la intensidad asignada del interruptor automático para el circuito C13 se especifican en la ITC-BT-52.

2.2.4. Tensiones de utilización y esquema de conexión

Las instalaciones de las viviendas se consideran que están alimentadas por una red de distribución pública de baja tensión según el esquema de distribución "TT" (**ITC-BT-08**) y a una tensión de 230 V en alimentación monofásica y 230/400 V en alimentación trifásica.

2.2.5. Tomas de tierra

2.2.5.1. Instalación

En toda nueva edificación se establecerá una toma de tierra de protección, según el siguiente sistema:

Instalando en el fondo de las zanjas de cimentación de los edificios, y antes de empezar ésta, un cable rígido de cobre desnudo de una sección mínima según se indica en la **ITC-BT-18**, formando un anillo cerrado que interese a todo el perímetro del edificio. A este anillo deberán conectarse electrodos verticalmente hincados en el terreno cuando se prevea la necesidad de disminuir la resistencia de tierra que pueda presentar el conductor en anillo. Cuando se trate de construcciones que comprendan varios edificios próximos, se procurará unir entre sí los anillos que forman la toma de tierra de cada uno de ellos, con objeto de formar una malla de la mayor extensión posible.

En rehabilitación o reforma de edificios existentes, la toma de tierra se podrá realizar también situando en patios de luces o en jardines particulares del edificio, uno o varios electrodos de características adecuadas.

Al conductor en anillo, o bien a los electrodos, se conectarán, en su caso, la estructura metálica del edificio o, cuando la cimentación del mismo se haga con zapatas de hormigón armado, un cierto número de hierros de los considerados principales y como mínimo uno por zapata.

Estas conexiones se establecerán de manera fiable y segura, mediante soldadura aluminotérmica o autógena.

Las líneas de enlace con tierra se establecerán de acuerdo con la situación y número previsto de puntos de puesta a tierra. La naturaleza y sección de estos conductores estará de acuerdo con lo indicado para ellos en la Instrucción.

2.2.5.2. Elementos a conectar a tierra

A la toma de tierra establecida se conectará toda masa metálica importante, existente en la zona de la instalación, y las masas metálicas accesibles de los aparatos receptores, cuando su clase de aislamiento o condiciones de instalación así lo exijan. A esta misma toma de tierra deberán conectarse las partes metálicas de los depósitos de gasóleo, de las instalaciones de calefacción general, de las instalaciones de agua, de las instalaciones de gas canalizado y de las antenas de radio y televisión.

2.2.5.3. Puntos de puesta a tierra

Los puntos de puesta a tierra se situarán:

a) En los patios de luces destinados a cocinas y cuartos de aseo, etc., en rehabilitación o reforma de edificios existentes.

b) En el local o lugar de la centralización de contadores, si la hubiere.

c) En la base de las estructuras metálicas de los ascensores y montacargas, si los hubiere.

d) En el punto de ubicación de la caja general de protección.

e) En cualquier local donde se prevea la instalación de elementos destinados a servicios generales o especiales, y que por su clase de aislamiento o condiciones de instalación, deban ponerse a tierra.

2.2.5.4. Líneas principales de tierra. Derivaciones

Las líneas principales y sus derivaciones se establecerán en las mismas canalizaciones que las de las líneas generales de alimentación y derivaciones individuales.

Únicamente es admitida la entrada directa de las derivaciones de la línea principal de tierra en cocinas y cuartos de aseo, cuando, por la fecha de construcción del edificio, no se hubiese previsto la instalación de conductores de protección. En este caso, las masas de los aparatos receptores, cuando sus condiciones de instalación lo exijan, podrán ser conectadas a la derivación de la línea principal de tierra directamente, o bien a través de tomas de corriente que dispongan de contacto de puesta a tierra. Al punto o puntos de puesta a tierra indicados como a) en el apartado anterior, se conectarán las líneas principales de tierra. Estas líneas podrán instalarse por los patios de luces o por canalizaciones interiores, con el fin de establecer a la altura de cada planta del edificio su derivación hasta el borne de conexión de los conductores de protección de cada local o vivienda.

Las líneas principales de tierra estarán constituidas por conductores de cobre de igual sección que la fijada para los conductores de protección en la Instrucción **ITC-BT-19** con un mínimo de 16 milímetros cuadrados. Pueden estar formadas por barras planas o redondas, por conductores desnudos o aislados, debiendo disponerse una protección mecánica en la parte en que estos conductores sean accesibles, así como en los pasos de techos, paredes, etc.

La sección de los conductores que constituyen las derivaciones de la línea principal de tierra, será la señalada en la Instrucción **ITC-BT-19** para los conductores de protección.

No podrán utilizarse como conductores de tierra las tuberías de agua, gas, calefacción, desagües, conductos de evacuación de humos o basuras, ni las cubiertas metálicas de los cables, tanto de la instalación eléctrica como de teléfonos o de cualquier otro servicio similar, ni las partes conductoras de los sistemas de conducción de los cables, tubos, canales y bandejas.

Las conexiones en los conductores de tierra serán realizadas mediante dispositivos, con tornillos de apriete u otros similares, que garanticen una continua y perfecta conexión entre aquéllos.

2.2.5.5. Conductores de protección

Se instalarán conductores de protección acompañando a los conductores activos en todos los circuitos de la vivienda hasta los puntos de utilización.

2.2.6. Protección contra contactos indirectos

La protección contra contactos indirectos se realizará mediante la puesta a tierra de las masas y empleo de los dispositivos (interruptor diferencial) descritos en el **apartado 2.1** de la **ITC-BT-25**.

2.2.7. Cuadro general de distribución

El cuadro general de distribución estará de acuerdo con lo indicado en la **ITC-BT-17**. En este mismo cuadro se dispondrán los bornes o pletinas para la conexión de los conductores de protección de la instalación interior con la derivación de la línea principal de tierra.

El instalador fijará de forma permanente sobre el cuadro de distribución una placa, impresa con caracteres indelebles, en la que conste su nombre o marca comercial, fecha en que se realizó la instalación, así como la intensidad asignada del interruptor general automático, que de acuerdo con lo señalado en las Instrucciones **ITC-BT-10** e **ITC-BT-25**, corresponda a la vivienda.

2.2.8. Conductores

2.2.8.1. Naturaleza y secciones

Conductores activos

Los conductores activos serán de cobre, aislados y con una tensión asignada de 450/750 V, como mínimo.

Los circuitos y las secciones utilizadas serán los indicados en la **ITC-BT-25**.

Conductores de protección

Los conductores de protección serán de cobre y presentarán el mismo aislamiento que los conductores activos. Se instalarán por la misma canalización que éstos y su sección será la indicada en la Instrucción **ITC-BT-19**.

2.2.8.2. Identificación de los conductores

Los conductores de la instalación deben ser fácilmente identificados, especialmente por lo que respecta a los conductores neutro y de protección. Esta identificación se realizará por los colores que presenten sus aislamientos. Cuando exista conductor neutro en la instalación o se prevea para un conductor de fase su pase posterior a conductor neutro, se identificarán éstos por el color azul claro. Al conductor de protección se le identificará por el doble color amarillo-verde. Todos los conductores de fase, o en su caso, aquellos para los que no se prevea su pase posterior a neutro, se identificarán por los colores marrón o negro. Cuando se considere necesario identificar tres fases diferentes, podrá utilizarse el color gris.

2.2.8.3. Conexiones

Se realizarán conforme a lo establecido en el **apartado 2.11** de la **ITC-BT-19**.

Se admitirán, no obstante, las conexiones en paralelo entre bases de toma de corriente cuando éstas estén juntas y dispongan de bornes de conexión previstos para la conexión de varios conductores.

2.2.9. Ejecución de las instalaciones

2.2.9.1. Sistema de instalación

Las instalaciones se realizarán mediante algunos de los siguientes sistemas:

- Instalaciones empotradas:
  * Cables aislados bajo tubo flexible.
  * Cables aislados bajo tubo curvable.
- Instalaciones superficiales:
  * Cables aislados bajo tubo curvable.
  * Cables aislados bajo tubo rígido.
  * Cables aislados bajo canal protectora cerrada.
  * Canalizaciones prefabricadas.

Las instalaciones deberán cumplir lo indicado en las **ITC-BT-20** e **ITC-BT-21**.

2.2.9.2. Condiciones generales

En la ejecución de las instalaciones interiores de las viviendas se deberá tener en cuenta:

- No se utilizará un mismo conductor neutro para varios circuitos.
- Todo conductor debe poder seccionarse en cualquier punto de la instalación en el que se realice una derivación del mismo, utilizando un dispositivo apropiado, tal como un borne de conexión, de forma que permita la separación completa de cada parte del circuito del resto de la instalación.
- Las tomas de corriente en una misma habitación deben estar conectadas a la misma fase.
- Las cubiertas, tapas o envolventes, mandos y pulsadores de maniobra de aparatos tales como mecanismos, interruptores, bases, reguladores, etc., instalados en cocinas, cuartos de baño, secaderos y, en general, en los locales húmedos o mojados, así como en aquellos en que las paredes y suelos sean conductores, serán de material aislante.
- La instalación empotrada de estos aparatos se realizará utilizando cajas especiales para su empotramiento. Cuando estas cajas sean metálicas estarán aisladas interiormente o puestas a tierra.
- La instalación de estos aparatos en marcos metálicos podrá realizarse siempre que los aparatos utilizados estén concebidos de forma que no permitan la posible puesta bajo tensión del marco metálico, conectándose éste al sistema de tierras.
- La utilización de estos aparatos empotrados en bastidores o tabiques de madera u otro material aislante, cumplirá lo indicado en la **ITC-BT-49**.

2.2.9.3. Instalaciones en locales que contienen baño o ducha

Las prescripciones que se enuncian a continuación son aplicables a las instalaciones interiores de viviendas, así como en la medida que pueda afectarles, a las de locales comerciales, de oficinas y a las de cualquier otro local destinado a fines análogos que contengan una bañera o una ducha o una ducha prefabricada o una bañera de hidromasaje o aparato para uso análogo.

Para lugares que contengan baños o duchas para tratamiento médico o para minusválidos, pueden ser necesarios requisitos adicionales.

Para duchas de emergencia en zonas industriales, son de aplicación las reglas generales.

2.2.9.4. Ejecución de las Instalaciones

Clasificación de los volúmenes

Para las instalaciones de estos locales se tendrán en cuenta los cuatro volúmenes 0, 1, 2 y 3 que se definen a continuación. En la presente instrucción se presentan figuras aclaratorias para la clasificación de los volúmenes, teniendo en cuenta la influencia de las paredes y del tipo de baño o ducha, Los falsos techos y las mamparas no se consideran barreras a los efectos de la separación de volúmenes.

1. **Volumen 0**. Comprende el interior de la bañera o ducha. En un lugar que contenga una ducha sin plato, el volumen 0 está delimitado por el suelo y por un plano horizontal situado a 0,05 m por encima del suelo. En este caso:

   a) Si el difusor de la ducha puede desplazarse durante su uso, el volumen 0 está limitado por el plano generatriz vertical situado a un radio de 1,2 m alrededor de la toma de agua de la pared o el plano vertical que encierra el área prevista para ser ocupada por la persona que se ducha; o

   b) Si el difusor de la ducha es fijo, el volumen 0 está limitado por el plano generatriz vertical situado a un radio de 0,6 m alrededor del difusor.

2. **Volumen 1**. Está limitado por:

   a) El plano horizontal superior al volumen 0 y el plano horizontal situado a 2,25 m por encima del suelo, y

   b) El plano vertical alrededor de la bañera o ducha y que incluye el espacio por debajo de los mismos, cuanto este espacio es accesible sin el uso de una herramienta; o

      - Para una ducha sin plato con un difusor que puede desplazarse durante su uso, el volumen 1 está limitado por el plano generatriz vertical situado a un radio de 1,2 m desde la toma de agua de la pared o el plano vertical que encierra el área prevista para ser ocupada por la persona que se ducha; o

- Para una ducha sin plato y con un rociador fijo, el volumen 1 está delimitado por la superficie generatriz vertical situada a un radio de 0,6 m alrededor del rociador.

3. **Volumen 2**. Está limitado por:

   a) El plano vertical exterior al volumen 1 y el plano vertical paralelo situado a una distancia de 0,6 m; y

   b) El suelo y plano horizontal situado a 2,25 m por encima del suelo

   Además, cuando la altura del techo exceda los 2,25 m por encima del suelo, el espacio comprendido entre el volumen 1 y el techo o hasta una altura de 3 m por encima del suelo, cualquiera que sea el valor menor, se considera volumen 2.

4. **Volumen 3**. Está limitado por:

   a) El plano vertical límite exterior del volumen 2 y el plano vertical paralelo situado a una distancia de éste de 2,4 m; y

   b) El suelo y el plano horizontal situado a 2,25 m por encima del suelo.

   Además, cuando la altura del techo exceda los 2,25 m por encima del suelo, el espacio comprendido entre el volumen 2 y el techo o hasta una altura de 3 m por encima del suelo, cualquiera que sea el valor menor, se considera volumen 3.

   El volumen 3 comprende cualquier espacio por debajo de la bañera o ducha que sea accesible sólo mediante el uso de una herramienta siempre que el cierre de dicho volumen garantice una protección como mínimo IP X4. Esta clasificación no es aplicable al espacio situado por debajo de las bañeras de hidromasaje y cabinas.

Protección para garantizar la seguridad

Cuando se utiliza MBTS, cualquiera que sea su tensión asignada, la protección contra contactos directos debe estar proporcionada por:

- Barreras o envolventes con un grado de protección mínimo IP2X o IPXXB, según UNE 20324.
- Aislamiento capaz de soportar una tensión de ensayo de 500 V en valor eficaz en alterna durante 1 minuto.

Una conexión equipotencial local suplementaria debe unir el conductor de protección asociado con las partes conductoras accesibles de los equipos de clase 1 en los volúmenes 1, 2 y 3, incluidas las tomas de corriente y las siguientes partes conductoras externas de los volúmenes 0, 1, 2 y 3:

- Canalizaciones metálicas de los servicios de suministro y desagües (por ejemplo agua, gas).

- Canalizaciones metálicas de calefacciones centralizadas y sistemas de aire acondicionado.
- Partes metálicas accesibles de la estructura del edificio. Los marcos metálicos de puertas, ventanas y similares no se consideran partes externas accesibles, a no ser que estén conectadas a la estructura metálica del edificio.
- Otras partes conductoras externas, por ejemplo partes que son susceptibles de transferir tensiones.

Estos requisitos no se aplican al volumen 3, en recintos en los que haya una cabina de ducha prefabricada con sus propios sistemas de drenaje, distintos de un cuarto de baño, por ejemplo un dormitorio.

Las bañeras y duchas metálicas deben considerarse partes conductoras externas susceptibles de transferir tensiones, a menos que se instalen de forma que queden aisladas de la estructura y de otras partes metálicas del edificio. Las bañeras y duchas metálicas pueden considerarse aisladas del edificio, si la resistencia de aislamiento entre el área de los baños y duchas y la estructura del edificio, medido de acuerdo con la norma UNE 20460 -6 -61, anexo A, es de cómo mínimo 100 kΩ.

2.2.9.5. Elección e instalación de los materiales eléctricos

	Grado de Protección	**Cableado**	**Mecanismos(2)**	**Otros aparatos fijos (3)**
Volumen 0	IPX7.	Limitado al necesario para alimentar los aparatos eléctricos fijos situados en este volumen.	No permitida.	Aparatos que únicamente pueden ser instalados en el volumen 0 y deben ser adecuados a las condiciones de este volumen.
Volumen 1	IPX4 IPX2, por encima del nivel más alto de un difusor fijo. IPX5, en equipo eléctrico de bañeras de hidromasaje y en los baños comunes en los que se puedan producir chorros de agua durante la limpieza de los mismos (1).	Limitado al necesario para alimentar los aparatos eléctricos fijos situados en los volúmenes 0 y 1.	No permitida, con la excepción de interruptores de circuitos MBTS alimentados a una tensión nominal de 12V de valor eficaz en alterna o de 30V en continua, estando la fuente de alimentación instalada fuera de los volúmenes 0, 1 y 2.	Aparatos alimentados a MBTS no superior a 12 V ca o 30 V cc Calentadores de agua, bombas de ducha y equipo eléctrico para bañeras de hidromasaje que cumplan con su norma aplicable, si su alimentación está protegida adicional mente con un dispositivo de protección de corriente diferencial de valor no superior a los 30 mA, según la norma UNE 20460 -4 -41.

.../...

.../...

Volumen 2	IPX4 IPX2, por encima del nivel más alto de un difusor fijo. IPX5, en los baños comunes en los que se puedan producir chorros de agua durante la limpieza de los mismos **(1)**.	Limitado al necesario para alimentarlos aparatos eléctricos fijos situados en los volúmenes 0, 1 y 2, y la parte del volumen 3 situado por debajo de la bañera o ducha.	No permitida, con la excepción de interruptores o bases de circuitos MBTS cuya fuente de alimentación este instalada fuera de los volúmenes 0, 1 y 2. Se permiten también la instalación de bloques de alimentación de afeitadoras que cumplan con la UNE-EN 60472 o UNE-EN 61558 -2 -5.	Todos los permitidos para el volumen 1, Luminarias, ventiladores, calefactores, y unidades móviles para bañeras de hidromasaje que cumplan con su norma aplicable, si su alimentación está protegida adicionalmente con un dispositivo de protección de corriente diferencial de valor no superior a los 30 mA, según la norma UNE 20460 -4 -41.
Volumen 3	IPX5, en los baños comunes, cuando se puedan producir chorros de agua durante la limpieza de los mismos.	Limitado al necesario para alimentar los aparatos eléctricos fijos situados en los volúmenes 0, 1, 2 y 3.	Se permiten las bases sólo si están protegidas bien por un transformador de aislamiento; o por MRTS: o por un interruptor automático de la alimentación con un dispositivo de protección por corriente diferencial de valor no superior a los 30 mA, todos ellos según los requisitos de la norma UNE 20460 -4 -41.	Se permiten los aparatos sólo si están protegidos bien por un transformador de aislamiento, o por MBTS, o por un dispositivo de protección de corriente diferencias de valor no superior a los 30 mA, todos ellos según los requisitos de la norma UNE 20460 -4 -41.

(**1**): Los baños comunes comprenden los baños que se encuentran en escuelas, fábricas, centros deportivos, etc., e incluyen todos los utilizados por el público en general.

(**2**): Los cordones aislantes de interruptores de tirador están permitidos en los volúmenes 1 y 2, siempre que cumplan con los requisitos de la norma UNE-EN 60669-1.

(**3**): Los calefactores bajo suelo pueden instalarse bajo cualquier volumen siempre y cuando debajo de estos volúmenes estén cubiertos por una malla metálica puesta a tierra o por una cubierta metálica conectada a una conexión equipotencial local suplementaria según el apartado 2.2 de la ITC-BT-27.

2.2.9.6. Requisitos particulares para la instalación de bañeras de hidromasaje, cabinas de ducha con circuitos eléctricos y aparatos análogos

El hecho de que en estos aparatos, en los espacios comprendidos entre la bañera y el suelo y las paredes y el techo de las cabinas y las paredes y techos del local donde se instalan, coexista equipo eléctrico tanto de baja tensión como de Muy Baja Tensión de Seguridad (MBTS) con tuberías o depósitos de agua u otros líquidos, hace necesario que se requieran condiciones especiales de instalación.

En general todo equipo eléctrico, electrónico, telefónico o de telecomunicación incorporado en la cabina o bañera, incluyendo los alimentados a MBTS, deberán cumplir los requisitos de la norma UNE-EN 60335 -2 -60.

La conexión de las bañeras y cabinas se efectuará con cable con cubierta de características no menores que el de designación H05VV-F o mediante cable bajo tubo aislante con conductores aislados de tensión asignada 450/750V. Debe garantizarse que, una vez instalado el cable o tubo en la caja de conexiones de la bañera o cabina, el grado de protección mínimo que se obtiene sea IPX5.

Todas las cajas de conexión localizadas en paredes y suelo del local bajo la bañera o plato de ducha, o en las paredes o techos del local, situadas detrás de paredes o techos de una cabina por donde discurren tubos o depósitos de agua, vapor u otros líquidos, deben garantizar, junto con su unión a los cables o tubos de la instalación eléctrica, un grado de protección mínimo IPX5. Para su apertura será necesario el uso de una herramienta.

No se admiten empalmes en los cables y canalizaciones que discurran por los volúmenes determinados por dichas superficies salvo si estos se realizan con cajas que cumplan el requisito anterior.

2.2.9.7. Figuras de la clasificación de los volúmenes

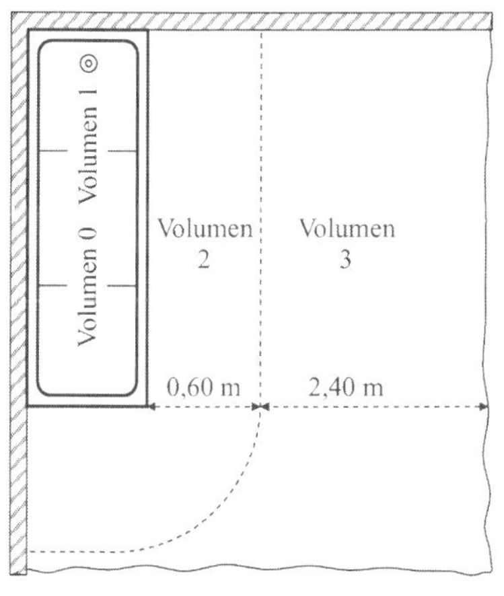

Bañera con pared fija

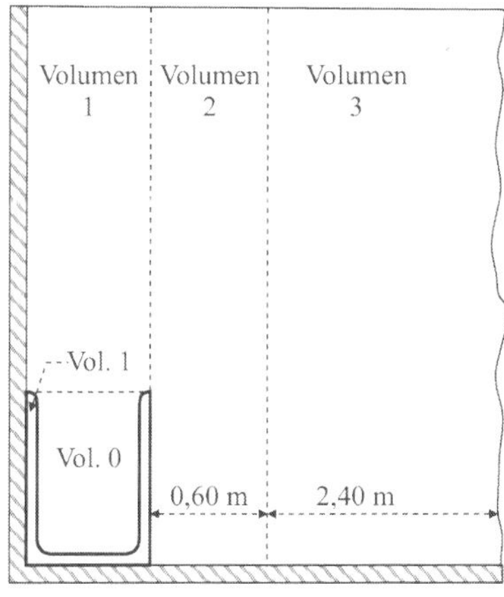

Bañera

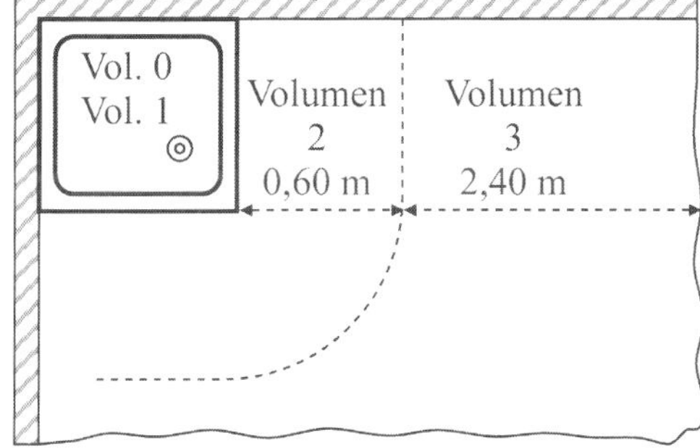

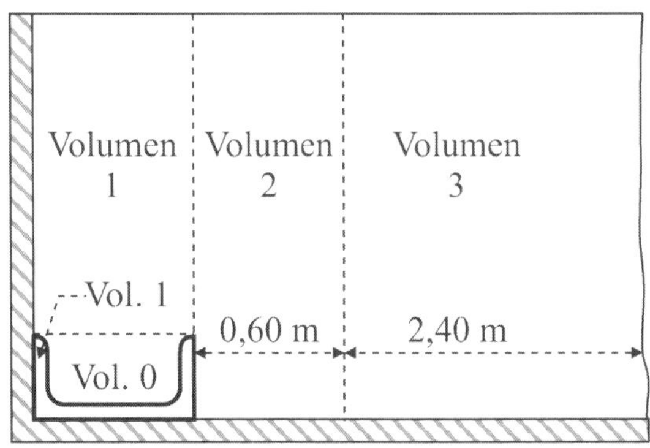

Ducha

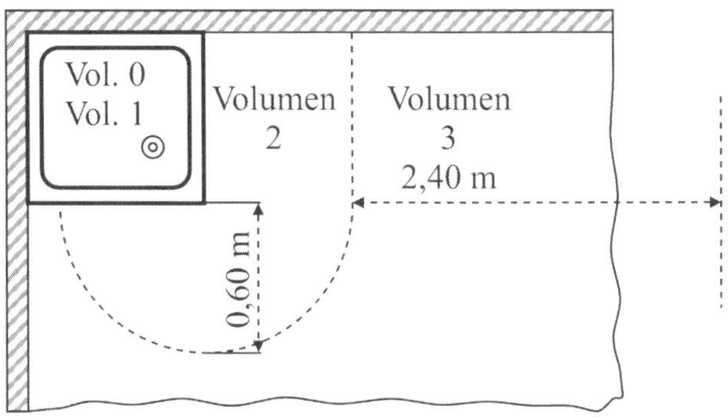

Ducha con pared fija

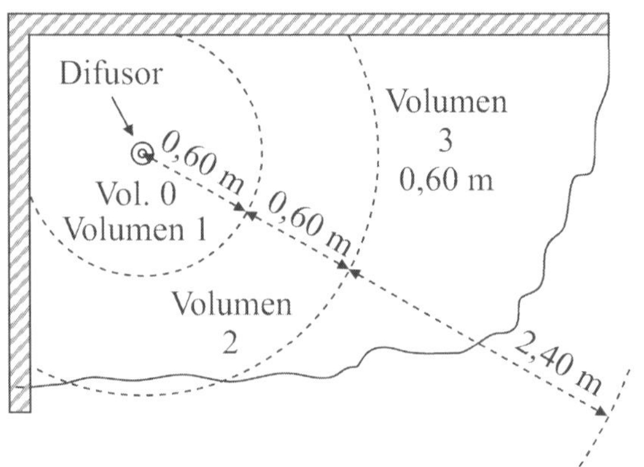

Ducha sin plato

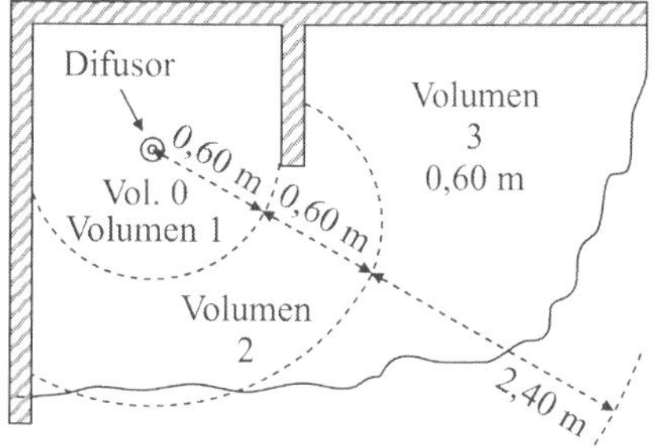

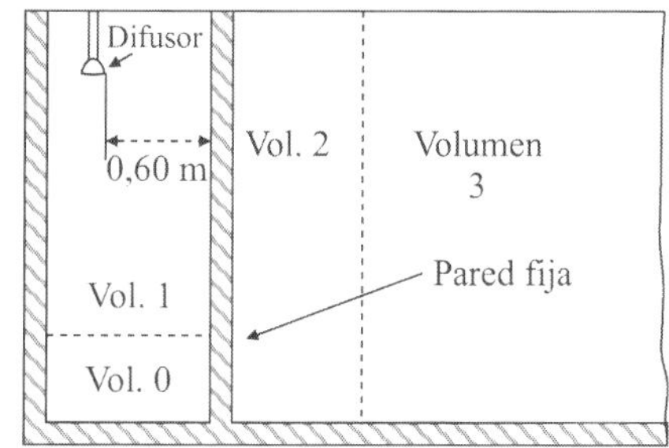

Ducha sin plato pero con pared fija. Difusor fijo

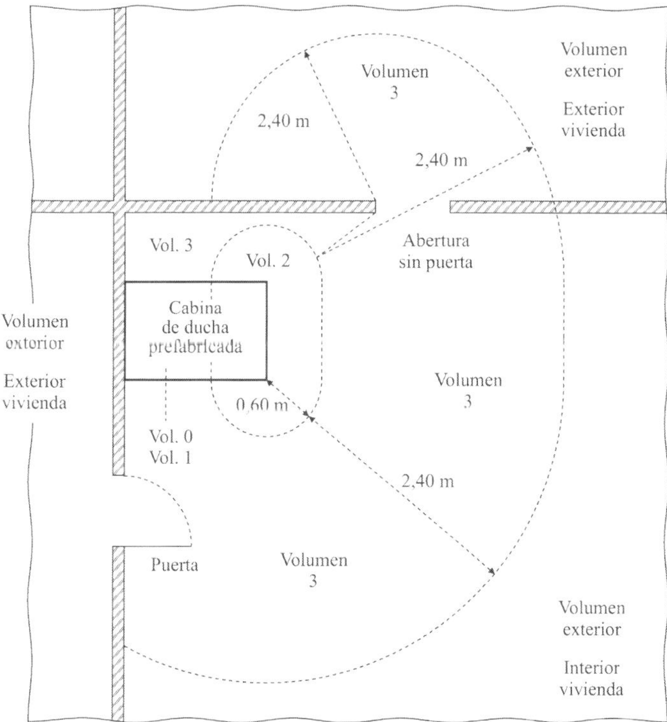

Cabina de ducha prefabricada

2.3. Circuitos característicos

2.3.1. Esquemas unifilares de viviendas, según su grado de electrificación

Este es un diagrama que representa de forma gráfica los elementos que componen la instalación eléctrica.

Frecuentemente, en esquemas de este tipo, podemos encontrar de forma detallada el número de circuitos instalados en la vivienda, las características de los conductores y conducciones empleados, las protecciones eléctricas y la identificación de los receptores.

2.3.1.1. Electrificación básica

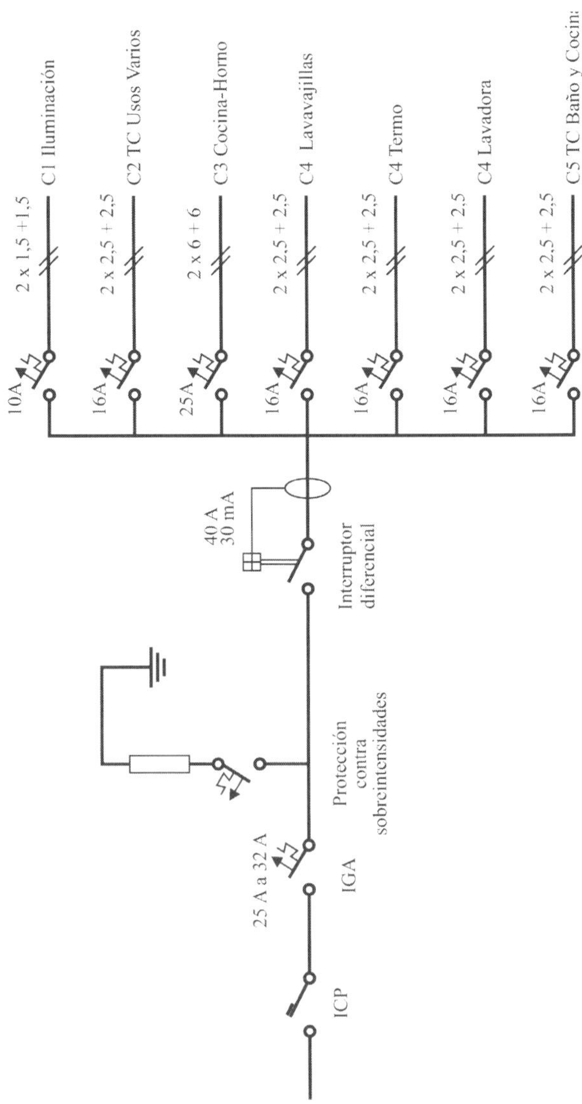

Esquema unifilar de ejemplo típico de instalación de una vivienda con grado de electrificación básica con circuito C4 desdoblado en 3 circuitos independientes.

2.3.1.2. Electrificación elevada

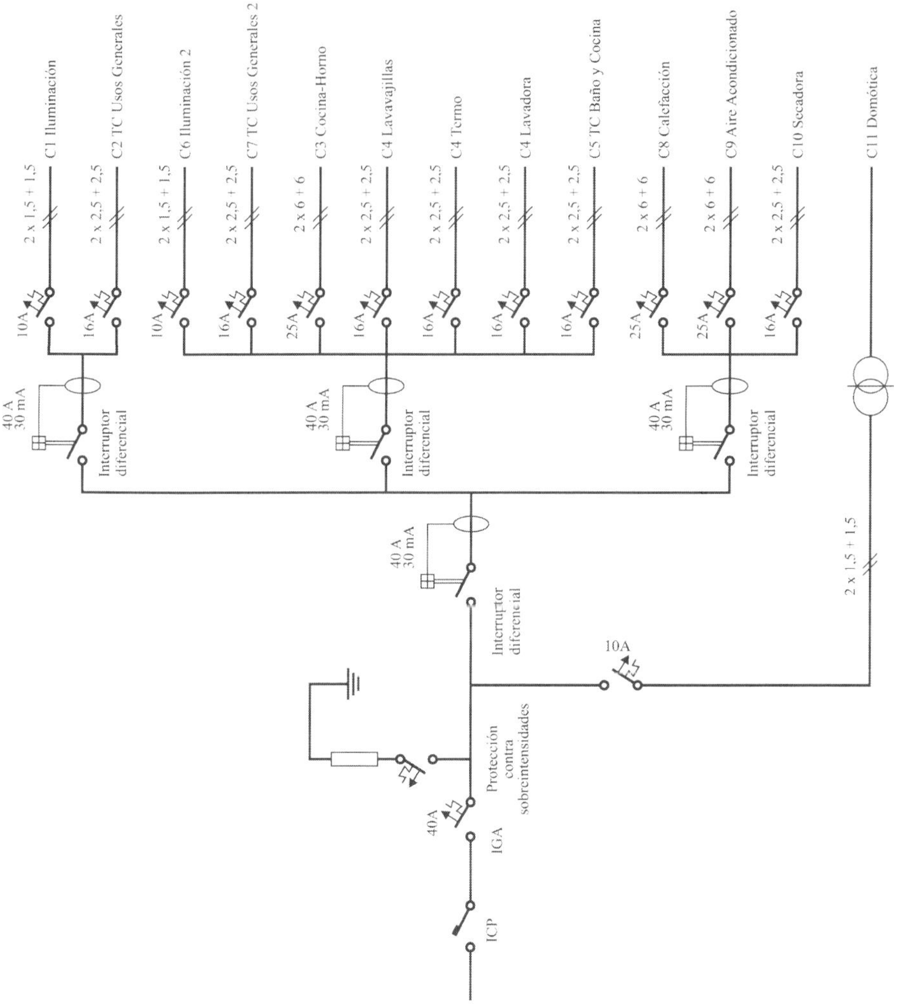

Esquema unifilar de ejemplo típico de instalación de una vivienda con grado de electrificación elevada

2.3.2. Instalaciones de alumbrado

Los circuitos de alumbrado pueden tener una complejidad diferente que dependerá fundamentalmente del número de puntos desde donde los queramos gobernar.

Encendido de una lámpara mediante un interruptor

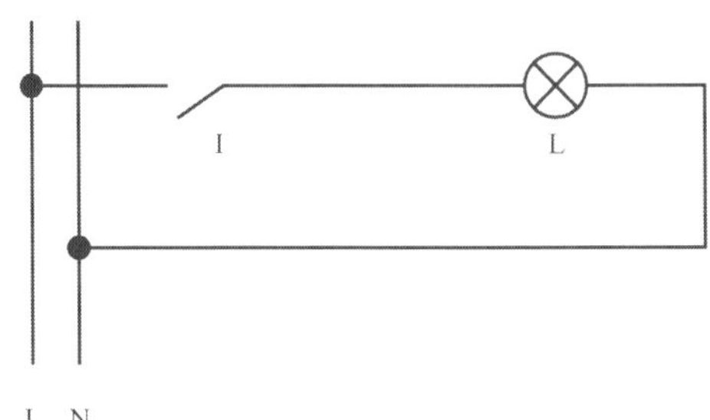

Encendido de varias lámparas

El conjunto de lámparas se podrá conectar de dos formas: en serie o en paralelo. Lo habitual es conectarlas en paralelo con el objeto de alimentarlas a su tensión nominal y evitar el bloqueo del conjunto en el caso de avería en una de ellas, tal como sucede en la conexión serie.

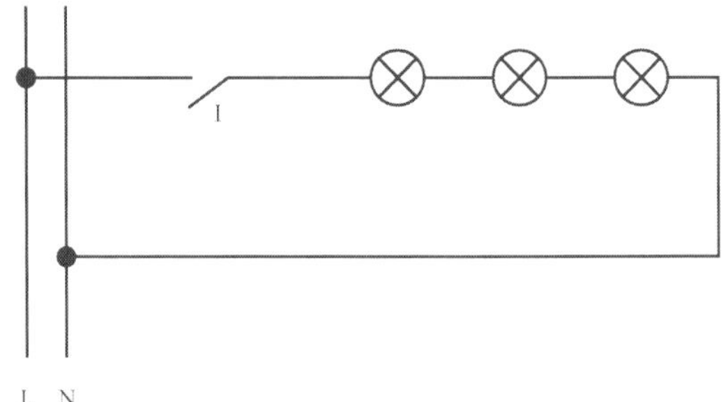

Conexión serie

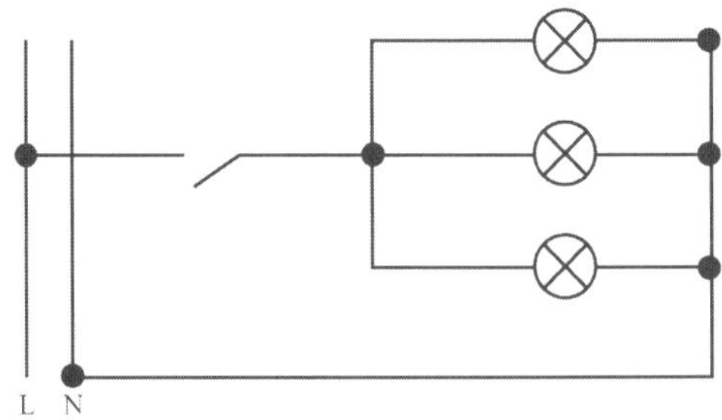

Conexión paralelo

Encendido de dos lámparas mediante conmutador de tres posiciones

El conmutador dispone de tres posiciones y una de ellas, la central, está abierta. Las lámparas son de potencia diferente, de manera que podamos lograr dos niveles de iluminación diferente.

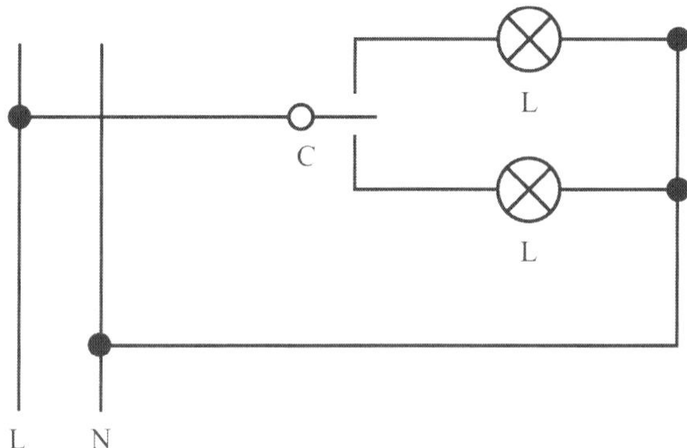

Gobierno de lámparas desde dos puntos diferentes

A este tipo de circuitos se les conoce comúnmente como conmutadas y permiten el encendido y apagado de una lámpara o conjunto de ellas mediante dos conmutadores. Los dos circuitos más habituales son los representados en las figuras 52 y 53, conocidos como conmutada corta y conmutada larga.

La observación de los circuitos permite ver que si se enciende la lámpara desde un conmutador, puede realizarse el apagado desde ese conmutador o desde el otro.

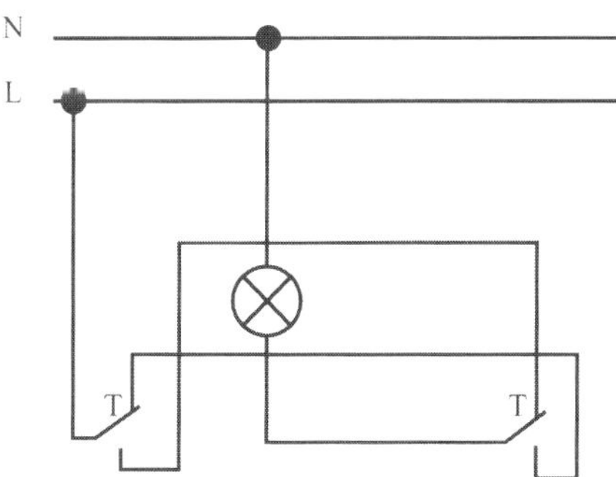

Conmutadora corta

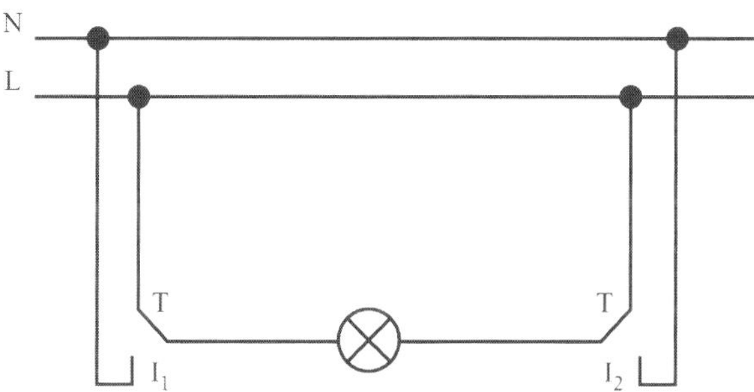

Conmutadora larga

Gobierno de lámparas desde tres puntos diferentes

Este circuito consta de dos conmutadores de dos posiciones en sus extremos y en medio un conmutador de cruzamiento, permitiendo así el gobierno de la lámpara desde tres puntos.

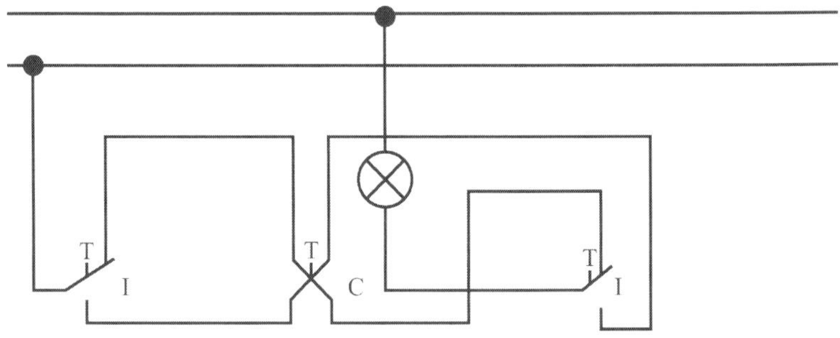

Conmutadora desde tres puntos

Gobierno de lámparas desde varios puntos

Este circuito consta de varios pulsadores y de un relé biestable que cada vez que se excita la bobina cambia el contacto de posición.

Si las lámparas están apagadas (contacto del relé abierto) y pulsamos uno cualquiera de los pulsadores el contacto se cierra alimentando las lámparas; en estas condiciones pulsando cualquiera de los pulsadores las lámparas se apagan.

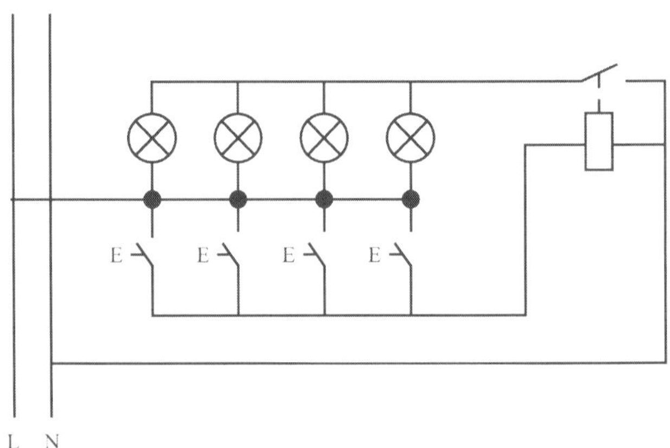

Encendido desde varios puntos, mediante pulsador

Automáticos de escalera

Para el encendido temporal de lámparas, caso característico del encendido del alumbrado de las escaleras de un edificio de viviendas, se utilizan mecanismos neumáticos de temporización o motores sincrónicos con mecanismo de relojería.

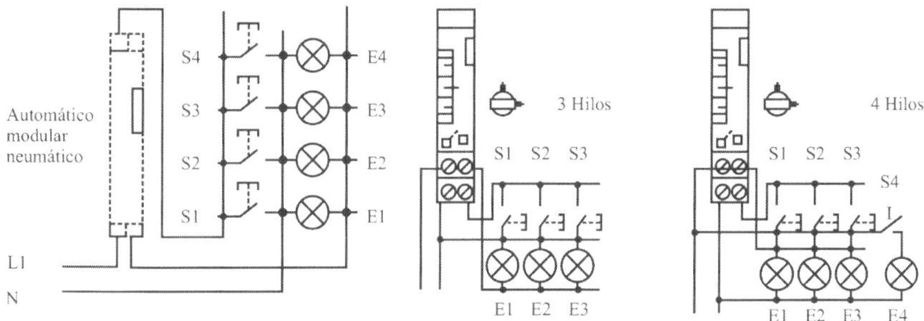

Esquemas de conexión

2.3.2.1. Instalaciones de alumbrado con lámparas fluorescentes

Las instalaciones de alumbrado mediante tubos fluorescentes requiere para el encendido de ésta de un cebador y una reactancia; en algunos caso se incorpora un condensador para corrección del factor de potencia.

El cebador consta de dos láminas que se deforman, uniéndose por acción del calor, al aplicar tensión las láminas se unen cerrando temporalmente el circuito que alimenta los filamentos del tubo, al abrirse las láminas en la reactancia se produce una sobretensión que produce la ionización del tubo o lámpara fluorescente.

Las figuras muestran instalaciones de una sola lámpara fluorescente o de dos lámparas conectadas en serie y en paralelo.

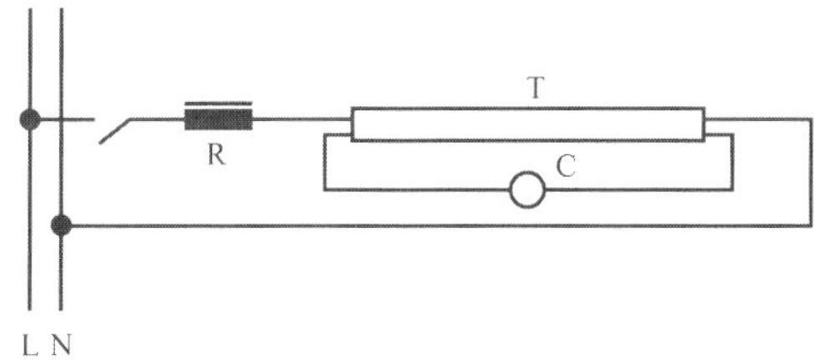

Instalación de una sola lámpara fluorescente

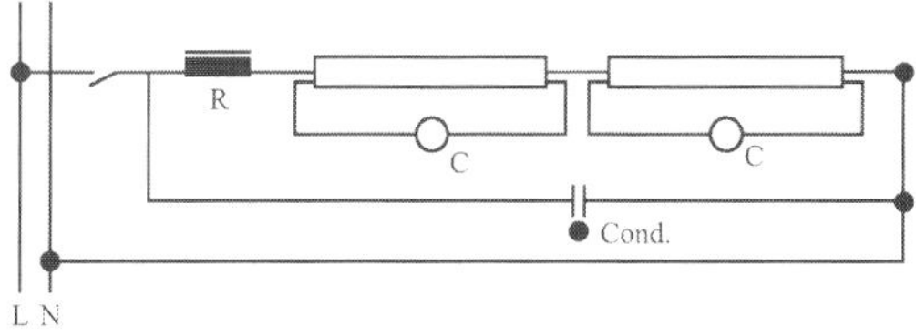

Instalación de dos lámparas fluorescentes en serie

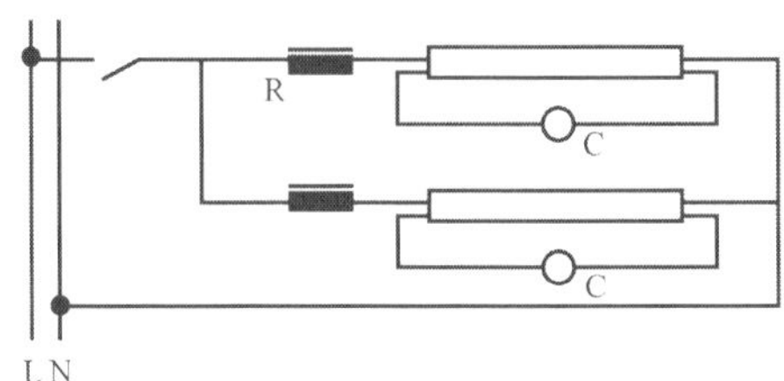

Instalación de dos lámparas fluorescentes en paralelo

2.4. Averías y diagnósticos en instalaciones eléctricas de baja tensión

En la tabla siguiente se muestran las averías y diagnósticos más frecuentes en instalaciones eléctricas en Baja Tensión, en concreto dentro de ellas en las más usuales, es decir, en los equipos de iluminación.

AVERÍA	DIAGNÓSTICO
Bornas de la Cuadro General de Protección (CGP) se calientan.	Tornillos flojos, o exceso de intensidad.
Fusibles situados en CGP o Centralización de Contadores se han fundido.	Exceso de intensidad producido por consumo elevado. Cortocircuito en la línea.
Conductores Línea general de alimentación se caliente.	Elevada intensidad en los mismos. Refrigeración inadecuada.
Interruptor de corte en carga se caliente.	Tornillos flojos o exceso de intensidad.
Conductores Derivación Individual se calientan.	Elevada intensidad en los mismos. Refrigeración inadecuada.
Interruptores Automáticos Diferenciales se disparan.	La instalación posee una derivación a tierra.
Interruptores Automáticos Magnetotérmicos se disparan.	En la instalación se ha producido un cortocircuito o una sobrecarga. Armónicos en red.
Los puntos de luz no encienden.	Interruptores o conmutadores rotos. Conductores sueltos o rotos. Conductores sueltos o rotos. Portalámparas deteriorado.
En Tomas de Corriente no hay servicio.	Hilos de alimentación cortados. Toma de Corriente deteriorada.
Conductores interiores o de alimentación a receptor se calientan.	Elevada intensidad en los mismos. Sección inadecuada al consumo de la línea o del receptor.
Lámpara fluorescente se enciende y se apaga.	Cebador en mal estado. Lámpara gastada o agotada.
Lámpara fluorescente no se enciende.	Lámpara fundida. Balasto roto o en cortocircuito. Falta de tensión.
Lámparas de descarga no se encienden.	Lámparas fundidas, gastadas o agotadas. Balastos y Arrancadores deteriorados. Falta de Tensión.
Lámparas Halógenas de Baja Tensión (12 V) no funciona o da poca luz.	Lámpara fundida, gastada o agotada. Transformador cortado o en cortocircuito. Tensión de alimentación insuficiente.
Lámpara Luz Mezcla se enciende y apaga.	Lámpara gastada o agotada. Tensión de alimentación insuficiente.

Averías y diagnósticos más frecuentes en equipos de iluminación

A continuación se muestra el diagrama de flujo de la investigación de defectos en instalaciones o su localización si el diferencial se desconectó.

El interruptor diferencial ha desconectado: puede existir un defecto de aislamiento en la instalación o en los receptores

Sin modificar el sistema, conectar nuevamente el diferencial

¿Se pudo conectar el diferencial?

si → Disturbios transitorios. Comprobar el aislamiento en la instalación y receptores. También en el neutro y en el conductor de protección

no → Desconectar todos los automáticos y/o fusibles detrás del diferencial

¿Se pudo conectar el diferencial?

si → Conectar uno por uno todos los circuitos hasta que dispare el diferencial. El circuito con el que disparó el diferencial presenta un defecto de aislamiento. Localización posterior del defecto: Desconectar, desembornar o retirar las clavijas de todos los receptores de ese circuito

no → Desembornar el diferencial en su salida (incluso el neutro)

¿Se pudo conectar el diferencial?

no → Diferencial defectuoso

si → Defecto de aislamiento entre el diferencial y los fusibles y/o automáticos

¿Se pudo conectar el diferencial?

no → El defecto está seguramente en la instalación de los conductores de ese circuito. Localizar el defecto por medidas de aislamiento y separación de conductores en las cajas de derivación

si → Conectar nuevamente uno por uno los distintos receptores e insertar las clavijas de ese circuito, hasta que dispare el diferencial. El receptor cuya conexión hizo disparar el diferencial está defectuoso.

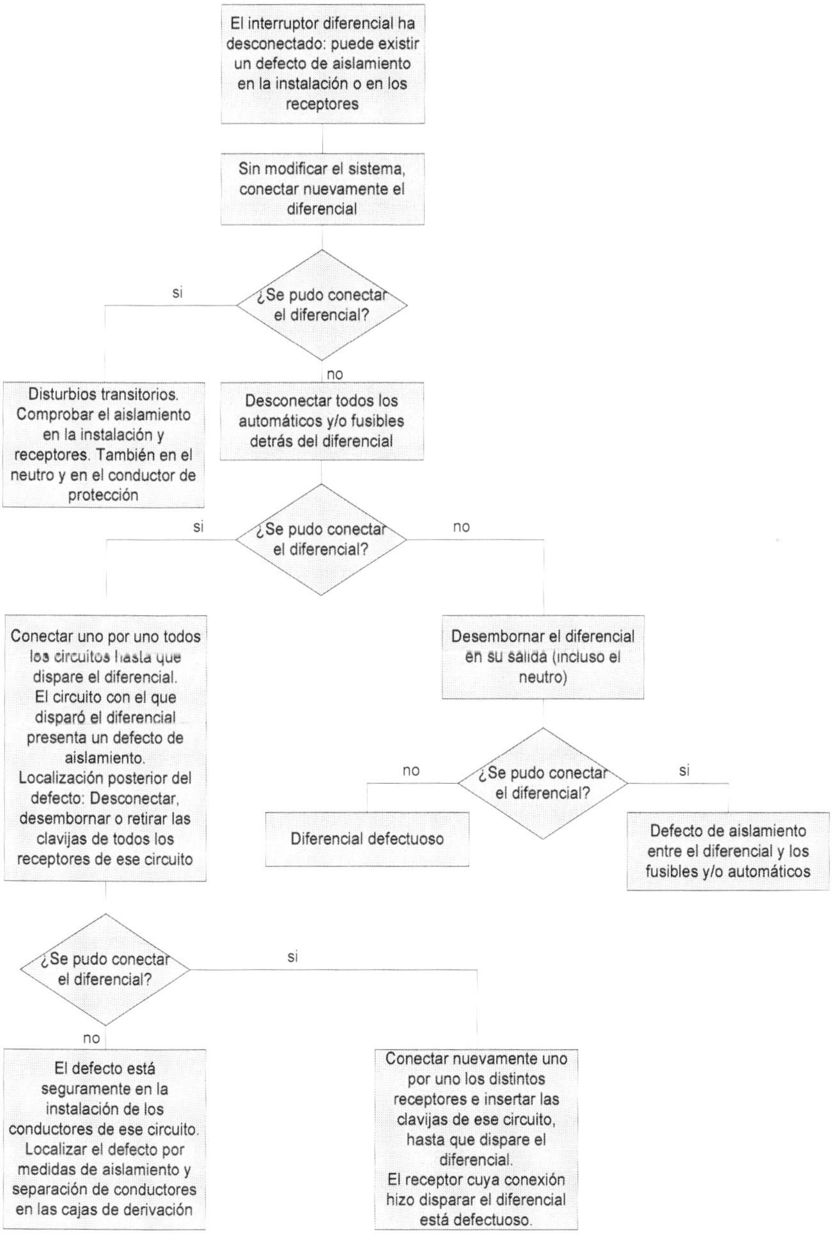

Investigación y diagnosis de defectos en instalaciones o su localización si el diferencial se desconectó

2.5. Mantenimiento de la red de baja tensión en edificios públicos

Cuadro general de distribución

Cada cinco años se comprobarán los dispositivos de protección contra cortocircuitos, contactos directos e indirectos, así como sus intensidades nominales en relación con la sección de los conductores que protegen.

Instalación interior

Cada cinco años se comprobará el aislamiento de la instalación interior, que entre cada conductor y tierra y entre cada dos conductores no deberá ser inferior a 250.000 ohmios.

Red de equipontecialidad

Cada cinco años en baños y aseos, y cuando obras realizadas en éstos hubiesen podido dar lugar al corte de los conductores, se comprobará la continuidad da las conexiones equipotenciales entre masas y elementos conductores, así como con el conductor de protección.

Cuadro de protección de líneas de fuerza motriz

Cada cinco años se comprobarán los dispositivos de protección contra cortocircuitos, contactos directos e indirectos, así como sus intensidades nominales en relación con la sección de los conductores que protegen.

Barra de puesta a tierra colocada

Cada dos años, en la época en que el terreno esté más seco, se procederá a la medición de puesta a tierra, comprobando que no sobrepasa el valor prefijado; asimismo se verá el estado frente a la corrosión de la conexión de la barra de puesta a tierra con la arqueta y la continuidad de la línea que la une.

Línea principal de tierra (en conducto de fábrica o bajo tubo)

Cada dos años se comprobará mediante inspección visual el estado frente a la corrosión de todas las conexiones y la continuidad de las líneas.

3. Pantallas de iluminación: elementos que la componen, desmontaje, reparación y cambio

Para el estudio de este apartado nos centraremos en los fluorescentes y en la reparación de bombillas LED. Ya con anterioridad hemos podido ver las partes y características principales de bombillas incandescentes y de lámparas de descarga.

3.1. Fluorescentes

La iluminación de espacios interiores tiene como finalidad conseguir unos niveles de iluminación correctos en función de la zona que se desee iluminar. No es lo mismo iluminar los garajes que las zonas de oficina. El alumbrado que más se utiliza en los edificios administrativos, generalmente, se realiza a través de lámparas fluorescentes.

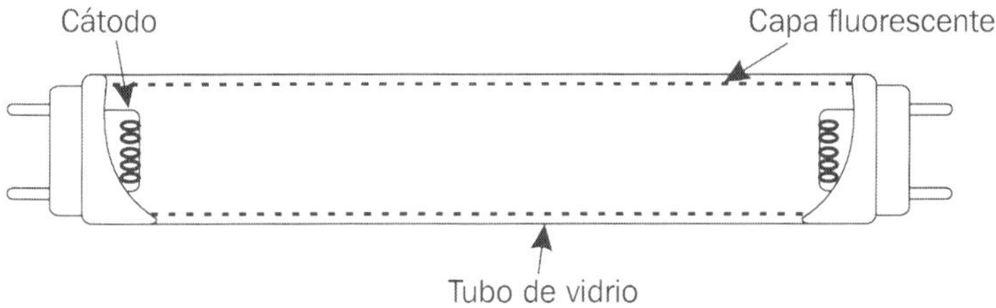

Se trata de lámparas de vapor de mercurio a baja presión formadas por un tubo de diámetro normalizado, normalmente cilíndrico, cerrado en cada extremo con un casquillo que tiene dos contactos donde se alojan los electrodos.

Los fluorescentes pueden presentar diversas formas (recto, redondo u otras). El más utilizado en edificios administrativos –en las oficinas y lugares de trabajo– es el de forma recta por diferentes motivos, entre otros:

- Su alta eficacia luminosa.
- Su larga duración.

La iluminación con fluorescentes consume, aproximadamente, la cuarta parte que la iluminación de incandescencia, para lograr el mismo nivel lumínico.

Los fluorescentes cuando funcionan apenas se calientan, por este motivo este tipo de alumbrado también son conocidos como **"luz fría".**

El fluorescente se enciende por medio de una descarga, esto supone un gasto extra de energía y un desgaste del recubrimiento interior de la luminaria. Si lo encendemos a diario en dos ocasiones su vida útil se reduce en un 25%. Para alcanzar la duración indicada por los fabricantes deben de estar más de tres horas encendidos de forma continuada.

Por el contrario, cuanto más tiempo esté encendido menos gasta, si lo comparamos con las bombillas.

En el alumbrado a base de fluorescentes no es recomendable andar encendiendo y apagando. Si el alumbrado va a estar apagado menos de 15 minutos, es mejor dejarlo encendido.

Para que los fluorescentes emitan la luminosidad apropiada debe situarse en un local que tenga una temperatura comprendida entre los 20 y 25 ºC. y una altura de 2 metros

Los fluorescentes trabajan con poca potencia ya que casi toda la energía consumida la convierten en ondas luminosas, o por lo menos gran parte de ella.

En términos luminosos, su eficacia puede llegar a 90 lúmenes por vatio, mientras que las incandescentes rinden 15 y las halógenas entre 25 y 30 lúmenes por vatio.

Su duración es larga puesto que tienen una media de 9000 horas.

Existen en diferentes potencias y longitudes. También **diferentes tonalidades de luz**, entre otras:

- Blanco cálido.
- Blanco frío.
- Luz día.

Fallan por agotamiento: adquieren un color azulado-grisáceo, cuando están llegando al final de su duración, muy feo. Por tanto, si en una lámpara hay dos fluorescentes juntos, es mejor sustituirlos a la par. Si cambiamos sólo uno, se notará una importante y molesta diferencia de color.

Esto es debido a la depreciación del flujo provocada por la pérdida de eficacia de los polvos fluorescentes y al ennegrecimiento de las paredes del tubo.

El funcionamiento de una lámpara fluorescente convencional requiere una reactancia, un condensador compensador y un cebador. La conexión eléctrica es muy sencilla. Estos elementos están montados en el cuerpo de la lámpara.

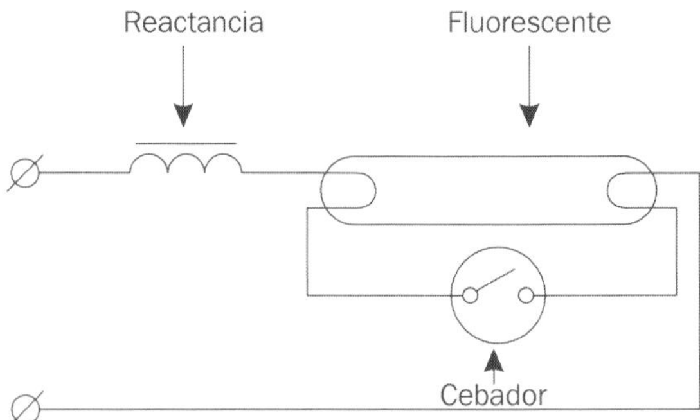

Cuando las lámparas fluorescentes continúen parpadeando después del encendido y no ofrezcan buena calidad de luz, puede deberse a que el tubo esté viejo o el cebador gastado, debiendo cambiar el elemento agotado.

Los tubos fluorescentes son de diferentes tamaños y diámetros.

Su forma puede ser:

- Recta.
- En U.
- o Aro.

Potencia (w)	Tamaño en mm	Diámetro	Forma
15	438	26	recta
18	590	26	recta
30	895	26	recta
36	1200	26	recta
58	1500	26	recta

Su diámetro puede ser:

- 38 mm estos eran los de hace años.
- 26 mm el diámetro común.
- 16 mm.
- 7 mm para iluminación artística.

Cuando cambiemos un tubo fluorescente viejo, nunca debemos romperlo ni depositarlo en el cubo de la basura, ya que en su interior contiene vapores de mercurio y se pueden producir fugas. Lo adecuado será depositarlos en contenedores para residuos especiales.

Hace unos pocos años han aparecido las **lámparas fluorescentes compactas** que llevan incorporado el balasto (en lugar de reactancia) y el cebador. Estas son lámparas con casquillo de rosca o de bayoneta, están pensadas para sustituir a las bombillas, ya que producen grandes ahorros de energía.

Los balastros electrónicos en estos tubos están integrados en la clavija de contacto.

Cebador

El cebador no es más que un interruptor térmico y consiste en una pequeña ampolla de vidrio llena de gas argón a baja presión, y en cuyo interior se encuentran dos electrodos. Uno de ellos, o los dos, son laminillas de diferente coeficiente de dilatación que, por la acción del calor, pueden doblarse ligeramente, y que se encuentran muy próximas.

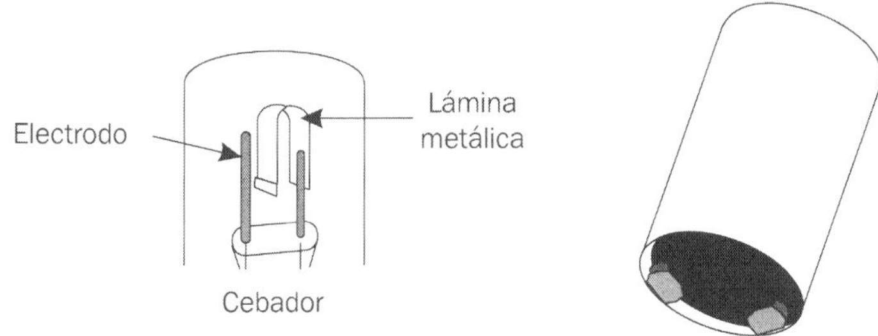

Reactancias

Las funciones que debe cumplir una reactancia, en el orden en que se realizan al poner en funcionamiento un tubo fluorescente, son:

- Proporcionar la corriente de arranque o precalentamiento de los filamentos para conseguir de éstos la emisión inicial de electrones.

- Suministrar la tensión de salida en vacío suficiente para hacer saltar el arco en el interior de la lámpara.
- Limitar la corriente en la lámpara a los valores adecuados para un correcto funcionamiento.

Averías y reparaciones de fluorescentes

La mayoría de las averías de los fluorescentes se reducen a cuatro:

a) El tubo no se enciende. Esto puede ser debido a que se ha agotado el tubo, a que el cebador está defectuoso o bien a que no hacen buen contacto los bornes del tubo. En estos casos se debe proceder al cambio de las piezas defectuosas, o bien a ajustar los bornes del tubo para que hagan un contacto completo.

b) La luz parpadea. Puede que el tubo se haya agotado, pero lo más frecuente será que el contacto del tubo con los bornes no se haya acoplado bien.

c) Los bornes zumban produciendo ruido. Esta avería se debe a la conexión defectuosa de la reactancia que habrá que comprobar, o bien a que la reactancia es inadecuada, por lo que habrá que sustituirla por otra de potencia acorde con el tubo fluorescente.

d) Los extremos del tubo se ponen negros. Es síntoma de agotamiento del tubo. Debe ser reemplazado.

3.2. Lámparas LED

Las lámparas LED tienen un precio elevado. Saber cómo arreglar los diodos estropeados de este tipo de bombillas puede hacer que su vida útil sea mayor y por tanto un ahorro de costes en la reposición de estas bombillas.

El Principio de funcionamiento de una lámpara LED es bastante sencillo. La corriente alterna de la red eléctrica a través de los contactos se suministra al transformador driver, allí se transforma en la corriente continua y se suministra a los diodos que la convierten en la radiación luminosa. El exceso de calor se evacúa a través de placa de aluminio, pasta térmica y radiador.

A pesar de que a primer golpe de vista puede parecer que todas las lámparas LED son distintas, su construcción es similar. En la mayoría de las lámparas LED modernas para la calidad de fuente de luz se utilizan los diodos de luz SMD, conectados en serie. Por ello, si un diodo falla, la bombilla deja de funcionar. Habrá que arreglar ese diodo para darle de nuevo vida. Por lo general se quema un solo diodo. Casos en los que se quemen varios a la vez son poco frecuentes.

Los pasos principales que hay que dar para la reparación del diodo quemado podemos concretarlos en:

1. Desarmar la lámpara – retirar el difusor y llegar a los diodos. El difusor puede estar pegado a la carcasa, por esto es necesario separarlo con cuidado con ayuda de alguna herramienta filose (destornillador fino, por ejemplo).

2. Inspección visual de la placa. Encontrar el diodo quemado es bastante fácil pues este lleva un punto negro o rastros de quemado. Si no lo encontramos deberemos comprobar cada diodo con ayuda de un multímetro: conectamos la sonda roja al ánodo y sonda negra al cátodo del diodo, el diodo se encenderá.
3. Desoldar el diodo quemado (a temperaturas no superiores a 260 ºC y durante no más de 2 segundos) y reemplazarlo por uno nuevo, que soldaremos.
4. Más fácil resulta, para arreglar la lámpara, en vez de sustituir el diodo, eliminar el quemado y realizar un puente.

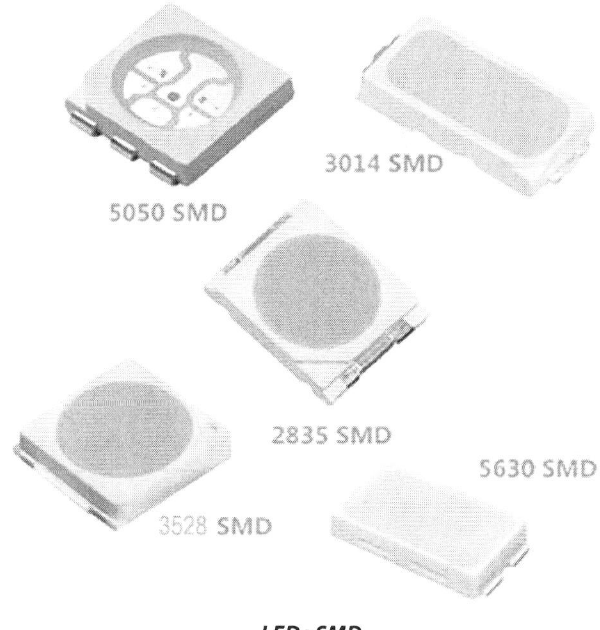

LEDs SMD

En caso de que tras chequear con el multímetro todos los diodos funcionen debemos de buscar el fallo en otro lado. Puede deberse a que el trasformador driver este en mal estado y haya que sustituirlo. Con ayuda del multímetro revisar los componentes principales, reemplazando aquello que se detecte que está en mal estado de funcionamiento.

4. Luces de emergencia: potencia, cambio o reparación

Según se indica en la **ITC-BT-28 del Reglamento de Baja Tesión**, las instalaciones destinadas a alumbrado de emergencias especiales, tienen por objeto asegurar, en caso de fallo de la alimentación al alumbrado normal, la iluminación en los locales y accesos hasta las salidas, para una eventual evacuación del público o iluminar otros puntos que se señalen la iluminación cuando falla el alumbrado normal.

La alimentación del alumbrado de emergencia será automática con corte breve.

Se incluyen dentro de este alumbrado el alumbrado de seguridad y el alumbrado de reemplazamiento.

4.1. Alumbrado de seguridad

Es el alumbrado de emergencia previsto para garantizar la seguridad de las personas que evacuen una zona o que tienen que terminar un trabajo potencialmente peligroso antes de abandonar la zona.

El alumbrado de estará previsto para entrar en funcionamiento automáticamente cuando se produce el fallo del alumbrado general o cuando la tensión de éste baje a menos del 70% de su valor nominal.

La instalación de este alumbrado será fija y estará provista de fuentes propias de energía. Sólo se podrá utilizar el suministro exterior para proceder a su carga, cuando la fuente propia de energía esté constituida por baterías de acumuladores o aparatos autónomos automáticos.

4.1.1. Alumbrado de evacuación

Es la parte del alumbrado de evacuación seguridad previsto para garantizar el reconocimiento y la utilización de los medios o rutas de evacuación cuando los locales estén o puedan estar ocupados.

En rutas de evacuación, el alumbrado de evacuación debe proporcionar, a nivel del suelo, y en el eje de los pasos principales, una iluminancia mínima de 1 lux.

En los puntos en los que estén situados los equipos de las instalaciones de protección contra incendios que exijan utilización manual y en los cuadros de distribución del alumbrado, la iluminancia mínima será de 5 lux.

La relación entre la iluminancia máxima y la mínima en el eje de los pasos principales será menor de 40.

El alumbrado de evacuación deberá poder funcionar, cuando se produzca el fallo de la alimentación normal, como mínimo durante una hora, proporcionando la iluminancia prevista.

4.1.2. Alumbrado ambiente o anti-pánico

Es la parte del alumbrado de seguridad previsto para evitar todo riesgo de pánico y proporcionar una iluminación ambiente adecuada que permita a los ocupantes identificar y acceder a las rutas de evacuación e identificar obstáculos.

El alumbrado ambiente o anti-pánico debe proporcionar una iluminancia horizontal mínima de 0,5 lux en todo el espacio considerado, desde el suelo hasta una altura de 1 m.

La relación entre la iluminancia máxima y la mínima en todo el espacio considerado será menor de 40.

El alumbrado ambiente o anti-pánico deberá poder funcionar, cuando se produzca el fallo de la alimentación normal, como mínimo durante una hora, proporcionando la iluminancia prevista.

4.1.3. Alumbrado de zonas de alto riesgo

Es la parte del alumbrado de evacuación seguridad previsto para garantizar la seguridad de las personas ocupadas en actividades potencialmente peligrosas o que trabajan en un entorno peligroso. Permite la interrupción de los trabajos con seguridad para del operador y para los otros ocupantes del local.

El alumbrado de las zonas de alto riesgo debe proporcionar una iluminancia mínima de 15 lux o el 10% de la iluminancia normal, tomando siempre el mayor de los valores.

La relación entre la iluminancia máxima y la mínima en todo el espacio considerado será menor de 10.

El alumbrado de las zonas de alto riesgo deberá poder funcionar, cuando se produzca el fallo de la alimentación normal, como mínimo el tiempo necesario para abandonar la actividad o zona de alto riesgo.

4.2. Alumbrado de reemplazamiento

Parte del alumbrado de emergencia que permite la continuidad de las actividades normales.

Cuando el alumbrado de reemplazamiento proporcione una iluminancia inferior al alumbrado normal, se usará únicamente para terminar el trabajo con seguridad.

4.3. Lugares en que deberán instalarse alumbrados de emergencia

4.3.1. Con alumbrado de seguridad

Es obligatorio situar el alumbrado de emergencia de evacuación seguridad en las siguientes zonas de los locales de pública concurrencia:

a) En todos los recintos cuya ocupación sea mayor de 100 personas.

b) Los recorridos generales de evacuación de zonas destinadas a usos residencial u hospitalario y los de zonas destinadas a cualquier otro uso que estén previstos para la evacuación de más de 100 personas.

c) En los aseos generales de planta en edificios de acceso público.

d) En los aparcamientos cerrados y cubiertos para más de 5 vehículos, incluidos los pasillos y las escaleras que conduzcan desde aquellos hasta el exterior o hasta las zonas generales del edificio.

e) En los locales que alberguen equipos generales de las instalaciones de protección.

f) En las salidas de emergencia y en las señales de seguridad reglamentarias.

g) En todo cambio de dirección de la ruta de evacuación.

h) En toda intersección de pasillos con las rutas de evacuación.

i) En el exterior del edificio, en la vecindad inmediata a la salida.

j) Cerca[1] de las escaleras, de manera que cada tramo de escaleras reciba una iluminación directa.

k) Cerca[1] de cada cambio de nivel.

l) Cerca[1] de cada puesto de primeros auxilios.

m) Cerca[1] de cada equipo manual destinado a la prevención y extinción de incendios.

n) En los cuadros de distribución de la instalación de alumbrado de las zonas indicadas anteriormente.

[1] *Cerca significa a una distancia inferior a 2 metros, medida horizontalmente.*

En las zonas incluidas en los apartados m) y n), el alumbrado de seguridad proporcionará una iluminancia mínima de 5 lux a nivel al nivel de operación.

Será necesario instalar alumbrado de evacuación, aunque no sea un local de pública concurrencia, en todas las escaleras de incendios, en particular toda escalera de evacuación de edificios para uso de viviendas excepto las unifamiliares; así como toda zona clasificada como de riesgo especial en el artículo 19 de la Norma Básica de Edificación NBE-CPI-/96.

4.3.2. Con alumbrado de reemplazamiento

En las zonas de hospitalización, y tratamiento intensivo, la instalación de alumbrado de emergencia proporcionará una iluminancia no inferior de 5 lux y durante 2 horas como mínimo. Las salas de intervención, las destinadas a tratamiento intensivo, las salas de curas, paritorios, urgencias dispondrán de un alumbrado de reemplazamiento que proporcionará un nivel de iluminancia igual al del alumbrado normal durante 2 horas como mínimo.

4.4. Prescripciones de los aparatos para alumbrado de emergencia

4.4.1. Aparatos autónomos para alumbrado de emergencia

Luminaria que proporciona alumbrado de emergencia de tipo permanente o no permanente en la que todos los elementos, tales como la batería, la lámpara, el conjunto de mando y los dispositivos de verificación y control, si existen, están contenidos dentro de la luminaria o junto a ella (es decir, a menos de 1 m).a una distancia inferior a 1 m de ella.

Los aparatos autónomos destinados a alumbrado de emergencia deberán cumplir las normas: UNE- EN 60.598 -2-22 y la norma UNE 20.392 o UNE 20.062, según sea la luminaria para lámparas fluorescentes o incandescentes, respectivamente.

4.4.2. Luminaria alimentada por fuente central

Luminaria que proporciona alumbrado de emergencia de tipo permanente o no permanente y luminaria para funcionamiento permanente o no permanente que está alimentada a partir de un sistema de alimentación de emergencia central, es decir, no incorporado a en la luminaria.

Las luminarias que actúan como aparatos de emergencia alimentados por fuente central deberán cumplir lo expuesto en la norma UNE- EN 60.598 -2-22.

Los distintos aparatos de control, mando y protección generales para las instalaciones del alumbrado de emergencia por fuente central entre los que figurará un voltímetro de clase 2,5 por lo menos, se dispondrán en un cuadro único, situado fuera de la posible intervención del público.

Las líneas que alimentan directamente los circuitos individuales de los alumbrados de emergencia alimentados por fuente central estarán protegidas por interruptores automáticos con una intensidad nominal de 10 A como máximo. Una misma línea no podrá alimentar más de 12 puntos de luz o, si en la dependencia o local considerado existiesen varios puntos de luz para alumbrado de emergencia, éstos deberán ser repartidos, al menos, entre dos líneas diferentes, aunque su número sea inferior a doce.

Las canalizaciones que alimenten los alumbrados de emergencia alimentados por fuente central se dispondrán, cuando se instalen sobre paredes o empotradas en ellas, a 5 cm como mínimo, de otras canalizaciones eléctricas y, cuando se instalen en huecos de la construcción estarán separadas de éstas por tabiques incombustibles no metálicos.

4.5. Prescripciones de carácter general en las instalaciones en los locales de pública concurrencia

Las instalaciones en los locales de pública concurrencia cumplirán las condiciones de **carácter general** que a continuación se señalan.

a) El cuadro general de distribución deberá colocarse en el punto más próximo posible a la entrada de la acometida o derivación individual y se colocará junto o sobre él, los dispositivos de mando y protección establecidos en la instrucción ITC-BT-17. Cuando no sea posible la instalación del cuadro general en este punto, se instalará en dicho punto un dispositivo de mando y protección.

   Del citado cuadro general saldrán las líneas que alimentan directamente los aparatos receptores o bien las líneas generales de distribución a las que se conectará mediante cajas o a través de cuadros secundarios de distribución los distintos cir-

cuitos alimentadores. Los aparatos receptores que consuman más de 16 amperios se alimentarán directamente desde el cuadro general o desde los secundarios.

b) El cuadro general de distribución e, igualmente, los cuadros secundarios, se instalarán en lugares a los que no tenga acceso el público y que estarán separados de los locales donde exista un peligro acusado de incendio o de pánico (cabinas de proyección, escenarios, salas de público, escaparates, etc.), por medio de elementos a prueba de incendios y puertas no propagadoras del fuego. Los contadores podrán instalarse en otro lugar, de acuerdo con la empresa distribuidora de energía eléctrica, y siempre antes del cuadro general.

c) En el cuadro general de distribución o en los secundarios se dispondrán dispositivos de mando y protección para cada una de las líneas generales de distribución y las de alimentación directa a receptores. Cerca de cada uno de los interruptores del cuadro se colocará una placa indicadora del circuito al que pertenecen.

d) En las instalaciones para alumbrado de locales o dependencias donde se reúna público, el número de líneas secundarias y su disposición en relación con el total de lámparas a alimentar deberá ser tal que el corte de corriente en una cualquiera de ellas no afecte a más de la tercera parte del total de lámparas instaladas en los locales o dependencias que se iluminan alimentadas por dichas líneas. Cada una de estas líneas estarán protegidas en su origen contra sobrecargas, cortocircuitos, y si procede contra contactos indirectos.

e) Las canalizaciones deben realizarse según lo dispuesto en las ITC-BT-19 e ITC-BT-20 y estarán constituidas por:

   - Conductores aislados, de tensión asignada no inferior a 450/750 V, colocados bajo tubos o canales protectores, preferentemente empotrados en especial en las zonas accesibles al público.
   - Conductores aislados, de tensión asignada no inferior a 450/750 V, con cubierta de protección, colocados en huecos de la construcción totalmente construidos en materiales incombustibles de resistencia al fuego RF-120, como mínimo.
   - Conductores rígidos aislados, de tensión asignada no inferior a 0,6/1 kV, armados, colocados directamente sobre las paredes.

f) Los cables y sistemas de conducción de cables deben instalarse de manera que no se reduzcan las características de la estructura del edificio en la seguridad contra incendios.

   Los cables eléctricos a utilizar en las instalaciones de tipo general y en el conexionado interior de cuadros eléctricos en este tipo de locales, serán no propagadores del incendio y con emisión de humos y opacidad reducida. Los cables con características equivalentes a las de la norma UNE 21.123 parte 4 ó 5; o a la norma UNE 21.1002 (según la tensión asignada del cable), cumplen con esta prescripción.

   Los elementos de conducción de cables con características equivalentes a los clasificados como «no propagadores de la llama» de acuerdo con las normas UNE-EN 50.085-1 y UNE-EN 50.086-1, cumplen con esta prescripción.

Los cables eléctricos destinados a circuitos de servicios de seguridad no autónomos o a circuitos de servicios con fuentes autónomas centralizadas, deben mantener el servicio durante y después del incendio, siendo conformes a las especificaciones de la norma UNE-EN 50.200 y tendrán emisión de humos y opacidad reducida. Los cables con características equivalentes a la norma UNE 21.123 partes 4 ó 5, apartado 3.4.6, cumplen con la prescripción de emisión de humos y opacidad reducida.

g) Las fuentes propias de energía de corriente alterna a 50 Hz, no podrán dar tensión de retorno a la acometida o acometidas de la red de Baja Tensión pública que alimenten al local de pública concurrencia.

4.6. Prescripciones de carácter complementarias en locales de reunión y trabajo

Además de las prescripciones generales señaladas en el apartado anterior, los centros de enseñanza, en cuanto locales de reunión, cumplirán las siguientes **prescripciones complementarias:**

- A partir del cuadro general de distribución se instalarán líneas distribuidoras generales, accionadas por medio de interruptores omnipolares, al menos para cada uno de los siguientes grupos de dependencias o locales:
  * Salas de venta o reunión, por planta del edificio.
  * Escaparates.
  * Almacenes.
  * Talleres.
  * Pasillos, escaleras y vestíbulos.

5. Reparaciones básicas: enchufes, interruptores, focos, fusibles, alargaderas...

5.1. Enchufes

Es un aparato que consta de dos, tres o cuatro clavijas (si es trifásica) y que encaja con la base de enchufe cuando se quiere establecer una conexión eléctrica. Son los encargados de aportar los 220 voltios de la red eléctrica a los diferentes electrodomésticos y aparatos que existen en el hogar, en los edificios... Estos dispositivos o elementos vienen integrados en los receptores.

Enchufe

5.1.1. Bases de enchufe

Estos pequeños aparatos, con dos o tres orificios para la conexión eléctrica (figura 66), son los encargados de aportar los 220 voltios de la red eléctrica a los diferentes electrodomésticos y aparatos que existen en el hogar, en los edificios… En ellos se pueden conectar desde un ordenador hasta una lavadora.

NOMBRE	SÍMBOLO MULTIFILAR	SÍMBOLO UNIFILAR	APARATO REAL
Base de enchufe sin toma de tierra			
Base de enchufe con toma de tierra			

Símbolos de bases de enchufe

A diferencia de otros mecanismos y receptores, las bases de enchufe siempre se conectan en paralelo entre sí o con la red eléctrica. Es lógico que esto sea así, ya que, como ocurre en el circuito con conexión en serie, los receptores dependen unos de otros para su funcionamiento. Por tanto, se entiende que no tiene sentido tener que conectar el ordenador para que funcione la televisión.

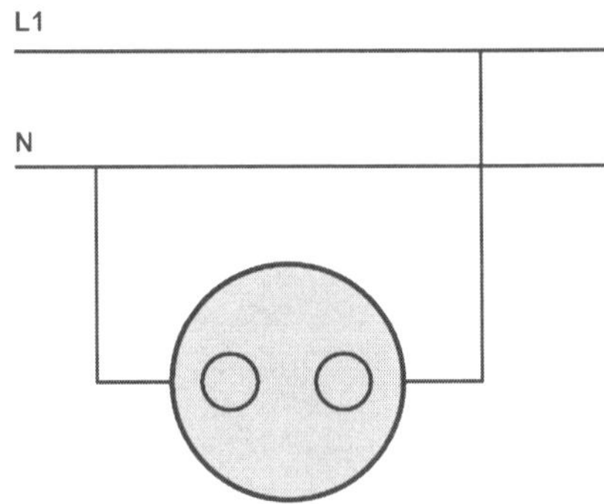

Conexión de una base de enchufe a la red eléctrica

La toma de tierra en la base de los enchufes

Se observa que muchas bases de enchufe disponen de un orificio central o, en su defecto, de unas láminas metálicas que salen del el interior. En ambos casos, esta conexión permite unir eléctricamente la clavija del electrodoméstico o aparato con el conductor de toma de tierra (cuyo aislante es amarillo-verde). A este conductor (según el Reglamento Electrotécnico de Baja Tensión) se le denomina conductor de protección y se identifica por la forma abreviada PE.

Ubicación de la toma de tierra en una base de enchufe

En un esquema eléctrico se representa con una línea de trazo y punto. Así, una red monofásica con toma de tierra se dibuja.

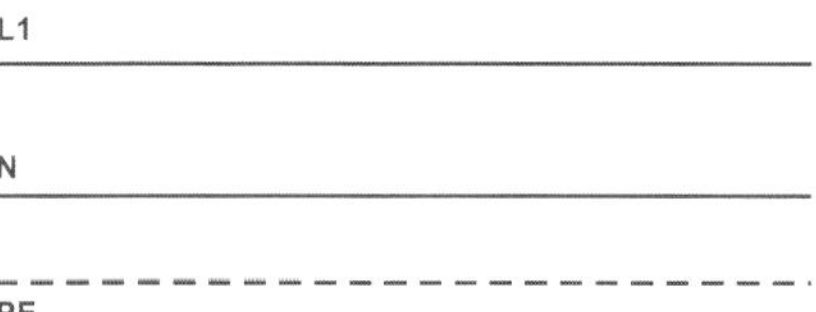

Dibujo de una red monofásica con toma de tierra

El esquema multifilar de la conexión del borne de toma de tierra del enchufe se representa.

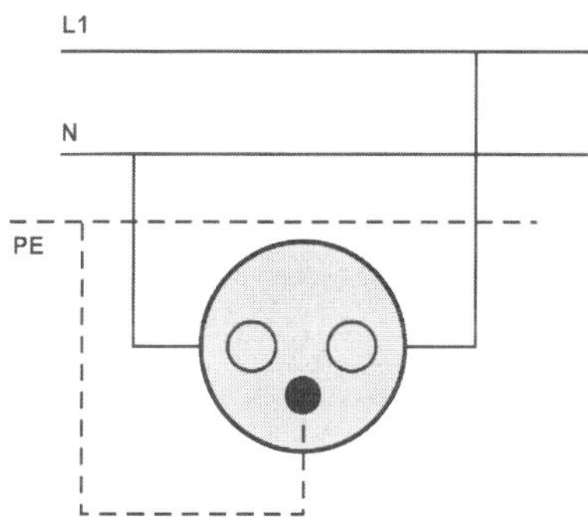

Esquema de conexión del borne de toma de tierra del enchufe

5.1.2. Reparación de base o enchufe

Los enchufes pueden presentar dos o tres bornes. En el primer caso, son aptos para los aparatos que tienen doble aislamiento, mientras que, en el segundo caso, la tercera clavija sirve para conectar aparatos que están dotados de equipo para toma de tierra.

Si se observa que la carcasa que recubre los bornes tiene algún tipo de deformación o señal de que se ha incendiado parcialmente debido a un cortocircuito (el plástico quemado), se deberá cambiar la base.

Detalle base para 2 y 3 bornes

Para reemplazar un enchufe daremos los siguientes pasos:

- Comenzaremos cortando la corriente del circuito.
- Desmontaremos el enchufe y aflojaremos los tornillos que conectan los cables para liberar estos ultimos y poder examinarlos y decidir si conviene su sustitución.

  Si los cables no están en perfectas condiciones, cortaremos el trozo dañado, que es probable que este reseco o tostado.
- Desnudaremos los hilos conductores que se encuentra dentro del cable lo justo para que puedan ser recibidos o alojados de manera estable en los dispositivos de embornado. Para mejorar la unión lo mas recomendable es retorcer cada uno de los dos o tres conductores que se deberá conectar a las clavijas.
- Apretaremos los tornillos de retención asegurándonos de que el cable amarillo y verde, correspondiente a la toma de tierra, va colocado en el centro si el enchufe tiene tres clavijas.
- Recolocaremos la parte exterior del enchufe, o la sustituiremos si estaba en malas condiciones, y la fijaremos con los tornillos exteriores una vez se haya logrado que las clavijas encajen en su correspondiente lugar.

Ahora solo resta comprobar si se han realizado todas las conexiones con éxito, y para ello basta con conectar el cable al dispositivo electrico.

5.1.3. Reparación de clavija

Las clavijas de los enchufes se estropean con facilidad debido al constante poner y quitar lo que provoca que las clavijas de los enchufes machos, sobre todo si son de plástico, puedan llegar a romperse o a que el desgaste de sus componentes pueda provocar fallos totales o parciales que impidan el normal funcionamiento del aparato.

Una clavija macho es una pieza de material aislante con dos varillas metálicas, las cuales se introducen en las hembrillas del enchufe para establecer una conexión eléctrica.

Las clavijas suelen ser de dos tipos: existen clavijas integrales, en las que todos los componentes aparecen rodeados por un plástico endurecido, que constituye la carcasa de los elementos. Este tipo de clavijas no tiene posibilidad de arreglo. Solo cabe su sustitución por otra nueva. Otras clavijas llevan un pequeño tornillo en el centro que permite desarmarlas. Desatornillado este se encuentran dos pequeños tornillos que fijan los extremos de los conductores a las espigas. La avería puede haberse producido por desprendimiento de los cables conductores, en cuyo caso solo es preciso volver a fijarlos en sus tornillos.

Otra avería puede ser que las espigas queden holgadas en el interior del enchufe, haciendo mal contacto. Para mejorar su ajuste se puede introducir un destornillador o cuchillo y separar ligeramente las dos partes de cada espiga.

Por último, en caso de rotura de la carcasa de la clavija, la única solución es cambiarla por una nueva.

Algunos **consejos** son los siguientes:

- No cambie nunca la clavija de un aparato por otra de amperaje inferior a fin de poder conectarla en un enchufe determinado, pues lo único que conseguirá es que la corriente consumida por dicho aparato sobrecargue el circuito.
- Nunca desconecte máquinas, herramientas o cualquier equipo eléctrico tirando del cable. Siempre debe desconectar cogiendo la clavija y tirando de ella.

5.2. Interruptores

5.2.1. Concepto y tipos

El propósito de un interruptor es permitir la apertura y el cierre de un circuito eléctrico de forma segura y conveniente. Los interruptores se utilizan en las instalaciones eléctricas para controlar manualmente luces, motores y otras cargas. Existen también interruptores activados automáticamente por luz, calor, presión, movimiento, magnetismo, corriente y otras variables.

Con los interruptores podemos gobernar los circuitos desde varios puntos haciendo las combinaciones adecuadas para esto. El encendido y apagado de luminarias deberá ser cómodo para los usuarios. Los interruptores deberán situarse cerca de las puertas de entrada, debiendo buscar posiciones en las que las podemos hallarlos incluso estando las oficinas o locales a oscuras.

Los interruptores son aparatos de corte con dos posiciones: apertura y cierre.

Los conmutadores tienen la misma función, pero controlan el circuito desde dos sitios. Para el accionamiento de los circuitos de alumbrado podemos usar tres tipos de interruptores.

- **Interruptor simple**. Se utiliza para interrumpir la corriente en uno o varios receptores monofásicos, para lo que es suficiente abrir éste en un solo punto, por medio

de un interruptor unipolar, pero procediendo así no lograremos aislar el receptor de la línea, puesto que éste queda al potencial de la fase no cortada.

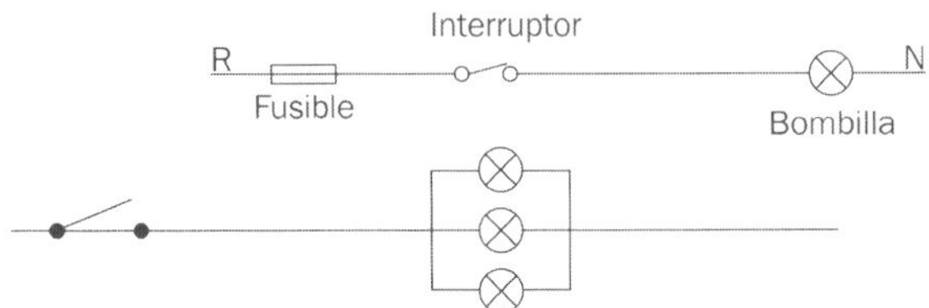

- **Interruptor conmutado**. Se utiliza para que una o varias lámparas puedan apagarse o encenderse desde dos puntos indistintamente.

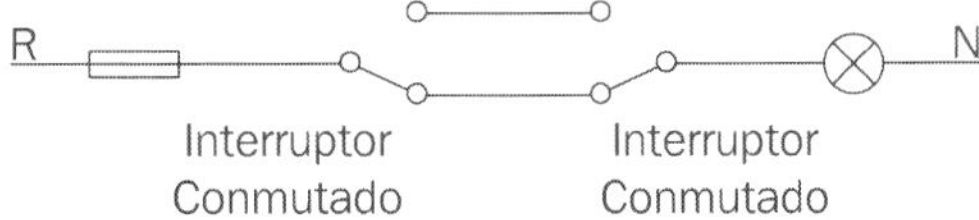

- **Interruptor de cruce**. Se utiliza para encender o apagar varias lámparas desde tres o más sitios indistintamente Para realizar esta combinación siempre se utilizarán dos interruptores conmutadores, siendo el resto de los puntos de encendido o apagado realizado con interruptores de cruce.

Las condiciones exigidas a un buen interruptor deberán ser inicialmente las siguientes:

a) Que las superficies de las piezas que realizan el contacto eléctrico sean suficientes para dejar paso a la intensidad nominal prevista en el circuito donde ha de ser colocado, sin provocar excesivas elevaciones de temperatura.

b) Que el arco de ruptura, que sin duda se formará cuando abramos el circuito, se extinga lo más rápidamente posible, de manera que no forme arco permanente, ya que de lo contrario se destruirían rápidamente los contactos.

La primera condición se logra dimensionando ampliamente la superficie de las piezas que forman el contacto eléctrico, procurando que sea lo más perfecta posible y haciendo que exista una cierta presión entre dichas piezas. Así, podremos decir que la intensidad nominal que puede circular por los contactos de un interruptor es directamente proporcional a la superficie de los contactos y a la presión ejercida sobre ellos.

La rápida extinción del arco se logra con gran sencillez cuando la tensión e intensidad nominal del interruptor son pequeñas. Por el contrario, en interruptores para elevadas tensiones e intensidades, la dificultad en extinguir el arco crece enormemente según estas dos variables.

5.2.2. Reparación de interruptor

Lo más habitual es que vayan fijados a la pared, aunque algunos de ellos se intercalan en un cable o se sitúan en un extremo de este, permitiendo la conexión y desconexión del aparato al que estén unidos.

Si un interruptor calienta, empezaremos por comprobar si los terminales de los conductores están bien sujetos en los emplazamientos.

Si pese a estarlo siguen calentando, zumba o la palanca no acciona correctamente, es porque alguna pieza está deteriorada y, por tanto, deberemos sustituirlo por otro. Para esto es importante saber que para sustituir un interruptor que se ha estropeado lo primero es adquirir uno de semejantes características. La potencia de un interruptor va siempre en función de la del aparato o de las bombillas que regule, por eso, si esto no se tiene en cuenta se podrían averiar dichos elementos.

Los **pasos a seguir para la sustitución de un viejo interruptor por otro nuevo son sencillos:**

1. Lo primero será desconectar la corriente eléctrica a través del interruptor general.
2. Desmonte la tapa. Para ello será necesario utilizar un destornillador que nos permita quitar los tornillos que la sujetan.
3. Memorice o apunte en un papel el cableado, para posteriormente reproducirlo en el nuevo interruptor.
4. Afloje los tornillos que fijan el interruptor a la caja de la pared y también los tornillos de retención de los terminales.

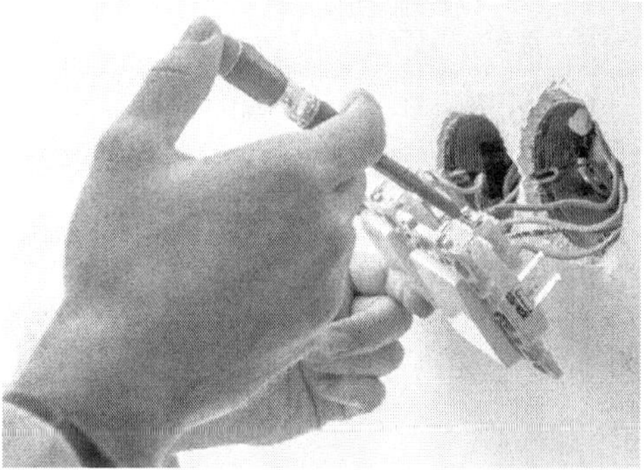

5. Coja el nuevo interruptor y sobre él vuelva a conectar los hilos conductores a los bornes del interruptor en la misma posición en la que se encontraban.
6. A continuación, sujételo a la caja y vuelva a atornillar la tapa.
7. Conectaremos el interruptor general y comprobaremos el trabajo.

5.3. Focos

5.3.1. Reparación de lámparas y portalámparas

La falta de luz en una bombilla no representa necesariamente el fundido del filamento de esta. Antes de desecharla se puede verificar su eficacia con un comprobador de pilas. En caso de que esté oscurecida o se observe claramente la rotura de su filamento, previo corte de la corriente eléctrica, para mayor seguridad, se puede cambiar desenroscándola del portalámparas. Es preciso apretar a tope la nueva bombilla para garantizar su correcto contacto y funcionamiento.

El portalámparas es un elemento destinado a recibir la bombilla y facilitarle el contacto con los terminales de los conductores.

El más corriente cuenta con varias piezas:

- Casquete inferior, por el que se atornilla o fija el portalámparas a una base.
- Base donde se fijan los conductores, que suelen ser de porcelana o, en su defecto, de plástico.
- Funda metálica que envuelve la base anterior, y se enrosca en el casquete inferior.
- Aro de porcelana, que sujeta la bombilla y sirve a la vez para separar la funda y la base portaconductores, que no deben hacer contacto.

CASQUETE INFERIOR · BASE PORTA- CONDUCTORES · FUNDA METÁLICA · ARO SUPERIOR

El metal (cobre) sirve como conductor mientras que las piezas de porcelana o plástico de material aislante.

Para sustituir un portalámparas defectuoso sólo es necesario desenroscar el aro de porcelana y la funda metálica para acceder a la base portaconductores. Una vez extraída esta se desatornillan los terminales de los conductores y se puede proceder a sustituir la pieza dañada por otra nueva de iguales características.

5.3.2. Averías y reparaciones de fluorescentes

La mayoría de las averías de los fluorescentes se reducen a cuatro:

a) El tubo no se enciende. Esto puede ser debido a que se ha agotado el tubo, a que el cebador está defectuoso o bien a que no hacen buen contacto los bornes del tubo. En estos casos se debe proceder al cambio de las piezas defectuosas, o bien a ajustar los bornes del tubo para que hagan un contacto completo.

b) La luz parpadea. Puede que el tubo se haya agotado, pero lo más frecuente será que el contacto del tubo con los bornes no se haya acoplado bien.

c) Los bornes zumban produciendo ruido. Esta avería se debe a la conexión defectuosa de la reactancia que habrá que comprobar, o bien a que la reactancia es inadecuada, por lo que habrá que sustituirla por otra de potencia acorde con el tubo fluorescente.

Sabías que...

En electrónica y electrotecnia se denomina **reactancia** a la oposición ofrecida al paso de la corriente alterna por inductores (bobinas) y condensadores, se mide en ohmios y su símbolo es Ω.

d) Los extremos del tubo se ponen negros. Es síntoma de agotamiento del tubo. Debe ser reemplazado.

Actividad 4

En esta avería del fluorescente lo más habitual es que la conexión de la reactancia es defectuosa:

- ☐ a) El tubo no enciende.
- ☐ b) Los bornes zumban produciendo ruido.
- ☐ c) La luz parpadea.

5.4. Fusibles

5.4.1. Descripción

Este elemento es un componente de protección que se utiliza en los circuitos eléctricos. Los fusibles se presentan en diferentes formatos, pero quizás los más extendidos son los de tipo cartucho. Éstos disponen en su interior de un conductor eléctrico muy fino y calibrado para una determinada corriente eléctrica. Este conductor se funde rápidamente ante una situación de sobrecarga o cortocircuito. Esta fusión permite la desconexión de una o más fases de la red eléctrica que alimenta la instalación evitando así que se produzcan daños mayores en ella. El portafusibles es el elemento situado en la instalación eléctrica donde se ubica el fusible.

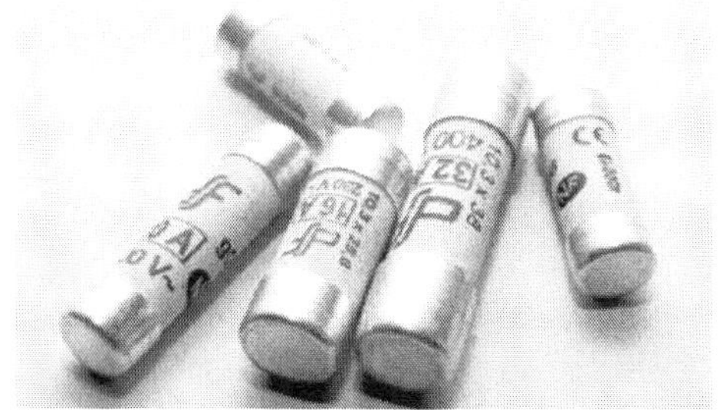

Fusibles

Los fusibles deben proteger siempre las fases activas de la red de alimentación y nunca el neutro. Así, en función del número de fases que protejan (1, 2 ó 3), se denominan monopolares, bipolares o tripulares. Se muestra en la siguiente tabla la simbología del fusible en las distintas fases.

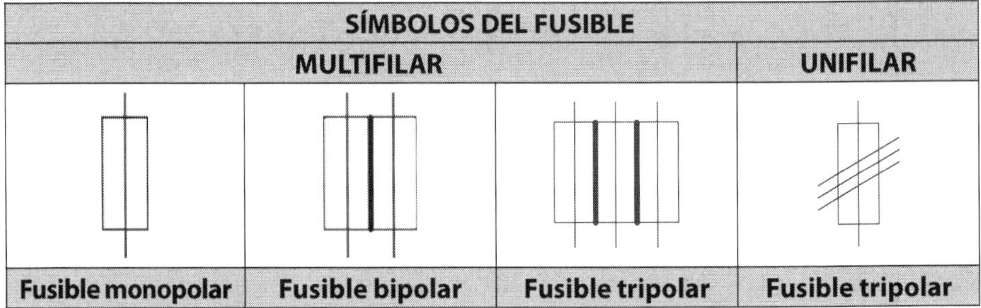

SÍMBOLOS DEL FUSIBLE			
MULTIFILAR			UNIFILAR
Fusible monopolar	Fusible bipolar	Fusible tripolar	Fusible tripolar

Simbología de fusibles monopolares, bipolares y tripolares

En los esquemas, el fusible se representa conectado a la línea de la fase antes que cualquier otro mecanismo o dispositivo receptor.

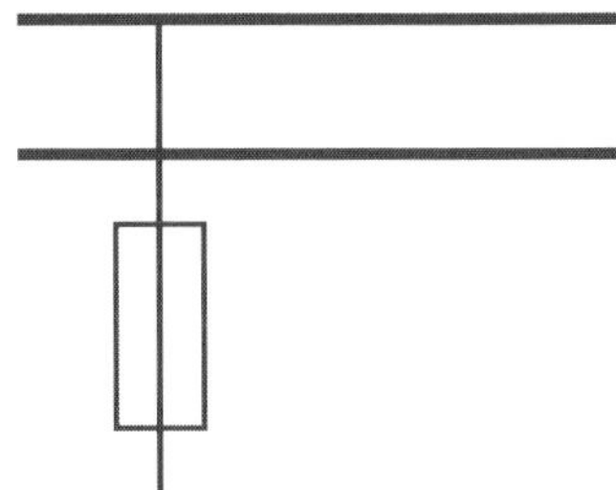

Esquema del fusible en los esquemas eléctricos

5.4.2. Tipos

El fusible sirve para interrumpir el paso de la corriente por el circuito en que está colocado, cuando la intensidad que circula por él es superior a la prevista, a causa, principalmente, de una sobrecarga o un cortocircuito. Se trata de un hilo fino, que representa un punto débil para la corriente. En caso de sobrecarga se rompe y la instalación queda a salvo.

Existe diversidad de fusibles:

- De plaqueta.
- De tapón.
- De cartuchos; de forma cilíndrica.
- De cuchilla; tienen dos cuchillas que le sirven para entrar en el soporte-fusible.

Si los cartuchos son de cristal, y no de cerámica, podrá observarse a simple vista si están fundidos porque el hilo conductor aparecerá cortado. Estos cartuchos suelen utilizarse para pequeñas intensidades (hasta 6 amperios aproximadamente).

En el caso de cartuchos de cerámica no se puede observar a simple vista si están o no fundidos.

Los fusibles de cuchilla cuentan con un dispositivo de retardo que en caso de cortocircuito salta; este dispositivo es claramente visible para el observador.

5.5. Arreglo de cortocircuitos

Los cortocircuitos tienen lugar cuando el cable de alimentación y el de retorno de un aparato entran en contacto, y la corriente pasa por ellos sin que medie una resistencia. Al producirse accidentalmente el contacto entre estos conductores, se suele generar una descarga.

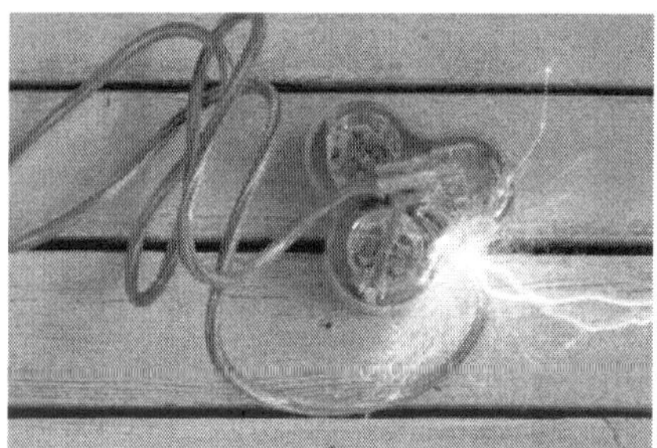

Para evitar que se produzcan cortocircuitos, la corriente debe interrumpirse de forma muy rápida en cuanto alcance valores elevados. Esta es la función que realizan los fusibles. Se trata de puntos débiles colocados en un circuito que interponen un hilo que funde a baja temperatura.

De esta forma, en cuanto la corriente sobrepasa el valor para el que ha sido concebida, el fusible se funde interrumpiendo el circuito y evitando, de esta forma, una avería.

Es muy aconsejable que cada cierto tiempo se comprueben los elementos de protección de circuitos. El procedimiento no es nada complejo y cualquier persona es capaz de hacerlo.

Para realizar estas comprobaciones deberemos encender todas las luces y los aparatos eléctricos de la dependencia y quitar posteriormente cada cortocircuito para poder localizar lo que esté apagado. No sólo hay que encender las luces y los aparatos, sino que también se deberá enchufar algo a todas las tomas de corriente para comprobar si éstos dan electricidad.

Cuando se vayan descubriendo los circuitos se apuntarán en un papel. Mientras se hace esta operación es aconsejable tener al lado del cuadro de fusibles una linterna y unos fusibles de recambio para cambiar todos los que estén fundidos.

Otros cortocircuitos son de tipo mecánico, no térmicos como el fusible, y en general se hallan en los paneles del cuadro general. Son interruptores de control de potencia que saltan cuando se produce sobrecarga en la red. Están regulados para soportar una potencia eléctrica límite, pasada ésta saltan.

Hoy día el arreglo de un cortocircuito pasa por su recambio, como en el caso de los fusibles. Pero antes de hacerlo es preciso comprobar dónde se ha producido el consumo excesivo de potencia o el recalentamiento de la red. Los cortocircuitos mecánicos tienen la ventaja de no necesitar reposición. Una vez que saltan se pueden volver a conectar simplemente con apretar el botón o elevar la palanca que regula el límite de potencia.

Cuando se produce una derivación en cualquiera de los circuitos, el interruptor automático diferencial (IAD) "salta" automáticamente, cortando el paso de corriente a la instalación. Cuando esto sucediera:

a) Procederemos a desconectar todos los pequeños interruptores automáticos (PIA) y conectaremos el interruptor automático diferencial (IAD).

b) A continuación:

 - Conecte de nuevo y de uno en uno, todos los PIA.
 - Si un PIA, al ser conectado, hace que el diferencial se dispare nuevamente, está indicando el circuito que está averiado.

c) En este caso:

 - Deje desconectado ese circuito. No insista en rearmarlo y el resto de la instalación podrá seguir funcionando.
 - En cuanto sea posible, se procederá a solucionarlo.

Cuando se produce cortocircuito por el contacto directo entre fase y neutro, bien en un receptor, o en la propia instalación, lo que sucede es que "saltará" el PIA correspondiente al circuito donde se haya producido el cortocircuito. Para localizar el cortocircuito desconectaremos todos los receptores o aparatos del circuito correspondiente al PIA que ha "saltado". Conecte el PIA y, si vuelve a saltar, se procederá a su reparación ya que la avería está en la propia instalación.

5.6. Apagones o desconexión general de la red eléctrica

Lo principal en el caso de que se «vaya la luz» en todo el edificio es comprobar el alcance de la avería. Si se extiende a otros edificios se tratará de un apagón general, que excederá de nuestras competencias. Si sólo es un área o sector del edificio, está claro que deben haber saltado los fusibles o diferenciales de potencia. Esto sólo puede ser por dos razones: una sobrecarga por consumo excesivo o bien una sobrecarga por mal estado de algún conductor o receptor eléctrico. Es importante antes de volver a conectar la corriente averiguar la causa del fallo y resolverla. En el caso de sobrecarga por exceso de consumo se deben desconectar los aparatos implicados. Si existe algún conductor en mal estado, probablemente se habrá recalentado o aparecerá un enchufe quemado o con olor a plástico quemado. En este caso, se debe sustituir la pieza afectada y luego proceder a restaurar la corriente.

Recuerda que...

En el caso de un cortocircuito producido por el contacto directo entre fase y neutro, bien en un receptor, o en la propia instalación, lo que sucederá es que "saltará" el PIA correspondiente al circuito donde se haya producido el cortocircuito. Para localizar el cortocircuito desconectaremos todos los receptores o aparatos del circuito correspondiente al PIA que ha "saltado". Si al conectar de nuevo ese PIA vuelve a saltar, se procederá a su reparación ya que la avería está en la propia instalación. Y no en los receptores.

5.7. Alargaderas

Un alargador eléctrico, prolongador eléctrico, extensión eléctrica o alargue es un trozo de cable eléctrico flexible, con un enchufe en uno de sus extremos y una o varias tomas de corriente en el otro (normalmente del mismo tipo que el enchufe). Si el enchufe o conector de uno de los extremos es de un tipo diferente al del otro extremo, más que un alargador debe llamarse un cable adaptador.

Un múltiple es un bloque de varias tomas de corriente (normalmente 3 o más colocados en línea) que se puede colocar en uno de los extremos del alargador, denominándose habitualmente a todo el conjunto también como alargador eléctrico.

6. Símbolos básicos en instalaciones eléctricas

Vamos a presentar los principales símbolos **eléctricos y electrónicos** que representan funciones, componentes, dispositivos y circuitos en diagramas y esquemas eléctricos y electrónicos, todos ellos pertenecen a los **estándares más comunes** y ampliamente utilizados en todo el mundo.

En los últimos años (1996 al 1999) se han visto modificados los símbolos gráficos para esquemas eléctricos, a nivel internacional con la norma IEC 60617, que se ha adoptado a nivel europeo en la norma EN 60617 y que finalmente se ha publicado en España como la norma UNE-EN 60617.

Por lo que es necesario dar a conocer los símbolos más usados.

Estos **símbolos eléctricos básicos** se representan con su símbolo **genérico**. Para representaciones específicas, hay que consultar su familia.

Símbolo	Familia	Símbolo	Familia
	– Accionadores, Actuadores y mandos		– Conmutación de potencia
	– Acoplamientos y Controles mecánicos		– Convertidores de potencia
	– Adaptabilidad, variabilidad	∿	– Corrientes eléctricas
	– Antenas – Polarización de antenas – Distribución de TV y radio – Estaciones de radio – Guía ondas		– Cristales y Osciladores
	– Aparatos telefónicos	=0	– Dependencia operativa
	– Arrancadores de motores		– Diodos
	– Atenuadores – Equalizadores		– Efectos o dependencias – Radiaciones
	– Audio – Video – Control de funciones	*	– Electrodomésticos – Detectores domiciliarios – Salidas comunicaciones
	– Cajas y registros – Canalizaciones		– Circuitos lógicos – Puertas lógicas – Flip-flop
	– Circuitos, bloques... – Amplificadores – Repetidores		– Estaciones generadoras de energía eléctrica

.../...

.../...

Símbolo	Descripción	Símbolo	Descripción
	– Capacitores – Condensadores eléctricos		– Filtros eléctricos
	– Conectores, clavijas tomas y enchufes		– Fuentes térmicas
	– Conexión devanados		– Fuerzas y movimientos – Dirección de flujos
	– Funciones de pulsadores botones y teclas		– Relés – Electromagnetismos
	– Fusibles – Protectores eléctricos		– Resistores – Resistencias eléctricas
	– Generadores eléctricos – Pilas & Baterías	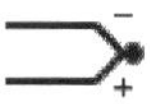 – +	– Sensores & Transductores – Optoacopladores – Thermoacopladores
	– Iluminación		– Sístemas de alarmas – Sistemas de seguridad – Alarmas contra incendios
	– Inductancias – Bobinas eléctricas		– Telegrafía – Código Morse
 V	– Instrumentación – Relojes y temporizadores		– Tipos de materiales
	– Interruptores y afines – Pulsadores		– Tiristores, triacs y diacs

.../...

.../...

	– Interruptores – Representación unifilar		– Transformadores – Representación unifilar
	– Líneas de distribución		– Transistores
	– Cables y conductores – Fibra óptica – Rutas de transmisión		– Transistores MOSFET
M	– Motores eléctricos – Sincromotores		– Válvulas electrónicas – Termoiónicas
	– Núcleos férricos – Núcleos magnéticos		– Otros símbolos eléctricos y electrónicos
	– Ondas electromagnéticas – Pulsos e impulsos		– Símbolos eléctricos y electrónicos básicos

Pasamos a detallar, sin ánimo de ser exhaustivo, algunos símbolos específicos dentro de las familias que consideramos más usuales en los planeamientos de proyectos de electricidad y electrónica:

A) Accionadores /Actuadores y Mandos Eléctricos

Símbolo	Descripción	Símbolo	Descripción
	Accionador / mando manual Símbolo genérico		Accionador / mando manual protegido contra manipulación inadecuada o accidental
	Mando mecánico manual por palanca		Mando mecánico por pedal

.../...

.../...

	Mando mecánico por pulsador con retorno automático		Accionador por acumulación de energía mecánica
	Accionador por gas Accionado por el fluido de un gas		Accionador electromagnético
	Mando por proximidad Símbolo genérico		Accionador de emergencia

B) Conmutación de potencia

Símbolo	Descripción	Símbolo	Descripción
	Interruptor estático - semiconductor Símbolo genérico		Seccionador con fusible incorporado
	Contactor abierto		Ruptor Contactor cerrado
	Interruptor seccionador		Interruptor seccionador
	Disyuntor		Contactor con desconexión automática

C) Corrientes eléctricas

Símbolo	Descripción	Símbolo	Descripción
+	Polaridad positiva	—	Polaridad negativa

.../...

.../...

	Corriente contínua, CC	N	Neutro
	Corriente contínua, CC		Corriente alterna, CA Baja frecuencia
	Corriente mixta Corriente rectificada		Altas frecuencias, corriente alterna

D) Cajas y registros eléctricos

Símbolo	Descripción	Símbolo	Descripción
	Caja / Registro eléctrico Símbolo genérico	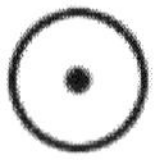	Caja de conexión / Derivación
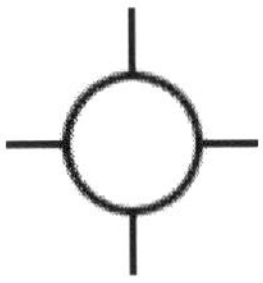	Caja / Registro		Caja de conexión / Derivación
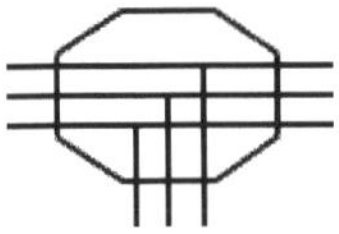	Caja de empalmes Ejemplo: tres conductores con derivación representación multifilar		Caja de registro
	Caja de conexiones	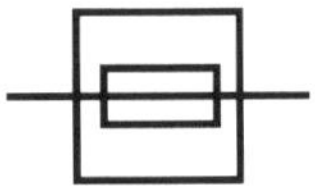	Caja general de protección
	Cuadro general o centro de distribución Ejemplo: Representación con cinco cableados	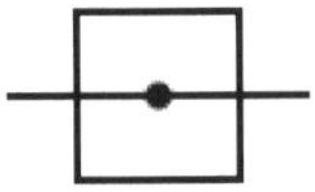	Caja de acometida Terminal del consumidor Ejemplo: Representación de un cableado

.../...

E) Canalizaciones

Símbolo	Descripción	Símbolo	Descripción
	Conducto / Canalización expuesta		Conducto / Canalización en losa
	Conducto subterráneo u oculto detrás de estructuras		Conducto subterráneo u oculto en el suelo
	Acometida		El punto indica cambio de dirección del conducto
	Canalización en bandeja de rejilla		T en conductos / Derivación

F) Conectores, clavijas, enchufes...

Símbolo	Descripción	Símbolo	Descripción
	Conector macho Toma de corriente, enchufe o clavija Símbolo genérico en el Sistema NEMA		Conector hembra Símbolo genérico en el Sistema NEMA
	Conexión macho hembra		Conexión macho hembra doble
	Conector macho Toma de corriente, enchufe o clavija Símbolo genérico en el Sistema IEC		Conector hembra Símbolo genérico en el Sistema IEC
	Conector bipolar macho		Conexión macho hembra

.../...

.../...

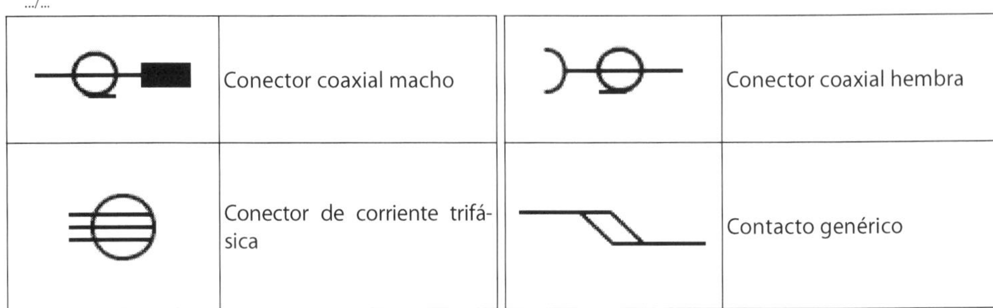

	Conector coaxial macho		Conector coaxial hembra
	Conector de corriente trifásica		Contacto genérico

G) Diodos

Símbolo	Descripción	Símbolo	Descripción
	Diodo - diodo rectificador Símbolo genérico		Diodo - diodo rectificador Símbolo genérico
	Diodo - diodo rectificador		Diodo zener Símbolo genérico
	Diodo zener		Diodo emisor de luz - LED
	Diodo zener		Diodo zener
P	Diodo Pin	t°	Diodo sensible a la temperatura
	Diodo túnel		Diodo Schottky

.../...

.../...

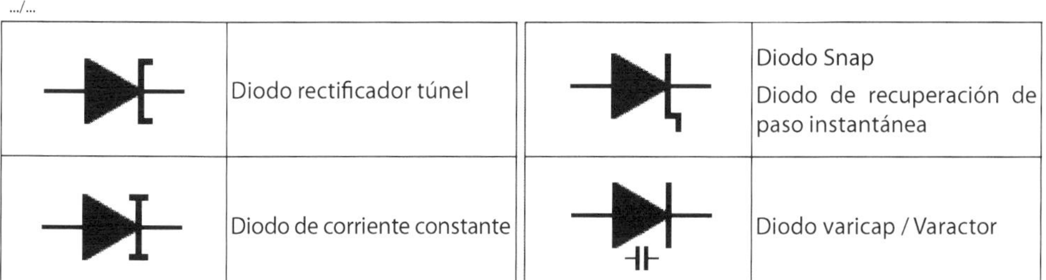

Símbolo	Descripción	Símbolo	Descripción
	Diodo rectificador túnel		Diodo Snap Diodo de recuperación de paso instantánea
	Diodo de corriente constante		Diodo varicap / Varactor

H) Condensadores / Capacitadores

Símbolo	Descripción	Símbolo	Descripción
	Condensador / Capacitor No polarizado Símbolo genérico		Condensador / Capacitor
	Condensador / Capacitor		Condensador / Capacitor
	Condensador de armadura		Condensador con caracterización de la capa exterior
	Condensador pasante		Condensador con resistencia en serie

I) Fuentes térmicas

Símbolo	Descripción	Símbolo	Descripción
	Fuente térmica, fuente de calor Símbolo genérico		Fuente térmica por combustión

.../...

.../...

	Generador fotovoltáico		Generador termoeléctrico con fuente de calor por combustión
	Ignitor Dispositivo de encendido por resistencia eléctrica		Elemento de calefacción por resistencia eléctrica
	Calentador de agua		Elemento de calefacción
	Generador fotovoltáico		

J) Símbolos de Componentes Pasivos

Símbolo	Descripción	Símbolo	Descripción
	Resistencia eléctrica / Resistor Sistema IEC		Resistencia eléctrica / Resistor Sistema NEMA
	Bobina eléctrica / Inductor		Condensador eléctrico / Capacitor
	Interruptor		Conmutador

.../...

.../...

	Pulsador		Conector macho Sistema IEC
	Fusible		Conector hembra Sistema IEC
	Línea eléctrica		Conector macho Sistema NEMA
	Tierra		Conector hembra Sistema NEMA

K) Acoplamientos mecánicos

Símbolo	Descripción	Símbolo	Descripción
	Conexión, mecánica, hidráulica, óptica o funcional. La longitud puede ajustarse a lo necesario.		Conexión, con indicación del sentido de la fuerza o movimiento de la translación.
	Conexión, mecánica, hidráulica, óptica o funcional. Sólo se utiliza cuando no puede utilizarse la forma anterior.		Conexión, con indicación del sentido del movimiento de la rotación.
	Acción retardada. Forma 1 y forma 2		Con retorno automático. El triángulo se dirige hacia el sentido del retorno.
	Trinquete, retén o retorno no automático. Dispositivo para mantener una posición dada.		Dispositivo de enganche enganchado
	Trinquete o retén liberado		Dispositivo de bloqueo
	Trinquete o retén encajado		Embrague mecánico desembragado

.../...

.../...

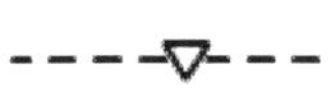	Enclavamiento mecánico entre dos dispositivos		Embrague mecánico embragado
	Dispositivo de enganche liberado		Freno
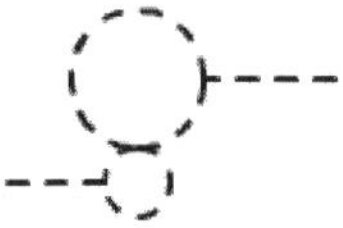	Engranaje		

L) Accionadores de dispositivos

Símbolo	Descripción	Símbolo	Descripción
	Accionador manual, símbolo general		Mando de leva . Interruptor de leva
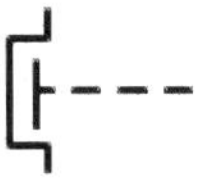	Accionador manual protegido contra una operación no intencionada. Pulsador con carcasa de protección de seguridad contra manipulación indebida	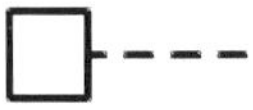	Mando por acumulación de energía.
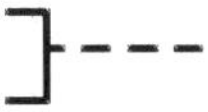	Mando de tirador. Tiradores	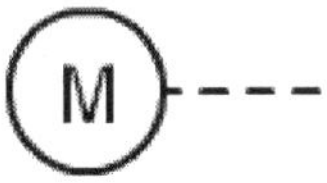 M	Mando por motor eléctrico
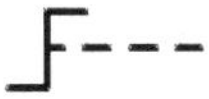	Mando rotatorio. Selectores, interruptores.	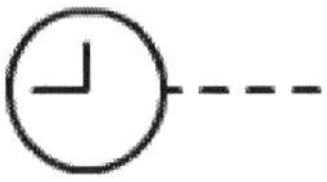	Mando por reloj eléctrico
	Mando de pulsador. Pulsadores	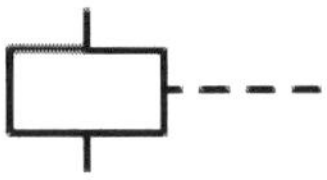	Accionamiento por efecto electromagnético. Relé.
	Mando por efecto de proximidad. Detectores inductivos de proximidad.	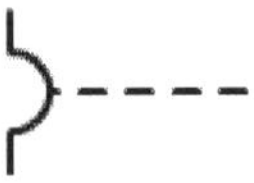	Accionamiento por un dispositivo electromagnético para protección contra sobreintensidad
	Mando por contacto. Palpadores	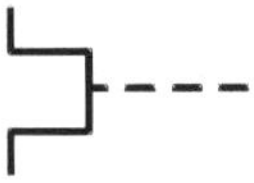	Accionamiento por un dispositivo térmico para protección contra sobreintensidad
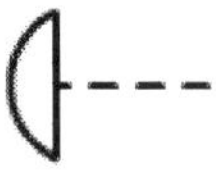	Accionamiento de emergencia tipo "seta". Pulsador de paro de emergencia	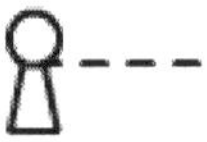	Mando de llave.

M) Relés

Símbolo	Descripción
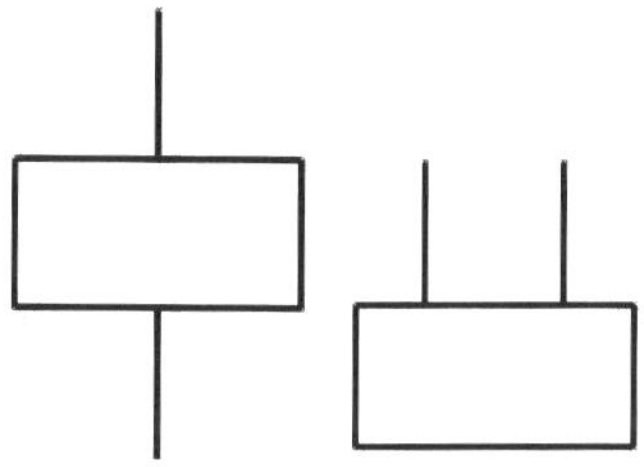	**Bobina de relé, contactor** u otro dispositivo de mando, símbolo general. Cualquiera de los dos símbolos es válido. Si un dispositivo tiene varios devanados, se puede indicar añadiendo el número de trazos inclinados en el interior del símbolo.
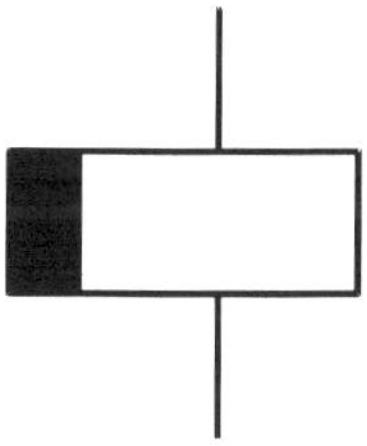	**Dispositivo de mando retardado a la desconexión.** Desconexión retardada al activar el mando.
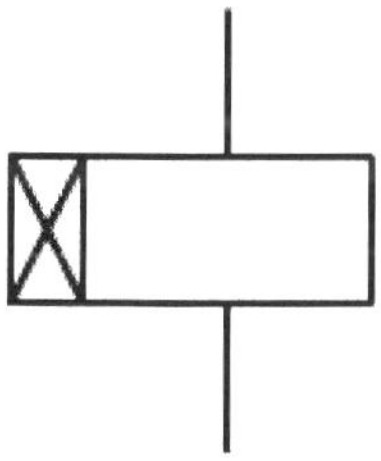	**Dispositivo de mando retardado a la conexión.** Conexión retardada al activar el mando.

N) Símbolos de Instrumentación Eléctrica

Símbolo	Descripción	Símbolo	Descripción
 A	Amperímetro	 V	Voltimetro
 Ω	Ohmetro	 Hz	Frecuencímetro

.../...

.../...

	Vatímetro		Reloj eléctrico
	Contador eléctrico / Integrador Se sustituye el asterisco por la letra o símbolo de la magnitud a contar		Instrumento registrador Se sustituye el asterisco por la letra o símbolo de la magnitud a contar
	Elemento de señalización electromecánico		Sirena

O) Otros Símbolos Eléctricos y Electrónicos

Símbolo	Descripción	Símbolo	Descripción
	Antena		Altavoz
	Micrófono		Bombilla / Lámpara
	Corriente continua, CC Corriente directa, CD		Corriente alterna, CA
	Polaridad positiva		Polaridad negativa

.../...

.../...

	Cristal piezoeléctrico	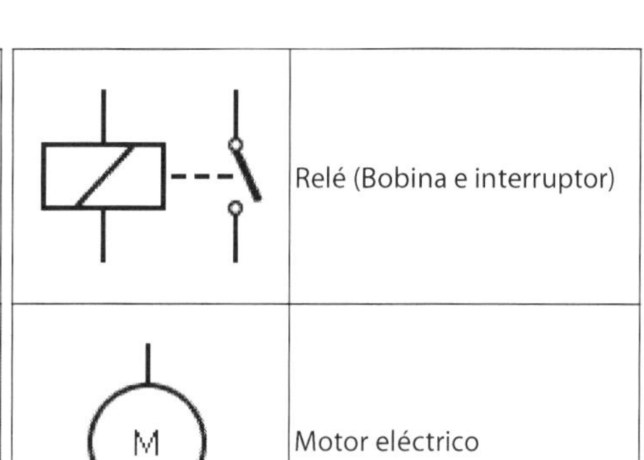	Relé (Bobina e interruptor)
	Transformador eléctrico		Motor eléctrico

Para determinar con mayor rapidez cómo se ha instalado una vivienda, presentamos ahora una instalación tipo, donde no solo se ven las partes de la instalación sino también la simbología utilizada para esa instalación:

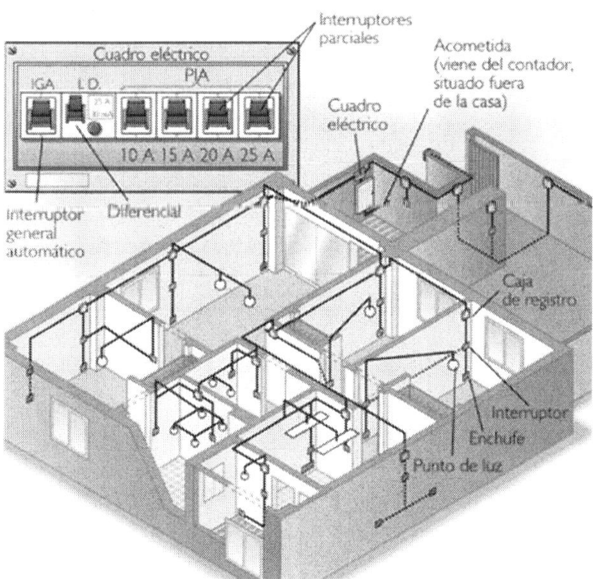

Web de interés

Para conocer más detalle de la simbología específica asociada a los símbolos genéricos puedes consultar en:

https://www.simbologia-electronica.com/simbologia-electrica-electronica/simbolos-electricos-electronicos-basicos.htm

Otro importante elemento en Electrónica es la resistencia. Es un dispositivo que se opone al paso de la corriente eléctrica. Para poder conocer su valor existen unas tablas normalizadas de colores. Cada color, y según su posición, indica un valor óhmico.

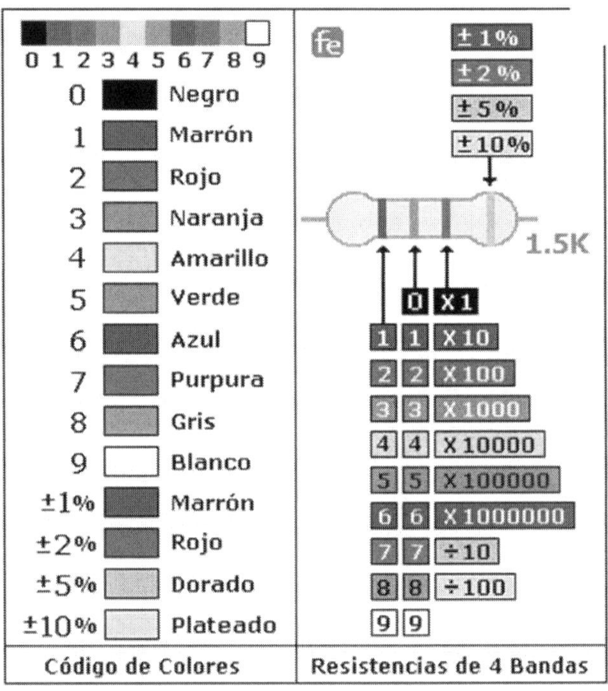

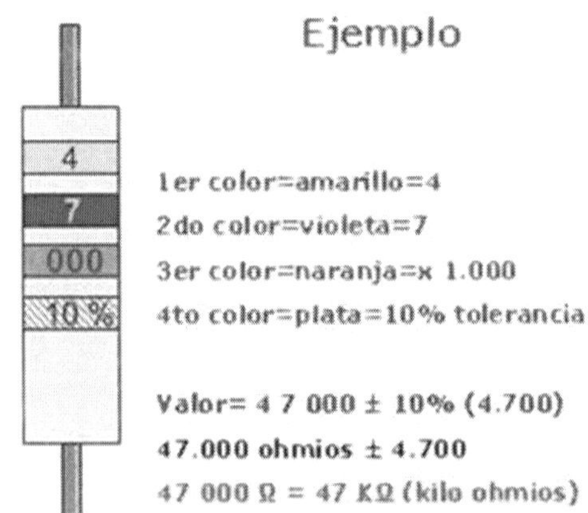

Solución a las actividades

Actividad 1.

☐ a) Buscapolos.

☑ b) Comprobador de tensión.

☐ c) Luxómetro.

Actividad 2.

☐ a) Proporcionar la corriente de arranque o precalentamiento de los filamentos para conseguir de estos la emisión inicial de electrones.

☐ b) Suministrar la tensión de salida en vacío suficiente para hacer saltar el arco en el interior de la lámpara.

☑ c) Generar la alta tensión necesaria para el encendido de la lámpara.

Actividad 3.

Caja empotrable destina a alojar los interruptores, bases, etc	→ Caja de elementos
Pieza de material aislante con dos varillas metálicas, las cuales se introducen en las hembrillas del enchufe para establecer una conexión eléctrica.	→ Clavija eléctrica
Permite la apertura y el cierre de un circuito eléctrico de forma segura y conveniente	→ Interruptores
Material que ofrezca poca resistencia al flujo de electricidad	→ Conductor eléctrico

Actividad 4

☐ a) El tubo no enciende.

☑ b) Los bornes zumban produciendo ruido.

☐ c) La luz parpadea.

TEMA 2

Carpintería

Carpintería. Conocimiento, conservación y manejo de herramientas más usuales. Conocimientos básicos de herrajes (cerraduras, manivelas...). Reparación básica de persianas. Conocimientos básicos de colas y pegamentos. Técnicas básicas de lijado, cepillado, encolado y barnizado

¡Sal de la rutina! Pruebas técnicas de estudio nuevas, cambia tu opozulo por la biblioteca o el parque y activarás nuevas zonas de tu **memoria**. Te contamos más en tu Curso MAD360.

Índice

1. Conocimiento, conservación y manejo de herramientas más usuales
2. Conocimientos básicos de herrajes (cerraduras, manivelas...)
3. Reparación básica de persianas
4. Conocimientos básicos de colas y pegamentos
5. Técnicas básicas de lijado, cepillado, encolado y barnizado

1. Conocimiento, conservación y manejo de herramientas más usuales

1.1. Destornilladores

1.1.1. Aspectos generales

Es una herramienta afectada por cambios continuos. No ha dejado de ser modificada desde hace 300 años, que se utilizaba para ajustar las escopetas después de cada disparo, puesto que se aflojaban.

Los destornilladores deben reunir unos **criterios** de trabajo como son:

- Un potente apretado/y lo contrario.
- Un empuje eficaz y cómodo.
- Una rotación rápida y sin esfuerzos.

Podemos hacer una **clasificación** de dos tipos:

- Fijos.
- Automáticos.

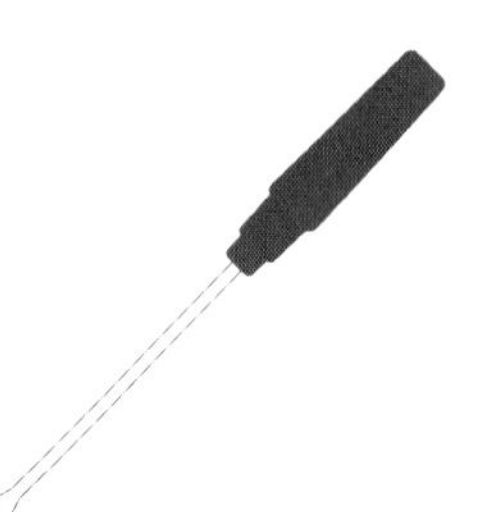

La misión fundamental de esta herramienta es la de apretar o aflojar tornillos *(estos pueden tener diferentes ranuras)*. Pero en ocasiones utilizamos los destornilladores para realizar trabajos *–para los cuales no han sido diseñados–* como puede ser abrir botes de pintura, como cincel, como palanca, etc., es lo que hace que el destornillador tenga una vida útil limitada.

Un destornillador de calidad tiene la punta de cromo-vanadio y van montados en un mango *(empuñadura)* de madera, plástico, etc., diseñados de una forma que facilite el agarre con un mínimo esfuerzo.

Esta herramienta se utiliza con las dos manos: con una se guía el tornillo en la punta *(normalmente la izquierda)* y con la otra se aprieta el mango de la herramienta y se hace girar con la palma de la mano dando movimiento con el antebrazo.

Debemos siempre elegir el destornillador apropiado a la ranura del tornillo; debe encajar siempre lo más perfectamente posible, tanto en tamaño como en el tipo de ranura o huella. Si usamos un tamaño o huella inadecuado, lo más fácil es que estropeemos la cabeza del tornillo, pudiendo llegar a ser esto un auténtico problema, puesto que incluso no podremos colocar o extraer los tornillos por un detalle tan simple.

Todos los tornillos con la tradicional cabeza de ranura, se aprietan o aflojan con un destornillador plano, hasta ahora el más común. Pero este tipo de destornillador está cayendo en desuso debido a la implantación de otro tipo de huellas en los tornillos que permiten mayores pares de apriete con menos fuerza. Esto se debe a que los destornilladores ajustan más y, al no resbalar, aplican mejor el esfuerzo sobre éstos.

Los destornilladores de boca plana son muy vulnerables, puesto que se suelen retorcer o redondear; en el primer caso no tienen solución, pero en el segundo cabe la posibilidad de limar la boca hasta recuperarla. Los de boca cruciforme no suelen dar problemas.

Además de las cabezas para tornillos normales, existen otros tipos de cabezas como son:

- En cruz *(Philips, Pozodriv).*
- Hexagonal de interiores *(Allen).*
- En estrella *(Torx normal, Torx de seguridad.)*

En los destornilladores de gran tamaño, la zona próxima al mango, es decir, al final del vástago, suelen tener una sección hexagonal que tiene como misión el poder sujetarla con una llave fija o inglesa, para así poder realizar una mayor palanca en el caso de ser necesario.

En los destornilladores de punta plana, ésta debe de ser un poco menor que el largo de la ranura del tornillo, con esto evitaremos rallar la pieza.

En los destornilladores con otro tipo de huella esta deberá ser la adecuada al tamaño de la huella del tornillo, puesto que si es más pequeña tenderá a deslizarse en la ranura y en caso de ser mayor no podrá aplicarse la fuerza pues tenderá a flotar.

Cada oficio tiene un destornillador adecuado: los hay para carpinteros, electricistas, carroceros, relojeros, etc.

Los destornilladores automáticos son los que están dotados de un mecanismo que facilita su movimiento, entre éstos se encuentran los:

- De carraca.
- De espiral.

Destornillador de puntas

Este tipo de destornillador tiene un ensanche en su final para poder a acoplar una punta de destornillador o una llave.

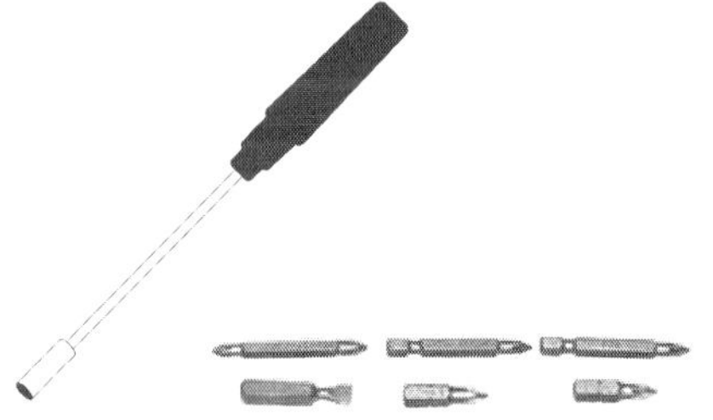

Normalmente la punta se une a este destornillador por medio de un soporte magnético o por medio de un clip de presión *(menos usual)* por ser menos eficaz.

Portapuntas

Son piezas intermedias entre máquina y la punta, también conocidas como portapicas, que aportan ventajas como rapidez en el cambio de la punta. Ésta suele ser soportada por presión o por medio de imán.

Las puntas de destornillador están numeradas y deberán corresponder al tipo de huella y número del tornillo.

Haciendo una buena elección conseguiremos que la superficie de trabajo sea la máxima y transmitiremos pares elevados evitando el riesgo de deterioro o de agripado.

Si el apriete es rápido, quedará el material intacto y el tornillo útil para otra nueva intervención.

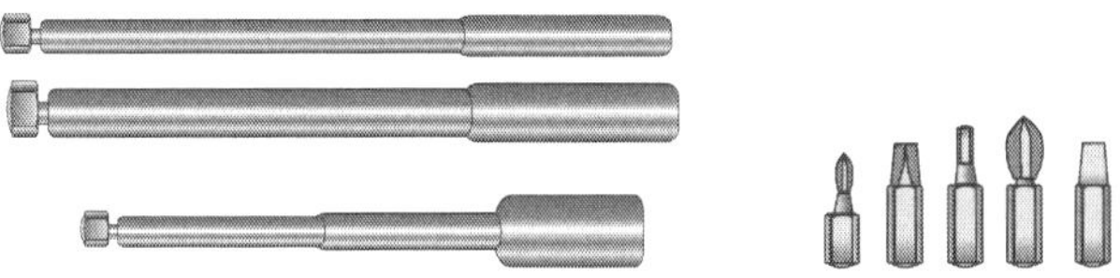

1.1.2. Destornilladores especiales

Este tipo de destornillador se utiliza donde normalmente no se puede usar el destornillador convencional. Se conocen también como angulares. Consisten en una barra de metal curvada en sus dos extremos con huella plana o de estrella, en sus diferentes versiones, como pueden ser Pozodriv, Phillips, Torx, etc.

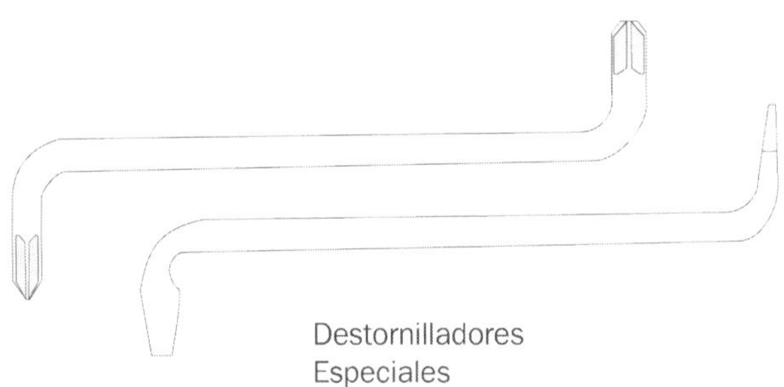

Destornilladores
Especiales

1.1.2.1. Destornillador de relojero

También conocidos como destornilladores de precisión.

Adoptan este nombre por ser usados por estos profesionales y gentes que trabajan en miniaturas, es decir, con tornillos de pequeña cabeza etc. Su uso es muy sencillo: se presiona la cabeza del mango y se hace girar todo el destornillador.

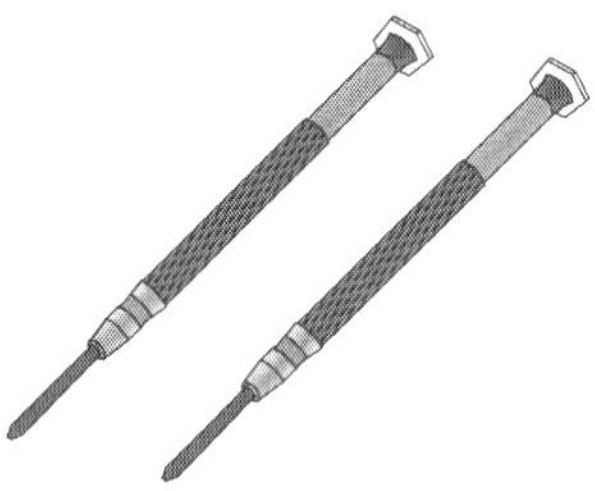

1.1.2.2. Destornillador de carrocero

Se caracteriza por tener un mango corto, grueso, y de corta varilla. Su empleo se limita a la colocación de tornillos en sitios de difícil acceso y con escaso sitio para trabajar.

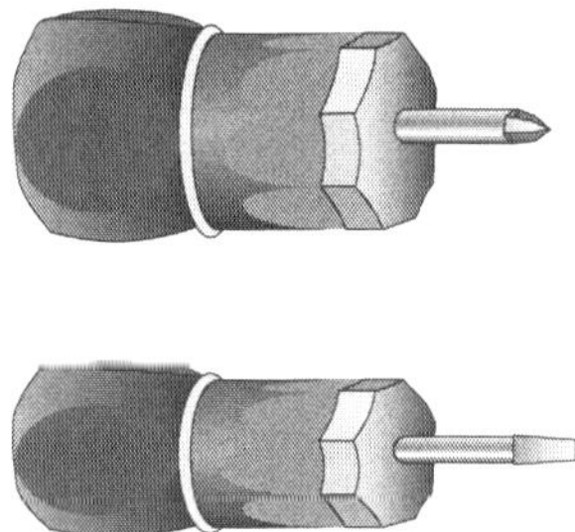

1.1.2.3. Destornilladores de huella cruciforme

Cuando trabajemos con tornillos de huella cruciforme *(conocidos como estrella de 4 puntas)* lo primero que deberemos saber será a qué tipo de huella pertenecen:

Habitualmente se usan dos tipos de huellas Philips (PH) y Pozidrid (PZ):

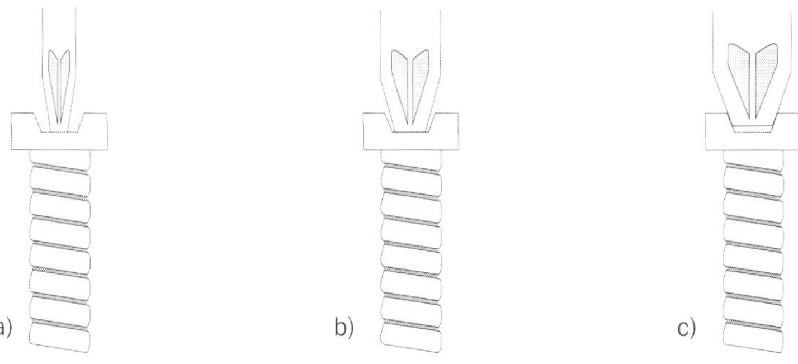

Las huellas de estos destornilladores van por números. En los anteriores dibujos podemos observar lo que sucede con una mala elección. En el caso del ejemplo a) el destornillador es demasiado pequeño: las caras de la huella del destornillador están poco o nada en contacto con el tornillo y corren el riesgo de que durante el apriete resulten dañadas.

En el caso c) el destornillador es demasiado, grande puesto que no penetra hasta el fondo de la huella. Los puntos de contacto entre el tornillo y el destornillador corren el riesgo de dañarse cuando apretemos puesto que el destornillador sería rechazado por el tornillo.

En el caso b) la elección es la apropiada: la superficie de contacto es la máxima y por tanto podemos transmitir pares elevados sin deterioro. El apretado o aflojado es rápido y el tornillo quedará intacto.

Recuerda que...

Además de las cabezas para tornillos normales, existen otros tipos de cabezas como son:

- En cruz *(Philips, Pozodriv)*.
- Hexagonal de interiores *(Allen)*.
- En estrella *(Torx normal, Torx de seguridad.)*

1.2. Herramientas de corte

1.2.1. Serrucho

Herramientas muy conocidas, los hay de distintos tamaños y cantidad de dientes, y básicamente para:

- Maderas duras.
- Maderas blandas.
- Maderas verdes.

Están construidos por una hoja de sierra flexible y larga (de 500 hasta 650 mm), consta de dientes, y tienen una empuñadura trasera para empujar la herramienta. Esta hoja tiene una forma trapezoidal, el mango está colocado en el extremo de la base mayor del trapecio.

Esta herramienta es conocida también con el nombre de serrón.

Trabajan por empuje, lo cual significa que, por tanto, los dientes solo arrancan material durante el avance, hacia atrás recupera su posición. En Japón siempre ha sido hacia atrás, es decir, tirando de la hoja.

La hoja está llena de dientes, cuyos anchos están proporcionados a su longitud, por la parte más ancha de la hoja esta la empuñadura.

Esta empuñadura conocida con el nombre de mango puede ser de madera o plástica. A su vez esta empuñadura puede ser:

- Abierta.
- Cerrada.

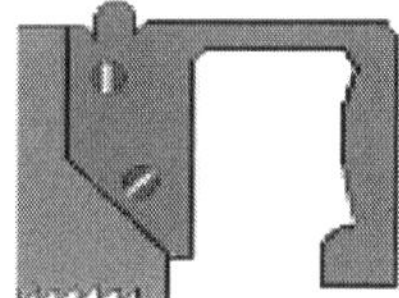

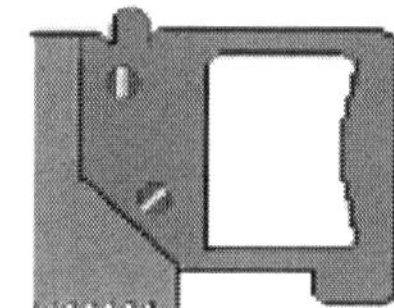

La empuñadura está unida a la hoja por medio de tornillos. Dichas empuñaduras en su mayoría facilitan que el serrucho pueda utilizarse como escuadra de 90º o incluso de inglete de 45º.

La acción cortante de los serruchos depende de la disposición y afilado de los dientes, los cuales actúan como una serie de pequeños cinceles.

Los dientes extraen pequeñas porciones de madera, este serrín es arrastrado fuera del corte por los mismos dientes que van separando de la tabla. Trabajan como si fuesen formones u hojas de cuchillo en miniatura.

Para evitar que los bordes del corte frenen la hoja, los dientes están triscados, es decir, alternativamente doblados a derecha e izquierda, para así abrir la ranura, de manera que esta ranura sea más ancha que la propia hoja.

El triscado evita que el serrucho se atasque en el corte, en especial cuando la hoja se calienta.

- *El triscado, si es escaso,* hace que el serrucho se atasque en el corte.
- Un serrucho con *triscado excesivo* no corta la madera entre las dos filas de los dientes. Se forma un reborde de madera que produciría una fricción poco deseable.

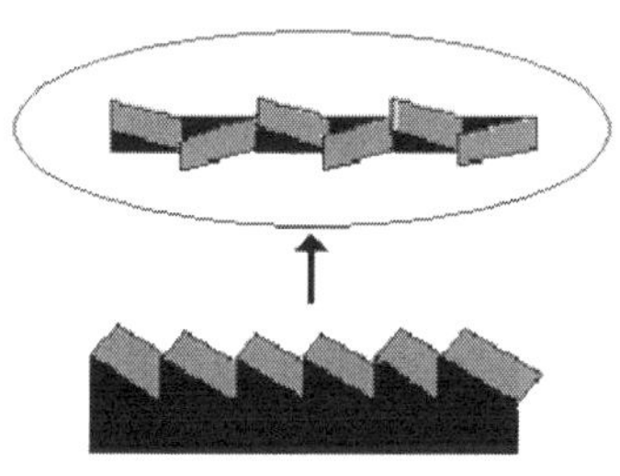

Triscado

La madera tiene tendencia a unirse, trabando la hoja del serrucho en cortes largos; también se frena esta hoja, si la madera tiene nudos o si el triscado es muy fino. Por tanto deberá prestar atención a la limpieza de dicha hoja, puesto que deberá estar limpia y libre de sustancias. Cuando tenga pegadas resinas o pegamentos limpiarán esta herramienta con aguarrás, y el óxido lo eliminaremos con lana de acero del tipo fina.

Por su dentado también los podemos clasificar:

- Dentado grande y basto: para aserrado de materiales relativamente blandos.
- Hojas con gran número de dientes por cm (pulgada): para cortar materiales duros, o bien realizar trabajos de ajuste y *precisión*.

También los podemos clasificar atendiendo para qué tipo de trabajo son adecuados:

- Serrucho corriente.
- Serrucho de costilla.
- Serrucho de punta.

Para evitar accidentes cuando serremos, debemos colocar el pie contrario más adelantado, para mantener una postura equilibrada, la pieza deberá estar a una altura que permita conseguir una inclinación de unos 45º. Cuando comencemos a serrar la presión deberá ser menor, en la punta, para ir aumentándola hasta que lleguemos al mango.

Otra cuestión importante es cuando llegamos al final del corte, puesto que se pueden producir astillamientos, deberemos sujetar uno de los lados de la pieza con la mano (normalmente sobrante), por eso una parte debe de estar fija o bien apoyada al banco, caballete, etc.

1.2.1.1. Serrucho corriente

Este suele utilizarse con un dentado de tipo medio y bastante triscado y su misión principal es el troceado.

Un serrucho del tipo medio mide más o menos 45 cm y tiene dentado trapezoidal, con 10-12 dientes por pulgada, los modelos de 50-60 cm de longitud son para cortes largos.

1.2.1.2.Serrucho costilla

Es también conocido como sierra de "trasdós".

Es una herramienta de corte dentado, diseñada para realizar los cortes con precisión, como son ensambles, corte a inglete, etc., que no pueden hacerse con un serrucho normal puesto que la hoja se bambolea. Se distingue por su lomo, que puede ser de acero o latón.

Este tipo de serrucho tiene una hoja rectangular siendo más fina la hoja, y los dientes más pequeños que en el serrucho de tronzar; suele estar provisto, en el lado opuesto a los dientes, de una vaina en forma de U que evita que la hoja pueda curvarse al actuar contra el material. De ahí recibe el nombre de costilla. Esta costilla puede estar fabricada en acero o latón.

La costilla impide profundizar más de lo deseable y, por este motivo, dicha costilla es desmontable, con el fin de poder realizar cortes más profundos si se necesitan.

Se utiliza esencialmente pera realizar cortes finos de ensamble e ingletes, así como cortes de pequeña longitud.

Para realizar estos usaremos serruchos de costilla de dentado muy fino, valiéndose de los instrumentos oportunos con la "caja de ingletes", que nos permite realizar ángulos de 45º y en ángulo recto. Cuando usemos la caja de ingletes, deberemos comprobar que el serrucho y la caja sean compatibles, la hoja deberá tener el mismo espesor que las ranuras de la caja.

Los mangos son de madera o plástico, y pueden tener la forma de empuñadura o de pistola.

Dentro de esta familia de serruchos existen **distintos modelos**:

- Serrucho de costilla tradicional. Es el modelo más grande de entre los serruchos de costilla *(entre los 250 y los 350 mm de longitud de hoja)*. Es recomendable para multitud de aplicaciones, para cortar listones y grandes ensambles.
- Serrucho para cola de milano con codo. Está pensado para cortar espigas caladas y otros elementos similares.
- Serrucho para cola de milano. Versión reducida del modelo tradicional *(hoja de 200 mm)*. Sirve para cortar ensambles finos en maderas duras.
- Serrucho de precisión. Es un serrucho de costilla en miniatura, utilizado especialmente para realizar cortes en piezas delicadas.
- Serrucho miniatura. Es muy apropiado para la construcción de todo tipo de maquetas. La versión más fina de este tipo de serruchos presenta el mayor número de dientes por cm/pulgada. Esto provoca que no se puedan afilar las hojas, se pierda el filo y tengan que ser reemplazadas por otras nuevas.

El serrucho de costilla se emplea, como hemos dicho, para cortar con precisión. Según el corte sea más o menos fino, emplearemos el serrucho de mayor o menor número de dientes por pulgada/cm.

Y además se puede cortar en cualquier dirección con respecto a la veta.

Se comenzará a serrar marcando unos golpes hacia atrás para iniciar el corte. Seguidamente procederemos al serrado empujando esta herramienta hacia delante, teniendo en cuenta que sólo corta cuando se le empuja.

El manejo de esta herramienta no es difícil, pero el dominio sólo se consigue con la práctica. Como tiene un dentado fino realiza trabajos lentos.

El afilado del serrucho de costilla se realiza limando los dientes uno por uno. Para esto usaremos una lima triangular; después de realizado esto, doblaremos los dientes de forma alterna de izquierda a derecha, para asegurar que la anchura de corte sea mayor que el grosor de la hoja, puesto que realizando el triscado evitamos el atascamiento de la hoja.

Serrucho de costilla

1.2.1.3. Serrucho de punta

Es un instrumento de gran simplicidad compuesto de una hoja muy estrecha y manija abierta. El dorso de la hoja es más delgado que el corte.

Se utiliza para realizar calados en el interior de tableros. Los dientes no están triscados sino afilados oblicuamente.

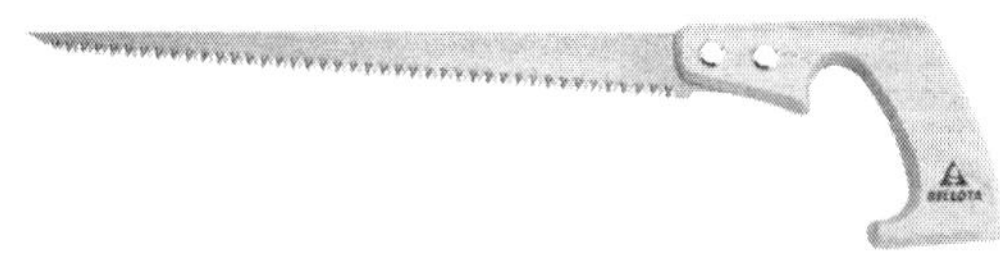

1.2.1.4. Sierra de bastidor

También conocida como sierra de *San José*.

Consiste básicamente en una especie de H articulada en la que en la parte inferior se sitúa la hoja de sierra (intercambiable) y en la superior un tensor con una cuerda y un listón que se encaja en el tramo intermedio de la H.

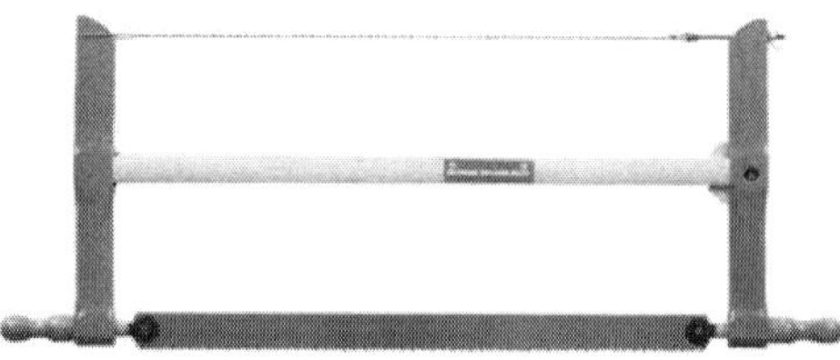

Al tener dos brazos esta herramienta puede ser usada por dos personas a la vez.

1.2.1.5. Segueta

Sierra delgada y semi-flexible, con filo dentado y usada, por lo general, en marquetería.

El arco de segueta está formado por un mango y un arco de bastante profundidad. Entre los extremos del arco se coloca una hoja dentada afilada, que comúnmente es muy delgada, de entre cero a cinco milímetros para madera, aglomerado, etc. También se fabrican pelos de segueta, como alternativa a las hojas, con una forma redondeada y dientes.

La segueta, como hemos dicho, aparte de trabajos en maderas se utiliza en otras labores como pueden ser en cortes de metales para joyería.

Las seguetas se pueden adquirir por docenas y de diversos grosores dependiendo del trabajo que uno va a realizar.

Las seguetas se clasifican dependiendo del grosor y número de dientecillos que poseen por centímetro. Los calibres o tamaños de seguetas van desde 8/0 (ocho cero) que es la más fina hasta la del número 6, que es la más gruesa.

Las seguetas más finas se emplean para cortar láminas de plata muy delgadas, y las seguetas gruesas para láminas más anchas. Por lo general, una segueta de calibre 3/0 (tres cero) es la que se emplea para realizar la mayoría de los cortes en joyería.

Estas hojas de sierra son tan estrechas que no permiten su afilado, debiendo ser cambiadas cada vez que se desafilan. Son tan estrechas que se rompen con gran facilidad.

1.2.2. Cortachapas

Conocida también como sierra de *chapear.*

La chapa de madera tiene un espesor de 0,8 mm por lo cual para cortarla y obtener a la vez cortes limpios y finos (sin astillas) se precisa de una herramienta específica como es el cortachapas. Esta herramienta está compuesta de una hoja de hierro acerado más o menos con forma rectangular con dos cantos ligeramente curvados y dentados, con soporte y mango. Esta herramienta tiene los dientes sin triscar puesto que el corte no es nada profundo.

Esta hoja tiene un dentado extremadamente fino.

1.2.3. Sacabocados

Instrumento con boca hueca de acero y de corte muy afilado que se usa para taladrar.

Son herramientas de corte sin arranque de viruta.

Sirven para realizar agujeros en materiales blandos o en chapas de poco grosor.

1.2.4. Alicates sacabocados de revólver

Es una herramienta utilizada para perforar distintos materiales en los diferentes ámbitos profesionales, industriales y doméstico.

Esta herramienta también es conocida como alicate de zapatero. Es una herramienta muerdebocados que siempre se ha utilizado por los zapateros y demás profesionales afines al cuero. Sirve para realizar agujeros al cuero, lonas, etc.

Tiene distintas bocas, según el diámetro que se quiera dar al agujero en cuestión.

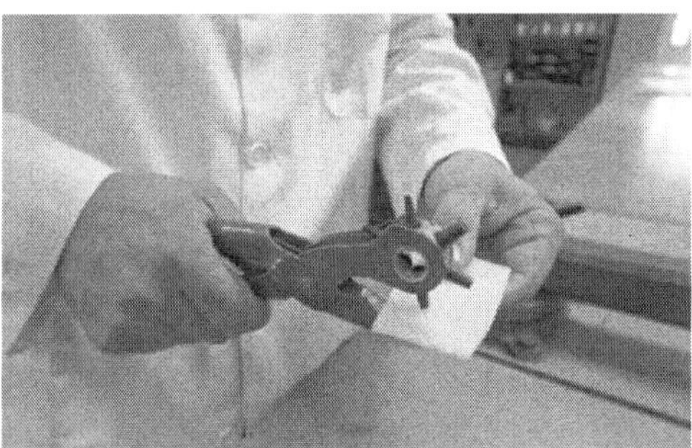

Actividad 1

La cabeza de tornillo Allen tiene una forma:

- ☐ a) En cruz.
- ☐ b) En estrella.
- ☐ c) Hexagonal.

1.2.5. Sierras de mano para cortar metales

Es la herramienta de mano más utilizada para cortar metales, e incluso con ellas podemos realizar cortes en maderas, aglomerados y plásticos de pequeños espesores.

Las hojas de sierra de mano se sujetan en "arcos". Estos arcos son conocidos como "Paicker". La más sencilla de manejar es la de empuñadura de tipo pistola, que, además, es regulable por lo que podemos adaptarle hojas de diferentes longitudes.

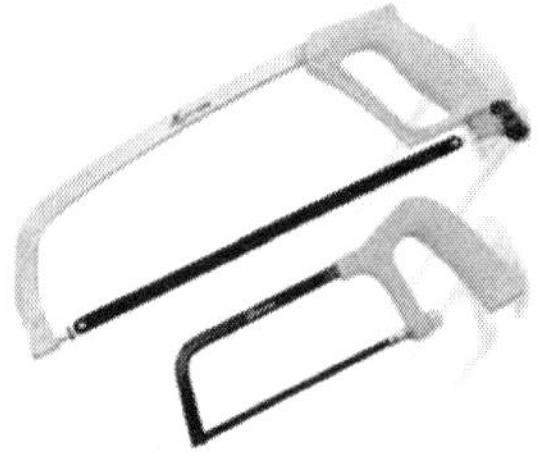

La hoja de sierra normalmente *(puesto que hay otros sistemas)* se tensa por medio de una tuerca de mariposa, logrando, con pocas vueltas de tuerca, un buen tensionado, ya que una hoja sin tensar se rompe con facilidad y da cortes de líneas poco limpias.

El paicker nos permite colocar la hoja de sierra a 90º.

Esta es una herramienta para hacer cortes limpios; las hojas se fabrican de diferentes aceros y en versiones rígidas y flexibles

Estos **aceros** pueden ser:

- Acero rápido.
- Acero al tungsteno.
- Bimetálicas.

Un detalle importante al colocar la hoja en el armazón es que los dientes deben estar dirigidos en el sentido del ataque *(corte)*.

Siempre que podamos sujetaremos la pieza a cortar en el torno o por medio de sargentas, y deberemos elegir la hoja acorde con el metal a trabajar. Para metales blandos, como aluminio y el cobre, son mejores las hojas de dientes gruesos, dado que en éstos se acumulan menos partículas metálicas. Pueden tener hasta 16 dientes por pulgada.

Cuanto más duro sea el material a cortar, las hojas serán de dentado más fino. Para aceros usaremos la de dientes finos, de 28 a 32 dientes por pulgada. Si cortamos latón es conveniente usar una hoja nueva, puesto que la usada es probable que resbale en lugar de cortar.

Las hojas de sierra miden 300 mm por 13 mm de altura y 0,65 mm de espesor, que en pulgadas son 12 por 0,025.

Las hojas se clasifican por su **dentado**:

- Grueso *(tienen de 8 a 17 dientes por pulgada).*
- Medio *(tienen de 18 a 23 dientes por pulgada).*
- Fino *(tienen de 24 a 32 dientes por pulgada).*

Las hojas también las clasificamos:

- Lomo flexible. Esta hoja sólo tiene templados los dientes. Se debe usar para cortar tubos, estaño, hierros perfilados o cobre.
- Endurecida por entero. Se usa en acero, hierro colado y en latón.

Otra característica de estas hojas de sierra es que tienen los dientes triscados con el fin de hacer sitio entre la pieza y la hoja. Puesto que el triscado permite que los dientes corten una ranura algo más ancha que el espesor del cuerpo de la hoja. Diremos que existen diferentes tipos de triscado.

Con el fin de evitar la rotura o el embotado de las hojas, deberemos tener en cuenta los siguientes **consejos**:

- No usar hoja basta, en material delgado.
- No tensar poco la hoja en el arco, pero tampoco realizarlo excesivamente.
- No trabajar con una presión excesiva, pues la hoja doblará y calentará produciendo esto último una pronta embotadura.
- No cortar con demasiada celeridad. Nunca ladear o torcer la hoja después de que haya entrado por completo en la pieza, pues esto puede originar la rotura de la hoja.

Las hojas de las sierras podemos engrasarlas *(grafito, grasa, etc.)*, esto nos permite aumentar la velocidad de trabajo y a la vez disminuye el frotamiento.

1.2.6. Cúter

Sirve para cortar y se utiliza para realizar todo tipo de cortes en materiales blandos. Los carpinteros lo utilizan a la hora de realizar recortes precisos en chapas, corcho, etc.

Existe gran variedad de tipos y modelos adecuados a diferentes usos.

Tienen un cuerpo que puede ser de metal o plástico y, en ocasiones, pueden estar hechos de ambos materiales.

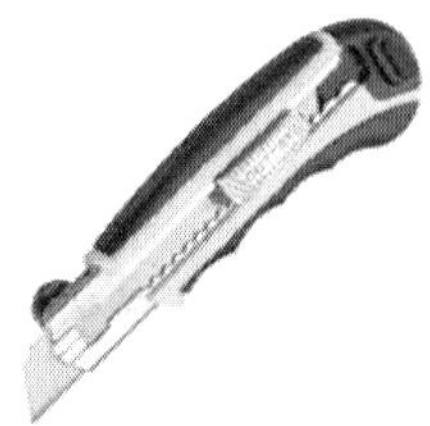

En el momento de realizar el corte, que es cuando se realiza presión, la cuchilla no puede retraerse. Deben estar dotados de un pulsador o similar que, a la hora de cortar, nos permita ajustar la hoja a las diferentes posiciones de corte, y retraerla completamente en el interior de la carcasa, de esta forma tiene un almacenamiento seguro.

Sus cuchillas pueden tener diferentes formas, citando sólo en este apartado las que se utilizan para realizar cortes rectos. Sus hojas son desechables y no son afilables. Su anchura se encuentra comprendida entre los 9 y los 19 mm.

A lo largo de la cuchilla tienen marcados unos surcos, cuya finalidad es facilitar el corte o rotura de cuchilla cuando esté embotada en sus puntas.

Debemos extremar las precauciones con esta herramienta ya que sus cuchillas se encuentran muy afiladas.

1.3. Herramientas y útiles de lijado

Cuando se ha llevado a cabo el lijado hay que pasar a las fases complementarias de pulido y alisado de la madera. Esto tiene un valor muy efectivo cuando la madera que se trabaja posee bastante dureza.

El lijado es una operación esencial en los trabajos con madera, tanto en la fabricación de nuevo como restauración. La madera debe presentar una superficie absolutamente plana y uniforme, si queremos conseguir un aspecto homogéneo y lustroso cuando apliquemos el acabado. Si la fase del lijado se hace defectuosamente, las diminutas astillas y virutas quedarán muy patentes al teñir, barnizar o encerar, malogrando la estética del mueble.

1.3.1. Escofinas y limas para madera

Se trata de una herramienta provista de mango, parecida a las limas, pero con granos más gruesos.

La escofina se utiliza para eliminar rápidamente una cantidad grande de madera. Tienen una serie de dientes que cortan a la ida.

Las limas y escofinas se utilizan generalmente en el trabajo de la madera para dar forma a piezas irregulares donde no pueda utilizarse el cepillo.

La escofina está considerada por algunos autores como la hermana mayor de la lima. La lima se utiliza tanto para madera, como para metales; en cambio, la escofina sólo se utiliza en maderas.

Para desbastar usaremos la escofina, mientras que el pulido se realizará con lima.

La lima para maderas se emplea para alisar las superficies bastas, preparadas previamente. Las limas para maderas son semejantes a las utilizadas para metal.

Esta herramienta posee gruesos dientes triangulares dispuestos en diagonal.

El grado de rugosidad de la lima se define por la separación entre sus dientes. Cuantas más juntas estén las líneas de dientes, más fina será la lima.

El número de dientes que tiene una escofina por centímetro cuadrado determina su calidad del corte.

El manejo de una escofina precisa la combinación de tres movimientos:

- Avance.
- Desplazamiento lateral.
- Rotación.

La designación de corte se escalona de mayor a menor grueso en la forma siguiente:

- Basta.
- Bastarda.
- Semifina.
- Fina.

Las diferencias y similitudes entre una escofina y una lima son:

- Los dientes de la escofina están completamente separados unos de otros. Para limpiar las limas y escofinas se utiliza una carda o cepillo de alambre.

- Estos cepillos o cardas sirven para aflojar las virutas de madera que se atascan entre los dientes de la escofina; después de la limpieza no se aplica aceite puesto que la escofina pierde mordida y la grasa se introduce en la madera y la ensucia.
- Tanto la escofina como el formón sólo se usa para madera o derivados.
- La escofina no puede afilarse, por lo cual deberemos tener cuidado de no rozar clavos, tornillos, etc.
- Las limas para madera no son adecuadas para trabajos en metal.
- Por el contrario, no es perjudicial el utilizar limas de metal en maderas, puesto que nos vale para desengrasarla.
- Ninguna de estas herramientas debe de ponerse en contacto con aceites o grasas.
- Para estas herramientas el óxido es perjudicial puesto que las embota.

Las escofinas, atendiendo a su forma, pueden ser:

- Planas: ambas caras son planas.
- Media caña: se usan en superficies cóncavas y convexas.
- Redondas: se usan para trabajos en superficies circulares.

Una cuestión importante en estas herramientas es que se encuentren provistas de mango adecuado para evitar posibles accidentes.

Actualmente son muchos los fabricantes que ofrecen este tipo de herramientas con mangos de plástico. Pero al lado de estas herramientas todavía subsisten aún las que hay que hincar en un mango de madera, el cual suele disponer de una virola metálica para evitar que se "arpe" la madera.

En los trabajos con escofinas y limas, sobre cualquier tipo de material, se procederá, atacando con los granos bastos para terminar con las de grano más fino.

También es importante saber cómo debemos empuñar esta herramienta. En principio se tomará el mango con la mano más hábil y se empujará hacia el exterior ejerciendo presión contra el material, mientras que con la otra mano se retendrá la herramienta por su extremo, luego retrocederemos hacia nuestra posición inicial levantado la herramienta hacia nosotros.

Como sucede con otras herramientas cortantes, los mejores resultados se consiguen moviéndose en la dirección del grano o con un ángulo muy ligero con respecto a este.

Siempre que trabajemos con herramientas con mango deberemos cerciorarnos que se encuentra firmemente colocado.

Nunca trabajaremos con herramientas de este tipo sin mango, puesto que en caso de que se atore y se detenga súbitamente, esta espiga puede acabar clavada en la palma de nuestra mano.

Cuando la lima o escofina se embota, debemos limpiarlas con la carda, puesto que con las herramientas embotadas no se trabaja bien.

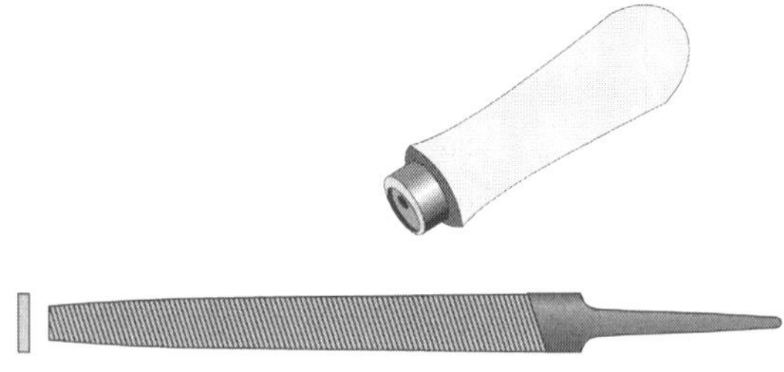

1.3.2. Lima Surform

Se trata de una herramienta mezcla de cepillo y escofina. Su peculiar forma le permite cortar y dar forma a la madera y derivados sin preocuparse de que sus dientes se emboten.

Esta herramienta se parece a un rallador de cocina. Sus dientes con forma de cuchillo cortan una viruta plana.

Pueden adoptar diferentes formas.

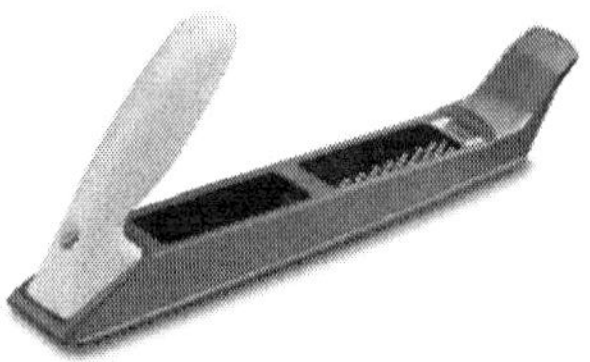

1.3.3. Lima bastarda

Reciben esta denominación las escofinas pequeñas con dos cabezas. Tienen una medida comprendida entre los 17 y los 20 cm. Sus dos extremos tienen la misma forma, por tanto es simétrica.

Su forma en punta y curva permite trabajar zonas estrechas y pequeñas de difícil acceso.

Para su uso deben sujetarse por su parte central, con el dedo índice colocado a lo largo de la hoja.

1.3.3. Papel de lija

1.3.3.1. Aspectos generales

Cualquier elemento que por frotación retire virutas más o menos finas de una superficie puede ser considerado una herramienta de lijado.

Estos elementos son conocidos con el nombre de abrasivos flexibles o lijas. Se trata de un conjunto de partículas minerales unidas a un soporte plano y flexible, por medio de adhesivos o resina.

Por tanto, las lijas están compuestas por:

- **Soporte**. Que puede ser papel, tela, fibra o plástico, de diferentes grosores.
- **Abrasivo**. De cómo sea éste dependerá la eficacia. Se usan diferentes tipos de minerales. Estos minerales abrasivos tienen diferentes durezas. **Según su composición podemos distinguir tres tipos de grano:**
    * Carburo de silicio. Es un grano delgado, anguloso, quebradizo y de no mucha durabilidad. Los abrasivos de carburo de silicio son generalmente recomendados para materiales de baja resistencia a la tracción *(materiales no ferrosos y no metálicos)*, tales como: hierro fundido gris, bronce, latón, aluminio, cerámica, mármol, granito, plásticos, cauchos, etc.

  * Óxido de aluminio *(corindón)*. Es un grano redondo, sin aristas agudas, tenaz y de alta durabilidad. Es apropiado para el lijado de materiales de virutas largas, como el metal y la madera. Este grano es extremadamente robusto y su forma de cuña permite una penetración rápida en materiales duros sin fracturarse o desgastarse excesivamente. Es usado en materiales de alta resistencia a la tracción como acero y sus aleaciones, hierro fundido y también para materiales no ferrosos.
  * Corindón de circonio. Es un grano muy uniforme, muy tenaz y de muy alta duración. Debido a su gran tenacidad, el corindón de circonio es excelente para lijar aceros inoxidables.
- **Adhesivo.** Es el elemento de unión del mineral con el soporte. Se suele realizar por medio de:
  * Colas orgánicas. Para aplicaciones manuales o máquinas portátiles sin utilizar presión, puesto que soportan mal el calor.
  * Resinas sintéticas. Indicadas para lijas de máquina. Resisten más al calor que las colas.

Las lijas las podemos usar en:

- Maderas.
- Metales.
- Plásticos.

El material que antiguamente se usaba era arena de lija. Hoy en día ha sido sustituida por minerales naturales, como la arena de cuarzo y la refractaria o el corindón artificial (óxido de aluminio). El corindón alcanza una dureza de 9 en la escala Monhs.

Estos abrasivos se pegan sobre papel. Para las lijas por vía húmeda los materiales de soporte, como el adhesivo, deben resistir al agua.

Los papeles de lija los podemos clasificar en tres grupos básicamente:

- Lija corriente.
- Lija al agua.
- Tela esmeril.

La lija corriente es la que normalmente se usa para maderas, plásticos, emplastes, etc.

Otra clasificación, según el grupo, es **por el tamaño del grano**, que vendrá indicado en el reverso del papel o de la tela y señala el número de granos por pulgada:

- De 20, 30, 40, 50: muy grueso.
- De 60, 80: grueso.
- De 100, 120: medio.
- De 150, 180: fino.
- De 220, 440, 600: muy fino.

Otra clasificación estaría determinada **por la forma de recubrimiento del soporte** que puede ser:

- Papel abierto *(cuando el abrasivo sólo cubre el 50% de manera que se dejan espacios intermedios llamados, con frecuencia, "líneas de serpiente". Gracias a ellos tardan más tiempo en saturarse de polvo, lo que resulta muy conveniente cuando se trabaja con maderas o materiales muy blandos).*
- Papel cerrado *(aquel cuya superficie está totalmente cubierta por los granos del abrasivo).*

El papel de lija se comercializa normalmente en hojas de 23 por 33 cm y todos los datos importantes van indicados en el reverso de la hoja: grano, tipo de abrasivo, resistencia al agua, así como su campo de aplicación. También se indica normalmente el soporte: papel, papel aceitado, tejido, o fibras.

La calidad de un papel de lija se comprueba de una forma sencilla: simplemente doblándolo unas cuantas veces. El que es de buena calidad soporta perfectamente la prueba; los granos se mantienen pegados incluso por la zona de la raya del doblado.

La lija la podemos clasificar también por el **tipo de devastado**:

- Basto.
- Medio.
- Fino.

Para quitar el polvo en la lija golpearemos fuertemente el taco con el papel contra el borde del banco, etc., para eliminar dicho polvillo.

En el caso de que esté totalmente embotado por las adherencias del uso, lo limpiaremos pasando su reverso por la arista de un canto de una pieza; esta operación le confiere, además, flexibilidad que impedirá la formación de arrugas.

El papel de lija nunca se debe cortar con tijera, lo que hay que hacer es rasgarlo a la medida que necesitemos sobre la arista de alguna pieza.

El lijado en maderas se realizará en dirección a la veta, a excepción de los trabajos que sean de devastado.

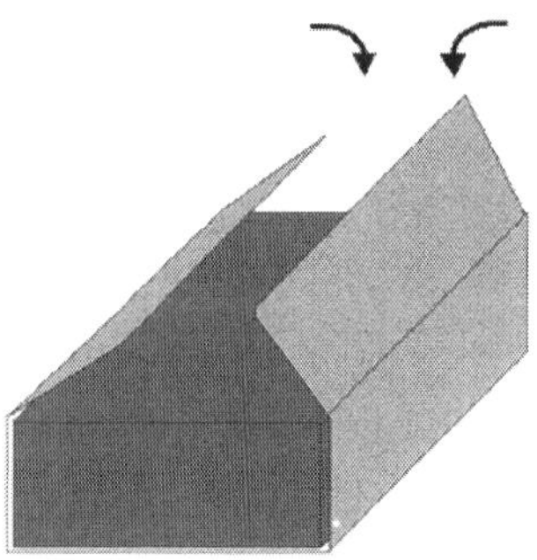

Taco de madera con lija

El papel de lija nunca debe usarse sujetándolo únicamente con los dedos, puesto que puede provocar lesiones. Para que la presión de lijado sea constante y uniforme, es conveniente usar un taco de madera o de plástico sobre el que fijaremos la lija o al que envolveremos con el papel.

1.3.3.2. Tipos de papel de lija

A) Lija para maderas

La lija corriente es la que normalmente se usa para maderas, plásticos, emplastes, etc. Se conoce como papel de lija o papel de vidrio.

El papel granate permite un acabado mejor y su duración es bastante superior.

Se debe lijar en dirección a la veta, a excepción de los trabajos que sean de desbastado.

El papel de lija nunca debe usarse sujetándolo únicamente con los dedos. Con ello se doblan y estropean los bordes sin llegar a suprimir las desigualdades de la superficie de la madera.

Para que la presión de lijado sea constante y uniforme es de suma utilidad un taco de madera o de plástico sobre el que fijar o envolver el papel.

B) Lija de agua

La lija al agua o lija de agua *(carburo de silicio)* se usa precisamente con este elemento, que hace la función de lubricante en la abrasión para el lijado fino o pulido. Este papel es un excelente abrasivo para alisar superficies pintadas en las que se precise aplicar una mano suplementaria de pintura.

Estos abrasivos se presentan en diferentes grados de finura.

C) Lana de acero

La lana de acero es como un estropajo compuesto de hilo de acero más o menos fino. Según algunos autores este elemento no puede ser considerado como una lija.

Es un útil de lijado usado para pulir redondeados o perfilados y superficies planas.

No se debe usar en maderas de roble, nogal o mahogoni, o sobre decapantes, ya que ante la humedad presente en ellos, el acero puede reaccionar con la acidez de la madera y ennegrecerla. Tampoco debe usarse con acabados con base de agua, ya que los restos de metal pueden reaccionar con el material del acabado y dejar manchas de óxido.

La lana de acero tiene un efecto diferente de la lija cuando se usa sobre madera. La lija va rebajando la madera por abrasión y arrastra el pelo de la madera. La lana de acero lo que hace es rebajar ese pelo.

Por tanto, la lija se usará para desbastados más o menos finos y, para lograr un buen acabado optaremos por la lana de acero ya que al quitar el pelo dejará la superficie más suave y en perfectas condiciones.

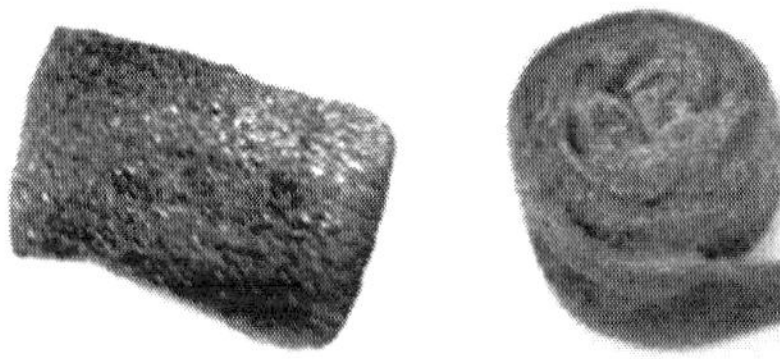

Actividad 2

Indica si la siguiente cuestión es verdadera o falsa:

Los dientes de la escofina están completamente separados unos de otros. Para limpiar las limas y escofinas se utiliza una carda o cepillo de alambre. La escofina no puede afilarse, por lo cual deberemos tener cuidado de no rozar clavos, tornillos, etc.

Verdadera ☐ Falsa ☐

D) Espumas de pulido

Se trata de esponjas recubiertas de granos de abrasivo. Existen espumas de pulido de diferentes tipos de grano:

- Fino
- Medios
- Gruesos

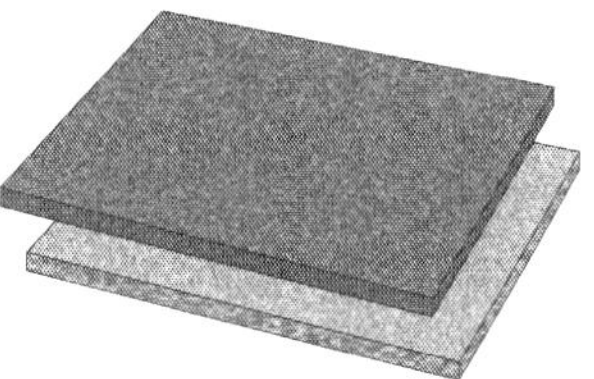

Gracias a su gran flexibilidad, son las más apropiadas para el pulido de superficies abovedadas o perfiles con mucho detalle. Se emplean tanto en seco como en mojado. Las esponjas tienen un componente que recoge el agua, y por ello son muy adecuadas para la operación de lijado en húmedo.

El sistema de lijado húmedo se emplea para conseguir acabados especiales. La superficie se humedece antes de iniciar la operación. Se trabaja con movimientos circulares, para terminar en longitudinal. Al finalizar debemos proceder a eliminar los restos adheridos para recuperar su flexibilidad.

1.4. Herramientas de cepillado

La finalidad del cepillado es quitar la irregularidad y emparejar la superficie de la madera.

Diversas son las herramientas que se emplean y si bien todas cumplen la misma función, o sea, sacar laminillas de madera llamada viruta, no pueden utilizarse indistintamente.

Para que el desbaste de la madera sea uniforme, la pieza debe estar completamente paralela al suelo y el cuerpo del que trabaja en paralelo, a su vez, a la pieza.

Asimismo, puede comprobar que has cepillado uniformemente usando una escuadra metálica. Para verificar que una pieza de madera está bien aplanada, marque con un lápiz la superficie que vaya a cepillar. Mientras haya restos de lápiz significará que la superficie no está lisa.

Para que la herramienta no oscile debe hacerse más presión sobre la parte anterior al iniciar el trabajo y después sobre la parte posterior. A veces es buena idea darle una pasada de cera a la base del cepillo para que se deslice mejor sobre la madera a trabajar

1.4.1. Cuchillas

Se usan para pulir las maderas. Se trata de una sencilla chapa rectangular de unos 12 cm de largo por 6 cm de ancho.

Las cuchillas presentan diversos perfiles adecuados para pulir piezas de variadas formas. Se manejan con ambas manos, dirigiéndolas, indistintamente, hacia el exterior o hacia nosotros.

La cuchilla se maneja en la dirección de la veta, algo oblicua.

Es una herramienta bastante delicada que debe ser protegida de golpes y de la humedad.

1.4.2. Cepillo manual para madera

Es una de las herramientas típicas del carpintero, de las denominadas de corte guiado, ya que la tenemos que conducir nosotros. Algunos autores definen al cepillo como un formón metido en una caja metálica o de madera.

Hace años la mayoría de los cepillos eran de madera, con hoja de hierro acerado, y la cuña de madera que sujetaba la cuchilla, debiendo ser golpeada, ligeramente para su extracción, consiguiendo de esa forma que aflojase lo suficiente para lograrlo.

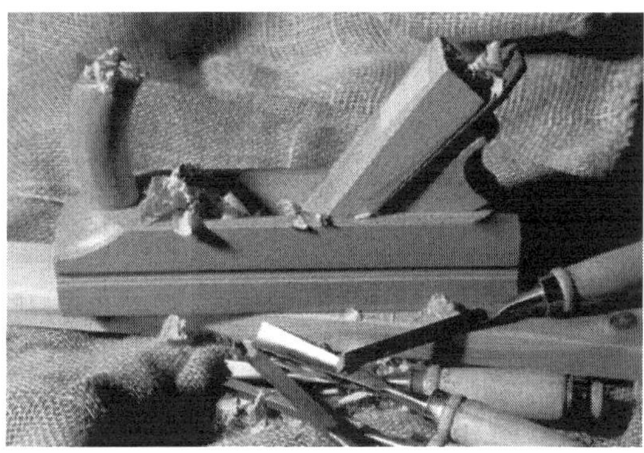

Sabías que...

El cepillo parece ser que fue un invento de los romanos, habiendo aparecido restos de esta herramienta en las ruinas de Pompeya, destruida por una erupción volcánica en el siglo I d.C.

En la actualidad se han impuesto los cepillos metálicos. Tanto en los cepillos metálicos como los de madera, el ajuste y la regulación del corte es fundamental para obtener un buen resultado.

La función básica de los cepillos consiste en alisar la madera, hacer rebajes, y dejar las superficies lisas, es decir, dar acabado a la madera en tamaño y forma.

El cepillo es una herramienta de menor tamaño que la garlopa o garlopín, puesto que no suele llegar a medir los 20 cm.

Con la hoja muy saliente realizaremos trabajos bastos. Con un corte fino conseguiremos trabajos finos. Cepillaremos siempre a favor de la veta, con movimientos uniformes y presionando tanto en el frente como en la empuñadura del frente de empuje.

Para evitar los astillamientos colocaremos una madera de desecho *(mártir)* al final del recorrido de la pieza que vamos a cepillar.

Los cepillos se utilizan para eliminar los milímetros que sobran en la pieza, para suavizarla y darle forma. Consisten en una hoja o cuchilla afilada de acero encajada en un

soporte metálico o de madera, dispuesta en ángulo con respecto a la superficie a alisar. La profundidad de corte se regula ajustando la distancia que sobresale la cuchilla respecto a la base del cepillo. Hay cepillos de muchos tamaños, incluso unos especiales que se usan para hacer surcos.

Para realizar un buen cepillado, la pieza deberá estar perfectamente paralela al suelo y al cuerpo del operario que la trabaja en paralelo a su vez con la pieza. El pie del lado externo debe estar adelantado para así descargar el peso del cuerpo en él.

Los cepillos corrientes son:

- Los cepillos propiamente dichos.
- Las garlopas.
- Guillamen o cepillos para molduras.

El cepillo tiene unos 20 cm de largo y 6 cm de alto y su hierro una anchura de 4 a 4,5 cm aproximadamente. **El cepillo está formado principalmente por:**

- La caja *(madera dura).*
- Suela parte inferior de la caja.
- La boca es una estrecha apertura en la suela.
- El hierro es la herramienta cortante *(también se llama hoja o cuchilla).*
- La cuña.
- Contrahierro.

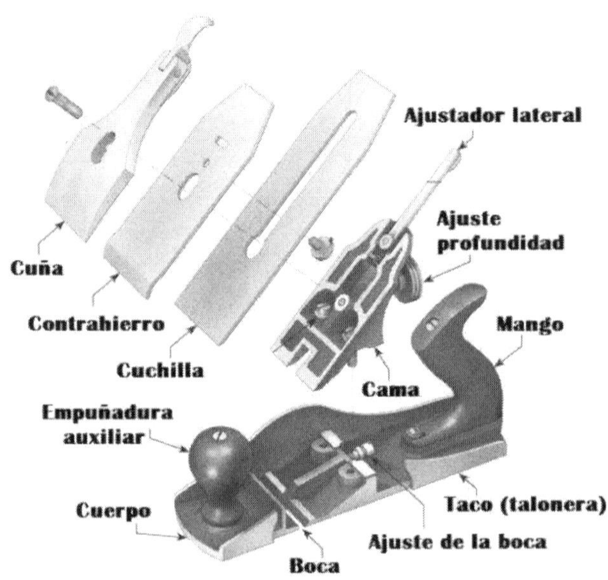

Partes de un cepillo manual de carpintero

El hierro o cuchilla tiene unos 4 mm de espesor. El bisel forma un ángulo de unos 30º con el plano del hierro. Esta cuchilla es la parte más importante, su conservación y afilado son fundamentales. La cuña es una parte del cepillo que va colocada en la caja para fijar el hierro sólidamente en posición de corte. El cortahierro tiene la función de desplazar la cuchilla, para que tenga el cepillo más o menos hierro.

En los descansos durante el cepillado, el cepillo se colocará de lado, para no apoyar la cuchilla contra la superficie. Si el cepillo no lo usamos durante tiempo, se destornilla y se retira hacia el interior la cuchilla.

La cuña se coloca en la caja para fijar el hierro sólidamente en posición.

Cuando cepillamos para realizar una operación de pulido es importante que la cuchilla que sobresalga de la suela sea mínima; cuando debamos desbastar la cuchilla deberá salir algo más.

Si la cuchilla sobresale demasiado, lo que pasará es que ésta se clavará en la madera y no cortará.

El huso del cepillo es sencillo. Consiste en desplazarlo en horizontal sobre la madera. Se presiona en el inicio, siguiendo la dirección de la veta (a favor de fibra). El corte será limpio, continuo y sin astillas, produciendo virutas largas y uniformes.

El uso de este útil es sencillo pero el cepillado requiere una cierta habilidad, ya que, entre otras cosas, el ajuste de la cuchilla se realiza a ojo, pero con la experiencia esto lo superaremos.

Si cepillamos a contrahilo saltan astillas.

Cuando tengamos que cepillar madera de testa, fijaremos la madera en sentido vertical y aplicaremos un trozo de madera contra uno de los cantos; de esta forma aumentaremos la superficie a cepillar.

Si tenemos que cepillar una pieza vieja comprobaremos que esté libre de clavos, tirafondos, etc., puesto que estos nos estropearían la cuchilla.

Si estas piezas están pintadas son difíciles de cepillar; para ello deberemos eliminar la pintura por medio de algún tipo de decapado.

Es bueno lubricar la suela del cepillo, esto hace funcionar mejor el cepillo, el lubricante nunca deberá manchar la madera. Es recomendable darle una pasada de cera en la base para que se deslice mejor por la madera.

La parte más importante del cepillo es la cuchilla, por este motivo su buen afilado es fundamental.

1.4.3. Garlopa

Esta herramienta se encuentra en pleno desuso debido a que el labrado de grandes superficies se realiza con máquinas.

Es un cepillo largo *(unos 70 cm)* y pesado destinado a trabajar grandes superficies y cantos largos; por este motivo apenas hace falta realizar presión en su uso.

Para su manejo se encuentra provisto de una empuñadura.

Las caras de esta herramienta son perfectamente planas y están en escuadra.

La parte delantera de la garlopa se denomina nariz y la parte posterior se conoce como talón.

Las garlopas se usan para dar a las grandes superficies de madera una forma perfectamente plana.

Tenemos dos tipos de esta herramienta:

- El garlopín.
- La garlopa.

El garlopín tiene una medida comprendida entre los 50 y los 55 cm de largo, con una altura de 6,5 cm, teniendo un ancho de hierro de 40 a 48 mm.

Se usa sin contrahierro si se ha de cepillar una capa gruesa de madera, y para realizar un primer desbaste y planear.

Al no tener contrahierro, las virutas obtenidas por esta herramienta pueden ser mayor que las obtenidas por la garlopa.

La garlopa es más ancha y larga que el garlopín: 60 a 70 cm de largo y con un doble hierro de 46 a 56 mm de ancho. Se usa para planear y escuadrar a medida definitiva.

Para no estropear el filo de estas herramientas el corte no debe tocar objetos de metal, clavos, tirafondos, etc.

Es recomendable frotar la suela de estos cepillos con aceite de linaza o parafina para evitar el desgaste y también disminuir el roce que se produce entre la suela y la pieza que se trabaja.

El hierro y contrahierro y también el tornillo deben cuidarse del óxido y el polvo, siendo para esto aconsejable un engrase regular.

1.4.4. Guillamen

También conocido como cepillo de molduras. Un guillamen es un cepillo de carpintero caracterizado porque su hierro es de la misma anchura que la caja que lo contiene. Se utiliza para hacer rebajes.

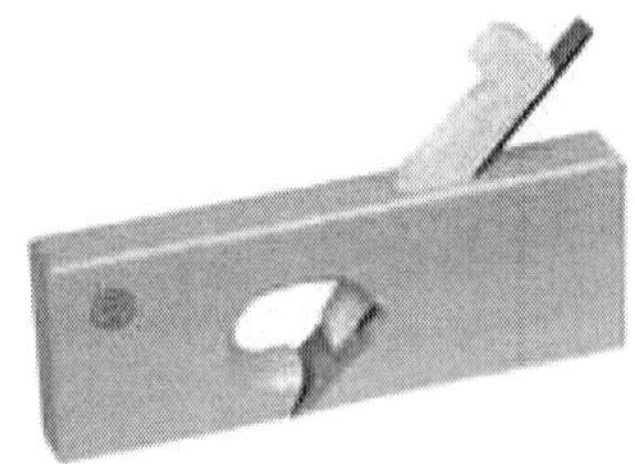

1.4.5. Bastrenes

Algunos profesionales denominan a esta herramienta cepillo de alas. La cuchilla de cepillo es con frecuencia la expresión más simple del bastren.

Los bastrenes cuentan con una cuchilla central y dos empuñaduras a los lados para su manejo. Producen el mismo acabado que los cepillos de desbastar, pero debido a la estrechez de la hoja de la herramienta, no resultan fáciles de controlar, siendo por tanto una herramienta para cuyo manejo se requiere habilidad y experiencia.

La fijación de la cuchilla sobre los mangos debe de revisarse, cuando procedamos a su uso. Al igual que los cepillos acanaladores y de molduras, los bastrenes son siempre metálicos.

Los tipos de bastrenes más comunes son:

- Bastren normal.
- Bastren con hoja recta y curva.
- Bastren de biselar.
- Bastren con hoja curva.
- Bastren con hoja convexa.

El bastren es muy usado por los ebanistas y silleros como perfilador de curvas.

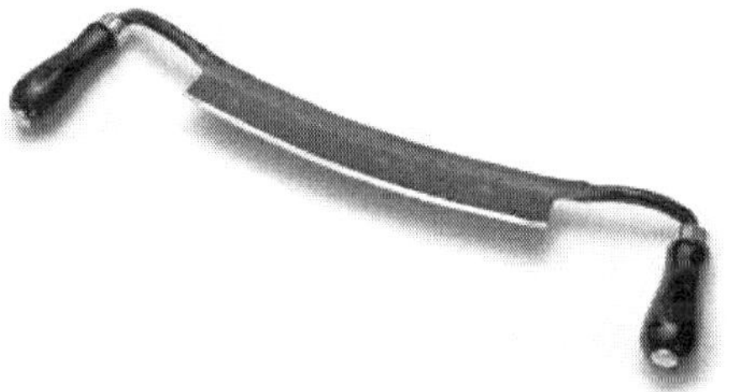

1.4.6. Formones, escoplo y gubias

Si vamos a trabajar la madera no podemos prescindir de formones, gubias ni escoplos, herramientas de corte y vaciado.

Se compone de una hoja de hierro con un extremo en forma de bisel embutida en un mango. Se puede manejar con la mano o golpeando la herramienta con una maza.

1.4.6.1. Formón

Es una herramienta propia del carpintero usada básicamente para cortar y vaciar.

Los formones con mango de madera deberán tener doble anillamiento (*virolas*) para que resistan los golpes. Una de estas virolas deberá estar situada en la parte superior del mango para soportar el golpe del mazo y evitar se desgarre o se rompa; la otra, para fortalecer el mango, se situará en la unión con el formón.

Hay formones de varios tipos, aunque el más común y también el más conocido es el de bordes biselados.

El formón actúa y debe cortar como una cuchilla, por tanto su afilado siempre deberá estar a punto. La tarea fundamental del formón es la de vaciar y sacar madera, en menor o mayor cantidad, dependiendo esto del ancho del formón, y de si nos encontramos realizando un trabajo de desbaste o de acabado.

Normalmente se fabrican en un ancho de 4 a 40 mm, siendo los más comunes de 10, 12 y 14 mm, muy usados para realizar cajeados de pernos.

Una vez terminado el trabajo es conveniente guardarlos en un estuche apropiado para ellos o, en su caso, ponerles una capucha de protección en el filo para evitar el embotamiento del corte, y lo más importante: evitar posibles cortaduras, puesto que esta herramienta, bien afilada, puede cortar como cualquier cuchilla de afeitado.

La hoja del formón se fabrica en diferentes aceros.

Los mangos, tradicionalmente, han sido de madera dura. En la actualidad se fabrican de plástico, polipropileno, etc. La forma del mango es cilíndrica en los de madera y un poco abombada en el centro si son de plástico.

El ancho de corte de estos formones puede ser:

6 mm	8 mm	10 mm
12 mm	14 mm	15 mm
16 mm	18 mm	20 mm
22 mm	24 mm	26 mm
28 mm	30 mm	35 mm

El formón deberá ser golpeado con el mazo. Cuando usemos estas herramientas para desbastados las sujetaremos con una mano y golpearemos con la otra mano usando el mazo.

Para trabajos de afinado se empujará el formón con una mano y con la otra se guiará en movimientos coordinados.

Usos del formón

El formón es una herramienta de percusión y su uso es sencillo. El formón se toma con la mano por el mango y con la otra, si el trabajo lo precisa, golpearemos con la maza, nunca con el martillo.

La maza puede ser de madera, plástica o goma dura, pero nunca de metal puesto que destrozaría el mango del formón, con el peligro que esto conlleva para nuestra mano.

Si el corte no requiere fuerza, tomaremos el formón por el mango con una mano y con la otra se sostiene, entre el índice y el pulgar, la hoja de la herramienta.

Nunca se debe sujetar la pieza con una mano y con la otra manejar el formón, y menos poniendo la mano en la dirección del corte. Deberemos evitar siempre que la dirección de la herramienta esté dirigida hacia nuestro cuerpo.

Debemos tener en cuenta que, si hemos de realizar cortes a contrafibra, requerirán más fuerza.

Siempre deberemos trazar el perfil de lo que debemos trabajar, hincando el formón en la parte de la madera que debe eliminarse, para después avanzar hacia las marcas laterales. Si no procedemos de esta forma, lo más fácil es que se desvíe el formón, llevándose madera útil.

Los cortes finales de perfilado deben hacerse con el bisel del formón mirando a la parte eliminada.

1.4.6.2. Escoplos

Los escoplos se utilizan principalmente para el canjeado, que recibe el nombre de escopladura, caja o mortaja; esta muesca albergará la espiga de otra pieza de madera o algún accesorio.

Esta herramienta se encuentra cada vez en más desuso, ya que hoy las cajas se resuelven con varias incisiones del taladro y después se rematan con el formón y, en algunos, casos incluso con escofina o lima.

La hoja del escoplo es más fuerte y gruesa que la del formón careciendo de biseles en sus laterales. Su ángulo de corte es de 60º. Se fabrican en anchos de 12, 18 y 25 mm.

Con el escoplo en el cajeado deberemos apalancar la herramienta.

Existen varios tipos de escoplos, siendo los más comunes:

- Escoplo basto. Se usará para realizar agujeros anchos y profundos. Realiza agujeros de una anchura de corte de 1 a 2 pulgadas.
- Escoplo de entallar. Se emplea para cortar agujeros de poca profundidad de ¼ a 2 pulgadas.
- Escoplo de mortajar. Lo usaremos para mortajar agujeros estrechos y profundos.

La hoja es más gruesa que ancha, tiene una anchura de corte 3/16 a 3/8 de pulgada equivalentes de 5 a 10 mm. El escoplo deberá tener el mismo ancho que la caja que debemos realizar.

Para realizar una caja comenzaremos por el trazado de su perfil en la pieza de madera. El escoplo siempre estará vertical, y golpeando su cabeza con el mazo, lo hincáremos en el centro de la caja y rebajaremos un poco.

De esta forma nos desplazaremos hacia uno de los lados, hasta llegar a unos 3 mm del límite trazado, repitiendo la operación hacia el otro lado. Después desbastaremos la caja y eliminaremos los 3 mm restantes de cada lado.

Si la caja tiene que atravesar la pieza, repetiremos la operación por la otra cara.

1.4.6.3. Gubias

Son instrumentos usados para la talla de madera y en ebanistería. Se trata de una especie de formón con sección curva (lo que las distingue de los formones y escoplos es la forma de la hoja).

La gubia recta es parecida al formón, su diferencia es que la sección transversal de su filo es redonda, mientras que la del formón es plana.

Las gubias se abren camino por sí solas, cosa que no podemos decir del formón, puesto que con esta herramienta, para hacer canal, lo primero que debemos hacer es romper los laterales, de lo contrario la madera se desgarra.

Según la posición del bisel de corte en la hoja hay dos tipos:

- De corte interior.
- De corte exterior.

Son del mismo tamaño del formón, pero siempre llevan el mango de madera y la hoja presenta multitud de formas, incluso aparece biselada hacia el interior o hacia el exterior según sea el corte interior o exterior.

El mango suele ser de madera, cilíndrico u octogonal. El de ocho caras es muy valorado por los tallistas ya que les permite usar las gubias apoyándolas en los planos del mango para obtener mayor precisión en el tallado. Al tener mango octogonal se evita que la herramienta ruede sobre el banco y pueda caer al suelo.

Con esta herramienta también se usa el mazo para golpear, pero con menor intensidad que el formón, por eso, con los mangos de madera, gran parte del trabajo lo realiza el tallista con las manos.

La hoja está hecha de acero muy duro para buscar un buen corte.

El afilado de las gubias es más complejo que el de los formones, existiendo piedras específicas para ello (*piedras de Arkansas*).

El bisel depende de la madera que se va a trabajar. Si la madera es blanda, el bisel será largo, si es dura el bisel será corto.

El corte puede presentar diferentes formas:

- Gubia acodada. Tienen curvada la parte final del hierro, lo que les permite llegar a lugares inaccesibles con una gubia recta. Se usa en zonas con acceso difícil.
- Gubia cañón. Grupo de gubias con corte en forma de U. La curvatura se hace máxima.
- Gubia curva. La forma del hierro está curvada. Se utiliza para acceder mejor a algunas zonas.
- Gubia en V. Grupo de gubias con esta forma. Se utiliza para perfilar las formas; sus ángulos pueden estar comprendidos entre los 35º y los 65º.
- Gubia media caña. Grupo de gubias con curvatura equivalente a media circunferencia.
- Gubia plana. Grupo de gubias con poca curvatura que se utilizan con mucha frecuencia.
- Gubia recta. Gubia con el corte totalmente recto. Es semejante al formón rectangular pero con sección más fina y no tiene biseles laterales.

El ancho es de 2 a 38 aunque alguna pieza concreta se realiza en tamaño mayor. Las gubias pueden diferenciarse también en base a la mayor o menor profundidad de su hoja.

Las hay de diferente profundidad como son:

- 1/4 45º
- 2/4 90º
- 3/4 135º
- 4/4 180º

Estos son fracciones de un semicírculo.

1.4.7. Cardas o cepillos metálicos

Las cardas son cepillos de alambre fijados en un mango generalmente de madera. Tienen formas y durezas diferentes, que van en función del trabajo al que están destinados.

Uno de sus usos es la limpieza de limas, escofinas, fresas, etc., para eliminar el material que queda retenido entre dientes y resaltos.

Para limpiar los dientes de limas o escofinas se mueve la carda oblicuamente con relación a éstas.

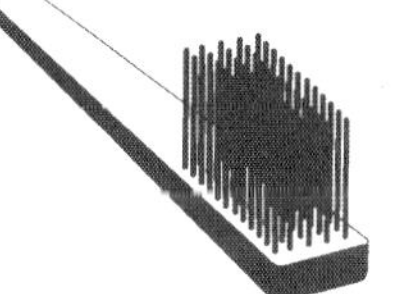

También las podemos usar para trabajos de raspado y abrasión de metales oxidados, eliminación de pinturas, etc., y para lograr texturas particulares en maderas y metales.

Estos cepillos también los podemos utilizar en la tarea de decapado de pinturas, aunque deberán emplearse con mucho cuidado por ser muy abrasivos.

1.5. Herramientas de taladrado

1.5.1. Lezna

Es un instrumento para realizar pequeños agujeros en maderas, cueros, etc., con el objeto de que los tornillos agarren bien y no resbalen antes de usar el destornillador.

Se trata de una herramienta parecida al punzón, el cual en su extremo tiene un corte con el que se puede realizar agujeros sin peligro de abrir la madera, para ello debemos realizar el corte perpendicular a la veta. Sólo debemos usarla para realizar agujeros de pequeño diámetro y mal acabados.

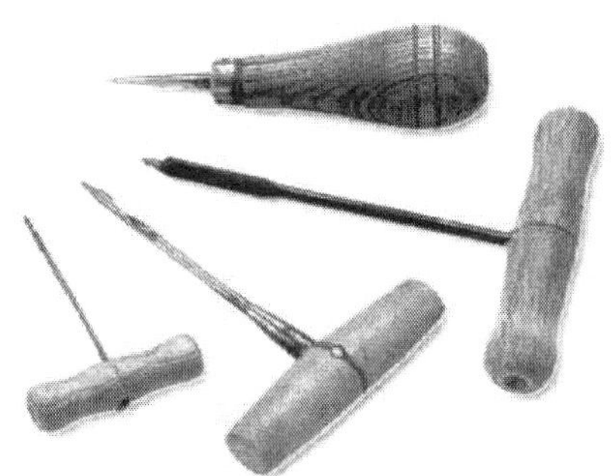

Detalle Lezna y barrenas

Actividad 3

Indica que herramienta es más pequeña:

☐ a) Cepillo.

☐ b) Garlopa.

☐ c) Garlopín.

1.5.2. Barrena

Se utiliza sólo para hacer pequeños agujeros en madera o para iniciar el atornillado de un tirafondo.

Es una herramienta con forma de T, con mango de madera y la parte opuesta metálica.

Está formada por un gusanillo, especie de tornillo terminado en punta, que sirve de guía central, al que sigue la zona de corte con un gavilán que marca el diámetro para evitar el atildamiento que pueda producir la hoja de corte. Continúa con estrías helicoidales para facilitar la salida de la viruta.

El movimiento giratorio permite que esta pieza metálica penetre en la madera, realizando el agujero según el diámetro de la barrena que utilicemos.

1.5.3. Barreno

Otra versión de la barrena es el *barreno*, usado para taladros de mayor diámetro; en la parte superior esta herramienta lleva un ojo para colocar un redondo para manejarlo con dos manos.

1.5.4. Berbiquí

Manubrio semicircular giratorio que lleva encajada en un extremo la broca. El berbiquí es la herramienta manual antecesora del taladro y prácticamente está hoy día en desuso salvo en algunas carpinterías antiguas. Solamente se utiliza para materiales blandos.

Una mano sostiene firmemente un extremo mientras se provoca el giro de la herramienta con la otra mano.

El poder de penetración depende del tipo de broca que se monte y principalmente del radio de la manivela. Se recomienda un radio de unos 25-30 cm.

1.5.5. Taladro manual

Es una herramienta en desuso debido a la proliferación de los taladros eléctricos y a los taladros o atornilladores de batería.

Es un instrumento giratorio capaz de alojar una broca. Se trata de una evolución del berbiquí y cuenta con un engranaje que multiplica la velocidad de giro de la broca al dar vueltas a la manivela.

En la parte superior del armazón termina en un apoyo que es donde se ejerce la presión necesaria para hacer penetrar la broca en la pieza a taladrar, y en la parte central y en el lado opuesto a la manivela de accionamiento lleva un mango que sirve para equilibrar el taladro durante su funcionamiento.

1.5.6. Taladro manual de pecho

Es una herramienta en desuso. Se trata de una evolución del berbiquí y cuenta con un engranaje que multiplica la velocidad de giro de la broca al dar vueltas a la manivela.

La presión de este taladro se realiza aprovechando el peso del pecho apoyado sobre él.

El *portabrocas* o *nuez* es la parte que sujeta la broca y deberá abrir y cerrar sin problemas. Las mandíbulas del portabrocas deberán tener una forma uniforme para mantener las brocas en su lugar firmemente y de manera adecuada.

Antes de guardar el taladro, retire todas las virutas o astillas que pudieran haber quedado atascadas en los canales de la broca. Deberá cerrarse el portabrocas durante el almacenaje para evitar que polvo y suciedad lo atasquen.

1.5.7. Broca

Esta es una barrena sin manija. Instrumento, generalmente de acero, para taladrar o hacer agujeros en superficies duras.

Con las brocas podemos realizar agujeros pasantes y ciegos. También podemos utilizarlas en agujeros que ya se han taladrado previamente, para aumentar su diámetro.

La broca espiral se fabrica en diferentes aceros, siendo el más común el acero rápido.

1.5.8. Brocas de sierra

Las brocas de corona también conocidas como brocas de taza, podríamos encuadrarlas dentro del grupo de las sierras circulares. Se usan cuando es necesario realizar un agujero pasante de gran diámetro.

Se comercializan con un plato, en el que se fijan las cuchillas, y una broca piloto central para guiar los cortes, que entra en contacto con la superficie antes de serrar. Actúa de punto fijo al inicio del corte, para que la sierra no baile, y también como guía centrado para encontrar y mantener siempre el centro del corte.

Brocas de sierra

Sobre dicha corona van montadas diferentes láminas de sierra en función del grosor del círculo que sea necesario realizar. Existen hasta de 150 mm de diámetro, si bien este tipo de sierras son difíciles de manejar cuando son movidas por un taladro manual. Sirven para trabajos diversos y de poca profundidad.

Otro tipo de sierra de corona es la hueca, similar a la anterior, y que se usa para trabajos de mampostería *(paredes, cerámicas, etc.)*. Tienen una punta de incisión llena de polvo de diamante.

La usan, frecuentemente, los electricistas para realizar alojamientos de cajas para mecanismos.

Corona hueca

1.5.9. Brocas de pala

Se conocen también como brocas *planas* o como de *pala de remo*. Se usan para realizar trabajos sobre maderas y aglomerados, y dentro de las maderas sólo las usaremos, a ser posible, sobre las blandas. Se caracterizan por tener una punta muy pronunciada que les permite fijarse firmemente en el centro del agujero.

Por tener la punta muy afilada tienen una mínima fricción, por eso es conveniente, antes de accionar el taladro, colocarla en el centro del agujero para evitar que resbale.

Realizan perforaciones con un diámetro comprendido entre los 6 y los 38 mm y son idóneas para realizar agujeros pasantes. Desalojan grandes cantidades de serrín.

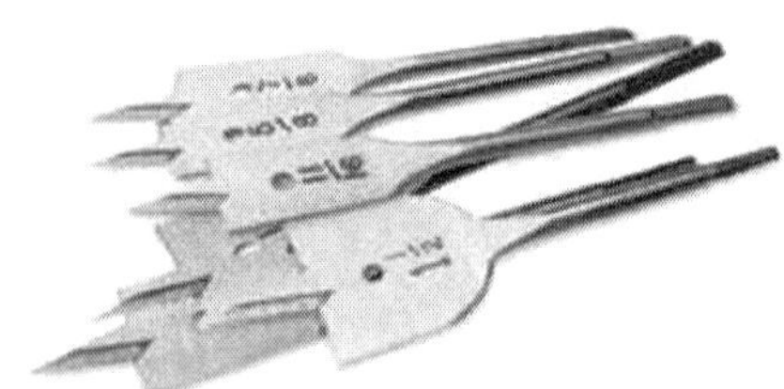

Taladraremos siempre en posición recta, sin apoyarse mucho en el taladro para que la hoja no se caliente.

Las partes cortantes de las brocas se estropean si tocan piezas metálicas, por esa razón debemos guardarlas individualmente evitando que sufran golpes y se romen.

Cuando las brocas están sucias de resina deberemos proceder a su limpieza con petróleo, aguarrás, o disolvente.

1.5.10. Broca avellanadora

Herramienta usada para hacer mayor el orificio, donde colocaremos los tornillos. Esta broca cuya alma está sustituida por una cabecilla de forma avellanada y estriada, suele emplearse para ensanchar o alisar los taladros o barrenos.

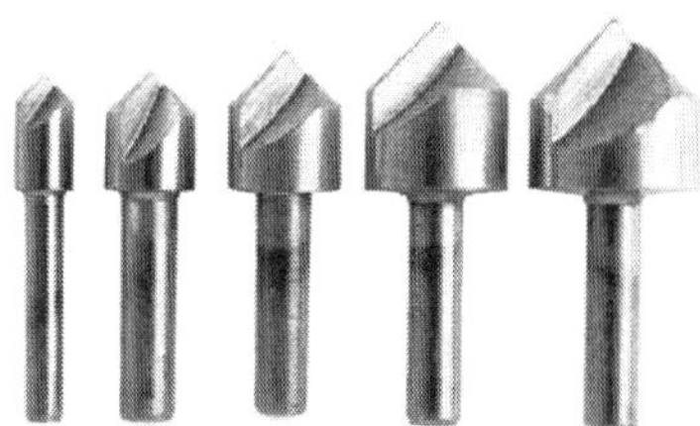

1.5.11. Brocas escofina

Se caracterizan porque en lugar de un surco helicoidal tienen una serie de resaltos igual que las limas y escofinas, y pueden usarse, indistintamente, tanto para perforar, ranurar, acanalar, etc, según el diseño de la herramienta y la forma de operar con ella.

1.5.12. Broca forstner

Algunos autores citan a ésta como *fresa* y no como broca propiamente dicha, pese a que es utilizada en los taladros. Se trata de brocas que ofrecen una gran calidad en las perforaciones, no se desvían por la presencia de nudos en la madera y los agujeros que realizan son de una limpieza extrema.

Llevan una guía para fijarla en el punto exacto, centro de la circunferencia de perforación.

Estas brocas son las que se usan para realizar los agujeros para las bisagras de cazoleta; el fondo del agujero que realizan es totalmente plano. Se fabrican en diámetros que van desde los 8 hasta los 50 mm.

Este tipo de brocas eran poco conocidas en nuestro país hasta hace pocos años.

Las brocas de uso más comunes en este tipo son las que se utilizan para abisagrar puertas para colocar bisagras de cazuelas. Las medidas más habituales son:

- 26 mm de diámetro de corte y 8 mm de diámetro de astil.
- 30 mm de diámetro de corte y 8 mm de diámetro de astil.
- 35 mm de diámetro de corte y 8 mm de diámetro de astil.

Sabías que...

La broca Forstner fue inventada por Benjamín Forstner, un inventor de armas de fuego y comerciante de maderas de Pennsylvania. Fue patentada por este en 1874.

1.5.13. Brocas de tres puntas para madera

Son las más utilizadas para taladrar por los carpinteros y suelen estar hechas de acero rápido. Las brocas salomónicas son precisas, rápidas y eliminan bien las virutas, por lo que son ideales para realizar agujeros profundos.

Las tenemos en el mercado con diferentes tipos de filos, pero no hay grandes diferencias en cuanto a su rendimiento. En la cabeza tienen tres puntas:

- 1 central, para centrar perfectamente la broca.
- 2 laterales, son las de los lados y son las que van cortando el material dejando un orificio perfecto.

Se utilizan para todo tipo de maderas: duras, blandas, contrachapados, aglomerados, etc.

1.5.14. Brocas de mampostería

Se conocen, vulgarmente, por el nombre de brocas de *widia*. Son las que se usan para perforar diversos materiales: ladrillo, piedra, hormigón, piedra arenisca, etc.

Podemos utilizarlas para hacer agujeros de alojamientos para tacos, etc., o para realizar agujeros pasantes.

Su diferencia con las brocas de madera o de metal radica en la punta que llevan. Esta broca tiene una plaquita de *carburo de tungsteno* que prolonga la punta y retarda el desgaste de la misma.

Estas brocas son casi idénticas a las helicoidales, diferenciándose en el ángulo de la punta que es de 130º. Su color, normalmente, es plateado.

Dada la gran variedad de tamaños *–longitud y grosor–* que existen en el mercado, deberemos elegir la adecuada al trabajo y resultado que queramos obtener. Las partes de este tipo de brocas se aprecian en el dibujo.

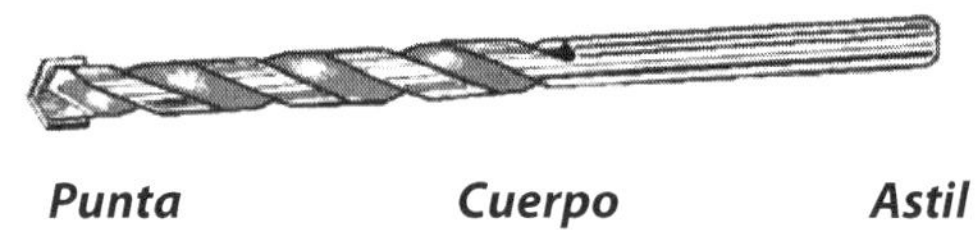

1.5.15. Brocas largas

Son idénticas a las anteriores pero de mayor longitud. Están destinadas a la perforación de paredes y muros y, generalmente, se usan con martillos percutores. Su forma permite la mejor evacuación del material taladrado.

1.5.16. Brocas para metal o de acero rápido (HSS)

Estas brocas permiten perforar en prácticamente cualquier metal. La punta tiene un extremo cónico afilado y cuenta con dos canales helicoidales. Para un mejor resultado se utilizan brocas de acero con aleación de cobalto.

1.6. Herramientas de golpeo y para ser golpeadas

Los martillos se utilizan para clavar, golpear y para todos los trabajos que no pueden realizarse sólo con el esfuerzo de la mano. La maza se emplea, sobre todo, para golpear mangos de herramientas de corte, ensambles y armaduras. Para armar piezas delicadas sin marcar la madera se utiliza el martillo de cabeza de nailon. El martillo de tapicero sirve para clavar y extraer las tachuelas que sujetan la tapicería.

1.6.1. Martillo

El martillo es una herramienta de percusión compuesta de una cabeza y un mango. Quizás sea la herramienta más conocida en el mundo y, a su vez, la más antigua.

De la evolución de los primeros útiles para golpear objetos y superficies se ha llegado a los martillos actuales. Parecen todos iguales, pero existen grandes diferencias de unos martillos a otros.

En el martillo se distinguen, básicamente, tres partes:

- El cotillo (la parte de atrás con la que se golpea).
- La pena o peña (la parte delantera).
- El mango (empuñadura).

Cada trabajo requiere un tipo de martillo determinado. En función de esto debemos proceder a su elección.

Cuando usemos el martillo para clavar, los golpes se darán perpendicularmente al clavo, de forma que la cabeza de éste, al impactar contra el clavo, esté totalmente horizontal.

Cuanto más alejado de la cabeza se sujete el martillo, más potencia imprimiremos al golpe; por contra, el martillo será más difícil de dominar.

Los clavos no se deberán embutir en su totalidad en obras de calidad, puesto que dejaríamos la huella de la cabeza de éste en la madera.

En el manejo de estas herramientas de golpeo es recomendable:

- Comprobar que la herramienta se encuentra en buen estado antes de utilizarla y que el eje del mango queda perpendicular a la cabeza.
- Que el mango sea de madera dura, resistente y elástica (fresno, acacia, etc.) para mangos no son adecuadas las maderas quebradizas que se rompen fácilmente por la acción de golpes.
- Que la superficie del mango esté limpia, sin barnizar y se ajuste fácilmente a la mano. Conviene señalar que a mayor tamaño de la cabeza del martillo, mayor ha de ser el grosor del mango.
- Asegurarnos de que durante el empleo del martillo no se interponga ningún obstáculo o persona en el arco descrito al golpear.
- Utilizar gafas de seguridad cuando se prevea la proyección de partículas al manipular estas herramientas.

1.6.2. Martillo de ebanista

Este martillo es conocido por algunos autores como de peña, es un martillo ligero de poco peso, se utiliza para clavar clavos pequeños, grapas, etc.

1.6.3. Martillo de peña

Estos martillos pueden tener dos formas en su base:

- Cuadrados
- Redondos.

Es un martillo con dos bocas diferentes, una plana para trabajo normal, clavar, golpear, etc., y la otra, con forma de cuña, sirve para golpear en algunos puntos inaccesibles, generalmente lo emplean los cristaleros, carpinteros y chapistas.

1.6.4. Martillo de orejas

Es una herramienta manual, cuya utilización principal es la de golpear, encajar partes o incluso romper objetos.

Este tipo de martillo se conoce también por algunos autores como "martillo de carpintero", ya que debido a su tamaño y peso se utiliza para clavar clavos largos y para la extracción de los mismos.

Generalmente se presentan en tres tamaños:

- 450 gramos.
- 620 gramos.
- 750 gramos.

Cada martillo se diseña para un propósito especial en función de las necesidades de uso.

Tiene una cara para golpear (impacto) y la otra cara con forma de uña apta para la extracción de clavos. Entre sus "orejas" se introduce la cabeza del clavo que se extrae mediante tracción.

Su mango puede ser de diferentes materiales: madera, fibra de vidrio, plástico, etc.

Según muchos profesionales el mejor mango es el de madera de nogal americano ya que atenúa las vibraciones del golpe.

Deberemos comprobar, antes de utilizarlo, que su mango esté firmemente sujeto a la parte metálica, así evitaremos que durante su uso salga proyectado y ocasione lesiones a cualquier trabajador o daños materiales a las cosas.

Apoyaremos bien las piezas a golpear y al hacerlo utilizaremos toda la cara del martillo.

En el caso de tener que golpear clavos se deben sujetar por la cabeza y no por el extremo.

El mango lo cogeremos desde la parte central hacia atrás. Nunca lo cogeremos de la cabeza para golpear.

Trabajar con el martillo

Para usar un martillo, cójalo cerca del extremo del mango, elévelo hasta la altura que calcula que es necesaria para dar fuerza al golpe y bájelo, a continuación, siguiendo un plano ligeramente inclinado con respecto a la vertical. Siguiendo este método se requiere un esfuerzo físico menor y hace posible usar el martillo durante un periodo más prolongado sin tanto agotamiento para usarlo, ya que en cada golpe se logra un mayor rendimiento de trabajo.

Debemos acostumbrarnos a dar golpes de martillo regulares, y aprender a apreciar la cantidad de fuerza necesaria para conseguir el objetivo propuesto. Cuando martilleemos debemos dirigir la mirada al objeto o material que ha de recibir el impacto del martillo.

Los martillos son herramientas bastante seguras pero, como cualquier otra herramienta de percusión, debemos revisarlos y tener ciertas normas. Nunca debemos usar esta herramienta con el mango flojo.

Los martillos con la cola mellada o la superficie de golpeo redondeada deben rechazarse, puesto que pueden ser peligrosos.

No debemos usar martillos con mangos astillados o que presenten golpes.

Para trabajar con seguridad con esta herramienta el golpe debe efectuarse en la zona central del martillo.

Si debemos realizar operaciones como clavar, debemos protegernos los ojos para evitar riesgos como que el clavo pueda saltar, salir despedidos trozos del mismo, astillas, etc.

1.6.5. Martillo tapicero

Es un martillo ligero. La cabeza es redonda y alargada y la parte opuesta es ancha y dividida en dos sectores. El martillo para tapicero es más bien pequeño para poner pequeños clavos y tachuelas.

La mayoría de estos martillos tienen la cabeza imantada para sujetar los clavos.

1.6.6. Maza de carpintero

Se construyen, generalmente, de madera y tienen parecido con los martillos, aunque su cabeza es diferente.

Se utilizan para golpear los escoplos, gubias, ajustar cepillos, para trabajos de armar y desarmar, etc.

Los mazos de tallar tienen diferentes formas y tamaños:

- Cono truncado.
- Cono invertido.
- Cilindro.
- Campana invertida.

El mazo de tallista fue diseñado para poder controlarlo y sostenerlo fácilmente, sin que el que lo use se preocupe por el ángulo de impacto, con una serie de golpes cortos y repetidos.

Esta herramienta no se debe de usar como si fuese un martillo, sino que se deberá usar con suavidad. El mazo de tallista no deberá deteriorar el mango de la gubia a golpear.

La mayoría de estos mazos son de madera dura, aunque también los podemos encontrar de nilón, bronce, etc.

1.6.7. Botador

Se trata de una herramienta realizada con una varilla de acero, afilada por el extremo, sin que llegue a estar aguzada y que se utiliza para embutir clavos.

Su manejo es muy sencillo. Consiste en sujetar con una mano el botador, apoyando la punta de esta herramienta contra la cabeza a percutir, mientras que con la otra mano usará el martillo, golpeando al botador con la fuerza necesaria hasta que embutamos el clavo a la profundidad deseada.

Debemos procurar que el diámetro del botador sea inferior al del clavo que se embute para así evitar dañar la pieza de madera.

Esta herramienta no solamente servirá para embutir las cabezas de los clavos, sino también para rebajar alrededor de ellas, una vez hincadas, y así poder insertar las bocas de las tenazas y proceder a su extracción.

Mientras está siendo usado, el martillo deberá asirse cerca del extremo del mango para poder aprovechar al máximo la ventaja mecánica del mango.

1.7. Otros útiles y herramientas manuales

1.7.1. Afiladores de diamante

Estas piedras son de reciente aparición en el mercado del afilado para herramientas.

Este tipo de afiladores se utilizan para el amolado de herramientas realizadas en metales de gran dureza como el carburo de tungsteno y el acero rápido.

El diamante es el material más duro de la Tierra siendo, por tanto, uno de los mejores abrasivos para el afilado de cualquier tipo de herramientas. Entre sus ventajas podemos citar que, al contrario de lo que ocurre con otros abrasivos, nunca se ahueca por el uso.

Consisten en unos bloques de plástico a los que va pegada una lámina metálica con unos pequeños agujeros. Esa lámina lleva en su superficie polvo de diamante. Se utiliza como una piedra normal de afilar, aplicando un poco de agua sobre su superficie. El funcionamiento es sencillo: al frotar con el filo de la herramienta sobre la piedra mojada, las aristas de esos pequeños agujeros sirven de desahogo del material eliminado por el polvo

de diamante de la superficie, con lo que se consigue un afilado muy rápido y efectivo. Las hay de varios colores (en el plástico), para indicar el tamaño del grano.

Cuando usemos este abrasivo para poner a punto una herramienta no se precisa realizar gran presión para obtener un buen resultado. El proceso de afilado a mano origina menos calor, con lo que los daños en el temple de la herramienta son menores.

Diversos fabricantes de este tipo de afiladores afirman que, *"con este sistema se alarga la vida de la herramienta cinco veces frente al afilado realizado por amolado con máquina".*

Se usan, en este tipo de afiladores, varios tipos de grano aglutinados sobre bases de plástico.

Las piedras de polvo de diamante se pueden utilizar para el aplanado de piedras naturales de agua o piedras de aceite deterioradas.

Recuerda que...

Los formones, gubias y escoplos son herramientas de corte y vaciado de la madera. La gubia se diferencia de las otras dos en que su extremo es de sección curva.

1.7.2. Elevador de puertas

Un elevador de puertas es una pequeña pieza metálica que funciona mediante el principio de palanca al pisarla con el pie. Con este útil podemos levantar puertas macizas de gran peso, puertas cortafuegos o puertas blindadas.

Su diseño permite el giro sobre su eje, facilitando de este modo la extracción de puertas pesadas, y su frontal orientable permite realizar una aproximación muy precisa en la maniobra de colgado de las mismas. Este cuenta también con un recubrimiento que evita el riesgo de que se produzcan ralladuras en la puerta.

Para lubricar las bisagras no es necesario sacar la puerta totalmente. Con levantarla unos centímetros nos bastará.

Una vez tenemos la puerta levantada aplicaremos unas gotas de aceite. Bajaremos la puerta y la haremos girar unas cuantas veces para que el aceite llegue a todas partes. De esta manera la bisagra volverá a funcionar perfectamente y sin los molestos chirridos.

1.7.3. Piedra plana

Para el acabado del afilado se deben rectificar las superficies de corte, y para esto se utilizan las piedras de afinar o asentar.

Las piedras planas, que se utilizan frotando la herramienta sobre ellas son rectangulares y pueden tener una o dos caras con diferente tamaño de granos. El afilado se realizará siempre por el lado del bisel.

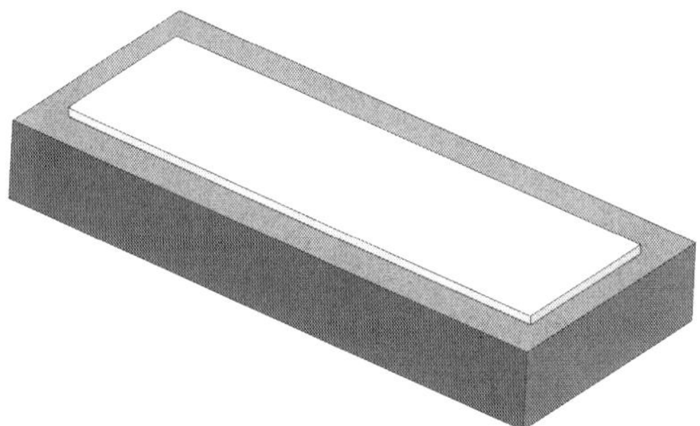

Es imprescindible el proceso de afinado o asentado de la misma, el cual se consigue utilizando una piedra de grano finísimo lubricada con aceite. Se utilizará una piedra plana para los formones y los biseles exteriores de las gubias y piedras con formas específicas para los interiores. Tras este proceso, en el cual se desprende la rebaba residual del afilado previo, la herramienta estará preparada para trabajar, pudiendo probar si el afilado ha sido correcto cortando a contraveta una madera blanda, por ejemplo el pino.

Si el corte es limpio y suave y no quedan grietas en la madera, la herramienta está preparada para su uso.

Estas piedras suelen ir colocadas en el interior de una caja de madera con tapa, la cual al cerrarla la protege del polvo y de la suciedad.

1.7.4. Alicates

Los alicates se utilizan para trabajos que requieren más esfuerzo del que habitualmente podemos realizar con las manos; también cuando el material con el que trabajamos sea demasiado grande o que, siendo pequeño, presente gran dureza. Su funcionamiento se basa en la "ley de la palanca": la fuerza que ejercemos se multiplica muchas veces.

Hoy en día existen en el mercado gran variedad de alicates. Casi se podría decir que existe uno específico para cada trabajo.

Podemos dividirlos en tres grandes grupos:

- Los que sirven para sujetar.
- Los que sirven para cortar.
- Los de tipo universal.

Dentro del **primer grupo** se encuentran los típicos alicates planos, las llaves de "pico de loro" y los de presa, que presentan en el interior de sus bocas unas estrías para suje-

tar mejor las piezas. Dentro de este grupo también están incluidos los denominados de "boca acodada", que presentan la boca torcida para facilitar el trabajo en lugares de difícil acceso.

Como representantes del **segundo grupo** podemos citar aquellos alicates que rasgan en oblicuo y las tenazas.

El **tercer grupo** se encuentra formado por los denominados alicates universales, cuya denominación deriva de su polivalencia, tanto para sujetar como para cortar.

El mantenimiento de cualquier tipo de alicate es muy sencillo. Se limita a tenerlos limpios y engrasados. Los alicates nunca se usarán para apretar o aflojar tornillos y tuercas, pues no han sido diseñados para estas operaciones y podrían resultar dañados.

1.7.5. Tenazas

La tenaza es el antepasado del alicate, su empleo era el de atenazar.

Es un instrumento de hierro formado por dos brazos móviles unidos por medio de un eje. Estos brazos son rectos y paralelos entre sí.

Es una herramienta muy usada y, a su vez, su utilización en muchos casos se efectúa de forma incorrecta. También es una herramienta polivalente, con ella podremos realizar labores de:

- Sujeción.
- Extracción.
- Corte.

Las tenazas de cabeza redonda se utilizan para extraer clavos, ya que al tener la boca afilada es fácil de agarrar la cabeza de la pieza que se quiera sacar, aunque apenas sobresalga de la superficie leñosa. También podremos con ella cortar alambres, e incluso se puede usar para sujetar con sus "mandíbulas" determinadas piezas.

Unas buenas tenazas deben ser de acero forjado, puesto que duran más que las de hierro colado, cuyas mordazas se embotan y se suelen romper con facilidad.

Ni las mejores tenazas pueden cortar el cable de acero, porque rápidamente se embotarían y su filo se mellaría.

La boca nunca debemos usarla como sustituto del martillo, ni golpear sus mandíbulas con el martillo para ayudarlas a cortar.

Para extraer clavos de la madera sin dañarla, apoyaremos esta herramienta sobre un trozo de madera de desecho o una placa metálica.

En caso de que no podamos coger los clavos con las tenazas, por estar el clavo enrasado, nos ayudaremos de un formón o destornillador para iniciar su salida, terminando la extracción con la tenaza.

La tenaza más común es la de carpintero, aunque existen otros tipos de tenazas:

- Tenazas de carpintero.
- Tenazas rusas.
- Tenazas de ferrallista.

Sabías que...

Una variante poco corriente en las tenazas es la denominada "rusa", en la que los labios de las bocas se hallan desplazadas respecto a la línea media que pasa por entre los brazos y el eje de giro. Con ellas se logra un doble empleo: tenaza clásica y de pinza para el corte.

Cuando no utilicemos estas herramientas durante tiempo las guardaremos en sitio seco, lejos de humedades y con su eje engrasado.

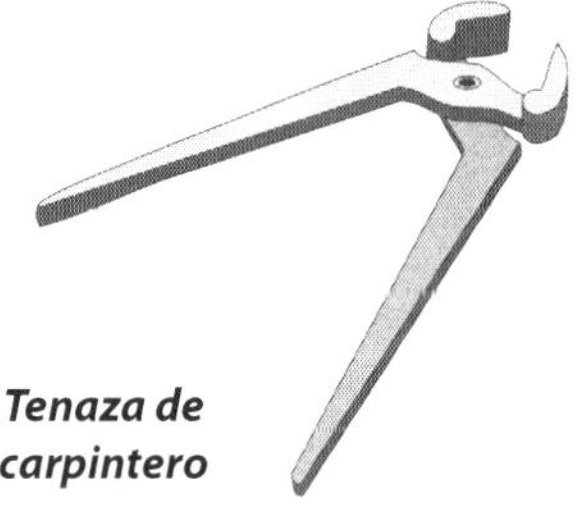

Tenaza de carpintero

1.7.6. Caja de ingletes

Es adecuada para realizar cortes a inglete o rectos con el serrucho de mano, en especial el serrucho de costilla, que ofrece mayor rigidez que el serrucho común, puesto que tienen mayor rigidez y por tanto se realizan cortes más limpios, se precisa una guía para que el ángulo salga perfecto, y para esto usaremos la "caja de ingletes".

Entendemos por "inglete" el corte en ángulo de 45º. La "caja de ingletes" es una caja provista de unas ranuras usadas como guía para realizar cortes con ángulos de 45º y 90º que se usa, habitualmente, en trabajos de carpintería, ya que las uniones a inglete no interrumpen la forma de los muebles en las esquinas.

Podemos adquirirlas de diferentes tamaños y fabricadas en diversos materiales: madera, plástico o metal.

Las cajas de ingletes, por su forma pueden ser:

- **Cerradas**: con unas limitaciones de anchura.
- **Abiertas**: cuando admiten piezas de cualquier anchura.

Cuando se va a realizar el corte debemos mantener bien sujeta la pieza a la guía y ésta a la mesa o superficie de trabajo.

El serrucho lo llevaremos vertical, puesto que de no hacerlo de esta forma originaremos daños en la caja. Es aconsejable usar un serrucho de costilla, ya que el lomo o costilla mantendrá rígida la hoja de corte.

Su uso es muy sencillo, sólo debemos colocar la pieza a cortar, elegir el ángulo y aplicar el serrucho.

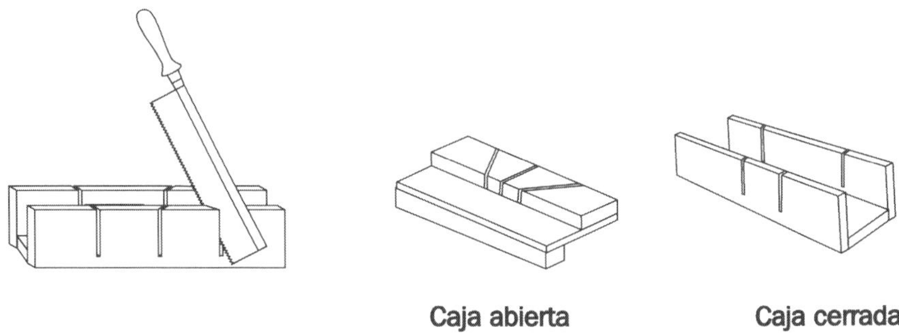

Caja abierta Caja cerrada

1.7.7. Sargentos (prensas)

Reciben diversas denominaciones, tales como presillas, gatos, tercera mano, etc.; pueden ser grandes o pequeños; sus cuellos pueden ser de diferentes profundidades; pueden tener barras de apriete transversales; en fin, hay una amplia variedad de tamaños y formas.

Su uso más frecuente es en la retención de piezas para encolados. Pero también se usan para mantener, en posición, diferentes elementos durante el montaje de piezas.

El "sargento" consta de una pieza guía larga sobre la que van los brazos perpendiculares, uno de ellos deslizante, mientras el otro se mantiene fijo.

La presión se ejerce haciendo girar una empuñadura, unida al tornillo en los modelos más tradicionales, mientras que en los modelos actuales esta presión se realiza apretando una palanca o gatillo.

Estas herramientas siempre tienen una parte metálica. Algunos modelos van provistos, en su mandíbula, de remates de corcho o plástico para evitar que durante el proceso de apretado se deje huella en materiales blandos.

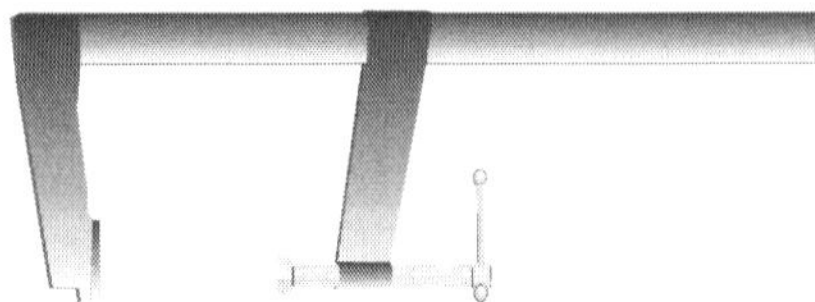

Los sargentos pequeños suelen ser una pieza en forma de U, con los brazos fijos, en los que sólo se mueve el husillo.

La empuñadura o parte móvil es la que debe fijarse al banco de trabajo. Con estos útiles de apriete podemos ejercer presiones de decenas de kilos, por lo que debemos extremar las precauciones en el momento de apretar, ya que un exceso puede determinar que la pieza se fracture o quede marcada; por este último motivo es aconsejable colocar bloques de madera sobrante entre las cabezas de los sargentos y las piezas a sujetar.

Estas herramientas se deben mantener limpias y engrasadas para su correcto funcionamiento.

Los sargentos más comunes (los de toda la vida) tienen el cuerpo metálico y su empuñadura es cilíndrica y funcionan aprovechando la fuerza de los tornillos. En la actualidad los hay sin tornillos, de ajuste automático, que pueden ser accionados con una sola mano apretando un gatillo.

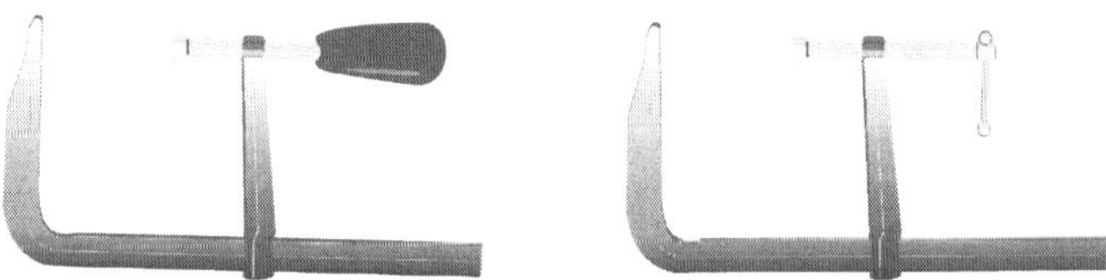

1.7.8. Banco de carpintero

Es un útil asimilado siempre con la profesión de carpintero. Es la base donde este profesional realiza gran parte de las tareas de su oficio. Generalmente son construcciones sólidas, adecuadas para soportar pesos, resistir golpes, etc., realizadas, habitualmente, en maderas duras como el haya.

Sus medidas más habituales suelen ser de 220 cm de longitud, 50 cm de ancho, incluida la canal, y 90 cm de altura.

En la parte de debajo de las patas se completa la armadura con largueros y travesaños ensamblados de diversas formas. Sobre éstos se coloca un tablero que da solidez al conjunto y se aprovecha para contener herramientas. Estos travesaños ensamblados dan estabilidad a toda la estructura.

Una parte fundamental del banco es "la prensa" que, por lo general, va instalada en la parte superior de una de las patas, siendo muy útil para sujetar y facilitar el trabajo en piezas pequeñas y medianas. Esta prensa es como una tercera mano, llegando a ser considerada como la parte mas importante del banco.

La mesa o parte superior del banco suele estar constituida por dos tablones *(unidos por su parte más ancha)* y los cabeceros y el listón *(que forman la canal para contener las herramientas)*.

Esta herramienta, bien cuidada, puede durar toda la vida. Para ello no debemos agujerear ni clavar su superficie y mantenerla siempre limpia y lisa.

1.7.9. Tornillo de banco

Se compone de dos mordazas: una fija y otra móvil, y ambas terminan, en su parte superior, en otra más ancha que se conoce con el nombre de "mandíbula".

Las mandíbulas suelen llevar piezas postizas unidas por tornillos, que se llaman mordazas, las cuales están estriadas para sujetar las piezas y evitar su deslizamiento.

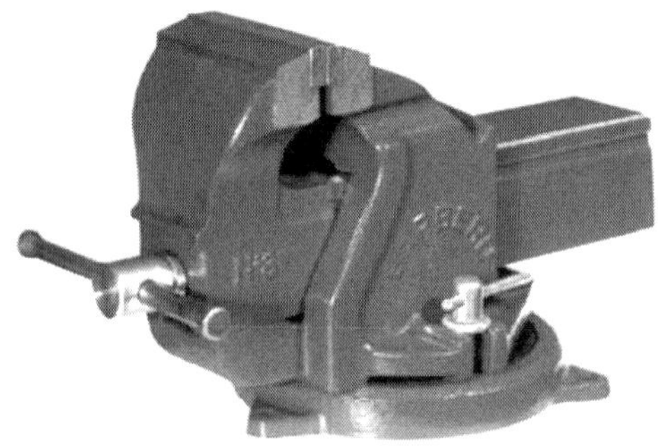

Los tornillos de banco se sujetan al banco por medio de pernos, o también por medio de otra mordaza.

Los tornillos de banco se caracterizan por la medida de sus mordazas, la forma de las guías, la longitud de boca, etc.

Sujetaremos las piezas en el centro de las mordazas, de tal manera que al trabajar no se mellen.

1.7.10. Grapadora

La grapadora manual es muy útil puesto que en muchas ocasiones sustituye al martillo y a los clavos. La utilizan todo tipo de profesionales, carpinteros, tapiceros, etc.

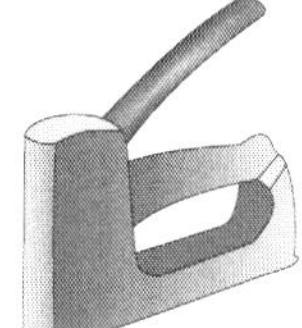

El funcionamiento de las grapadoras manuales es muy sencillo, basta con una simple presión con la mano del brazo del útil para fijar la grapa. Sólo están indicadas para pequeños trabajos, ya que para trabajos de envergadura deberemos utilizar grapadoras de otro tipo.

Las grapadoras pueden ser de tres tipos:

- Manuales.
- Eléctricas.
- De aire o neumáticas.

Algunas grapadoras manuales llevan en su cabeza un tope con el cual puede graduarse su fuerza. Por lo general se usan para materiales y maderas blandas.

Las **eléctricas** ofrecen mayores prestaciones ya que además de grapas pueden utilizar clavos especiales. Determinados trabajos, como puede ser la fijación de zócalos y molduras traseras, se realizan de forma rápida y limpia con grapadoras a las que se les ha acoplado clavos.

Estos modelos eléctricos van provistos de un dispositivo que hace la función de martilleo, siendo posible regular la fuerza del golpe.

Las grapadoras eléctricas consumen mucha electricidad en el momento del impacto, por lo que es recomendable usarlas de forma continuada.

Las **neumáticas** funcionan por medio de un compresor, son muy eficaces y adecuadas para realizar trabajos continuos. Su potencia es enorme, y con ellas podremos fijar clavos de gran longitud.

Las grapadoras de aire comprimido son muy útiles puesto que la fuerza para grapar se genera en el compresor, no en el aparato, cosa que no sucede en las eléctricas, por tanto tienen más potencia útil.

Tanto las grapas como las puntas tienen un determinado largo en milímetros.

Las grapas planas se utilizan para materiales delgados, como cartón, papel, y las finas para listoncillos, fijación de cables. Las grapas más estrechas y poco visibles están destinadas para materiales gruesos. Los clavos se utilizan para guarniciones, molduras, zócalos, etc.

Antes de usar la grapadora debemos tener en cuenta algunas cosas:

- El espesor del material así como la dureza y resistencia que presente para elegir la longitud de la grapa y la fuerza necesaria para poder atravesar el material.
- Es aconsejable usar grapas tres veces más largas que el grosor del material a grapar.
- Es conveniente hacer un tipo de prueba para ver que la fuerza elegida es la apropiada para clavar debidamente la grapa.

1.7.11. Tableros portaherramientas

El colocar las herramientas colgadas en tableros, es la forma más cómoda y práctica de guardarlas, esto facilita su colocación, y evita que se produzcan accidentes al buscarlas.

El panel deberá tener dibujada la silueta de cada una de ellas, así será más fácil guardar cada una de ellas, en su sitio y se localizaran rápidamente las que faltan.

Las herramientas de corte se colocarán con protectores para evitar posibles cortes, al cogerlas, y posibles melladuras por golpes, caídas, etc.

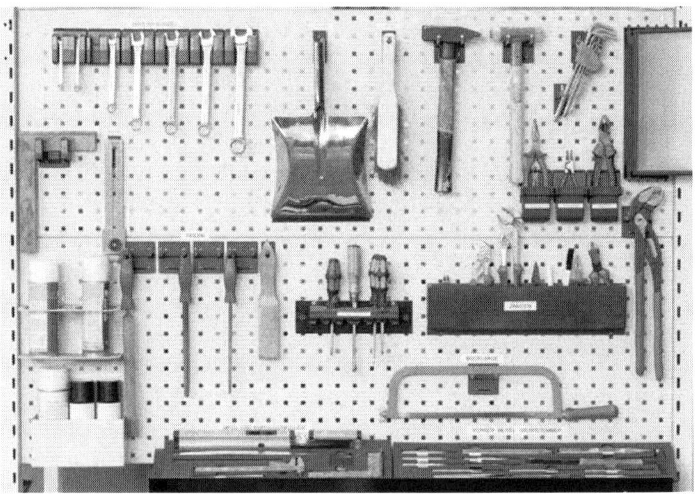

1.8. Máquinas eléctricas

En los talleres de carpintería se usan herramientas motorizadas tales como sierras, taladros, cepilladoras, lijadoras, fresadoras y tornos junto con sus herramientas de mano tales como cinceles, cepillos y barrenas para conformar la madera en la construcción de objetos artísticos y funcionales. Mientras trabaja con la madera, los operarios deben tener en mente su seguridad.

Deberemos capacitarnos y familiarizarnos en el uso de las herramientas eléctricas de mano que se utilizan en los diferentes trabajos. Leeremos los manuales de las herramientas motorizadas y nos aseguraremos de entender y cumplir con todas las instrucciones. Siempre inspeccione todas las herramientas antes de usarlas.

Uno de los mayores enemigos de casi todos los aparatos eléctricos portátiles es el polvo. Es indispensable limpiar con frecuencia la toma de aire del motor de las taladradoras, sierras circulares, etc. Un buen aspirador con una boquilla pequeña es el instrumento adecuado para esta operación, salvo en el caso de que el polvo haya quedado pegado debido a la grasa; entonces se tendrá que arrancar con una espátula todo lo que sea posible, poniendo atención para que no se empujen hacia el interior de la máquina las partículas arrancadas.

1.8.1. Sierras e ingletadoras

1.8.1.1. Sierra de calar

Esta máquina es imprescindible para el carpintero, es una herramienta muy versátil. También es conocida como de *vaivén*. Es una máquina eléctrica portátil.

Con estas máquinas podemos realizar cualquier tipo de corte, y es la que, prácticamente sustituye a los serruchos de mano. Podemos realizar tanto cortes rectos como curvos.

La placa base de estas máquinas se pueden orientar con mecanismos sencillos para permitir el corte a bisel o inglete (45º).

Con la caladora no se obtienen buenos cortes, su poca precisión la hacen una máquina para cortes bastos.

Como hemos dicho, con esta máquina no se obtienen buenos cortes, pero en caso de realizar cortes de una mejor calidad, tanto en recto como en curvo, usaremos los sistemas adecuados como son: reglas, guías, compás, etc.

Estas son máquinas eléctricas de poco peso, puesto que la mayoría está entre 1,2 y 2,5 kg aproximadamente.

Diremos que la sierra de calar no solamente se usa para cortes de maderas, puesto que la utilizaremos para cortar diversos materiales como son plásticos, metacrilato, metales, cerámicas, etc., pero deberemos escoger para cada labor la hoja adecuada.

Para realizar cortes rectos a poca distancia del lateral de la madera, se puede utilizar una guía milimetrada que se sujeta a la placa base de la sierra. Se utiliza como tope para deslizar sobre el canto exterior de la pieza.

Cuando la distancia al canto exterior es demasiado grande, o el corte a realizar no es paralelo, podemos emplear una regla o un listón de madera fijados mediante sargentos.

Para cortar madera se precisa una frecuencia elevada, mientras que para plásticos y metales se usa menor ya que los plásticos pueden ser dañados por el calor. Por este motivo son buenas las máquinas que cuentan con variación de velocidad.

Cuando realicemos cortes en curvo con el compás, el avance se realizará de forma lenta, porque la hoja, al ser de gran flexibilidad, tiende a desviarse lateralmente y seguir, sobre todo en el caso de maderas naturales, la dirección de las vetas.

En la mayoría de las hojas de esta máquina los dientes apuntan hacia arriba, por tanto suelen producir rasgados por la parte vista. Si la pieza no se puede cortar por la cara no vista, cambiaremos la hoja por otra de dentado inverso. La sierra se presionará contra la superficie para compensar el empuje que se produce.

La hoja de la sierra se puede intercambiar según el tipo del material a cortar y sus características de resistencias, ya que una sierra de madera no se podrá usar en metal, etc.

Su movimiento es alternativo de arriba hacia abajo, rectilíneo e incluso pendular, si la máquina cuenta con dicho dispositivo.

La altura del corte depende, según la máquina, no todas las marcas trabajan con la misma medida.

La empuñadura más común es la de tipo puente aunque las máquinas industriales son con empuñadura de pomo, cualquiera de ellas se puede manejar tanto con una mano como con las dos.

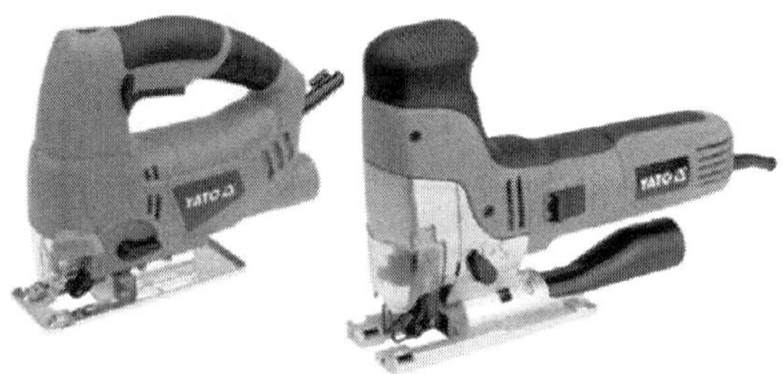

1.8.1.2. Sierra de calar empuñadura de pomo y de puente

La *empuñadura en puente* o arco es la más cómoda, puesto que con una sola mano se controla el interruptor de arranque/parada y podemos empujar sobre la línea de corte.

En cuanto a la *empuñadura de pomo*, decir que con estas podemos empujar la máquina con ambas manos, pero en algunas máquinas el arranque/parada es más complicado.

El movimiento pendular es un complemento muy común en las caladoras. Permite que la sierra, al mismo tiempo que realiza el corte normal de arriba hacia abajo, avance hacia delante, incrementando la capacidad del serrado.

La carrera pendular se suele regular en varios niveles, entre 3 o 4 según las marcas, para adaptarla al material.

La posición 0 sirve para serrar metales y materiales delgados que precisen cortes limpios. Los diferentes niveles están escalonados y se pueden preseleccionar o ajustar sobre la marcha, según se trabaje con madera o materiales sintéticos.

Muy importante en estas máquinas es la *placa base* que sirve de soporte y guía para trabajar. Es abatible y facilita la realización de cortes inclinados y oblicuos a inglete, una buena sierra de calar no debe dejar astillamiento en los materiales, ha de realizar calados impecables.

A estas máquinas se les puede acoplar un depósito refrigerante con líquido o lubricante para cuando se trabaja con metales.

La carrera de la hoja de sierra o altura de la carrera es el recorrido de la hoja durante el tiempo que está trabajando.

Lo más normal es de 15 a 19 mm en algunas máquinas de la gama alta incluso 25 mm.

En algunos modelos puede seleccionar el número de revoluciones, incluso una variación electrónica del número de rpm.

Las sierras actuales tienen una salida para el polvo, a la cual se le puede colocar una bolsa para recoger dichos residuos o acoplar un sistema de aspiración.

La capacidad de corte se mide siempre en la posición normal, o sea, 90º. Cada máquina suele tener la suya, esto es, que no hay una capacidad estándar para todas ellas.

Es **importante** no pasar de los límites recomendados sobre todo al cortar aluminio o acero, ya que si el espesor es mayor, el motor puede sobrecargarse y provocar averías y lo que es peor, accidentes.

La placa base debe tener un buen deslizamiento y una superficie lo más extensa posible porque esto facilita trabajar de forma más estable.

La sierra de calar es un dispositivo para realizar el trabajo a mano alzada y así se acostumbra a usarla en la mayoría de los casos. Sin embargo, en ocasiones nos vemos en la necesidad de realizar buenos cortes, tanto en recto como en curvos. Para ello se usan los dispositivos adecuados como son reglas, guías, etc.

Cuando realicemos cortes en curvo con el compás, el avance lo realizaremos de forma lenta, ya que la hoja, que es de gran flexibilidad, tiende a desviarse lateralmente y seguir, sobre todo en madera maciza, la dirección de las vetas.

Los dientes de las hojas de las sierras de calar normalmente apuntan hacia arriba y se pueden producir rasgados en la parte vista. Si la pieza no se puede cortar por el lado no visto, se utiliza una hoja especial con el dentado en dirección inversa. La sierra se presiona firmemente contra la superficie para compensar el empuje.

Para realizar un corte limpio colocaremos una cinta adhesiva transparente sobre la superficie a cortar, así evitaremos en gran parte el rasgado. Cuanto más grande sea el poder de pegado de la cinta, más protegeremos la pieza que cortemos. Debemos también tener cuidado al retirar la cinta.

Con la sierra de calar también podemos cortar materiales duros como son el vidrio y la cerámica. Para esos casos las hojas deberán ser de metal duro. Cuanto más duro sea el material a cortar, más pequeños serán los dientes de la hoja de sierra.

A las sierras de calar no solamente se le pueden colocar hojas de sierra sino que también les podemos acoplar limas, rasquetas y dispositivos de lijado.

Cuando trabajemos con esta máquina tendremos en cuenta una serie de precauciones:

1. Al llegar al final del corte deberemos disminuir la presión que se realiza sobre el material a cortar, para que no salga impulsada la hoja.
2. Una vez que dejemos de presionar el interruptor de la máquina, la hoja sigue moviéndose por unos segundos, por tanto debemos tener precaución puesto que se pueden producir accidentes.

La sierra de calar, con accesorios adecuados, puede convertirse en una sierra estacionaria, esto es, se fija boca abajo, en un soporte adecuado. Lo que se moverá, con este útil, será la pieza a cortar y no la máquina como sucedía.

1.8.1.3. Hojas de sierra para máquinas caladoras

Existe una enorme variedad de hojas de sierra para las máquinas caladoras, también conocidas como sierras de vaivén.

Hoy en día los vástagos de inserción de estas hojas tienden a ser universales, esto significa que cualquier hoja puede ser colocada en cualquier máquina caladora sin importar el fabricante que sea.

Deberemos escoger la hoja de sierra a razón del material a cortar y el grueso de lo que vamos a serrar.

El metal y la forma de los dientes indicarán para qué metal es apropiada cada sierra.

Las hojas de sierra de acero al carbono se usarán para cortar materiales blandos.

El acero rápido (HSS) se usa con el metal no férrico y el aluminio. El largo y el ancho de la hoja también influyen en el tipo de corte y en el material.

Otras sierras están cubiertas de granos de metal duro y son especiales para el corte en materiales abrasivos como el azulejo, etc.

También debemos tener en cuenta el tipo de corte (recto, curvo, fino...) y el grueso del material a cortar.

1.8.1.4. Sierras circulares

Parece ser que la primera máquina de este tipo se desarrolló en 1924. Este tipo de sierra es el complemento idóneo de la sierra de calar.

Las sierras circulares de mano sirven para realizar cortes largos en línea recta en grandes superficies, fundamentalmente en aglomerados, maderas macizas, plásticos, etc. Estas máquinas nos permiten realizar cortes tanto en ángulo recto como en chaflán.

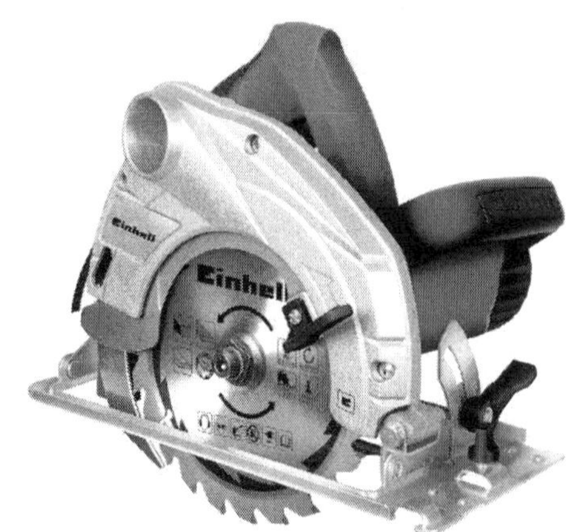

La sierra circular tiene un motor con empuñadura y plataforma de apoyo y una guía lateral. Su hoja gira a gran velocidad, siendo más rápida que las sierras de calar.

El disco de corte tiene unas dimensiones que requieren tomar precauciones. Nunca se deberán modificar las protecciones de la propia sierra *(carcasa móvil de protección y cuchillo divisor).*

Los diámetros más comunes están comprendidos entre los 125 mm de diámetro de disco y 35 mm de profundidad de corte, y los 235 mm de diámetro de disco y 90 mm de profundidad de corte.

Otra norma básica es mantener el disco perfectamente afilado, puesto que evitaremos que la máquina se trabe, evitando peligro al operador y el sobrecalentamiento del motor.

Una parte fundamental de esta máquina y en la cual nunca deberemos manipular es la cuchilla abridora. Su función es evitar tensiones que hagan que el corte se cierre tras pasar el disco de corte y, por ese motivo, se coloca la hoja abridora. Esta cuchilla se encuentra colocada entre 2 y 3 mm por encima del diente inferior.

Este tipo de herramienta está considerada como una de las herramientas portátiles más peligrosas. Los tipos de lesiones que producen suelen ser cortes en las manos, antebrazos, muslos, etc. La mayoría de los accidentes se producen cuando la hoja de la sierra queda bloqueada por el material que está cortando y la máquina es rechazada bruscamente hacia atrás. Otro tipo de accidente se produce cuando el bloqueo de la carcasa de protección queda en posición abierta.

Cuando trabajemos con esta herramienta es recomendable usar gafas de seguridad, con el fin de protegernos de la proyección de serrín y virutas a los ojos. También deberemos recoger el polvo para evitar su aspiración.

1.8.1.5. Ingletadora

Generalmente esta máquina es una sierra portátil. Se trata de una máquina diseñada para realizar cortes en diferentes ángulos y biseles, con la que se pueden realizar cortes de precisión y calidad.

Esta máquina consta de una mesa dividida en dos partes, para apoyar las piezas. Estas son: disco circular con motor y una manilla de accionamiento.

Son aptas para cortar diversos tipos de material: aglomerados, maderas, aluminio, etc.

Para cortar metales siempre usaremos discos de metal duro *(MD)* y a su vez sujetaremos el metal a cortar por medios mecánicos, puesto que podemos correr el riesgo de que salten las piezas con el consiguiente peligro para el trabajador.

Para cortar metales es aconsejable usar máquinas de motor menos revolucionado.

Todas las ingletadoras van graduadas e incluso, algunos modelos, llevan un trinquete para fijar ángulos, siendo los más habituales de corte:

15º – 22,5º – 30º – 45º- 90 º

Las primeras máquinas se fabricaron con la misión de cortar solamente a 45º y sólo se utilizaban en el enmarcado de cuadros, espejos, etc. Eran máquinas prácticamente estacionarias debido a su gran peso, si bien, en la actualidad, tenemos modelos de poco peso y tamaño cuyo transporte se puede realizar a brazo.

Los diámetros de sierra de estas máquinas van desde los 200 mm a los 350 mm, siendo las más comunes los comprendidos entre los 250 mm y los 300 mm. Su velocidad suele estar comprendida entre las 2.500 y 5.000 rpm.

La ingletadora es una máquina peligrosa, puesto que tiene un disco de grandes dimensiones muy revolucionado. Deben estar dotadas de protector de disco en la parte inferior, y en el modelo de mesa, en la parte superior también llevará el correspondiente protector.

Estas máquinas deberán tener un acople para la aspiración del polvo, en esta salida se colocará un aspirador.

Otra versión de esta máquina son las telescópicas, estas tienen un mecanismo desplazable hacia delante para así poder realizar cortes más anchos.

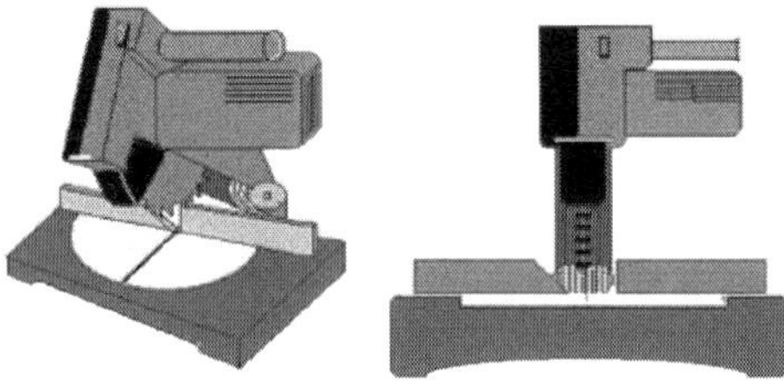

1.8.1.6. Discos para sierras

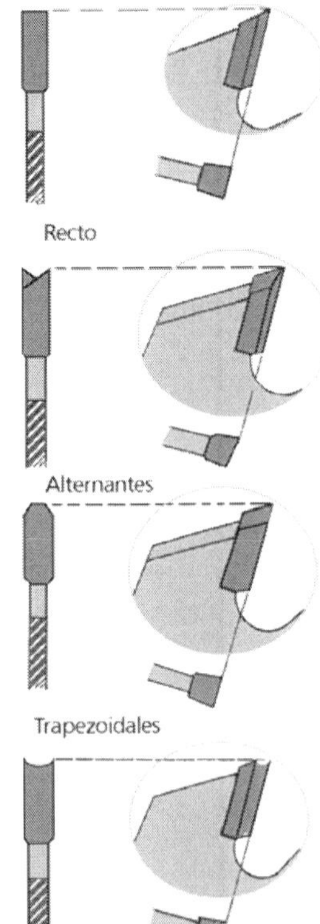

Las sierras circulares son herramientas eléctricas muy utilizadas en los trabajos de la madera.

El disco empleado dará una mayor o menor calidad al corte por eso es importante prestar atención a este útil ya que podemos trabajar con la mejor máquina y más potente pero si no usamos el disco adecuado o no éste está en condiciones nuestro trabajo de poco podrá valer.

Para comenzar, es importante conocer cómo es un disco de sierra para saber los criterios que se deben seguir en la elección de este.

El disco se compone de dos partes básicas:

- El cuerpo del disco, también conocido como alma, que es el armazón de la herramienta, y de los dientes.
- El dentado corta la viruta haciendo el efecto de una cuña. La distancia entre los dientes es el espacio para desalojar el aserrín.

Sobre el cuerpo de los discos podemos leer la marca del fabricante y las características técnicas del disco.

En los discos vemos que tienen un agujero en el centro, el eje, cuyo diámetro varía según la máquina, y los más comunes son de:

- 30 mm.
- 20 mm.
- 16 mm.

En los discos para aluminio el eje ha sido tradicionalmente de 32 mm pero se tiende a uniformar a 30 mm.

No siempre encontramos los discos con el eje adecuado a nuestras máquinas. Este problema lo solucionamos con anillos reductores, que mantienen la fuerza de encaje en la herramienta.

En algunos discos, aparte del agujero central, hay otros dos pequeños y simétricos, uno a cada lado del principal, y de menor diámetro que este. Estos agujeros se les denomina de arrastre y su función es la de afirmar por dos puntos más la sujeción del disco a la máquina. Estos agujeros complementarios solo suelen ser para máquinas de mesa o muy potentes, ya que en las sierras de mano los discos solo suelen tener un agujero.

Algunos discos llevan en el cuerpo unas incisiones en forma de zigzag cuya función es la de mitigar el silbido del disco al cortar.

En las hojas de sierra de una sola pieza, los cuerpos de la hoja y los dientes son del mismo material que la hoja. Este tipo de disco solo se suele usar para cortes bastos en madera maciza, como puede ser la leña. Estos discos en carpintería son cada vez menos usados.

En las hojas compuestas los dientes llevan piezas soldadas de metales duros y más anchos que el espesor de la hoja. En comparación con las sencillas producen mejor corte.

En las hojas compuestas los dientes o placas de metal duro van soldados al cuerpo del disco y están hechos de metal duro (en nuestro país conocido como vidia) un metal más resistente que el cuerpo del disco. Su grueso es mayor que el cuerpo del disco, y suele ser de 2,6 a 3,2 mm, que suelen ser los espesores más comunes. Estas placas son los artífices del corte. Para ser eficaces estas placas deben estar bien soldadas al cuerpo, ya que de no ser de esta forma saltarían. Dentro de estas vidias hay diversos grados de durezas que son los que determinan la calidad del corte y la durabilidad del disco.

Las diversas formas de las placas serán más o menos eficaces según el material que se corte.

1.8.2. Fresadora

Es la herramienta eléctrica más polivalente de las máquinas de carpintería, usada principalmente en ebanistería. Usando siempre la *fresa* adecuada se pueden realizar múltiples trabajos de carpintería.

Utilizando la fresa adecuada con la fresadora se puede recortar, acanalar, ranurar, perfilar en recto o en diferentes ángulos, hacer agujeros, molduras, cornisas, pasamanos, colas de milano, etc.

Para fresar maderas blandas se utilizan fresas de acero.

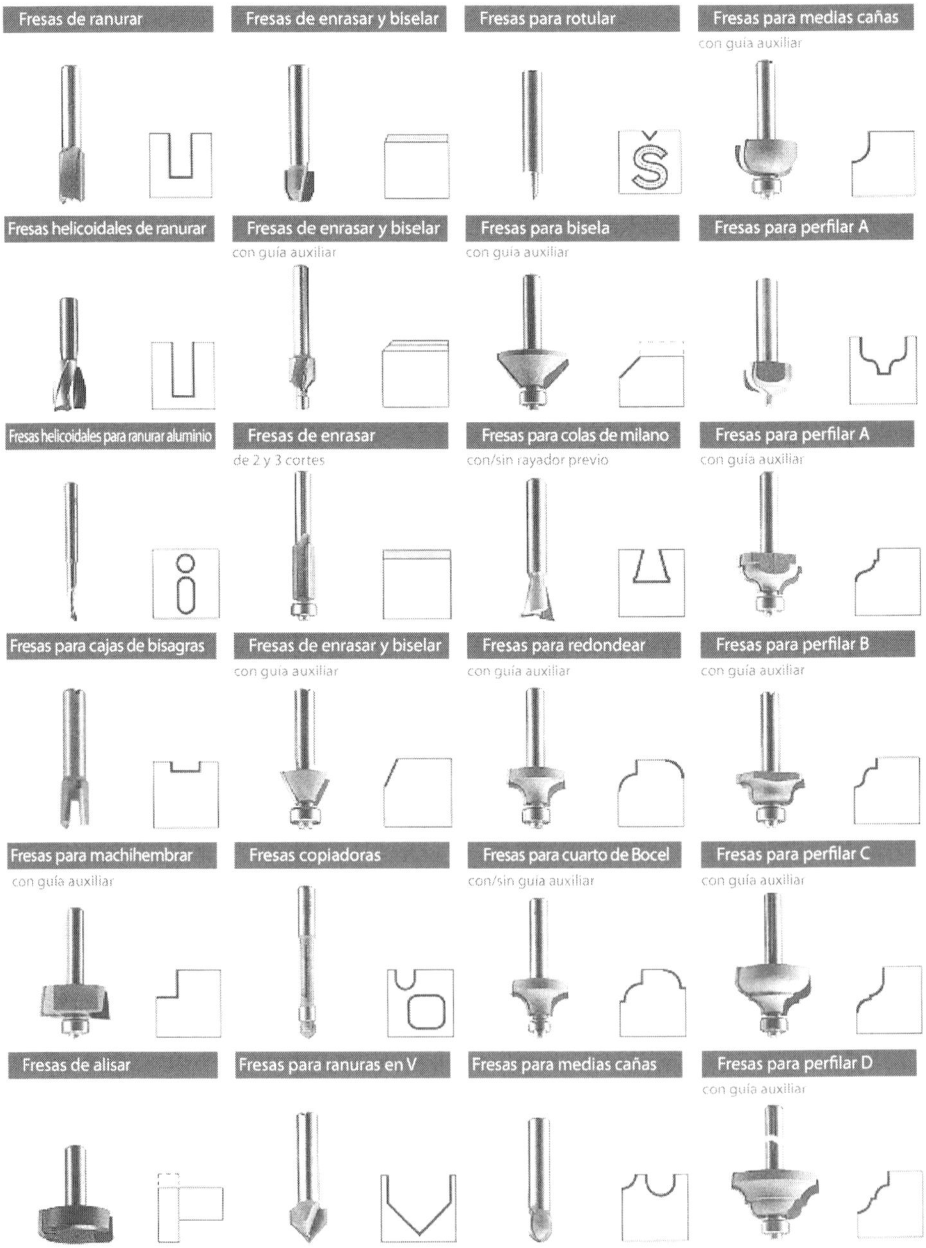

Fresas de ranurar	Fresas de enrasar y biselar	Fresas para rotular	Fresas para medias cañas con guía auxiliar
Fresas helicoidales de ranurar	Fresas de enrasar y biselar con guía auxiliar	Fresas para bisela con guía auxiliar	Fresas para perfilar A
Fresas helicoidales para ranurar aluminio	Fresas de enrasar de 2 y 3 cortes	Fresas para colas de milano con/sin rayador previo	Fresas para perfilar A con guía auxiliar
Fresas para cajas de bisagras	Fresas de enrasar y biselar con guía auxiliar	Fresas para redondear con guía auxiliar	Fresas para perfilar B con guía auxiliar
Fresas para machihembrar con guía auxiliar	Fresas copiadoras	Fresas para cuarto de Bocel con/sin guía auxiliar	Fresas para perfilar C con guía auxiliar
Fresas de alisar	Fresas para ranuras en V	Fresas para medias cañas	Fresas para perfilar D con guía auxiliar

Fresas de multiperfilar
con guía auxiliar

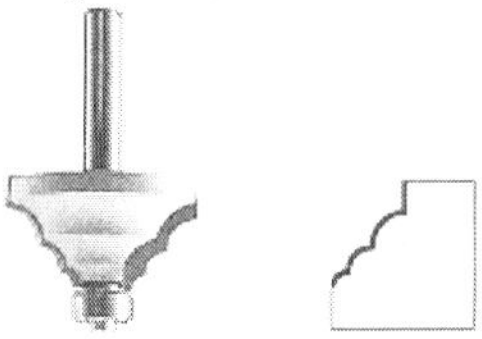

Fresas de medidas cañas
con guía auxiliar

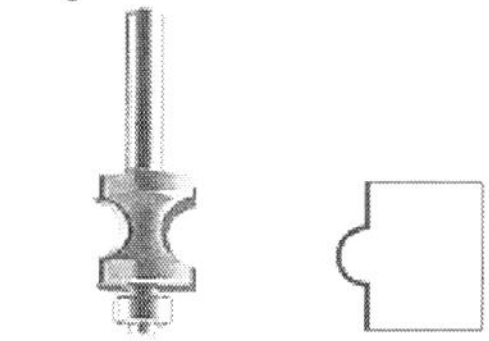

Fresas para orificios para tacos

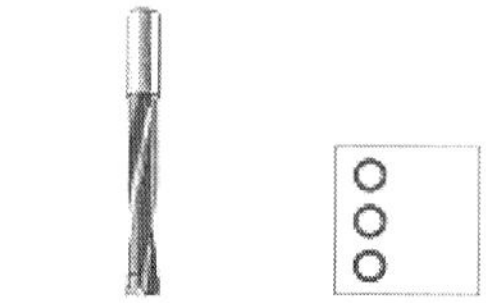

Fresas para perfilar

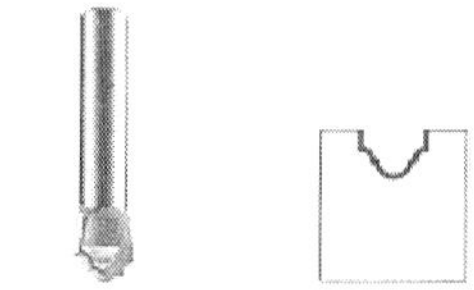

Fresas para contraperfilar
con guía auxiliar

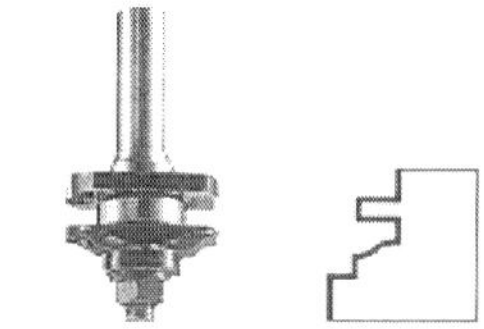

Fresas para juntas de anclaje
con/sin acanaladura

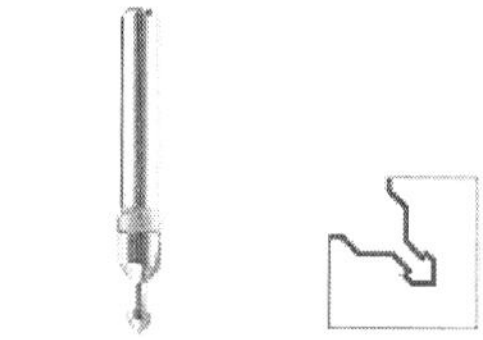

Fresas para perfilar

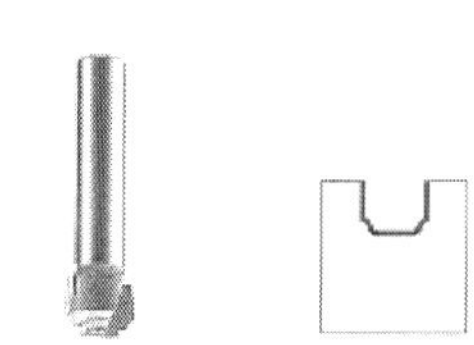

Fresas verticales para redondear

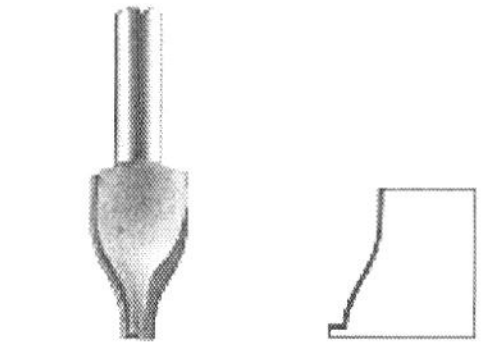

Fresas para ojos de cerradura

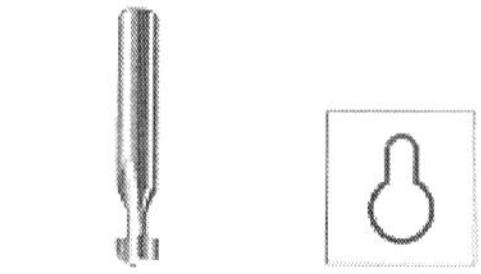

Fresas para perfilar

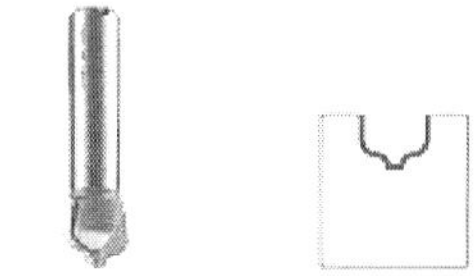

Fresas para encolar

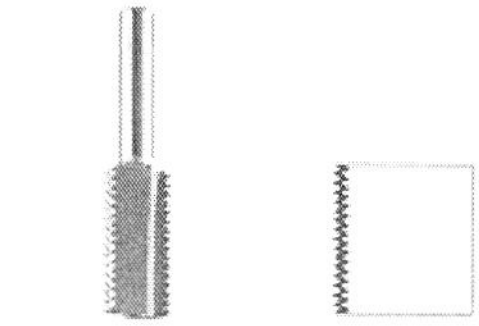

Fresas para actividades de ayane

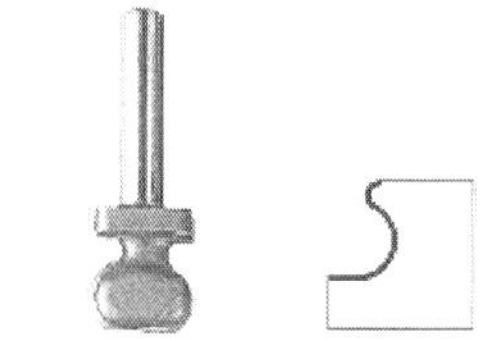

Fresas para multiperfilar
con guía auxiliar

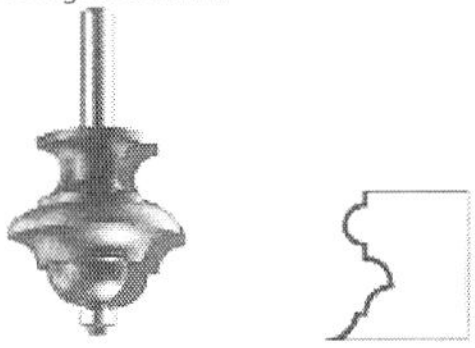

Fresa para encolar perfiles

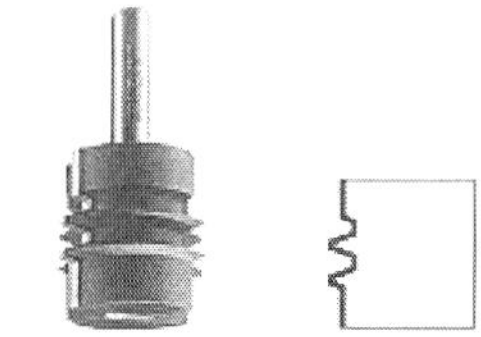

Fresas de disco para ranurar

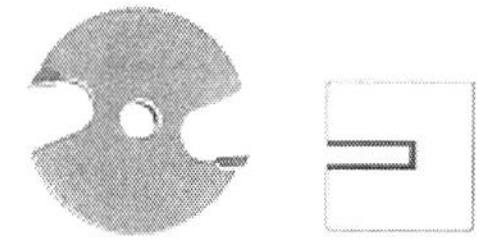

Fresas para barras planas

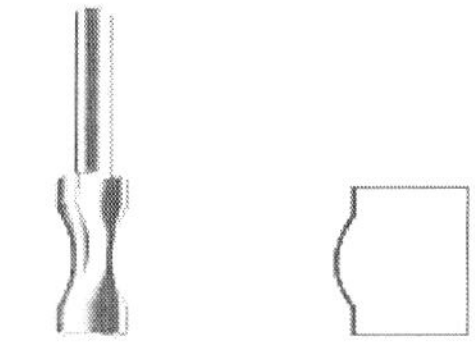

Fresas de muelle

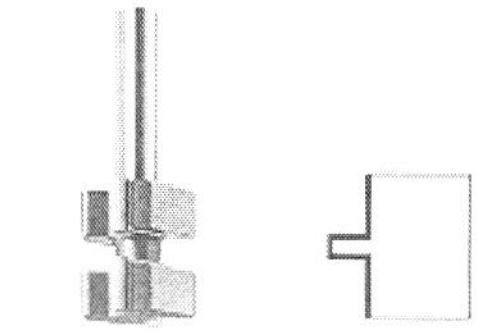

Mandril de admisión
con guía auxiliar

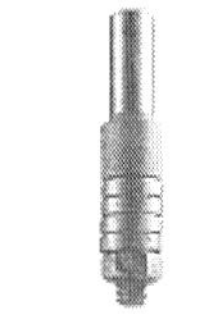

Para fresar maderas duras, aglomerado y tablas de fibra, se utilizan fresas de metal duro o carbono de tungsteno (unión química entre wolframio y carbono).

Según el acabado buscado se utilizan fresas con las siguientes formas:

- Para rotular: fresas con forma de "V".
- Para realizar ranuras: fresas rectas.
- Para perfilar marcos y puertas: fresas de media caña.
- Para realizar molduras: fresas perfiladoras.
- Para resultados decorativos: fresas de cuarto bocel.

Las fresas de doble filo son adecuadas para acabados finos.

Las fresas de un único filo son idóneas para rebajar la madera.

Las fresas helicoidales son las mejores para evacuar la viruta; pueden ser negativas o positivas y se utilizan para perfilar o ranurar.

Para realizar juntas se utilizan fresas de cola de milano. Algunos tipos de encajes son:

- Cola de milano abierta.
- Cola de milano semi-escondida.
- Cola de milano semi-escondida con espacios variables.
- Cola de milano deslizable.

Cuando la fresadora se deja en posición estacionaria se denomina *tupí*.

Tenemos en el mercado diferentes máquinas:

- Perfiladora-perniadora.
- Talladora.
- Ranuradora.
- Engalletadora.

Actividad 4

¿Cómo se denomina la lijadora con la que puedes llegar más fácilmente a las esquinas y ángulos de acceso complicado?

- ☐ a) Rotorbital.
- ☐ b) Orbital.
- ☐ c) Delta.

1.8.3. Máquinas a batería

En la actualidad tenemos muchas y diferentes herramientas eléctricas inalámbricas: estas son unas herramientas con baterías a las que se le pueden dar carga eléctrica y puede usarse de forma totalmente portátil.

Una de las ventajas de las máquinas a batería con respecto a las de cable, es que en estas aumenta la maniobrabilidad y seguridad pues son máquinas más pequeñas y sin cable.

1.8.3.1. Taladros de batería

Estos funcionan por medio de una batería eléctrica (no necesitan estar enchufados) lo que les confiere gran autonomía, al poder utilizarlo donde queramos sin necesidad de que exista un enchufe.

Como inconveniente es la menor potencia que ofrecen en comparación con los eléctricos. Todas las máquinas cuentan con inversión de giro.

Pero si se necesita percusión, con la que van dotados algunos modelos, el resultado deja mucho que desear, ya que la carga de la batería se agota rápidamente. En el trabajo de atornillado, sin embargo, es ideal, cumpliendo a la perfección con su cometido.

Estas máquinas tienen por lo general un portabrocas automático de fácil manejo para la colocación de las herramientas de apriete, taladrado, etc. Los portabrocas automáticos tienen la ventaja, aparte de no precisar llave, de que el cambio de broca o útil se realiza con más comodidad y rapidez.

En algunos modelos que se usan sin llave, se puede cambiar el portabrocas con sólo una mano, ya que el vástago queda fijo cuando se suelta el gatillo. No obstante, en la mayor parte de los modelos debe hacer girar el portabrocas con ambas manos en direcciones opuestas.

La capacidad máxima de sujeción del portabrocas indica el diámetro máximo de la broca que puede sujetar esta máquina, por lo que conviene que sea lo más alto posible. Hay máquinas con 13 mm siendo las más habituales de 10 mm.

En la actualidad los taladros van provistos de un selector de *par de apriete*, el cual dosificará la fuerza ejercida, de la máquina, sobre el tornillo.

El par de apriete es la fuerza de giro que puede producir para atornillar o taladrar.

La práctica nos dirá cuál de las posiciones es la más adecuada al tornillo con el que trabajemos, y como no, dependiendo del material sobre el que deseamos trabajar.

Las potencias de estos taladros se miden en voltios (V) siendo las más habituales de: 7.2V, 9.6V, 12V, 14.4V, 18V y 24V. La duración de la carga de las baterías, aun siendo de la misma potencia, se mide en miliamperios (mAh.), siendo las más habituales de 1200, y las mejores de 2000 mAh. Cuantos más mAh tenga mayor potencia desarrolla el motor.

En una buena máquina al dejar de apretar el gatillo, el portabrocas deberá pararse inmediatamente, ya que es una buena medida de seguridad.

Los cargadores, suministrados con el taladro, serán un factor determinante a la hora de adquirir esta máquina. Dependiendo de cuál adquiramos nos cargarán la batería en 1 hora, 3 horas o más, y a nuestro criterio quedará elegir la que más nos interese, ya que un cargador de acción rápida, también encarecerá el producto. La alternativa puede ser la adquisición de otra batería de repuesto, con lo que nuestro presupuesto también se modificaría.

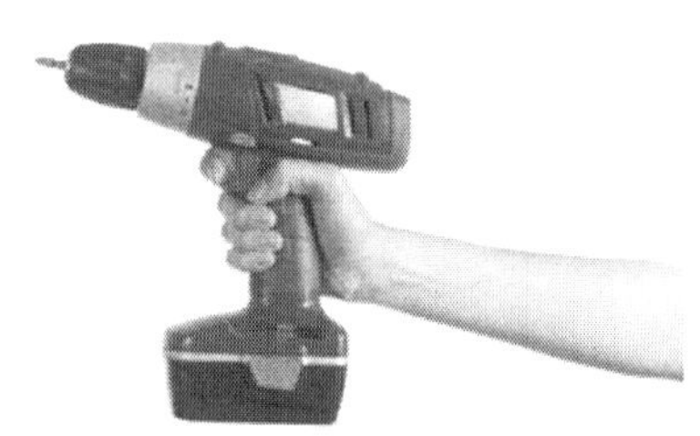

Cuanto menos pese esta herramienta más cómodo será su uso, también tendremos en cuenta su tamaño, la distancia desde la punta del portabrocas hasta el punto más cercano de la empuñadura indicará su facilidad para trabajar en pequeños espacios y recovecos.

Estas máquinas tienen tres estilos de empuñadura:

- Empuñadura de pistola, este tipo de taladro es más difícil de sujetar, el peso recae en un extremo de la máquina.
- Empuñadura en T, es decir, que el mango está situado cerca del centro de la herramienta. Este tipo de sujeción distribuye mejor el peso, para lograr un mejor equilibrio y que haya menos tensión de muñeca.
- Empuñadura en ángulo recto. Está diseñada para utilizar en espacios reducidos.

1.8.3.2. Baterías para taladros

En el mercado el tipo más común de baterías para estas máquinas suelen ser de dos tipos: NiCd - níquel cadmio, NiMH- níquel metal hidruro.

- **Níquel cadmio -** estas son las más comunes, llevan cadmio, el cual es un metal pesado y muy contaminante. Este tipo de batería padece el efecto memoria. Es necesario descargarlas totalmente antes de volver a cargarlas.
- **Níquel metal hidruro** - esta batería no contiene cadmio. Este tipo de batería no tiene el efecto memoria con lo cual no pierde la capacidad de carga por su mala utilización.

La capacidad de la batería se expresa en miliamperios hora (mAh). Cuanto más alta sea esa cifra, mayor será la autonomía de la batería. Lo más importante es descargar estas baterías por completo. Antes de estrenar el taladro-atornillador es conveniente cargar y descargar la batería, poniendo en marcha el aparato. Deberemos repetir esta operación siempre que utilicemos el taladro si han pasado varias semanas sin usarlo. Si no se hace así, la batería irá perdiendo progresivamente su capacidad de carga, es lo que se llama efecto memoria. Si se usa de vez en cuando realizaremos un ciclo de carga y descarga unas tres veces al año.

En cuanto al almacenamiento de las baterías, estas deberán guardarse en lugares que no sean fríos ni húmedos.

1. Antes de montar la batería comprobar que la máquina está desconectada, para evitar un accidente con su puesta en marcha.
2. Cargar los acumuladores con los cargadores suministrados por el fabricante y previstos para ellos.
3. Guardar los acumuladores separados de objetos metálicos que puedan provocar un cortocircuito al poner en contacto los bornes del acumulador.
4. En caso de salida de líquido del acumulador evitar el contacto con él y si éste se produce enjuagar con agua abundante, y en caso de que la parte afectada sean los ojos, acudir al médico. El líquido del acumulador puede producir irritaciones e incluso quemaduras
5. No intentar manipular el acumulador ni exponerlo a fuentes de calor o fuego por peligro de incendio o incluso explosión.
6. Sobre el cargador: protegerlo de la humedad y del polvo pues pueden provocar descargas eléctricas, inspeccionar periódicamente el cable y enchufe.

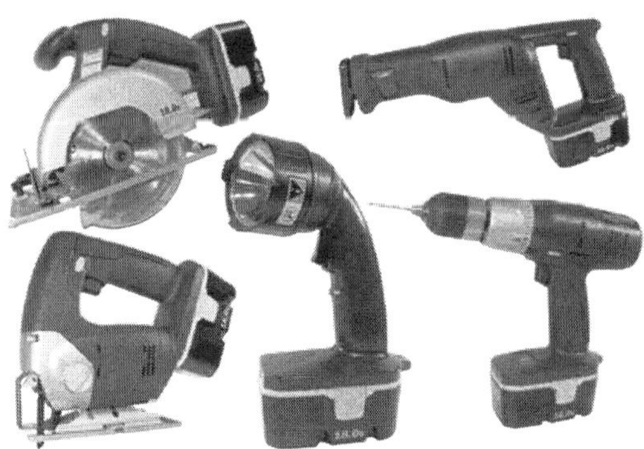

Detalle de diferentes máquinas a batería

2. Conocimientos básicos de herrajes (cerraduras, manivelas...)

Desde la aparición de los metales en la historia del hombre, éste los ha ido incorporando a la vida cotidiana mediante la fabricación de objetos tales como herramientas, armas para la defensa y la caza, útiles de cocina, elementos o accesorios para la construcción de objetos en general, incrementando así su capacidad de transformación y adaptación al medio en el que se desenvuelve. Como fue el hierro el primer material utilizado de forma general para complementar las construcciones de madera, a los elementos metálicos que se van incorporan se les denomina herrajes.

Los herrajes son partes fundamentales de la mayoría de los objetos de madera construidos por carpinteros y artesanos, pese a que se realizan muchísimas construcciones donde sólo interviene la madera, incluso algunas de gran envergadura, como es el caso de los hórreos tradicionales, la carpintería tradicional de ribera y algunas construcciones de viviendas antiguas en las regiones húmedas de Japón. La técnica de construcción utilizada consiste en utilizar diferentes tipos de maderas blandas y duras, aplicar las técnicas de ensamble, espigas y astillas de madera muy dura a modo de clavos o puntas.

Los accesorios metálicos y de plástico que se utilizan en la industria carpintera son variadísimos en su aplicación y en los diferentes modelos que para cada tipo de artículo se pueden encontrar en las tiendas especializadas. Las ferreterías ofrecen una grandísima variedad de objetos de este tipo: tornillería, bisagras, puntas, cerraduras, asas, resortes, muelles, cadenas, escuadras, casquillos, tirantas, pernios, fallebas, cierres, pasadores, esquineras, soportes, etc.

Los herrajes o accesorios en carpintería no sólo son un complemento decorativo en los objetos de madera, son parte fundamental de su construcción, y han facilitado muchísimo los procesos de fabricación de muebles y objetos. La tornillería, puntillas y escuadras permiten realizar determinadas estructuras sin necesidad de ensambles, las bisagras son las que posibilitan que los bastidores puedan abatirse, y así un largo etcétera. Mediante los accesorios podemos influir también en la estética del mueble y en su calidad global.

2.1. Clavos y puntas

Se denominan clavos a unas piezas metálicas, largas, delgadas y afiladas. Se denominan puntas a los clavos pequeños que se utilizan para trabajos finos y se denominan según la forma de su cabeza:

- **Planas**: fija fuertemente la madera, es de uso general en carpintería y también se utiliza para construir maquetas de obras.
- **Ovaladas**: tienen un fuste de sección ovalada, lo que reduce el riesgo de rayar la madera. La cabeza se puede ocultar en la madera.
- **Cabeza perdida**: es un clavo de fuste delgado, se utiliza en las juntas a tope y a inglete. La cabeza se oculta en la superficie.
- **De sección cuadrada**: las tachuelas de tapicero.
- **Escarpia o alcayata**: tienen la cabeza doblada en forma de codo.
- **Horquilla o grapa**: se usa para sujetar alambradas o telas metálicas.
- **Puntas sin cabeza**: sirven para sujetar vidrios, chapas de madera, etc.
- **Puntas de cabeza mixta**: cabeza cónica avellanada.
- **Puntas de cabeza convexa**: utilizada para la sujeción de flejes.
- **Puntas de cabeza cónica**: van embutidas en la madera con el botador.

- **Puntas de cabeza redonda**: para flejes, herrajes, etc.
- **Puntas y hierro forjado**: para trabajos de gran resistencia.
- **Clavos para tuberías**: para fijar en los ladrillos.

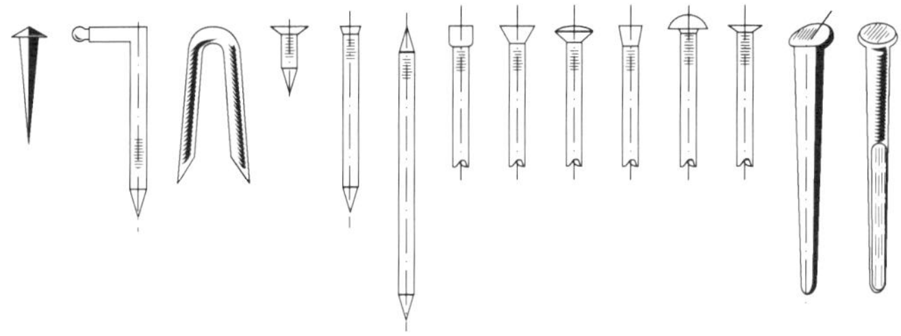

Clases de clavos y puntas

Se fabrica una extensa gama de clavos para la industria de la construcción, pero en los trabajos de carpintería se utilizan sólo algunos cuantos tipos. En tapicería se necesitan clavos y tachuelas especiales para sujetar el tapizado a la estructura de madera.

Además de las puntas clásicas existen otros tipos de objetos que realizan la misma función pero con formas diferentes, como es el caso de:

- **Grapa ondulada**: es una chapa metálica ondulada, con un corte inclinado, que le proporciona una sección afilada con gran capacidad de penetración en la madera. Se utiliza como modo de fijación cuando se hacen juntas más toscas a tope o a inglete. Las grapas se colocan encima de la unión y se hunden al nivel de la superficie de la madera.

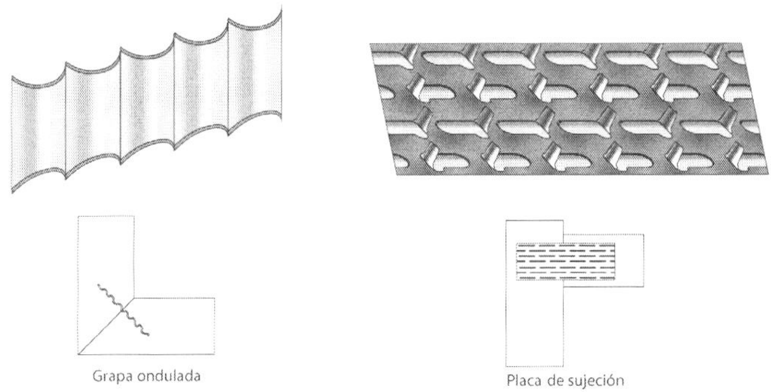

Grapa ondulada y placa de sujeción

- **Placas de unión**: es una placa metálica (acero o hierro galvanizado) provista de varias púas agudas de metal que se utilizan para fijar elementos estructurales de madera. Se coloca la placa transversal a la junta y las púas se clavan a presión en la madera.

2.2. Tornillos

El tornillo es un dispositivo mecánico de fijación, por lo general metálico, formado esencialmente por un plano inclinado enroscado alrededor de un cilindro o cono. Las crestas formadas por el plano enroscado se denominan filetes, y, según el empleo que se les vaya a dar, pueden tener una sección transversal cuadrada, triangular o redondeada. La distancia entre dos puntos correspondientes situados en filetes adyacentes se denomina paso. Si los filetes de la rosca están en la parte exterior de un cilindro, se denomina rosca macho o tornillo, mientras que si está en el hueco cilíndrico de una pieza se denomina rosca hembra o tuerca. Los tornillos y tuercas empleados en máquinas utilizan roscas cilíndricas de diámetro constante, pero los tornillos para madera y las roscas de tuberías tienen forma cónica.

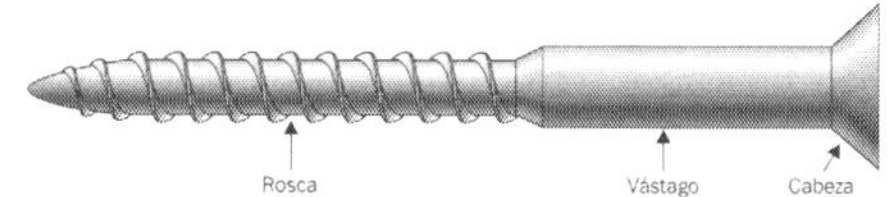

Partes de un tornillo convencional

2.2.1. Clasificación

Se distinguen seis tipos principales de tornillos para la madera:

- Tornillo de cabeza plana.
- Tornillo de cabeza de gota de sebo.
- Tornillo de cabeza redonda.
- Tornillo de cabeza cuadrada.
- Tirafondos de doble rosca.
- Tornillo con tuerca.

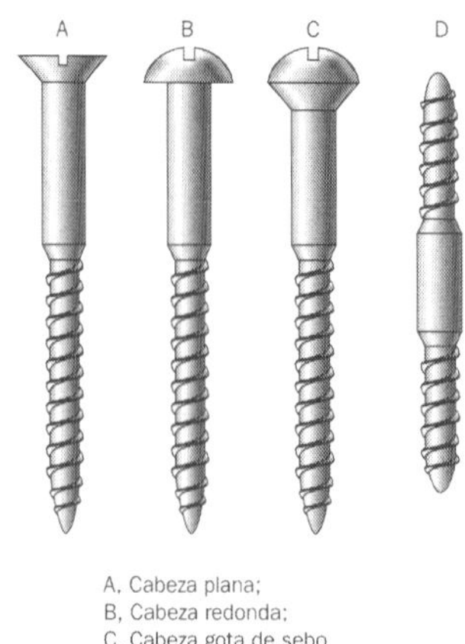

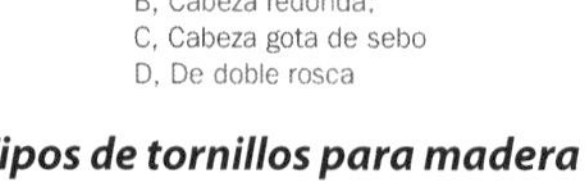

Tipos de tornillos para madera

Ranuras de la cabeza de un tornillo

Los tornillos convencionales posen aproximadamente un 60% de la longitud total roscada. La rosca va comiendo la madera a cada vuelta del tornillo, llevándolo hacia el interior. El vástago del tornillo que no tiene rosca, actúa como espiga y está coronado por una cabeza más ancha que fija en su sitio la pieza de madera o guarnición metálica.

Los tornillos de doble rosca poseen filetes más duros que posibilitan una fijación más firme incluso al tablero aglomerado. A diferencia del tornillo convencional la mayor parte del tornillo está roscado (del 80 al 100%) y el vástago es mucho más estrecho, con lo que existe menos riesgo de hender la madera.

Según el tipo de ranura pueden ser:

- Tornillo de ranura sencilla.
- Tornillo de ranura en estrella.
- Tornillo de seguridad.

2.2.2. Tamaños de los tornillos

La longitud que se especifica para un tornillo corresponde a la parte de él que entra en la madera.

Un tornillo de cabeza embutida, tal y como vemos en la figura, se mide de extremo a extremo, mientras que otro de cabeza redonda se mide desde la punta hasta la parte inferior de la cabeza.

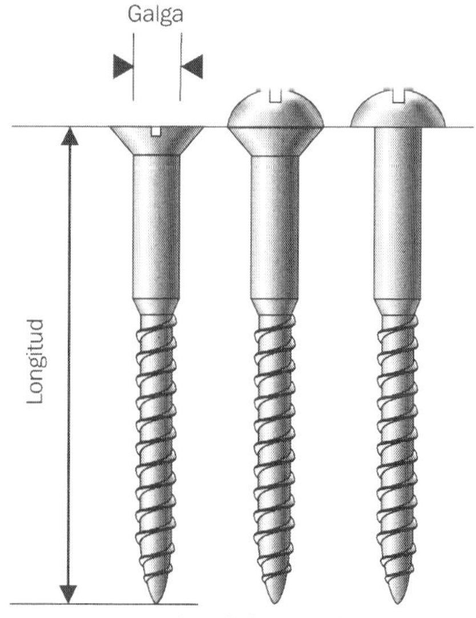

Medida de los tornillos

Cuando se utiliza un tornillo para unir dos piezas se debe cuidar que la punta del tornillo no llega, como máximo, a tres mm de la superficie. De lo contrario deforma la madera dejando un bulto visible.

Los tornillos se clasifican por su diámetro nominal o «galga», el cual viene determinado por una numeración del 1 al 20, de forma que cuanto más alto es el número mayor es el diámetro.

Las longitudes estándar de los tornillos de madera son las siguientes: 6, 9, 12, 16, 18, 22, 25, 32, 38, 44, 50, 57, 63, 70, 75, 89, 100, 112, 125 y 150 mm.

2.2.3. Embellecedores para tornillos

Las cabezas de los tornillos que quedan al descubierto se consideran a menudo antiestéticas, y por ello se han ideado algunas maneras de ocultarlas o de mejorar su aspecto.

Veamos algunos accesorios utilizados para este fin.

- **Embellecedor de agarre automático**: es de plástico, en forma de bóveda, que se estampa sobre un tornillo para ocultar su cabeza.
- **Embellecedor de luna**: embellecedor de latón cromado con una espiga que se enrosca a la cabeza de unos tornillos embutidos especiales que se utilizan para sujetar espejos.
- **Embellecedor de anclaje**: embellecedor de plástico con una espiga en la parte inferior que se encaja a presión en una ranura del tornillo.
- **Óvalo de collarín**: son aros de latón prensado que se levantan sobre la superficie y se usan con tornillos de cabeza plana o gota de sebo. Son ideales para maderas blandas.
- **Óvalos embutidos**: es un aro de latón para tornillos de cabeza plana desmontables, y quedan a nivel con la superficie de la madera.

2.3. Bisagras. Tipos y características. Reparación

2.3.1. Concepto

Son los herrajes que utilizan los bastidores que tienen movimiento de rotación. Los más usados son los siguientes:

- **Bisagras**: que están formadas por dos planchas de metal articuladas por medio de un eje o pasador que facilitan el movimiento de las piezas giratorias. Las dos planchas se llaman alas, los resaltos cilíndricos de que van provistos se denominan botones, y el conjunto formado por los botones y el eje se llama nudo. Las alas suelen ser sencillas o dobles, y el eje, fijo o movible. Se hacen laminadas de hierro, latón, latonadas, fundidas, forjadas, etc.
- **Pernios**: son parecidos a las bisagras y con idéntica finalidad; también de ellos hay una gran variedad.
- **Fijas**: se utilizan para la colocación de y puertas, algunos tipos de muebles, etc. Las hay de dos manos que pueden desmontarse y cuya longitud en cm es muy variable. Pueden tener remates o no, y ser de hierro, de latón, cobre, etc. También existen las llamadas falsas fijas.
- **Goznes**: son parecidos a los pernios y los hay sencillos y fuertes; generalmente son forjados y se utilizan para puertas macizas.
- **Pivotes**: es una chapita metálica con espigón, que actúa a modo de eje, a la que corresponde otra chapita de igual dimensión, con un agujero que coincide con el espigón del anterior.

2.3.2. Número de bisagras

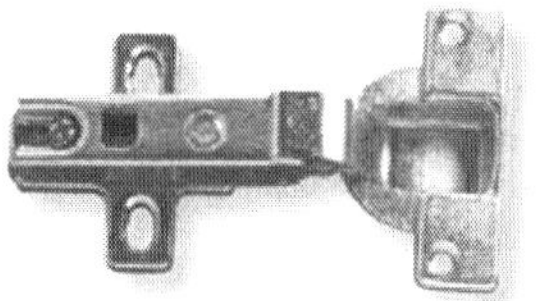

Para determinar el número de bisagras de cazoleta por puerta, debemos tener en cuenta varios factores, como son:

- Peso.
- Anchura.
- Altura.

Si partimos de una anchura máxima de 60 cm y un espesor máximo de puerta de 19 mm colocaremos, según la altura:

- Hasta 90 cm. 2 bisagras
- Hasta 160 cm. 3 bisagras
- Hasta 220 cm. 4 bisagras
- Hasta 240 cm. 5 bisagras

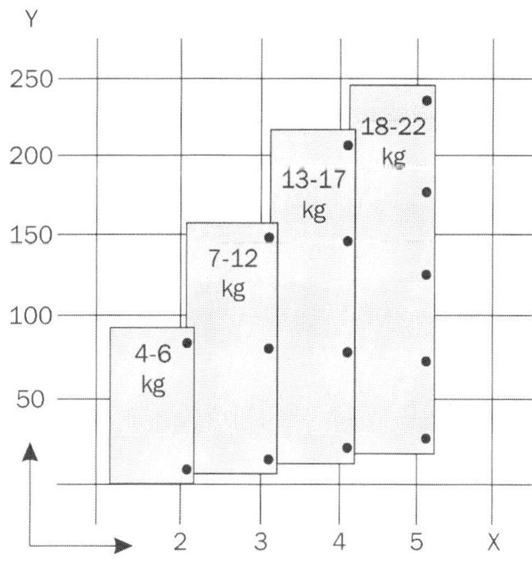

Para colocar la cazuela en la puerta usaremos una fresa o broca adecuada al diámetro que elijamos. Tendremos en cuenta las siguientes medidas:

A) es la distancia del centro de la cazuela al canto de la puerta. Esta medida es la más importante puesto que si la obtenemos mal la apertura de las puertas será incorrecta.

B) es la distancia al canto superior, tanto de la bisagra inferior, estas distancias estarán entre 8 a 10 cm. Las restantes bisagras, si las hubiere se centrarán con respecto a estas dos.

- Para bisagras de 26 mm la medida será de 17 mm
- Para bisagras de 35 mm la medida será de 22 mm

Estas medidas siempre se tomarán desde el canto de la puerta hasta el centro del diámetro de la cazuela de la bisagra.

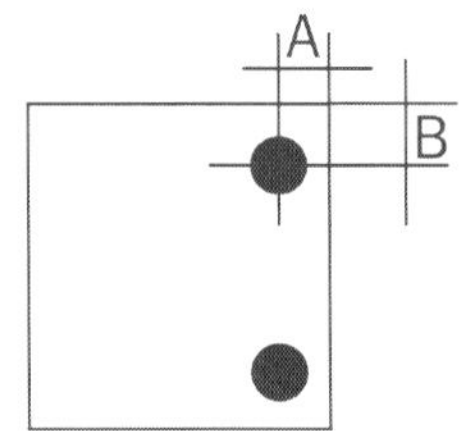

2.3.3. Bisagra de libro

Denominadas también bisagras planas.

Están formadas por dos hojas que se abren, como si un libro fuese, y que tienen agujeros para poder ser atornilladas a los cantos o laterales de las piezas a unir.

Son unas bisagras muy sencillas y muy utilizadas en la carpintería. Este tipo de bisagras tienen diferentes terminaciones y se fabrican en diferentes materiales. Sus tamaños son muy variados.

Su forma de colocación es muy fácil, puesto que se atornillan directamente.

Estas bisagras presentas dos variedades:

- Con remates en eje.
- Sin remates en el eje.

Las bisagras con remates en los ejes se usan principalmente para muebles. La colocación de este tipo de bisagras se puede hacer por el canto embutidas o por plano sin embutir.

Para colocar las bisagras embutidas primero se juntan las piezas y se señala la silueta, después se quita la madera según el grosor de la bisagra. Este tipo de colocaciones se realiza cuando el montante del bastidor queda en el mismo plano que el montante fijo.

Para colocar las bisagras sin embutir se juntan las dos piezas señalando el lugar donde deben ir, se coloca la bisagra de forma que el centro del nudo coincida con el centro de las piezas y se atornillan los tirafondos.

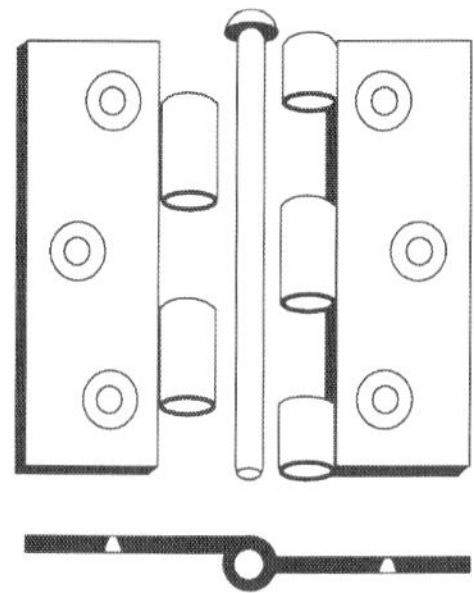

Bisagra plana con eje desmontable

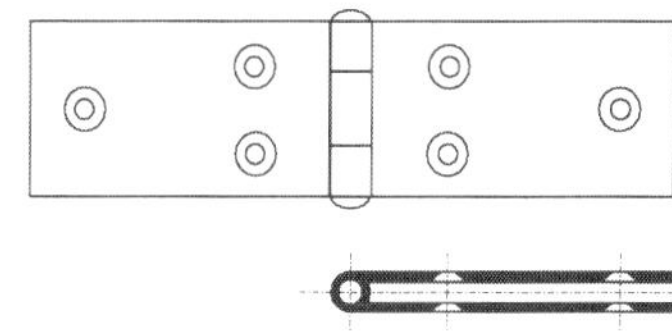

Bisagra plana con alas estrechas y alargadas

Bisagras planas

2.3.4. Bisagra de pernio para muebles

Tenemos en el mercado bisagras de pernio para puertas pequeñas de muebles. El sistema difiere del de pernio para puertas. Tienen dos tornillos de rosca que pueden ser:

- Rosca madera.
- Rosca métrica.

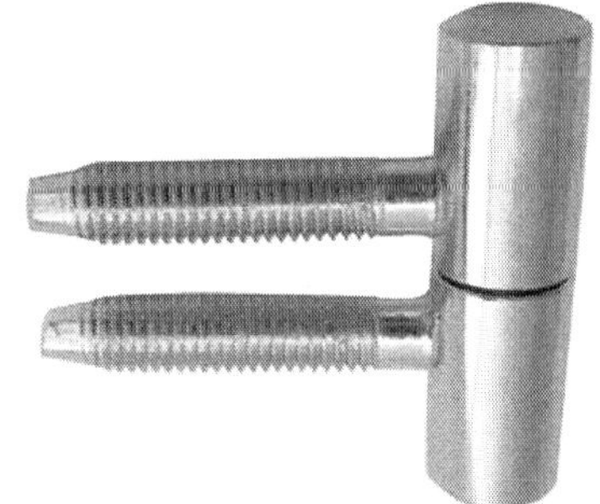

Estas roscas se atornillan por el canto. En el caso de rosca métrica habrá que instalar primero una tuerca de empotrar.

2.3.5. Bisagra de pernio

Son bisagras con un formato diferente a las de libro. Son llamadas bisagras de quita y pon o desmontables.

Estas son las bisagras que todo el mundo reconoce, puesto que están presentes en las puertas del hogar, oficinas, etc.

Con este nombre se conocen las bisagras que principalmente se colocan en puertas y ventanas. Se colocan en los cantos de los marcos y en los de las hojas de puertas y ventanas. Están engarzadas o unidas por un eje que deja articulación para facilitar el movimiento de las piezas donde se colocan.

Estas bisagras se alojan en estos elementos para lo que es necesario realizar el cajeado, que puede hacerse a mano o con fresadora.

Constan de dos partes llamadas alas, denominadas:

- Macho *(provistas de un pasador).*
- Hembra *(parte que se aloja sobre el pasador).*

Este tipo de bisagra es desmontable. Tirando hacia arriba se separan las alas. El eje está fijo a una de las partes de la bisagra, y la otra parte de la bisagra gira sobre dicho eje.

La disposición de los pernios, al estar la puerta o ventana cerrada, hace que sólo se vea el nudo hacia la parte que gira.

Existen diferentes modelos que se adaptan para cada tipo de trabajo. Se fabrican en hierro, latón, cromadas, etc. Algunos de estos tipos son:

a) **Pernios con codo**: son aplicables a la cara sin embutir. Poseen un ala más ancha que la otra, y se utilizan en los bastidores con pestaña. Sitúa el eje del movimiento de rotación en la arista exterior del bastidor, al abrirlo deja ver su extremo, por lo que el carácter decorativo es importante.

b) **Pernio quebrado**: es el llamado pernio de escuadra, que posee un ala mayor que la otra, y su altura depende de la profundidad del rebajo. Los hay de derecha y de izquierda.

c) **Pernio por el canto**: es un pernio robusto y sólido, las alas pueden ser iguales o diferentes y son desmontables. El nudo está ornamentado con un perfil torneado que sirve de elemento decorativo.

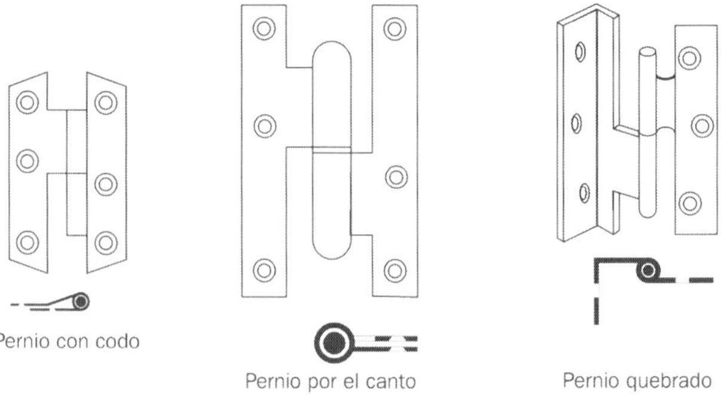

Diferentes tipos de pernios

2.3.6. Bisagra de piano

Reciben su nombre de las tapas de los teclados de los pianos que van unidas al cuerpo del instrumento mediante este tipo de bisagra.

Es también conocida por el nombre de bisagra corrida ya que en ella las palas pueden ser cortadas a la medida deseada. Para realizar el corte podemos usar una sierra de metal, también las podemos cortar con tijeras de chapa; una vez realizado el corte lo limaremos para eliminar las aristas vivas.

La bisagra de piano es similar a la bisagra plana también conocida como libro, es decir, está formada por dos paletones y el nudo.

Este tipo de bisagra se compone de dos placas continuas unidas entre sí por un eje rígido.

La bisagra de piano tiene una gran cantidad de taladros para colocar tirafondos, dando de esta forma una buena seguridad de anclaje de las puertas, puesto que es difícil que una puerta que use este tipo de bisagra llegue a descolgarse. La bisagra, cuanto más larga sea, mayor número de puntos para atornillar tendrá y mas estabilidad ofrecerá. Esta bisagra siempre se coloca a lo largo de toda la puerta y su montante.

Este tipo de bisagras se sirven por metros, se diferencian por su ancho y sus colores son bronce y aluminio.

Esta bisagra proporciona una unión sólida, siendo su único inconveniente el estético puesto que se ve parte de la bisagra cuando las puertas están cerradas.

En el mueble de oficina es raro su uso, siendo a nivel doméstico donde más se utiliza, para mesas de cocina plegables, puertas de muebles, etc.

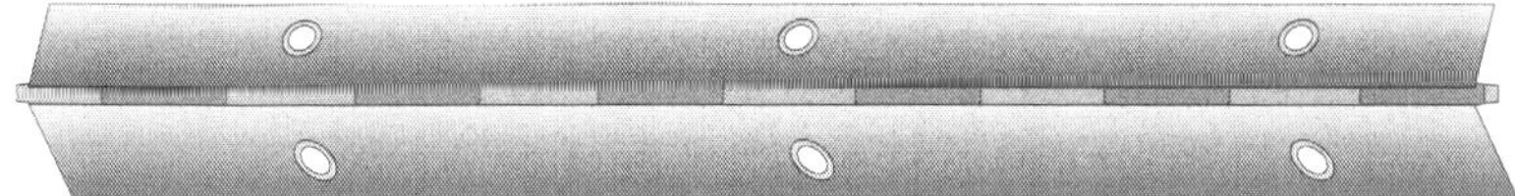

2.3.7. Bisagras de cazoleta

Este tipo de bisagra se conoce como bisagra de cocina y es una equivocación. Son de las más utilizadas en todo tipo de muebles. La gran mayoría de armarios de oficina van provistos, para su apertura, de este tipo de bisagra. Estas bisagras presentan un gran número de **ventajas**:

- Son invisibles desde fuera del mueble.
- Cierran solas a partir de un cierto ángulo.
- Son desmontables y suelen ser regulables.

Como inconveniente tienen la relativa dificultad de su montaje. **Constan de dos partes principales:**

- La cazoleta con la bisagra propiamente dicha *(la cazoleta sirve para guardar el resorte cuando la bisagra está cerrada).*
- El soporte para el lateral del mueble. La cazoleta sirve para guardar el resorte cuando la bisagra está cerrada.

El 90% de las puertas de los armarios de madera tienen un espesor de 16 o 19 mm y por ese motivo pueden utilizar bisagras estándar. En ocasiones, estas puertas pueden tener un espesor mayor y por tanto precisarán una bisagra diferente.

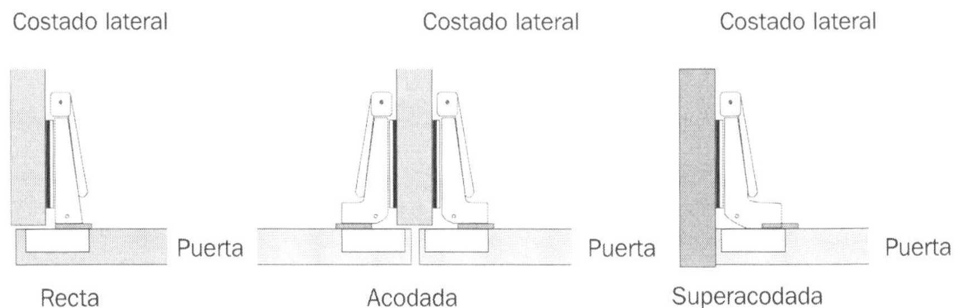

Básicamente tenemos tres tipos de bisagras, en función de su utilización:

- Recta.
- Acodada.
- Superacodada.

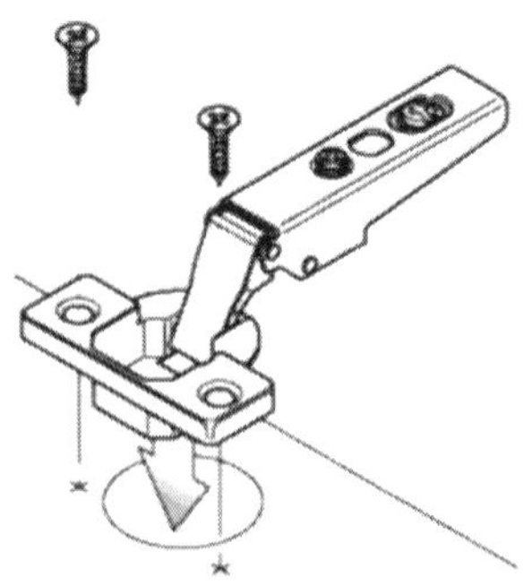

Colocación de una bisagra

Se comercializan con diferente diámetro de cazoleta, siendo los más utilizados:

- 26 mm.
- 30 mm.
- 35 mm.

Las de 26 mm se utilizarán para puertas de poco peso y tamaño reducido.

Las de 35 mm de diámetro se utilizarán para puertas de mayor tamaño y peso.

En función del modo de colocación de las puertas elegiremos el tipo de bisagra:

- Bisagra recta. Cuando la puerta tapa el canto de la puerta.
- Bisagra acodada. Se utiliza, principalmente, cuando sólo disponemos de un costado y necesitamos colocar sobre él dos puertas.
- Bisagra superacodada. Si la puerta queda remetida sobre el costado.

2.3.8. Bisagras de acción simple o de doble acción

Las bisagras de acción simple permiten que la acción de vaivén está producida por un muelle arrollado al eje, que cierra automáticamente la puerta en el mismo sentido de su abertura. Mediante la regulación del muelle actuaremos sobre la fuerza de respuesta de la puerta.

En cuanto a las bisagras de doble acción permiten la apertura de las puertas en doble sentido. Abren las puertas libremente y la puerta siempre vuelve a su sitio *(cierra sola)*.

Se coloca por medio de tirafondos; una parte de la bisagra se fija al cerco y la otra parte al canto de la puerta.

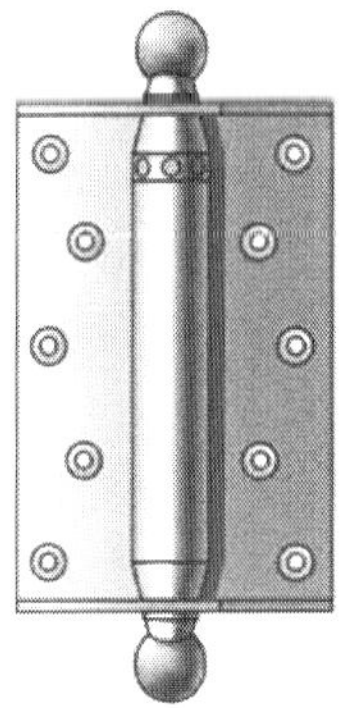

Bisagra de acción simple

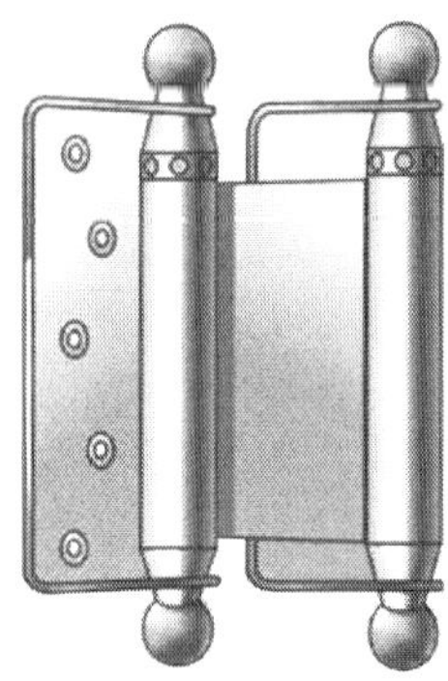

Bisagra de doble acción

Bisagras para puertas de vaivén

2.3.9. Bisagras desmontables

Estas bisagras se colocan aprovechando la ventaja que tienen para su montaje y desmontaje. Se presentan con la posibilidad de poder quitar el eje y de esta forma no es preciso sacar los tirafondos para separar las partes.

Cumplen la misma misión que los goznes, aunque con dos diferencias fundamentales: se colocan en muebles y no en puertas de paso, y no constan de un macho y una hembra, sino que una barra con cabeza *(con forma de clavo)* traspasa los huecos de ambas partes de la bisagra.

2.3.10. Bisagras ocultas o invisibles

Se utilizan para abrir dos piezas como si de un libro se tratara. Tienen dos cilindros ovales estriados que se empotran en los cantos del tablero, para esto deberemos taladrar las piezas de madera o aglomerado con el diámetro adecuado.

La bisagra invisible tiene diferentes formas y tamaños, cilíndricas de 5, 18 y 24 milímetros, y rectangulares, desde 4 centímetros hasta 18 con aletas de diferentes anchos. Su ángulo de apertura es de 180° y se fabrican en bronce, acero y plástico.

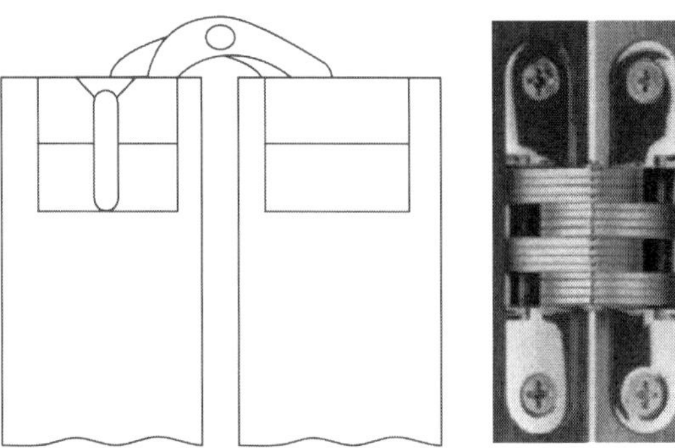

2.3.11. Reparación de bisagras

Puertas que rozan

Primero probaremos a pasar un trozo de cartón dando golpes secos para extraer posibles piedrecitas colocando la puerta en un punto donde no roce. Si aún así sigue igual, colocaremos papel de lija enganchado en el suelo tapando el punto donde roza. Iremos moviendo la puerta justo por encima para rebajarla. Es muy probable que quede solucionado el problema. Por si acaso, comprobaremos antes el estado de las bisagras para ver si no están flojas.

Si las bisagras de las puertas están flojas o sueltas puede deberse, fundamentalmente, a dos motivos: que el agujero haya cedido o bien que la madera esté deteriorada. En ambos casos la solución es la misma.

Primero se deberán retirar todos los elementos metálicos que componen las bisagras, teniendo cuidado de guardar todos los trozos de madera que pueden desprenderse durante el proceso para volverlos a pegar.

Si no se pueden recuperar todos los trozos, se podrán rellenar los huecos con masilla epoxi para madera, incluso introduciendo un poco en los agujeros de los tornillos si están cedidos e introducir los tornillos levemente para hacer la rosca.

Si los agujeros son demasiado grandes, utilizar restos de madera y cola para rellenarlos, hasta conseguir un acabado perfecto. Una vez seco, taladrar con una broca de menor tamaño que los tornillos la posición en la que irán colocados y después fijar las bisagras y colocar las puertas.

2.2. Cerraduras. Tipos. Colocación

Las cerraduras son los herrajes más empleados para la función de cierre. Su órgano principal es el pestillo, que, con movimiento de deslizamiento rectilíneo, se introduce en una armella que va asegurada en un montante fijo.

- Cerraduras para embutir por la cara.
- Cerraduras para embutir por el canto en una escopladura abierta al efecto.
- Cerraduras sin embutir, aplicables por la cara y aseguradas por tornillos.

Según su forma las cerraduras son alargadas, verticales y de manija con resbalón.

Según su función pueden ser ordinarias o de seguridad.

Según los materiales de fabricación pueden ser de latón, hierro, niqueladas, etc.

Según su utilidad y constitución pueden ser cerraduras de muebles y cerraduras de carpintería.

Las cerraduras se fabrican para las dos manos, dependiendo de su uso se montan de un tipo o de otro. Algunos modelos tienen el canutillo reversible, lo que permiten las dos opciones.

2.2.1. Cerraduras para muebles

Existen varios tipos de cerraduras que comúnmente se instalan en los muebles como es la cerradura cilíndrica que, por su fácil colocación y poca complicación de resortes, se aplica en bastidores pequeños que no exijan mucha seguridad. El pestillo se desliza hacia el exterior a derecha o izquierda, pudiendo servir para las dos manos.

Las cerraduras embutidas tienen aplicación en puertas de armarios, cajones, etc. Queda totalmente oculta excepto la chapa del centro y el escudo. Esta cerradura puede servir para puertas y para cajones.

Las cerraduras entalladas se utilizan para cajas de herramientas, baúles, cajones, arcas, etc., al bajar la tapa la chapa que la acompaña queda aprisionada mediante uno o dos resortes, que se hacen mover con una o dos vueltas de llave.

Otros tipos de cerradura que se utilizan en muebles de diverso tipo son:

- **Cerradura mediante imanes**: son unos imanes encajados en una estructura de plástico que permite atornillarlos al panel lateral del mueble o bien embutir en el canto. El imán atrae a una placa metálica situada en la puerta del mueble. La fuerza del imán es la resistencia a la abertura que posee este tipo de cerradura.
- **Golpete**: consiste en una bola de acero accionada por un muelle y que va alojada en una caja cilíndrica de latón que se introduce en el canto de la puerta del armario. Cuando la puerta está cerrada la bola queda encajada en el hueco de una chapa metálica que va atornillada al mueble.
- **Cierre toca o de vaivén**: es un cierre magnético con el que no se necesita colocar un tirador a la puerta. Cuando se presiona la puerta se activa un mecanismo de muelle que la abre.

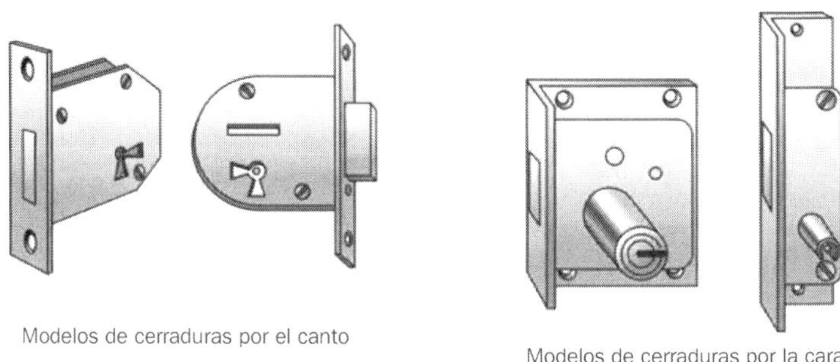

Modelos de cerraduras por el canto

Modelos de cerraduras por la cara

Cerraduras para mueble

2.2.2. Cerraduras de carpintería

Son las cerraduras que comúnmente se utilizan para las puertas de los locales, bien sean viviendas, despachos, pisos, etc. Según el tipo de puerta y de cierre que se desee realizar se instala un tipo determinado de cerradura, veamos algunos de ellos.

- **Cerradura de golpe y llave sin manubrio**: es una cerradura clásica en carpintería y se instala cuando se requiere cerrar siempre con llave. El pestillo va accionado con dos vueltas, por llaves de seguridad. Estas cerraduras se colocan por la parte interior de la puerta.
- **Cerradura por el canto**: esta cerradura va alojada dentro del montante, luego exige que éste sea ancho para no tener que sobresalir de la superficie de la puerta y realizar una escopladura considerable. Para pode cerrar es necesario hacer correr el pestillo con una o más vueltas de llave.
- **Cerradura de golpe y llave con manubrio**: es parecida a la cerradura de golpe y llave sin manubrio, con la particularidad de que mediante el manubrio el pestillo se puede accionar desde dentro y desde fuera.

- **Cerradura por la cara:** lleva un pestillo con resbalón y, por tanto, al empujar la puerta, ésta quedará cerrada. La manita que lleva en el interior permite inmovilizar a voluntad el pestillo. Para abrir desde el exterior siempre se requiere llave.

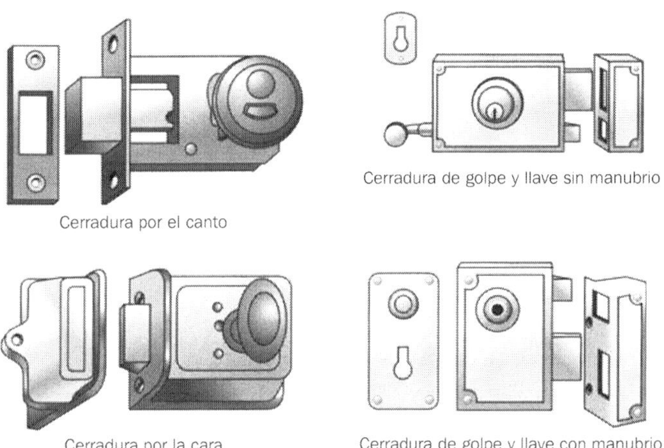

Cerraduras de carpintería

2.2.3. Pasadores y cerrojos

Los pasadores son unas piezas metálicas que se deslizan y cierran actuando en un botón o empuñadura. Los cerrojos y los pasadores sirven para reforzar el cierre de las puertas e incrementar la seguridad.

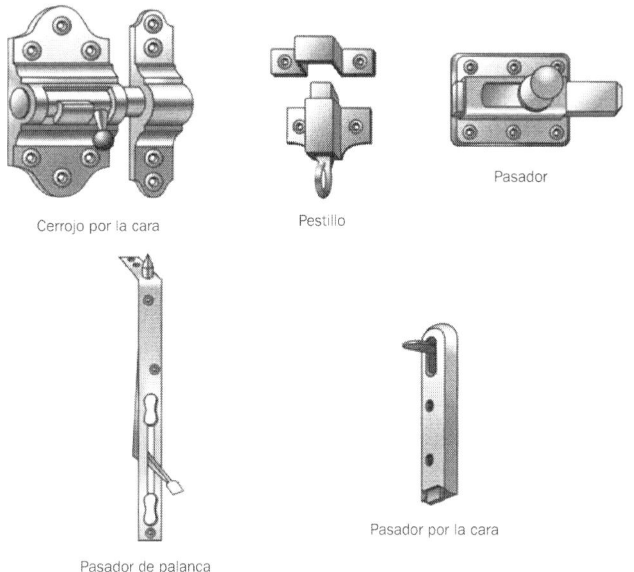

Diversos tipos de pasadores y cerrojos

En las figuras se muestran diversos tipos de pasadores y cerrojos; veamos el funcionamiento y utilidad de algunos de ellos.

- **Cerrojo por la cara**: es un cierre muy resistente que se utiliza en cualquier tipo de puerta y es de muy fácil colocación.
- **Pasadores por la cara**: se colocan por la cara sin hacer ningún encaje. El de cruz es un tipo de cierre sencillo, muy usado en carpintería.
- **Pasador de palanca**: sirve para condenar las puertas dobles o múltiples. Van encajados en una escopleadura hecha en el canto. El desplazamiento del pestillo se realiza actuando sobre la palanca.

Recuerda que...

Las cerraduras son los herrajes más empleados para la función de cierre. Su órgano principal es el pestillo, que, con movimiento de deslizamiento rectilíneo, se introduce en una armella que va asegurada en un montante fijo.

2.2.4. Colocar una cerradura de embutir

Debemos comenzar marcando el lugar en el que irá situada la cerradura *(aproximadamente a 105 centímetros del suelo)*. Sobre el canto de la puerta se marcará también el centro, y sobre éste, el grosor de la cerradura partido en los dos lados de la primera línea. Para esto podremos usar el gramil o simplemente el flexómetro.

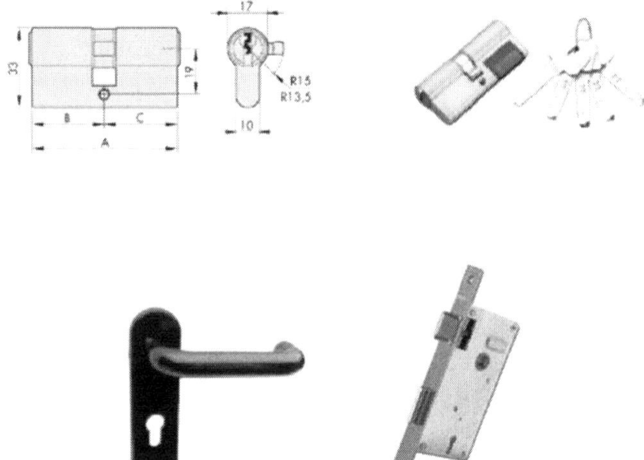

A continuación, se debe taladrar una línea de agujeros con una broca del mismo grosor que la cerradura; para esta operación son recomendables las brocas de pala. Para no pasarse en la hondura de la mortaja debemos colocar un tope de profundidad al taladro o, simplemente, marcar la broca con un trozo de cinta. Con el formón y la escofina se emparejará la mortaja y se hará el hueco para que encaje la cerradura.

Una vez encajada la cerradura procederemos a marcar el contorno del cabezal. Sobre esta marca se debe hacer una muesca para alojarlo de forma que quede totalmente empotrado en el canto de la puerta.

Colocando la cerradura en el lugar en el que irá situada y el cabezal a la altura de la muesca, se marcará el hueco donde llevará la manivela y el bombín. Cuando se vea que todo encaja perfectamente, se atornillará la cerradura y se montará el bombín y la manivela.

A continuación, habrá que pintar con un rotulador los pestillos y probar la manivela y la llave. Mediante estas marcas se sabrá dónde irán los agujeros del marco.

Se realizarán los agujeros y las muescas sobre las mismas, tal y como se hizo con la cerradura. Para terminar, se atornillará la chapa de protección y se colocarán los embellecedores.

2.3. Manillas

Las manillas son las que accionan los mecanismos de apertura de las puertas y pueden ser:

- De palanca.
- De botón.

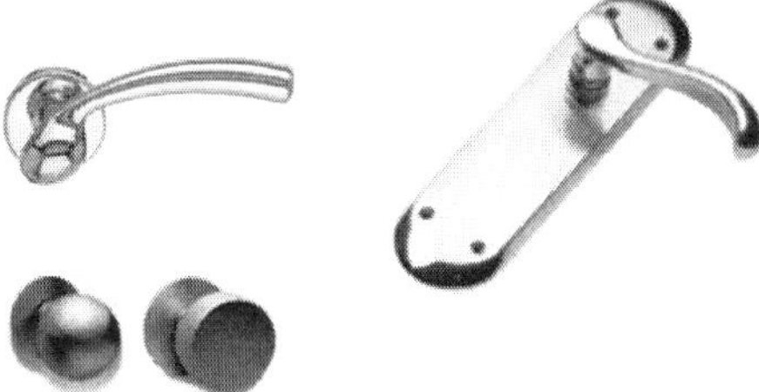

Las de palanca constan de dos piezas unidas por un cuadradillo que, pasando por el orificio de la cerradura, atraviesan la puerta y que accionadas con la mano hacen entrar y salir el resbalón.

Tenemos manillas de los tipos:

- Sencillas.
- Con escudo integrado.

2.4. Retenedores de puertas

Se conocen, también, por "enclavamientos de puertas". Son mecanismos que permiten fijar la puerta para quedar abierta en determinados momentos. Hay múltiples mecanismos, unos sólo actúan cuando la puerta tiene una apertura de 90º y otros nos permiten retener la puerta en cualquier ángulo.

Los primeros actúan mecánicamente engarzados en una placa.

Los segundos se aprietan con el pie mediante un mecanismo fijado en la hoja de puerta.

Otro sistema es la retención de hojas por medio de electroimanes. En el caso de liberarse éstas se quitará la corriente a los electroimanes.

2.5. Topes de puertas

Estos topes, también conocidos como tacos de suelo, se colocan con la misión de parar la hoja de la puerta, evitando de esta forma que ni la puerta ni los tiradores *(manijas)* lleguen a pegar contra la pared o cualquier elemento colocado detrás de ésta.

En función de la necesidad estos topes pueden ir colocados en el suelo o en la pared.

En los topes suelen distinguirse dos partes: la parte que recibe el golpe y la parte del anclaje o unión al paramento.

La parte que recibe el golpe es flexible, de esta forma podrá absorber parte del golpe de la apertura de la puerta.

Cuando se produce este golpe, los pernios de la puerta reciben una sobrecarga adicional, por este motivo debemos colocar aquél de una forma correcta, ya que de no ser así, la puerta puede sufrir bastante, en especial cuando colocamos el tope cerca de las bisagras. Por tanto, siempre que podamos procuraremos realizar la siguiente **forma de colocación de los topes de suelo**:

- La distancia más favorable al lado de los pernios, tanto para sus prestaciones, como para los topes es 2/3 a 3/4 partes de la anchura de la puerta.

distancia de tope =3 / 4 de la medida de la hoja

- Si la distancia es menor la sobrecarga de los pernos es elevada.
- Si la distancia es mayor la sobrecarga será mayor para el tope.

Generalmente, los topes se colocan en el suelo. Existen topes de muy diversas formas y materiales.

Su fijación puede ser:

- Pegado.
- Atornillado.

El pegado no es una solución a largo alcance puesto que con los golpes suele terminar despegándose.

El atornillado es la unión más sólida. Si el suelo es de madera atornillaremos directamente sobre éste; si el suelo es de cerámica, terrazo, etc., se taladra y coloca un taco de plástico para recibir el tornillo.

La ventaja de los topes de pared es que liberan espacio, es decir, que no molestan en el suelo a la hora de barrer, fregar, etc., y también evitan tropiezos.

2.6. Fallebas

Son los herrajes que se utilizan para las ventanas y balcones y constan de una varilla de hierro, cuyos extremos están acodillados y aseguran las hojas entre sí y con el marco. Están sostenidas por puentes y el movimiento de rotación se hace por medio de una manija o pomo.

Existen tres tipos similares: **españoletas, cremonas** y **«grisans»**. De todas ellas existe una gran variedad, desde la varilla lisa y sencilla hasta la ornamentada y artística.

Falleba de ventana

2.7. Muelles hidráulicos

Determinadas puertas necesitan un control de apertura y cierre, de forma que la puerta no se mueva con violencia y que nunca quede abierta. El sistema que se coloca es el de muelle hidráulico. Consta de una caja en la que está encerrado el muelle, que es una lámina de acero con una pestaña en cada extremo, arrollada en torno a un cilindro que tiene en su parte superior una rueda dentada. La caja inferior del muelle es un depósito de aceite, con un tornillo al exterior para graduar la velocidad de cierre. Sobre el muelle actúan dos brazos articulados: uno sujeto en el eje del muelle y otro en el marco. La caja y el muelle están sujetos a la puerta.

El buen funcionamiento del muelle depende de su correcta colocación, la cual está en relación con la abertura que deba tener la puerta y con el número del muelle.

2.8. Tiradores y tirantas

Los tiradores son herrajes esencialmente funcionales, pero que siempre se han utilizado también como elemento decorativo para embellecer cajones y muebles. Existe una gran variedad de tiradores por su diseño, algunos de ellos son los siguientes:

- **Tirador de aldabilla**: estos tiradores suelen llevar en el centro del aro colgante una moldura, casi siempre en forma de lágrima, para mejor agarre de los dedos.
- **Tirador común**: el tirador clásico va suspendido de los pivotes, uno a cada lado del mismo. Puede tener formas diversas.
- **Tirador de anilla**: es parecido al de aldabilla, pero lleva la anilla suspendida de la parte superior de la placa trasera.
- **Tirador de empotrar**: se compone de una chapa de latón en la que se embute un asa pivotante o un aro. El tirador se empotra en el frente del cajón y se fija atornillado.
- **Tiradores para puerta corredera**: estos tiradores se encolan en las puertas correderas solapadas y llevan un rebaje donde se introducen los dedos. Apenas sobresalen del ras de la puerta.

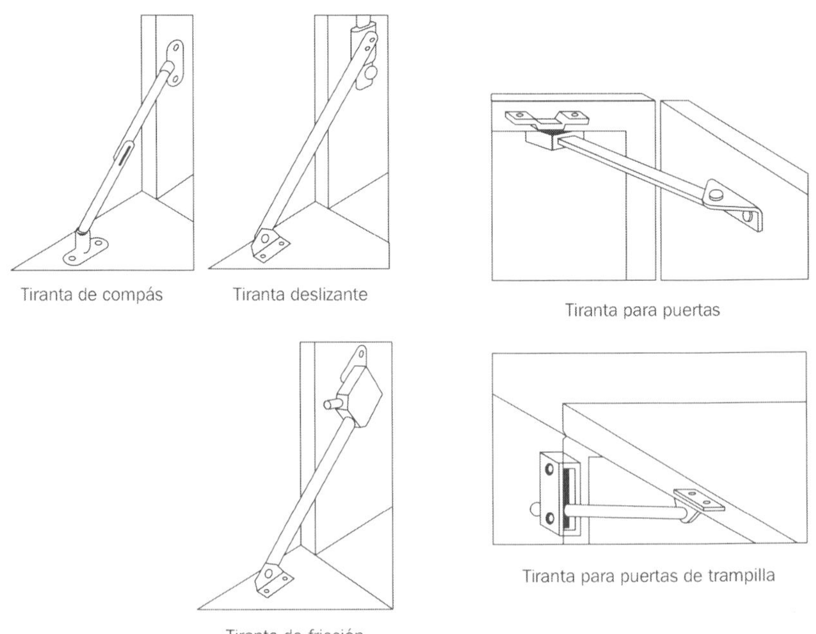

Tirantas

Las tirantas son un mecanismo ideado para sostener un trampón en posición horizontal, aliviando la presión que sufren las bisagras o para impedir que la puerta abra más de 90º. También se utilizan para sujetar las puertas de arcas, baúles y trampillas.

Veamos algunos modelos de tirantas:

- **Tirantas para trampones**: el más sencillo es el de compás, que se atornilla en sus extremos y está articulado en dos partes de longitud similar, lo que permite doblarse y cerrar el cajón del mueble. Otro modelo es el que se desliza por una barra dispuesta horizontal o verticalmente en el interior del mueble. Y un tercer tipo, llamado de fricción, controla el movimiento del trampón para que caiga sobre su propio peso con suavidad y lentamente. El grado de fricción se regula mediante un tornillo.
- **Tirantas para puertas**: éstas impiden que sufran las bisagras o que la puerta se abra más de 90º. Está formado por un brazo de metal rígido articulado en un extremo y deslizante en el otro por un pivote de nilón atornillado en la puerta.
- **Tirantas para puertas de trampilla**: estos herrajes impiden la apertura brusca de una puerta o trampilla, se desbloquean cuando se mueven lentamente. Existen tirantas reguladoras de cierre y de apertura.

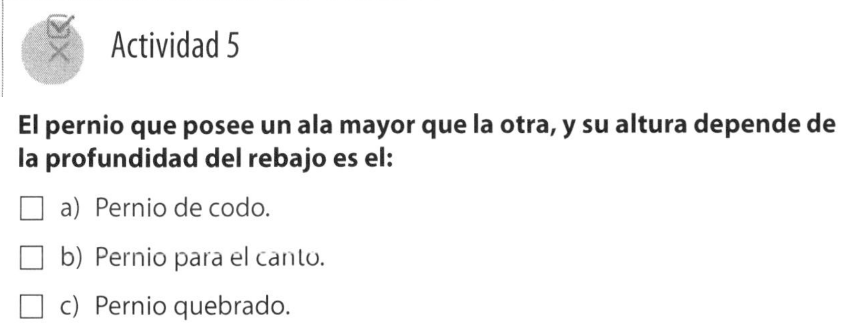

Actividad 5

El pernio que posee un ala mayor que la otra, y su altura depende de la profundidad del rebajo es el:

☐ a) Pernio de codo.

☐ b) Pernio para el canto.

☐ c) Pernio quebrado.

3. Reparación básica de persianas

3.1. Introducción

Las persianas, además de impedir la excesiva entrada de luz solar, juegan un papel fundamental en el aislamiento térmico y acústico del hogar. Por ello, a la hora de elegirlas, además de mantener la estética exterior del edificio, hay que evaluar su eficacia.

Tanto las persianas como sus cajas sufren los efectos destructores de los cambios atmosféricos y el empleo continuo de las persianas puede hacer que las lamas que las conforman se deterioren ligeramente o terminen rompiendo los elementos de unión que hacen que encajen unas lamas dentro de otras y que la persiana acabe soltándose e impidiendo que se vuelva a abrir hasta que no se retire la lámina deteriorada y se vuelvan a unir ambas partes.

Cajones

El modelo de obra es el más tradicional, pero aísla menos que los modelos compactos. El cajón es el lugar donde permanece la persiana una vez enrollada. Los compactos consisten en un cajón incorporado a la persiana y que se encaja en el marco de la ventana, por el interior o por el exterior. Estos se realizan a partir de diversos materiales.

Lamas

Las lamas son cada uno de los listones que componen la persiana propiamente dicha. Al igual que el cajón, pueden ir colocadas en el interior o el exterior de la ventana. Esto depende del material del que estén hechas.

Madera. Este material apenas se utiliza en la actualidad; su uso se limita sólo a aquellas edificaciones que las exigen estéticamente. Entre sus ventajas están su robustez y su fácil adaptación de color. Entre sus desventajas están la necesidad de barnizado al menos una vez al año, la posibilidad de que aparezcan parásitos, como la carcoma, que las estropeen, y su difícil intercambio en caso de rotura o deterioro. Su vida media es de 10 años.

PVC. Son muy usadas en casas de nueva fabricación, debido a que su coste es muy reducido. Pueden ir rellenas de poliuretano, lo que les da mayor resistencia. Sin embargo, no son muy recomendadas si lo que se precisa es un buen aislamiento; además, tienden a decolorarse con el efecto del sol y sólo permiten un ancho máximo de 1,50 metros.

Como ventajas, hay que destacar que se limpian con facilidad con la ayuda de una paño húmedo o de una máquina de aire o agua a presión y se pueden desmontar tanto para la limpieza como para cambiar alguna lama que se rompa sin necesidad de llamar a un persianista.

Aluminio laminado. Son las más utilizadas debido a que son más duras que las de PVC y su color no se deteriora con el efecto de los rayos solares. Rellenas de poliuretano extendido son muy aislantes a nivel térmico. Además permiten cubrir huecos de anchura muy variable. Su desventaja es que su desmontado es complicado.

Aluminio extrusionado. En realidad se trata de listones de aluminio con forma de lama, lo que las convierte en las más resistentes del mercado. Entre sus ventajas está la posibilidad de instalar el modelo autoblocante, que impide que la persiana sea forzada al levantarla por medio de un sistema de lamas de diferentes tamaños, muy indicado para pisos bajos o viviendas unifamiliares.

3.2. Reparación de una persiana rota

Una de las averías más frecuentes relacionadas con las ventanas es la rotura de persianas. Las averías más frecuentes son de dos tipos: la rotura de la cinta de regulación de la persiana, y la rotura de alguna de las láminas de madera o plástico que componen la persiana. En el primer caso, la cinta tendrá que sustituirse por una nueva. Para ello es preciso seguir los siguientes pasos:

a) Desatornillar el resorte inferior que enrolla la cinta.

b) Llevar el resorte al tope del enroscado y fijar la nueva cinta enrollándola lentamente.

c) Desatornillar el cajón superior de la ventana eliminando el resto de cinta rota.

d) Fijar la nueva cinta al tambor de la persiana.

e) Volver a atornillar el cajón superior y colocar el resorte inferior empotrado a la pared.

La rotura de una lámina de la persiana hará necesario sacar las láminas para reemplazar la que está suelta o rota. Para este proceso es necesario:

a) Desatornillar el cajón superior.

b) Desatornillar los topes de la última lámina que impiden su salida de los rieles de la ventana.

c) Sacar las láminas hasta llegar a la que hay que sustituir.

d) Volver a realizar todos los pasos al contrario para reponer la persiana a su situación original.

3.3. Reparación del riel de una cortina

En cuanto a las cortinas, el sistema de carriles accionado por cordones es el más complejo y el que con más frecuencia puede presentar averías. Destacamos que la mayor parte de éstas responden al bloque de deslizamiento del cortinaje sobre los rieles. Para resolver el problema basta con descolgar la cortina y proceder a su inspección minuciosa. Frecuentemente la rotura de uno de los cordones o una anudación casual bloquean el sistema. Un simple destornillador nos servirá para desbloquear un nudo o bien será necesario volver a sujetar el cordel liberado. El siguiente esquema ayudará a resolver cualquier avería:

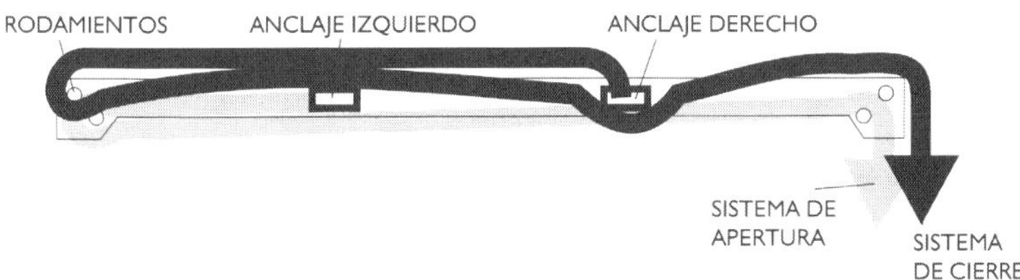

3.4. Comprobaciones, periodicidad y recomendaciones

3.4.1. Persianas de madera

Los elementos que las componen son:

- **Lamas**. Elementos horizontales enlazados entre sí que mediante su despliegue permite el cierre del hueco.

- **Guías**. Canaladuras por las que discurren las lamas en su desplazamiento. Cada persiana de este tipo lleva dos guías.
- **Rodillo**. Cilindro en la parte superior de la persiana, en el que se enrollan las lamas.
- **Polea.** En uno de sus extremos está la polea que se pone en movimiento cuando tiramos de la cinta. El conjunto se aloja en una cajonera registrable, está colocada en la parte superior a continuación del cilindro
- **Retenedores o caja de arrollamiento**. Mecanismo donde se aloja la cinta de accionamiento de la persiana.
- **Cinta**. Se enrolla en la polea y en la caja. Es plana y de fibra textil.

Comprobaciones, recomendaciones:

- Al bajar (cerrar) la persiana, evite dejarla caer de golpe bruscamente. Corre el riesgo de que se rompan las lamas o de que se descuelgue el eje del soporte donde se enrolla.
- Al subir (abrir) la persiana procure hacerlo suavemente. Aunque tiene unos topes para limitar el recorrido.
- Al enrollar la persiana evite que los topes toquen con la parte superior. Los golpes bruscos acaban debilitando la sujeción de estos.
- No levante la persiana empujando las lamas hacia arriba.
- Al utilizar la cinta procure que esta discurra por los rodillos de recogida de la caja.
- En las persianas enrollables de madera debe evitarse forzar los listones cuando pierdan la horizontalidad o se queden encallados en las guías.
- Si observa un indicio de deterioro de la cinta se repondrá ésta. No espere a que se rompa. Una rotura brusca puede dañar la persiana.
- La limpieza se puede realizar con esponja o bayeta suave ligeramente humedecida en agua jabonosa y detergente rebajado.

3.4.2. Carpintería exterior

Están incluidas en este apartado las ventanas y balcones exteriores, ya sean correderas, abisagradas o de otro tipo.

Comprobaciones, recomendaciones:

- No se debe dar golpes secos en la apertura y cerrado, así se evitará la rotura del sistema de cierre y desajustes en la carpintería. Por un lado, las ventanas pueden conseguir una alta estanqueidad al aire y al ruido colocando burletes especialmente concebidos para esta finalidad.
- Se recomienda el uso de burletes, para una mayor estanqueidad.

- Los agujeros practicados en la parte inferior del cerco son para facilitar la evacuación del agua recogida en la superficie de las ventanas. Estos agujeros se deben mantener libres y se evitará su obstrucción.
- Las bisagras, fallebas y demás mecanismos de las ventanas se deberán mantener engrasadas.
- En las ventanas del tipo correderas conviene mantener limpios y engrasados los raíles.
- En caso de lluvia o viento se cerrarán las ventanas, para evitar la entrada de agua y golpes de las hojas de las ventanas contra las marcaciones de estas.
- Limpiar la carpintería de madera con aceite, parafina, o agua y jabón neutro. Nunca se deben usar ácidos, productos químicos, etc. Cada 6 meses realizar una limpieza con un trapo húmedo, y cada 2 años es conveniente aplicar productos insecticidas y fungicidas.
- En las carpinterías pintadas o barnizadas, se procederá a la renovación de su pintura cada 5 años, o antes si se observa que está visiblemente deteriorada.

Revisiones periódicas:

- Se revisará la sujeción de los cristales en las maderas.
- Vigilar los vierteaguas, su fijación y que no tengan fisuras.
- Cada año se revisarán juntas y sellados de la carpintería.
- Cada 2 años comprobar el estado de los herrajes de las ventanas.

Actividad 6

Ordena la siguiente secuencia de pasos en el arreglo de la cinta estropeada de una persiana:

- Desatornillar el cajón superior de la ventana eliminando el resto de cinta rota. ☐
- Llevar el resorte al tope del enroscado y fijar la nueva cinta enrollándola lentamente. ☐
- Fijar la nueva cinta al tambor de la persiana. ☐
- Desatornillar el resorte inferior que enrolla la cinta. ☐
- Volver a atornillar el cajón superior y colocar el resorte inferior empotrado a la pared. ☐

4. Conocimientos básicos de colas y pegamentos

4.1. Introducción

Esta forma de unión se conoce también con el nombre de soldadura en frío. Los adhesivos son sustancias, no metálicas, capaces de unir superficialmente los cuerpos y proporcionarles una solidez íntima (cohesión y adhesión) sin que las partes que se juntan se alteren.

El uso de las colas es muy antiguo. Ya los egipcios usaban colas procedentes de pieles y de pescados para unir maderas. Se conocen representaciones, en alguna cámara funeraria, de cómo estos obtenían las colas.

Si queremos tener buenas uniones, deberemos saber elegir el adhesivo adecuado para los materiales que se quieran unir.

Una buena elección del adhesivo tiene que provocar una buena unión que, si no se produce, se suele achacar al adhesivo. Pero el error suele estar siempre en la mala elección del mismo o en la mala preparación de la base a unir. Una norma básica que siempre debemos tener en cuenta será la de seguir las instrucciones que nos indique cada fabricante.

Las posibilidades de los adhesivos actuales son prácticamente ilimitadas.

Tendremos presente, a la hora de su manipulación, las precauciones necesarias, ya que algunos, debido a su composición, pueden originar daños en la piel, ojos, vías respiratorias, etc., además del peligro de alguno de ellos por ser inflamables.

4.2. Adhesivos

4.2.1. Pegamentos

4.2.1.1. Cianoacrilatos

Este tipo de pegamentos se comenzaron a comercializar a finales de la década de los años cincuenta. Se caracterizan por realizan sólidas uniones en pocos segundos, por este motivo son conocidos también como pegamentos instantáneos.

Son capaces de soldar casi todo, pero presentan poca resistencia en uniones que se encuentren sometidas a vibraciones y tracciones laterales.

Es mejor usarlos para unir pequeños objetos, puesto que resultan caros para grandes superficies.

Las superficies a unir deberán encajar perfectamente y no ser porosas. Los cianocrilatos no son buenos para realizar rellenos, para los que deberemos usar otro tipo de adhesivos.

Su uso es sencillo: es suficiente depositar en los elementos a pegar una pequeña cantidad, colocando las piezas a unir sin esperar y manteniéndolas juntas durante 20 o 30 segundos.

Es conveniente no aplicar producto en exceso y hacerlo únicamente a una de las dos superficies.

Debido a su elevadísima velocidad de curado, este tipo de productos son especialmente adecuados para la unión de superficies pequeñas que además tengan un encaje perfecto *(carecen de poder rellenador).*

En materiales muy porosos, el adhesivo puede penetrar en exceso en el material de modo que la superficie de unión quede desprovista de adhesivo.

Las superficies muy ácidas pueden llegar a impedir el curado del adhesivo y las superficies alcalinas lo aceleran.

Deberemos extremar las precauciones en su uso, no tocándolo con los dedos y evitando que, a su vez, lo haga en nuestra piel. Puesto que la humedad contenida en la piel humana es más que suficiente para que el adhesivo cure y por eso se afirma que estos productos pegan la piel y los ojos en segundos. Los cianoacrilatos deben emplearse con mucha precaución, protegiéndose los ojos si es posible. Si se llegaran a pegar los dedos, mójense en agua jabonosa y muévanse poco a poco para despegarlos.

Son muy tóxicos y, siempre que podamos, usaremos guantes y gafas cuando trabajemos con este tipo de adhesivos. Su ingesta es muy peligrosa.

Forman uniones casi invisibles si los aplicamos sin excesos. Entre sus ventajas se cuenta la buena resistencia a gran cantidad de disolventes.

No sirven para exteriores donde se vean expuestos a la luz y a la humedad puesto que se degradarían.

Exigen que las superficies a unir estén limpias de polvo y grasa, condición también aplicable a cualquier tipo de adhesivo.

Las uniones realizadas con cianocrilato podrán ser deshechas inyectando acetona.

4.2.1.2. Epóxidos (bicomponentes)

Son conocidos como pegamentos de dos componentes que, al mezclarse, producen una reacción química que endurece la mezcla. Suelen ser la solución para los casos más difíciles de pegar. La cola bicomponente actúa por contacto.

Estos pegamentos se adhieren a casi todos los materiales y rellenan las holguras debido a su densidad. Proporcionan uniones muy resistentes incluso entre elementos de diferente naturaleza. La cola "epoxi" realiza uniones ultrarresistentes pero sin vuelta atrás, ya que no hay posibilidad de separarlos.

Este tipo de pegamento está compuesto de dos partes:

- Resina.
- Endurecedor.

Su uso es sencillo: se aplica el activador en una de las partes a unir y la resina en la otra parte. Una vez unidas ambas es recomendable mantener una presión durante algunos instantes.

Ambos productos suelen presentarse por separado en dos tubos o en una misma jeringa de dos cuerpos. Este formato de jeringa permite aplicar los dos a la vez. Este pegamento está indicado para materiales duros y porosos. Proporcionan uniones resistentes a la tracción, al agua y a los aceites. Resultan apropiados para unir metales, porcelanas, vidrio y plásticos termoestables.

Las superficies deben hallarse limpias, secas y desprovistas de grasas. Es conveniente limpiar los elementos a pegar con un disolvente como la acetona.

Si se trata de metales es conveniente lijarlos, y cuando de vidrios o materiales análogos se trate, desengrasarlos con un disolvente. Si la rotura es reciente, no es preciso efectuar limpieza ninguna.

No pegaremos con estas resinas el polietileno, la espuma endurecida, el PVC blando, ni las poliamidas, puesto que las ataca.

Su tiempo de aplicación es limitado y sólo se ha de usar la cantidad necesaria en cada momento.

Los "Epoxi", aparte de pegamentos, también pueden ser masillas y barnices de alta resistencia.

Antes de que se sequen se pueden eliminar o limpiar con alcohol metílico o cualquier otro líquido que tenga como disolvente metilo.

Estos adhesivos son productos tóxicos, por tanto, tomaremos precauciones a la hora de su uso ya que pueden irritar la piel y los ojos.

4.2.1.3. Espuma aislante

Están hechas con poliuretano, son autoexpansivas aumentando de volumen y adaptando la forma de la superficie en la que se aplican.

Son de secado rápido, puesto que empiezan a formar piel en unos 10 minutos y endurecen 2 cm de profundidad por hora.

Sus restos o sobrantes se pueden eliminar de manera sencilla simplemente por corte, por ejemplo con cutter, formón, etc.

Tiene alta adhesión, por tanto, se puede usar como fijador en algunos casos. Esta espuma se puede lijar y pintar cuando está seca.

Sus usos son múltiples, como rellenar huecos, grietas, etc. Puesto que no deja pasar el aire y entre otras cualidades es superligera apenas añade peso en los elementos donde se aplica.

Cuando la vamos a aplicar es necesario agitar el envase para que coja la presión necesaria para que aumente el volumen.

Crece dos o tres veces de volumen en una hora, por tanto, cuando la apliquemos sólo deberemos rellenar el hueco hasta menos de la mitad y, si después de pasada una hora el hueco no está completamente relleno, pasaremos a añadir más espuma.

Hasta hace unos años este producto se reservaba solamente para los profesionales, pero desde que se comenzó a envasarlo en aerosoles es más asequible y sencillo de utilizar, lo que ha facilitado su uso entre no profesionales.

Por su alta fijación en superficies no grasas se puede utilizar como fijador. La espuma es tan fuerte que fija marcos de puertas, ventanas, etc.

La espuma tiene propiedades aislantes, frío, ruidos, humedades, etc.

Cuando la usemos deberemos usar guantes puesto que esta espuma con el contacto con la piel es muy difícil de eliminar.

4.2.1.4. Gomas vegetales y pastas

Se trata de otro tipo de pegamento poco habitual en el mundo del mantenimiento.

Estos pegamentos se componen, fundamentalmente, de almidones o dextrinas procedentes del mundo vegetal.

Estos adhesivos suelen utilizarse para encolar papel y cartón.

4.2.1.5. Látex

Se trata de un adhesivo similar a la cola de contacto. Se emplea en las uniones de tejidos que deban conservar su flexibilidad.

Se aplica una capa fina sobre una de las superficies y se sobrepone sobre la otra parte que en pocos minutos estará seca.

Se hace necesario apretar las piezas mientras el adhesivo se seca.

Este pegamento es de elevado precio y, por tanto, no es aconsejable para grandes superficies, recomendándose su uso sólo en reparaciones y restauraciones.

4.2.1.6. Pegamentos termofusibles

También se conocen como pegamentos calientes.

Se presentan en forma de cartuchos, barra, polvo, granulado, red, película, etc.

No contienen disolventes y por lo general no necesitan mezclarse o dosificarse. Se funden con el calor, ya sea al momento de pegar *(cintas de cantear, etc.)* o con la ayuda de una pistola que aplica el pegamento caliente sobre las piezas que se desee unir.

Estos pegamentos sirven para unir diferentes materiales.

Comienzan a secarse en un minuto al enfriarse y solidificarse, y como rellenan huecos proporcionan una magnífica adherencia.

4.2.2. Tipos de cintas

4.2.2.1. Cinta de embalaje

Según algunos historiadores, en el año 400 A.C. Sócrates, el famoso filósofo griego, salió de su casa a buscar unas maderas para tapar un agujero que se le había hecho en una de las paredes de su casa. Mientras realizaba esta delicada misión, la punta de su toga se impregnó de savia de pino y se pegó a su pierna. Cosa que resultó realmente incómodo para el filósofo. Cuando llegó al hogar, pegó la parte pegajosa de la toga con resina en el agujero de la pared y éste ya nunca más se destapó.

La cinta adhesiva se caracteriza por su enorme variedad, siempre en función del uso que queramos darle.

Se utilizan principalmente en el precintado de cajas de cartón. Los dos tipos más usuales son de:

- Polipropileno.
- PVC.

La diferencia entre estas dos es su calidad en el material, y el más resistente es el Pvc puesto que tiene más consistencia, no se deteriora con el paso del tiempo, y el adhesivo que lleva no deja restos al retirarse. Estas se fabrican en colores transparentes, marrón, amarillo, etc.

Las cintas de una cara están compuestas del soporte y de un pegamento. Si una cinta adhesiva presenta problemas para despegarla, lo más sencillo será calentarla con un secador, pistola calor, etc., y de esta forma despegará. La limpieza de los restos de adhesivos se realizará con alcohol, disolvente, bencina, etc.

Deberemos tener precaución con el producto que usemos para limpiar los restos de adhesivos, puesto que el limpiador puede atacar a la base donde esté pegado el adhesivo.

4.2.2.2. Cinta de carrocero

Esta cinta se conoce también como cinta de enmascarar. En el mundo de la pintura se utiliza para delimitar la zona a pintar.

Las hay de diferentes anchos y posibilidades.

Se debe retirar cuando aún la pintura no se haya secado por completo y con cuidado de que al despegarla no se lleve lo pintado.

La cinta de carrocero permitirá realizar los trabajos de pintura, rotulismo, etc., con mayor soltura y precisión.

4.2.3. Tipos de colas

4.2.3.1. Cola blanca

Se conoce, vulgarmente, como cola de carpintero ya que es el oficio en el que se usa en mayor grado. La base de esta cola es el agua, y debe su nombre al color lechoso que presenta. Es de acetato de polivinilo. Se comercializa en diferentes formatos como son: cubos, botes, etc., y con diferentes pesos.

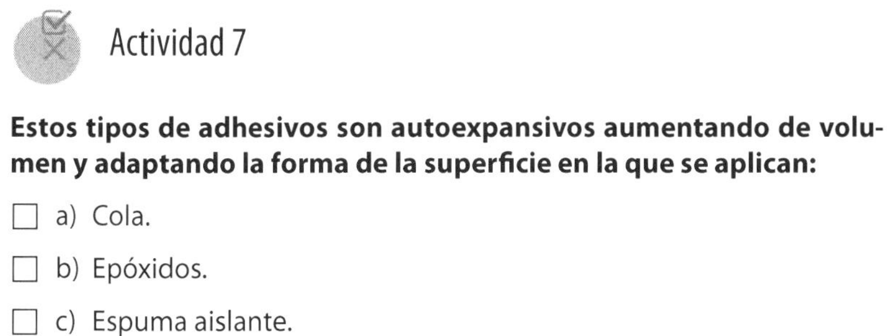

Actividad 7

Estos tipos de adhesivos son autoexpansivos aumentando de volumen y adaptando la forma de la superficie en la que se aplican:

- ☐ a) Cola.
- ☐ b) Epóxidos.
- ☐ c) Espuma aislante.

Este tipo de cola ha superado a las antiguas colas de procedencia animal usadas en carpintería y ebanistería, dura mucho más y no necesita hidratarse ni mantenerse en caliente.

Es un producto que, convenientemente cerrado, en su envase se halla siempre dispuesto para su uso. Si por algún motivo penetra aire en el recipiente, puede originarse una desecación superficial, una especie de piel, que deberemos arrancar y tirar, puesto que esta "película" ha perdido toda su eficacia, por este motivo nunca procederemos a disolverla para su uso.

Esta cola es muy fácil de aplicar *(pincel, peine, etc.)*, tiene gran capacidad de deslizamiento y puede diluirse con agua. Cuando seca apenas tiene color.

Se aplica en una o en las dos partes a unir. Si las bases son muy absorbentes se aplicará en las dos, y si no son de este tipo será suficiente con aplicarla en una de las partes.

La clave de esta unión radica en la presión que se ejerza, mediante sargentos, cintas tensoras, peso, etc., hasta que la cola esté completamente seca. Naturalmente, el apretado resulta innecesario si las uniones van clavadas o atornilladas.

Debemos mantener la presión durante 30 a 60 minutos, pero no habrá secado completamente hasta transcurridas 24 horas.

Tendremos también en cuenta que esta cola, en condiciones frías, pierde algo de sus propiedades de adhesión. Nunca la aplicaremos en ambientes muy fríos, puesto que su diluyente se puede congelar.

La cola blanca no debe ponerse en contacto con el metal, puesto que puede tomar color por el efecto de la acción oxidante.

Los utensilios que usemos para su aplicación deben lavarse con agua fría inmediatamente después de ser usados, puesto que los residuos secos son insolubles.

También diremos que este tipo de cola pega papel, madera, cartón, etc.

Se comercializa en botes y tubos de diferentes pesos. Existen diferentes tipos de cola que son:

- Cola estándar.
- Cola rápida.
- Cola resistente al agua.
- Cola laca.

La cola laca agarra incluso en las superficies que sean de material sintético o estén lacadas.

Forma de uso de la cola blanca

Debido a que los adhesivos en base acuosa y en base solvente fraguan por evaporación de agua o un disolvente orgánico, respectivamente, al menos uno de los sustratos sobre los que se aplican debe ser poroso *(a no ser que se empleen como colas de contacto)*.

Cuanto más porosas sean las superficies mayor será la velocidad de fraguado. Las condiciones ambientales afectan al tiempo de secado de los productos *(cuanto mayor sea la temperatura ambiente mayor será la velocidad de fraguado; la excesiva humedad ambiental aumenta el tiempo de fraguado de los productos en base acuosa)*.

Las colas blancas vinílicas se utilizan para el pegado de maderas y aglomerados básicamente.

La cola vinílica podemos clasificarla en función del tiempo que precisa para su secado:

- Normal.
- Rápida.

Éstas se suelen aplicar normalmente con pincel, en las superficies pequeñas, y en grandes superficies de fácil acceso con espátula dentada.

Si son superficies estrechas o de difícil acceso se usará un aplicador de boquilla.

Las boquillas de plástico son muy cómodas para el encolado de los cantos de los tableros, etc. Deberemos aplicar la cola en zigzag con el fin de efectuar un buen reparto de la misma.

Este tipo de cola siempre se encuentra lista para ser aplicada, y se conserva perfectamente sin ningún tipo de cuidado especial.

Cuando la vamos aplicar, comprobaremos que las superficies a pegar estén limpias y exentas de grasas, si tuvieran grasa las podemos limpiar con tricloroetileno.

Si las piezas a unir no llevan tornillos ni clavos, será preciso unirlas por medio de algún útil de apriete. El sobrante de cola en las uniones se limpia con agua, antes de que se seque.

Si se ha secado la cola, las rebabas las retiraremos con una rasqueta o formón. Este sistema es más laborioso. Deberemos obrar con mucho cuidado para no atacar la pieza, puesto que podemos producir arañazos.

La utilización de este adhesivo al agua no es recomendada para exteriores o medios húmedos.

4.2.3.2. Cola celulósica

Son adhesivos en base acuosa obtenidos por dispersión de derivados celulósicos en agua.

Se usa, habitualmente, en el empapelado. La cola celulósica se compra en polvo y se disuelve en agua fría, de acuerdo con las proporciones que vienen indicadas en el envase.

Cuando realicemos la mezcla deberemos estar removiendo constantemente. Se puede preparar toda la cola sin peligro de que la sobrante se pudra, ya que al ser sintética mantiene sus propiedades.

Al preparar este tipo de pegamento es importante que no se formen grumos. En caso de formarse podremos utilizar una pala batidora acoplada al taladro u otro útil eléctrico para deshacerlos.

Esperaremos el tiempo indicado por el fabricante antes de aplicar el producto.

batidor

La viscosidad de la cola es un dato a tener en cuenta sobre todo cuando se tenga que aplicar en grandes superficies. Si es muy espesa, nos costará más trabajo esparcirla sobre la superficie que debamos pegar.

Cuando dejamos cola en un recipiente y el agua se evapora, se forma sobre aquélla una "película" que casi la deja sólida. La solución a este problema consiste en añadir, nuevamente, agua y volverla a batir.

4.2.3.3. Cola de conejo

Es una cola de origen animal. Tiene este nombre debido a que se fabrica con despojos de los conejos.

La cola de conejo es una pasta gelatinosa y pegajosa, que se hace cociendo largo rato pieles, huesos, pezuñas, etc. Se deja secar hasta que solidifica y después se puede utilizar cuando se quiera calentándola con agua al baño maría.

Tiene multitud de usos que se exponen a continuación:

- **Como pegamento**. Su uso en carpintería está en decadencia debido a la aparición de las colas sintéticas, sin embargo, se sigue utilizando en la fabricación de instrumentos musicales de calidad debido a la gran rigidez *(cristalización)* que alcanza una vez seca. Esta rigidez hace que el instrumento tenga un sonido más puro al no absorber apenas vibraciones.
- **Como imprimación**. Se utiliza como aglutinante en la imprimación de cuadros. Las telas de los lienzos se imprimen con una pintura en la cual está presente esta cola. También se usa en escultura, en policromados, etc.
- **Como pintura**. La cola de conejo puede utilizarse como aglutinante de pintura mezclándola con agua y pigmento.

4.2.3.4. Cola de contacto

Algunos autores la denominan, también, cola de impacto. No son colas apropiadas para fijar elementos que estén sometidos continuamente a esfuerzos de tracción. Tienen una apariencia pastosa y proceden de la utilización de cauchos sintéticos *(neoprenos e isoprenos)*. Sus principales diferencias se encuentran en el empleo del disolvente en su formulación.

No se puede utilizar cualquier cola de contacto con cualquier tipo de material, puesto que determinados materiales pueden ser dañados por el disolvente de la cola. Estas atacan a muchos plásticos, en particular a los estírenos *(porexpan)*.

Las superficies sobre las cuales se aplica este pegamento deberán estar perfectamente limpias de polvo y grasa, puesto que de no ser así no se producirá una buena adherencia de la cola sobre la superficie.

Generalmente, se aplica esta cola sobre las dos superficies a unir; después de haber extendido la cola se aguarda un tiempo *(unos 15 minutos aprox.)* para que la volatilidad del disolvente de la cola seque parcialmente En el caso de que el envase incluya instrucciones deberá respetarse el tiempo abierto indicado por el fabricante. Este tiempo varía según las condiciones ambientales *(a mayor temperatura es más corto).*

Una aplicación unilateral sólo es posible cuando una de las partes es muy porosa *(Ej.: espuma de poliuretano).* En este caso se debe efectuar la unión cuando la película del adhesivo aún esté húmeda.

Un truco para saber si ha pasado el tiempo suficiente es tocar la cola con la yema de los dedos y si no quedan "pringados" es el momento para proceder a la unión de las partes, realizando una presión en los elementos a pegar.

Esta cola no permite la rectificación de las uniones que hayan entrado en contacto, por tanto, deberemos esmerarnos a la hora de plantear las uniones.

No requiere apriete, pero sí la eliminación de las eventuales bolsas de aire formadas. Es la idónea para usar en los lugares donde no podamos emplear útiles de apriete para el encolado.

También diremos que no es conveniente realizar uniones antes de que la cola esté en condiciones, puesto que esto puede dar lugar a uniones poco sólidas.

Es aconsejable trabajar con estas colas en lugares aireados para evitar que las emanaciones de los disolventes puedan causarnos trastornos.

Estas colas se pueden limpiar con derivados de petróleo, aunque también son sensibles a la acetona, y también a un simple quitaesmaltes.

La creciente preocupación por el medio ambiente ha desencadenado la aparición de colas de contacto a base de polímeros dispersados en agua.

Cuando se trabaje con esta cola en recintos cerrados deben mantenerse las ventanas y puertas abiertas con objeto de crear corrientes de aire. Si no nota estas corrientes no aplique adhesivos.

Cuando termine de aplicar adhesivos mantenga las ventanas abiertas durante algún tiempo.

Recuerda que...

No se debe mantener focos de calor (estufas, sopletes, etc.) en las proximidades de los envases, ya que son muy volátiles y a su vez inflamables.

En el lugar en el que se apliquen adhesivos no deben permanecer niños ni mujeres embarazadas.

4.2.3.5. Cola de pescado

Adhesivo tipo gelatina preparado con la cocción de cabezas, espinas y piel de diferentes peces. La gelatina pura es la obtenida con las espinas, utilizada para las labores más delicadas de la restauración.

4.2.3.6. Cola universal

Se conocen como "pegatodo" por su versatilidad de uso. Estos adhesivos son, en su mayoría, transparentes, secan rápido, algo elásticos y se usan para unir cosas ligeras. Se comercializan en botes, tubos e incluso en spray.

Se trata de una resina sintética adherente, mezclada con un disolvente de poca estabilidad que se evapora en el proceso de secado. No todos los "pegatodo" tienen la misma composición. Los hay fluidos y muy densos; algunos al secarse dejan una superficie lisa y otros son fibrosos.

Una buena cola universal debe ser:

- Fluida.
- Incolora.
- Insoluble al agua.
- Inalterable a la luz.
- Inalterable al envejecimiento.

Pegan rápidamente pero mantienen la elasticidad hasta su total secado. Su uso más común es para pegar papel, cartulina, cartón, etc.

Son poco apropiados para aplicar en grandes superficies por la dificultad de su aplicación y rápido secado. Generalmente se aplica en una de las partes a pegar y, si el pegado es difícil, en las dos.

4.2.3.7. Colas de origen animal

Son colas de poca aplicación por el oficial de mantenimiento. Se usan solamente en el caso de que se tenga que realizar algún trabajo de restauración. Existen tres tipos de cola de origen animal fabricadas a partir de:

- Huesos.
- Nervios.
- Pieles.

Cada una de estas tiene diferente adherencia y flexibilidad. Se pueden usar mezcladas o por separado. La mayor parte se utilizan en caliente, pero otras se venden listas para su aplicación en frío.

Las colas en caliente se preparan al baño María, a unos 60 ºC. Cuando se calientan el vapor que producen es maloliente, por este motivo es aconsejable trabajar con ellas en lugares ventilados y que no haya personas ajenas al servicio de mantenimiento, para evitarles molestias innecesarias.

Se comercializan en forma de placas, cristales y de perlas.

4.2.3.8. Reencolados en maderas

En todo reencolado se plantea un problema: el del adhesivo que será más adecuado.

Diremos que, normalmente, se procurará usar el mismo que tenía en principio el elemento a pegar. Esta es una norma fundamental en la restauración de muebles.

La cola blanca requiere siempre un apretado de los elementos a unir y un tiempo de secado. En ese tiempo, en la cola, se produce un resecamiento por evaporación en el aire y por absorción del agua en las paredes de la madera.

La cola blanca es recomendable para utilizar en uniones que encajen justas, pero no dará buenos resultados en aquellas uniones que tengan problemas por holguras. Se debe esto a que la cola blanca, al secársele el agua que contiene, pierde volumen formando así una fina capa y no rellenando las holguras.

Para solucionar este inconveniente *–el debido a las holguras–* usaremos resinas epóxidas, ya que estas al secarse mantienen todo su volumen.

4.2.4. Herramientas para la adhesión y el encolado

4.2.4.1. Pistola de encolar

Se trata de una herramienta eléctrica de pequeño tamaño. Su funcionamiento consiste, básicamente, en el calentamiento de una resistencia eléctrica alojada en su interior. La tensión de trabajo es de 220 voltios.

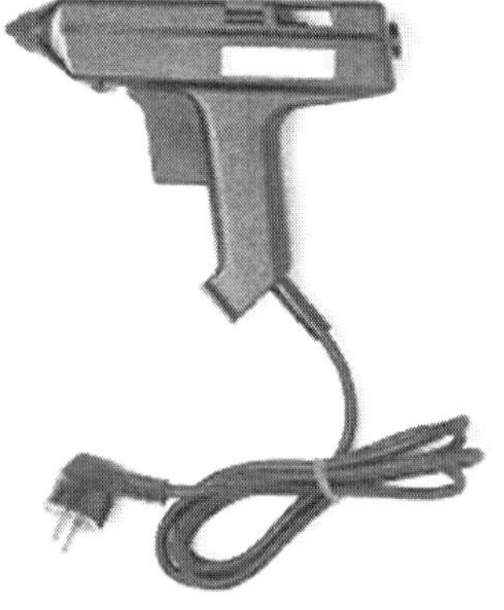

Es una forma muy limpia de aplicar los pegamentos de termofusión Con ellas el material adhesivo se calienta a más de 200º. Se coloca la barra de pegamento dentro de la pistola, se conecta y cuando el pegamento está caliente se aplica en la zona de unión. Si las piezas se ponen inmediatamente en contacto firme, el adhesivo se pega en las dos superficies. Al enfriarse, la unión será sólida. Esté enfriamiento se produce con rapidez.

La capacidad de pegar prácticamente todos los materiales y la rapidez de funcionamiento, la hacen muy útil. Esta herramienta se utiliza en diferentes oficios, pues lo mismo se usa para pegar cables que maderas, cartones, telas, etc.

4.2.4.2. Pistolas para cartuchos de silicona y adhesivos

Son útiles que se usan para aplicar las siliconas, pegamentos etc., puesto que algunos pegamentos y siliconas vienen envasados en cartuchos.

La **longitud** de estos cartuchos normalmente es de:

- 225 mm.
- 250 mm.

Los tubos se colocan dentro de la pistola aplicadora. Estos tubos vienen con un aplicador, con forma de cánula cónica, que se enrosca a la boca del tubo. La boca del tubo se corta a la hora de aplicar el producto, y se le rosca la cánula que es la que facilita la aplicación del material permitiendo aplicarlo limpiamente. Es importante saber cortar la punta correctamente, según queramos que sea el cordón de aplicación. El corte lo podremos realizar con un cutter, navaja, formón, etc.; cuanto más amplio sea el corte de la cánula más grueso será el cordón de aplicación.

Que salga el producto en mayor o menor cantidad depende de la presión que se realice al apretar la pistola.

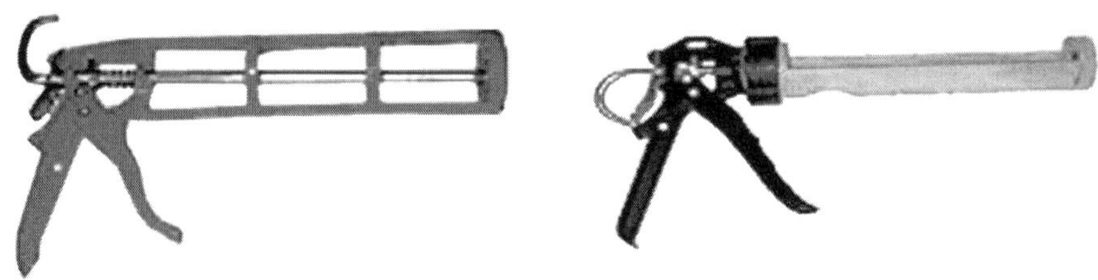

4.2.5. Siliconas

Son compuestos orgánicos derivados del silicio desarrollados durante la II Guerra Mundial, que tienen las propiedades físicas de los aceites, resinas o caucho, y son extremadamente útiles al ser más estables expuestas al calor y al oxígeno.

Es un sellante de primera sobre todo en lugares con alto grado de humedad. Su aplicación es rápida, sencilla y limpia gracias a su presentación en cartuchos con boquilla dosificadora.

Las siliconas de uso sanitario están provistas de componentes fungicidas para evitar el riesgo de aparición de hongos y bacterias.

Como hemos dicho anteriormente, gracias a la presentación en cartuchos con boquilla dosificadora, la aplicación en cualquier hueco o rincón resulta bastante sencilla. Antes conviene proteger todos los bordes de las superficies próximas con cinta *(carrocero, de paquetería, etc.)* dejando un único canal para poder extender el producto sin problemas.

Después de haberlo aplicado, podremos presionarlo simplemente con el dedo humedecido con agua jabonosa, para evitar que se pegue a la piel.

La silicona endurece ***en 24 horas*** y alcanza su dureza máxima en una semana.

Llevan productos fungicidas cosa que las hace idóneas para aplicar en lugares que sean húmedos, como pueden ser baños y aseos puesto que en estos lugares se pueden generar bacterias y hongos.

Una vez abierto el tubo sólo se puede usar por poco tiempo, debe conservarse el envase abierto el menor tiempo posible taponando la salida y cerrándolo de la forma más hermética posible.

Para la eliminación de viejas manchas de silicona usaremos algún disolvente como puede ser la acetona.

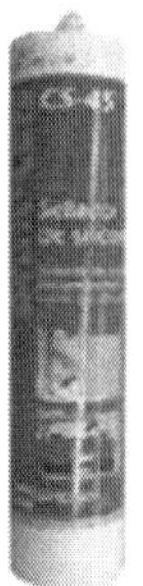

Las hay de diferentes aplicaciones, por esta razón es bueno tener claro para qué la vamos a utilizar y elegir la adecuada.

Las siliconas de calidad han de envejecer lentamente y no encoger ni alterarse con los agentes atmosféricos.

Poseen una gran resistencia al calor, son totalmente insensibles al agua *(incluso hirviendo)* y son muy buenas como aislantes eléctricos.

Los lugares en los que se trabaje con silicona deberán estar aireados, o sin presencia de personal. Al secarse este producto despide un olor penetrante.

5. Técnicas básicas de lijado, cepillado, encolado y barnizado

5.1. Lijado

El lijado ya ha sido tratado en otro apartado de este mismo tema.

Ampliamos lo allí expuesto con un análisis de las principales herramientas eléctricas para lijar:

5.1.1. Lijadora de banda

Esta máquina se utiliza para el lijado de grandes superficies en maderas, metales, plásticos, etc.

Esta lijadora consta de una banda cerrada de lija sujeta con tensión entre dos rodillos. Un rodillo genera el movimiento de la banda de lija, mientras que el otro sirve para controlar la tensión y el desplazamiento lateral de la misma. Una placa situada entre ambos rodillos mantiene la banda de lija contra la pieza a lijar.

Esta máquina suele ser de gran tamaño de superficie lijadora, gira como lo haría un rodillo, la banda abrasiva alcanza hasta velocidades de 6,6 metros por segundo. Suelen tener mucha potencia de motor.

Es una máquina que "muerde mucho"; si se desequilibra deforma la pieza, por tanto nunca la deberemos usar con maderas chapeadas.

La herramienta se debe colocar, ya arrancada, sobre la pieza a lijar y sin presión, puesto que su peso es suficiente.

Los movimientos se efectuarán con regularidad hacia delante, siempre en dirección de las fibras de la madera, como regla general.

No deberemos parar el movimiento si no queremos que desbaste más de lo normal, puesto que si tenemos lija gruesa desgasta bastante en pocos segundos.

Al comenzar a lijar, la pieza tiende a ser desplazada hacia atrás por el empuje de la lija, por tanto deberemos fijar la pieza.

Para colocar la lija, se destensan los rodillos. Cuando coloquemos la banda de lija, en principio, solo se puede colocar en la dirección indicada por medio de una flecha en el reverso y la máquina. Si la colocamos contra la dirección contraria, la máquina saltará y la lija se romperá.

Limpiaremos regularmente la superficie lijada quitando el polvo, de este modo podemos controlar cómo llevamos el trabajo.

Para limpiar las lijas de polvo lijaremos plástico, desaparecerá el polvo de la lija. Otra forma de limpiar estas bandas es pasar la cara no abrasiva por cualquier canto, de esta forma el polvo almacenado en los granos se desprenderá.

Cuando trabajemos con esta máquina le colocaremos la bolsa recogepolvo o aspirador si esta lo permite.

Las operaciones de lijado se realizarán, siempre que sea posible, en lugares ventilados, para evitar ambientes cargados de polvo.

Esta máquina se puede utilizar en puesto fijo fijándola al banco de trabajo por medio de prensillas. En este caso lo que moveremos será la pieza a lijar.

5.1.2. Lijadora orbital

Es una máquina más ligera que la *lijadora de banda* y el acabado que proporciona es mejor. Esta máquina tiene el motor colocado verticalmente.

Es una lijadora equipada con una base rectangular, en la cual se coloca una hoja abrasiva. En algunos casos, esta base o plato está perforado.

Este tipo de lijadora está indicada sobre todo para el pulido fino de superficies planas.

Como su nombre indica, la placa base y con ella la superficie de pulido, se somete a pequeñas oscilaciones elípticas u orbitales, de 2 a 3 mm de diámetro.

Este movimiento eléctrico no es igual en todas las máquinas, y definirá la calidad de acabado en las superficies a lijar, siendo inversamente proporcional al tamaño de la órbita, ya que cuanto mayor sea ésta, peor será el acabado.

El número de oscilaciones, entre 8.000 y 20.000 rpm se pueden ajustar dependiendo de la superficie y el tipo de material que se lije, en la mayoría de los aparatos, mediante una regulación electrónica.

De esta forma se aplica de manera correcta a la pieza trabajada, con el fin de evitar recalentamientos.

En algunos modelos, la placa base tiene una forma determinada (por ejemplo triangular) para trabajar esquinas o superficies estrechas.

Hoy en día casi todas las lijadoras nuevas llevan acoplado un sistema de aspiración de polvo.

En este tipo de máquinas el polvo del lijado se recoge a través de agujeros situados en la placa base de la lijadora y del papel de lija, este polvo va a una bolsa situada en la máquina o también le podemos acoplar una aspiradora.

Siempre que podamos aplicar el aspirador será mejor para nuestra salud, puesto que el serrín es bastante nocivo.

Cuando trabajemos con esta no apretaremos sobre el abrasivo, transmitiremos un movimiento regular y una presión constante. Dejaremos que sea el grano del abrasivo el que lije por rozamiento. Una presión demasiado fuerte arrancará el grano y producirá hendiduras en la superficie a lijar. Tendremos en cuenta lo siguiente:

- Nunca usemos abrasivos muy gastados.
- El abrasivo no deberá estar sucio.
- Elegiremos el grano adecuado a la superficie a trabajar.

A este tipo de lijadora se le puede acoplar normalmente lija de mano. Se corta el pliego al ancho de la base, dejando sobrante a los extremos para sujetarla.

Es importante que el cambio del papel abrasivo sea simple, rápido y fácil por lo general se utilizan varios sistemas:

- El de *pinzas*.
- El de *velcro* también llamado sistema de cardillo.

La fijación más rápida del abrasivo se realiza por el sistema del velcro.

De vez en cuando, con la máquina parada, daremos unos golpes suaves a la lija para hacer que caiga el polvillo que se pueda alojar entre el granulado del abrasivo.

5.1.3. Lijadora rotorbital

Máquina más ligera que las lijadoras de banda y su acabado es mucho mejor.

Esta lijadora funciona de forma muy parecida a la orbital. Se conoce también como excéntrica, de disco, de vaivén. Su funcionamiento se basa en dos movimientos:

- Orbital.
- Excéntrico.

Estos movimientos son simultáneos. Describen una órbita y giran sobre sí mismas. Gracias a esto se consiguen acabados de gran calidad, ya que la marca que produce la órbita la borra después la excéntrica, por lo que tiene un arrastre mayor que la lijadora orbital y mejor acabado que ésta. Esta combinación de movimientos permite lijar más rápidamente incluso en superficies curvas y rugosas.

Su misión es pulir madera y metales, están equipadas con plantillas de goma flexible para poder lijar con ellas superficies cóncavas y convexas.

5.1.4. Lijadora mouse

Esta lijadora es de reciente aparición en la carpintería; es pequeña y muy versátil (cabe en la palma de la mano) y tiene una potencia de unos 150 vatios.

Gracias a su reducido tamaño está especialmente indicada para su aplicación en lugares de difícil acceso.

Viene equipada con un gran surtido de complementos. La fijación de las lijas es del tipo autoadhesivo (velcro).

Está especialmente indicada para lugares que necesitan de una lijadora de reducido tamaño, para esos trabajos en los que el detalle es importante. Esta máquina es más pequeña que las lijadoras denominadas *delta o triangulares*.

5.1.5. Lijadora triangular o delta

Este tipo de lijadoras triangular también se conoce como *delta*.

Con este tipo de lijadora se llega más fácilmente a las esquinas y ángulos de acceso complicado.

El plato abrasivo de la máquina es de baja altura y facilita el lijado ideal para rincones estrechos, perfiles y ranuras.

Las lijadoras triangulares trabajan con el mismo sistema que las excéntricas, pero su placa de pulido es un triángulo.

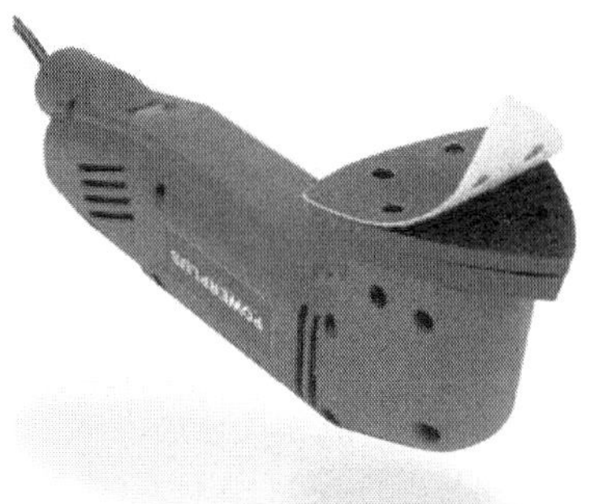

Su poco peso la convierte en una máquina muy manejable.

Para limpiar las lijas de los platos de las lijadoras sujetaremos contra la superficie un trozo de vidrio acrílico o una bolsa de plástico arrugada. Al calentarse el plástico y rozar con el papel de lija, atraerá el polvo de la madera.

5.1.6. Lima eléctrica

Esta máquina tiene el mismo principio de funcionamiento de una lijadora de banda. El papel de lija es angosto, de unos 13 mm, aproximadamente.

Útil para madera, metal, plástico, mampostería, cerámicos en superficies curvas y lugares pequeños, se utiliza para dar forma, limar y afilar. Posee un brazo estrecho, y como extras, tensión de la banda y colector de polvo.

El sistema de tensar la banda en estas máquinas suele ser fácil de usar para prevenir que la cinta se salga de los rodillos mientras la herramienta está trabajando.

5.2. Cepillado

El cepillado ya ha sido tratado en otro apartado de este mismo tema.

Ampliamos lo allí expuesto con el estudio del cepillo eléctrico:

Cepillo eléctrico

El cepillo eléctrico manual es un instrumento de trabajo tradicional en la carpintería y ebanistería. Es una herramienta ligera, puesto que no suelen ser de gran peso.

Estos cepillos trabajan a una tensión de 220 voltios, debiendo, por tanto, adoptar las precauciones para máquinas eléctricas. El cepillo eléctrico siempre trabaja sobre las piezas, para rebajarlas y en algunos casos labrarlas, logrando con varias pasadas devastar varios milímetros.

Estas máquinas tienen una sencilla graduación de profundidad de corte según el fabricante, desde los 0,5 mm a los 3 mm o incluso más, que pueden alcanzar los cepillos de gran potencia. Esta regulación se realiza de manera sencilla, por medio de un mando, sin que haga falta utilizar una herramienta para ello.

La diferencia entre los distintos cepillos del mercado es su potencia: en el ancho de cepillado una medida estándar es de 82 mm y la longitud de la base. Los cepillos tienen en la mitad de su base una ranura en V para cepillado de chaflanes. En casi todos los modelos las cuchillas suelen ser reversibles para su mejor aprovechamiento.

Estos cepillos funcionan con tres tipos de cuchillas:

- Rectas.
- De ángulos despuntados.
- Onduladas.

Las cuchillas con denominación "MD" *(metal duro)* son mejores que las "HSS" *(acero rápido)*, ya que son más resistentes. Cuando observemos que las cuchillas cortan mal deberá procederse a su sustitución por otras nuevas o para ser sometidas a un nuevo afilado. Por lo general pueden utilizarse por los dos lados.

Los buenos cepillos eléctricos están provistos de un guardacuchillas.

Con este tipo de cepillos podemos cepillar al hilo y también a contrahilo, pero se obtendrán mejores resultados cepillando a favor de la veta.

Debemos fijar la pieza a cepillar, para evitar que salga proyectada y emplearemos las dos manos para conducir la máquina.

Nunca pondremos los dedos debajo de la base, ni la máquina sobre su base hasta que esté totalmente parada.

Cuando pongamos el motor en marcha esperaremos unos instantes a que coja su máxima velocidad para comenzar el trabajo, nunca lo arrancaremos sobre la pieza que vamos a trabajar.

Nunca tiraremos del cable de la máquina para desenchufarla, lo primero que haremos será apagar el interruptor y a continuación desenchufaremos, pero siempre tirando de la clavija.

Como trabajar con esta máquina:

1. Sujetaremos la pieza firmemente con los medios auxiliares necesarios como son prensillas, cárceles, etc.
2. Sujetaremos la máquina con ambas manos, una en la empuñadura y la otra en el pomo.
3. Es aconsejable colocar el cable encima del hombro a la hora de trabajar para mantenerlo alejado de la máquina.
4. Esperaremos a que la máquina se detenga completamente antes de dejarla en el suelo o tener una pieza donde apoyarla de modo que el cabezal no toque el suelo, nunca dejarla de lado estando en marcha ya que esto es muy peligroso.
5. Cuidaremos de no dejar la máquina sobre el cable de alimentación.
6. Cuando tengamos que trabajar con la máquina panza arriba (manera estacionaria) utilizaremos un soporte opcional que se sujeta a un banco o mesa preparada al efecto.
7. Se usan los EPIs (Equipos de Protección Individual) pertinentes en función del trabajo a realizar: gafas, tapones, mascarilla.

Solución a las actividades

Actividad 1.

- ☐ a) En cruz.
- ☐ b) En estrella.
- ☑ c) Hexagonal.

Actividad 2.

Verdadera.

Actividad 3.

- ☑ a) Cepillo.
- ☐ b) Garlopa.
- ☐ c) Garlopín.

Actividad 4.

- ☐ a) Rotorbital.
- ☐ b) Orbital.
- ☑ c) Delta.

Actividad 5.

- ☐ a) Pernio de codo.
- ☐ b) Pernio para el canto.
- ☑ c) Pernio quebrado.

Actividad 6.

- Desatornillar el cajón superior de la ventana eliminando el resto de cinta rota. **3**
- Llevar el resorte al tope del enroscado y fijar la nueva cinta enrollándola lentamente. **2**
- Fijar la nueva cinta al tambor de la persiana. **4**
- Desatornillar el resorte inferior que enrolla la cinta. **1**
- Volver a atornillar el cajón superior y colocar el resorte inferior empotrado a la pared. **5**

Actividad 7.

- ☐ a) Cola.
- ☐ b) Epóxidos.
- ☑ c) Espuma aislante.

TEMA 3

Fontanería

Fontanería. Conocimiento, conservación y manejo de herramientas más usuales. Conocimiento de los materiales más usuales. Conocimiento y mantenimiento básico de llaves de paso y grifos. Conocimiento y mantenimiento básico de desagües, sifones y cisternas. Conocimiento y mantenimiento básico de válvulas y purgadores. Símbolos básicos en instalaciones de fontanería

Programa tus sesiones de estudio usando nuestra **planificación** incluida en tu Curso MAD360 para no dejarte NADA atrás.

Índice

1. Conocimiento, conservación y manejo de herramientas más usuales
2. Conocimiento de los materiales más usuales
3. Conocimiento y mantenimiento básico de llaves de paso y grifos
4. Conocimiento y mantenimiento básico de desagües, sifones y cisternas
5. Conocimiento y mantenimiento básico de válvulas y purgadores
6. Símbolos básicos en instalaciones de fontanería

1. Conocimiento, conservación y manejo de herramientas más usuales

En este capítulo vamos a ver las herramientas más usuales que hemos de tener para poder realizar una instalación de fontanería.

Sabías que...

El nombre "fontanería" deriva del término "fontanero" que, a su vez, proviene de "fontana", que es sinónimo de "fuente" y que igualmente proviene del latín "fontāna".

Clasificaremos las herramientas según su función:

- Medición.
- Corte.
- Deformar tubos
- Amarre y apriete.
- Taladrar.
- Curvado y conformado.
- Roscar.
- Soldadura.

1.1. Herramientas de medición

Son las herramientas que utilizaremos para efectuar la medición.

El principal es el **flexómetro y cinta métrica**: útiles empleados para tomar las medidas. Los flexómetros suelen tener hojas metálicas enrolladas de hasta 8 m, mientras que las cintas métricas alcanzan hasta los 50 m, por lo que se emplean para medir grandes distancias, y pueden ser tanto metálicas como de fibra. Estas últimas van montadas en una carcasa y cuentan con un pequeño mango o una palanca acoplada al eje para recogerlas en el bastidor.

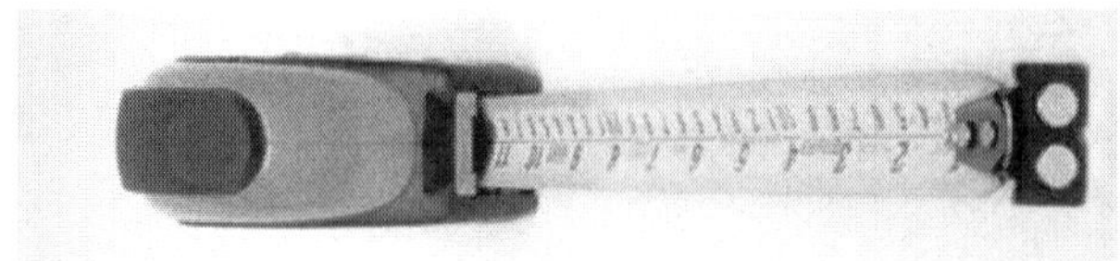

Flexómetro

1.2. Herramientas de corte

Vamos a estudiar las herramientas que se utilizan para cortar los tubos u otros materiales que se emplean en fontanería:

1.2.1. El cortatubos telescópico

Se usan para cortar tubos de hierro, cobre, acero inoxidable, PVC, etc. Con estos instrumentos se pueden cortar tubos de hasta 32 o más milímetros de diámetro. Su radio de giro es mínimo y se mantiene constante para todas las medidas.

Hay modelos que tienen escariador incluido, esto es, una cuchilla ubicada en el mango u otras partes del cortatubos, que tiene como función eliminar las rebarbas producidas al cortar el tubo.

Este aparato consta de dos ruedas, que giran alrededor del tubo a cortar, y de otra rueda (cuchilla) que es la que efectúa el corte, rueda muy afilada y que, una vez adaptada al diámetro del tubo, permite cortarlo sin esfuerzo y sin temor a hundirlo por la presión ejercida. Realizaremos un movimiento giratorio alrededor del tubo hasta cortarlo por completo.

El corte de tubos con esta herramienta no produce ningún tipo de viruta y el corte queda limpio y biselado, cosa que no sucede con la sierra de metales, ya que no queda un corte limpio y produce limaduras, lo que nos obliga a pasar una lima para eliminar las rebabas y así evitar las pérdidas de presión.

Realizar cortes biselados y limpios en los tubos de cobre es muy importante a la hora de encajar a fondo en la unión y no dejar espacios.

Cuando cortemos tubería con esta herramienta es recomendable afirmarla bien, si es posible, mediante tornillo de mesa, en especial cuando estos tubos sean de hierro.

Su forma de uso es muy simple: sólo debemos introducir el tubo en la boca de la herramienta y una vez adaptada al diámetro del tubo, girando su mango se ajustan las cuchillas a éste y, a continuación, se gira la herramienta alrededor del tubo tensando en cada vuelta la presión de la cuchilla hasta que la ranura que realiza ésta termina cortando el tubo.

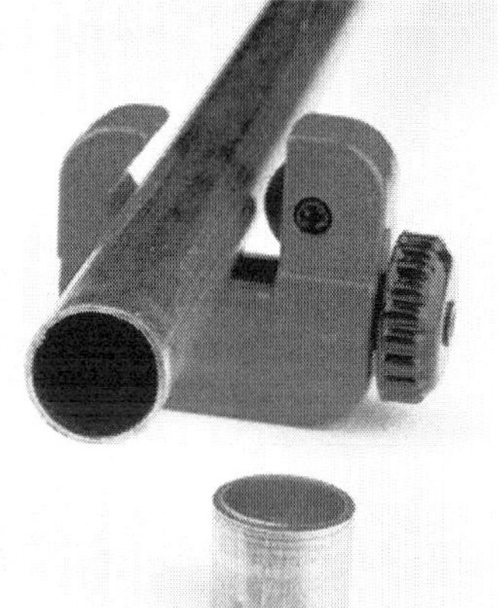

Cuando se trate de tubos de hierro deberemos sujetarlos con un tornillo sujetatubos y aplicar un poco de aceite en la cuchilla o en el tubo, concretamente, en la zona de corte.

Para estas herramientas también existen recambios, cuchillas, etc.

Sabías que...

Se puede conseguir electricidad a partir de las tuberías de agua. En Porland, 150 hogares ya reciben su energía limpia directamente del suministro de agua potable, gracias a un sistema llamado LucidPipe. Este sistema sostenible proporciona energía limpia y renovable sin requerir para ello la quema de combustibles fósiles, con un impacto ambiental mucho menor que el de otras fuentes como el viento o la energía solar —que requieren de turbinas costosas y altamente visibles o paneles solares— o proyectos hidroeléctricos tradicionales, que afectan las cuencas hidrográficas.

¿Cómo funciona el cortatubos?

1. En primer lugar, hay que marcar con lápiz sobre el propio tubo y colocar la superficie cortante sobre la marca. Asimismo, se deberá colocar el cortatubos en posición vertical para lograr un corte limpio que luego permita realizar con facilidad las soldaduras.

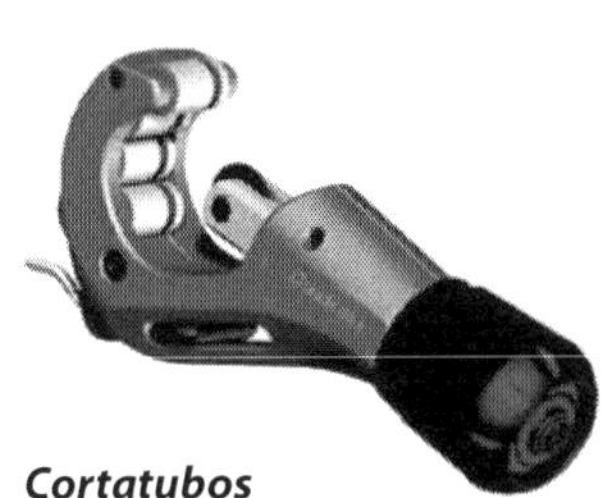

Cortatubos

2. Luego hay que apretar el tubo entre la cuchilla y los dos rodillos que permiten que el cortante gire alrededor del tubo para hacer un corte limpio. No hay que apretar demasiado el tubo, porque lo único que se logrará será deformarlo y dejarlo inservible.

Se debe sujetar el tubo con una mano y hacer girar el cortante alrededor de éste suavemente, dando dos vueltas

3. Posteriormente aumentar un poco la presión de la superficie cortante sobre el tubo mediante el mecanismo situado en el mango del cortatubos. De nuevo hay que recordar que no se debe apretar demasiado para no deformar el tubo. Hay que repetir la operación hasta que se termine de hacer el corte.
4. Por último, si han quedado rebabas en el corte se puede utilizar una palanca que tiene la propia herramienta para eliminarlas.

1.2.2. El arco de sierra o segueta

El arco de sierra se utiliza para cortar los tubos de cobre, de acero, de PVC y materiales plásticos.

La sierra de mano está formada por un soporte llamado arco provisto de un mango o empuñadura para su manejo. En el arco se monta la hoja de sierra y se fija en los enganches que hay en los extremos. Uno de estos extremos tiene un tornillo y una rosca de palometa que tensa la hoja de corte.

Dicha hoja de corte tiene un lado liso y otro dentado, con dientes muy pequeños para que el corte sea fino. La hoja se coloca en el arco con la punta de los dientes orientados hacia la parte opuesta al mango. Se coge firmemente por el mango. Se coloca el borde cortante de la hoja sobre el material que se vaya a cortar. Se le da un movimiento de vaivén aplicando presión cuando se avanza y disminuyendo cuando la sierra va hacia atrás. El material para cortar debe estar firmemente sujeto. Al mover la sierra, siempre debe estar la hoja en el plano del corte.

Al comenzar el corte hay que intentar que solo haya un pequeño número de dientes en contacto con la hoja. Dándole una pequeña inclinación y un golpe firme y corto hacia adelante, el corte se inicia correctamente y con seguridad.

Arco de sierra

Para cortar tubos de PVC que estén en lugares de difícil acceso emplearemos la sierra de corte con otro tipo de mango, más apropiado para llegar a lugares más complicados.

1.2.3. Cortatubos de cadena

Se utiliza para cortar los tubos de fundición. Normalmente se emplea en tubos de hormigón, de hierro fundido y de barro.

Cortatubos de cadena

1.2.4. Tijeras de chapa

Las tijeras de cortar chapa también son empleadas por los fontaneros, sobre todo en instalaciones de recogida de aguas pluviales.

Operario cortando con tijera de chapa

1.2.5. La radial

Es una máquina eléctrica que corta objetos sólidos y duros como azulejos, piedra o hierro, tuberías, dependiendo del disco que se le coloque. Es una herramienta muy versátil que puede sacarnos de muchos apuros, por lo que es recomendable llevarla siempre.

Radial

1.3. Herramientas para deformar tubos

1.3.1. Abocardador

Se conoce también como ensanchador de tubos, ya que es una herramienta concebida para ampliar la boca de los tubos. Es un instrumento semejante a una pinza con forma de cono en su extremo, que se utiliza para agrandar los extremos o bocas de los tubos de cobre, plomo y plástico previamente calentados. Debido a la maleabilidad del plomo, se obtienen excelentes resultados en los tubos de este material.

Con el abocardador realizaremos empalmes en lugar de utilizar un manguito de unión y dos soldaduras. Con este útil se abre el extremo del tubo y se inserta en el otro para soldarlo, reduciendo de esta forma, el número de soldaduras, puesto que sólo realizaremos una.

Su manejo es sencillo. Consiste en introducir la boca de la herramienta en el interior del tubo para ensanchar y, a continuación, apretar el mango.

1.3.2. Abocinador

Es una herramienta utilizada para dar diversas formas a las bocas de los tubos de metal, en especial a las tuberías de cobre. Con esta herramienta podemos realizar un pequeño cono en la punta de los tubos.

Este útil se compone por una parte que se inserta en la boca del tubo, una mordaza que aprieta el útil para que no se mueva y, en la parte superior, una cabeza que, apretándola, dará la forma a la boca.

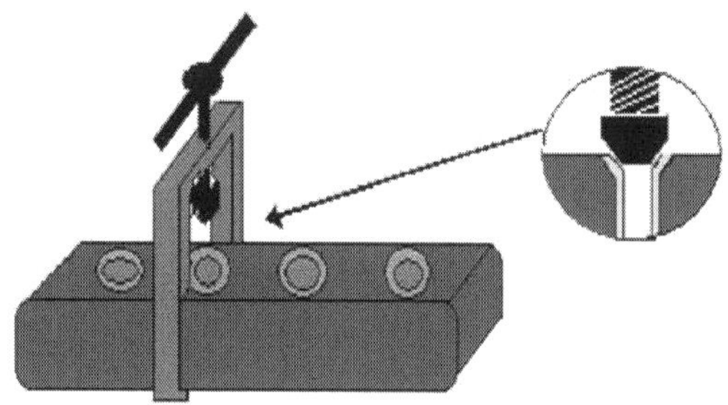

1.4 Herramientas de amarre y apriete

Las herramientas de amarre y apriete sirven para ajustar y apretar las uniones que hemos de realizar. Nos estamos refiriendo principalmente a las llaves que se pueden utilizar en fontanería, alicates y tenazas.

1.4.1. Llaves

Existe en el mercado una amplia variedad de **llaves ajustables** y, en consecuencia, también una gran disparidad de nombres diferentes para cada **herramienta** que compone este extenso grupo (*llave inglesa, llave francesa, llave sueca, llave de perro, llave de mono...*). Su función es realizar movimientos manuales de torsión para aflojar o ajustar tuercas, pernos, bulones, tornillos y superficies cilíndricas de diverso tipo.

Pero antes conviene establecer los dos grandes grupos en que se clasifican:

- **Llaves fijas**: sus caras están separadas por una distancia determinada de fábrica que no puede modificarse, de manera que el elemento de sujeción a aflojar o ajustar debe adaptarse a ellas, motivo por el cual solo sirven para una única medida de elemento de sujeción y generalmente se comercializan en juegos que abarcan varios tamaños.
- **Llaves ajustables**: sus caras están separadas por una distancia que el usuario puede graduar a voluntad, de manera que se adapten al elemento de sujeción a aflojar o ajustar, por lo que sirven para varias medidas de elemento de sujeción. Vamos a ver en este apartado alguna de ellas.

a) Llave para grifos

Se trata de una llave giratoria diseñada para apretar los grifos en el lavabo y que facilita la colocación y apriete de estos que, normalmente, son de difícil acceso.

b) Llave grip de mordaza

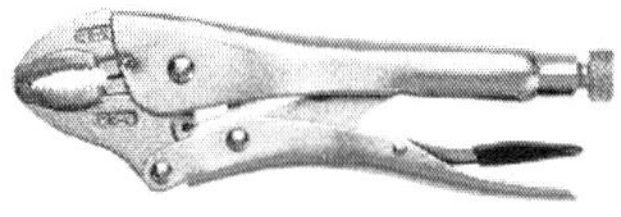

Proporciona un gran poder de retención gracias al mecanismo de sus mordazas, muy superior al de las pinzas de *"pico de loro"* en el que debemos estar ejerciendo, constantemente, presión sobre sus brazos.

Una vez que la llave grip está apretada no hace falta continuar ejerciendo fuerza para mantener la presión.

Esta herramienta se conoce también, como "tenaza o alicate de presión". Pertenece a la misma familia que los alicates por ser palancas de primer grado, y pueden servir tanto para sujetar como para aflojar tuercas redondeadas o difíciles.

c) Grip o llave de cadena

Se utiliza para sujetar un tubo por medio de una cadena regulable y las estrías de la mordaza fija. Estas llaves están concebidas para trabajar sobre tubos de gran diámetro o tamaño que puedan agarrarse con la cadena. Esta herramienta funciona en un solo sentido, pero puede retroceder alrededor de la pieza y sujetarla de nuevo, pero sin soltarla.

Como todas las llaves grip el mecanismo de cierre permite tener las manos libres cuando efectuamos un amarre. Esto tiene como ventaja que elimina el esfuerzo de tener que mantener una presión cuando manipulamos la herramienta y por lo tanto la fatiga correspondiente.

Otra de sus características es el sistema rápido de apertura de gran seguridad que evita pillarnos los dedos a pesar de trabajar a altas presiones.

d) Llave grip de correa o cinta

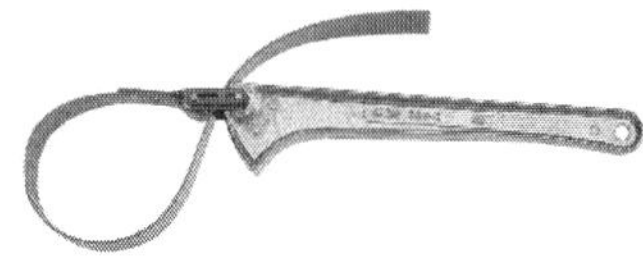

Similar a la llave grip de cadenas, pero en este caso la cadena es sustituida por una correa de nylon especial. Es una llave que proporciona potencia de agarre sin arañar ni deformar o dañar, como pasaría con el uso de llaves con mordazas, los tubos de plástico o metal pulido o cromado. Se utiliza en tubos de plástico, filtros o cualquier superficie resbaladiza o lisa.

Asimismo, las llaves de cinta funcionan muy bien sobre formas irregulares.

e) Llave Stillson

Se conoce, vulgarmente, como llave *"grifa" o "de perro".* Es, quizás, la herramienta que mejor se identifica con la profesión de fontanero, siendo típica en esta profesión. Es una llave del tipo ajustable.

Se utiliza para tubos y redondos, bien sea para sujetarlos o para hacerlos girar, es decir, se usa para apretar o aflojar tuberías o redondos cuando no se tiene la posibilidad de hacerlo por otro medio, por no tener ninguna tuerca cuadrada, hexagonal o similar, por lo que debemos sujetar los tubos para poder apretar o aflojar sus tuercas.

Cuando se cierra la mandíbula ajustable de esta llave sobre la pieza y se aplica la presión del mango, la apertura de la llave tiende a disminuir, de manera que los dientes de la mandíbula agarran la pieza más firmemente. Por esta razón, debemos usar esta llave con cuidado, cuando se trate de una tubería de pared delgada.

Existen **diferentes modelos de llaves Stillson**, entre las más usadas destacamos:

- *Rectas*. La más popular. Se utiliza para el ajuste de caños de diámetros que van de ¾ de pulgada a 4 y hasta 8 o más.
- *Acodadas*. Se usan en lugares donde existe muy poco espacio para sujetar un objeto. Las mordazas son paralelas al mago y sus caras son más estrechas. Se usan cuando un caño o tubo es paralelo a otro objeto, o cuando ese objeto se encuentra en un ángulo de difícil acceso.
- *Acodadas para extremos*. Sus mordazas están en ángulo respecto de los mangos y tienen dientes para un mejor agarre. Se utilizan con tuberías cercanas a la pared o con recorrido alterado (ej., codos de 90º).
- *De palanca compuesta*. Otorgan mayor apalancamiento para aflojar uniones atascadas por la corrosión o daños, acumulación de minerales o la antigüedad de la cañería.

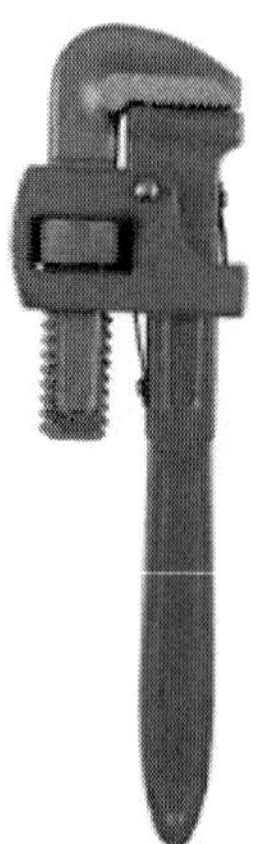

Stillson recta

- *Hexagonales*. Con mordazas delgadas y lisas que se insertan en lugares estrechos. Su mordaza es hexagonal y facilita el agarre de tuercas hexagonales, cuadradas, uniones y tuercas de empaque de válvulas.

f) Llave de mono

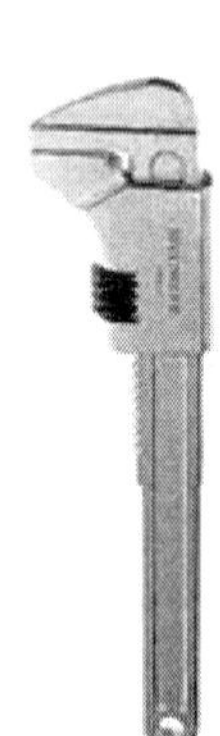

Se diseñaron para apretar y ajustar tuercas de las ruedas de carretas. Son herramientas muy robustas y poco maniobrables por lo que han ido dado paso a otras como la llave Stillson. La mordaza se ajusta mediante un engranaje de tornillo sinfín que se gira con el pulgar. Sus mordazas son lisas y siempre perpendiculares al mango. Es más adecuada para girar tuercas y tornillos en lugar de sujetar tubos o caños. Actualmente se utilizan en tareas pesadas de la industria aeronáutica, para el ajuste o aflojado de elementos de sujeción de gran tamaño, pero de bajo torque (medida de la fuerza aplicada).

g) Llave sueca o de fontanero

Se utiliza para girar o bloquear tubos de fontanería, pudiendo ajustarse a diferentes diámetros de tubos girando un anillo. Esta llave también se llama comúnmente *"llave de caño", "mano de hierro" o "llave Dullan"*.

Esta herramienta es una combinación de alicate y llave graduable. Permite una posición fija con las tuercas. Se usa para aflojar tubos.

Es una herramienta que presenta dos mangos, uno de ellos con una tuerca de regulación que se usa para cerrar las mordazas móviles alrededor del caño, tubo o accesorio.

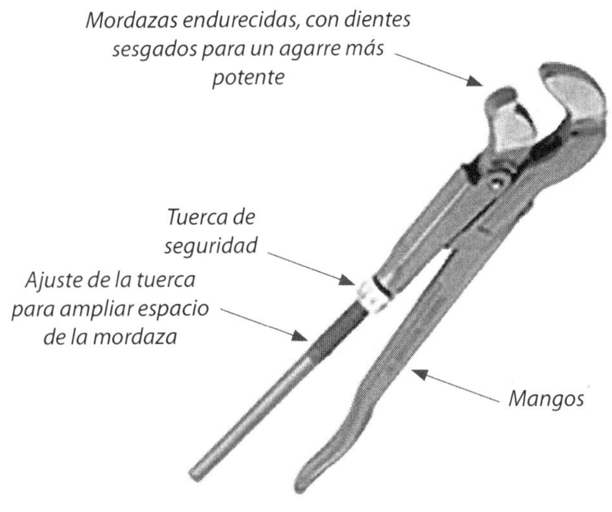

Llave sueca

h) Llaves de medio punto y pivotes

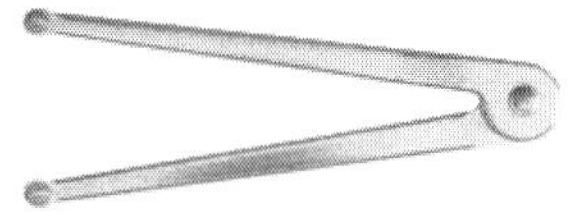

Son llaves de un uso muy específico. Se caracterizan por tener un pivote en uno de sus extremos que se introduce en el chavetero o ranura de algunas tuercas especiales para apretar y aflojar estas.

Las de tipo compás pueden ajustarse a los agujeros que llevan algunas cabezas de tornillos poco comunes.

Recuerda que...

Con el soplete de manguera podremos realizar las soldaduras que sean de fácil o difícil acceso, ya que la boquilla es más larga y manejable.

i) Pico de loro

Para algunos autores se trata de una variedad del alicate, para otros es una llave. Es una herramienta extensible, ya que disponen de diferentes graduaciones de apertura de bocas y, por tanto, se podrán retener entre sus dientes piezas de diferentes calibres. Sus mangos se caracterizan por su longitud.

Para un uso general es recomendable disponer de una herramienta con abertura de 50 mm, de esta forma podremos trabajar sobre diferentes elementos de unión de tuberías sanitarias *(grifos, sifones, etc.)*. Esta herramienta nos permite acceder a lugares de difícil acceso.

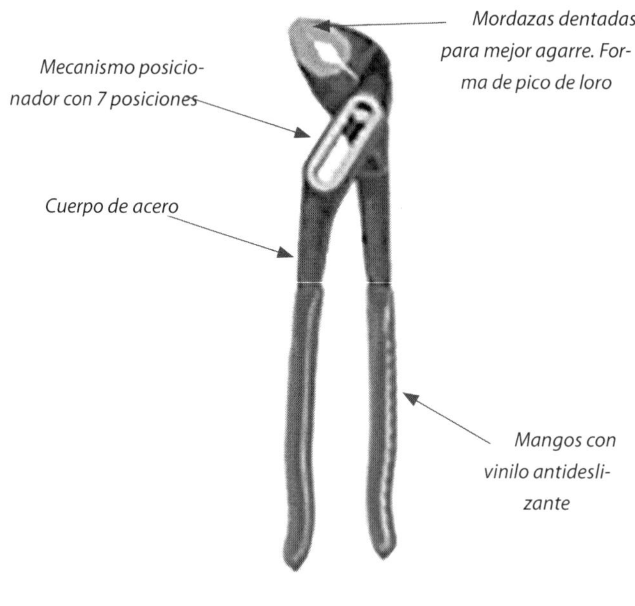

Llave pico de loro

j) Tenazas para tubos

Esta herramienta, de uso general, tiene su mayor aplicación en la sujeción o transporte de tuberías, presentando muchas y variadas formas y medidas.

Incluso, con algún modelo, podremos dar forma a los tubos de plomo para soldarlos, ya que al final de sus brazos tienen forma para realizar abocardados.

k) Llave de lavabo

Su función es muy específica. Sólo se puede usar para lo que ha sido creada: quitar o apretar tuercas y acoplamientos de mangueras debajo de fregaderos y lavamanos. Es una herramienta propia del fontanero.

Llave del lavabo

1.4.2. Tenaza de sifón

Es una herramienta exclusiva para el apriete o afloje de los sifones. Son unas tenazas que se fabrican con las mordazas de plástico para no dañar los sifones cromados y vistos.

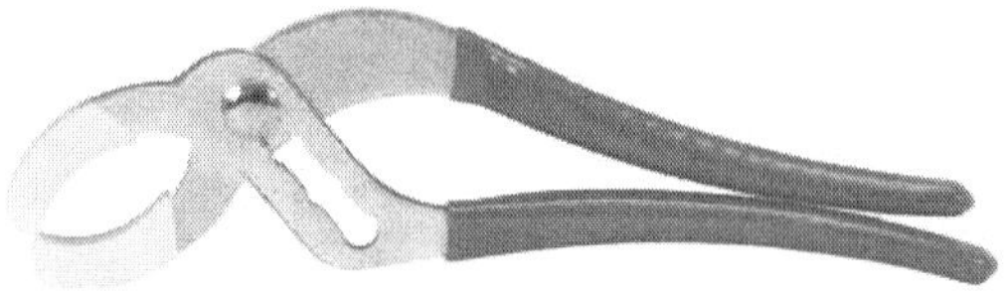

Tenaza de sifón

1.4.3. Alicates

Un alicate es una herramienta prensil con forma de tenaza con dos brazos que se emplea para sujetar, cortar o doblar piezas de diversos materiales. Los tipos de alicates más utilizados son:

Los alicates universales son una herramienta combinada que tiene tres partes diferentes: pinza robusta, mandíbulas estriadas y sección de corte.

Alicates universales

Se utiliza como herramienta multiusos. Permite, entre otras tareas, tornear, desenroscar, apretar, aflojar, cortar alambre, pelar cables...

Actividad 1

Indica si la siguiente cuestión es verdadera o falsa:

El cortatubo telescópico se utiliza para cortar los tubos de fundición

Verdadera ☐ Falsa ☐

1.5. Herramientas de taladrar

Taladrar es una de las acciones más usuales cuando se colocan tuberías. Todos sabemos qué herramientas se utilizan para taladrar. En una instalación hemos de utilizar un taladro que nos sea cómodo, ya que debemos usarlo frecuentemente.

1. **Taladro eléctrico**. Básicamente se trata de un motor eléctrico que permite que una broca gire a una velocidad suficiente como para realizar agujeros en cualquier tipo de material.

   Los taladros manuales son ligeros y ofrecen mayor versatilidad en su utilización, pero son menos precisos.

2. **Taladro vertical.** Si necesitamos realizar agujeros con mayor exactitud tendremos que optar por un soporte de columna o de banco. También se llama taladro de pedestal o prensa taladradora. Está diseñado como máquina estacionaria por lo que puede montarse sobre una mesa de trabajo o también directamente sobre el piso.

   Resulta recomendable que el taladro soporte múltiples velocidades para poder adaptarla al material. También debe tener la función de percutor, indispensable con los materiales más duros.

   El manejo de una máquina es simple ya que consiste en sólo 2 movimientos principales:

   - **Movimiento de avance o penetración de la broca en la pieza de trabajo:** el cual se puede realizar de manera manual o automática.

   - **Movimiento de rotación de la herramienta de corte (broca):** proporcionado por el motor eléctrico del taladro a través de una transmisión por engranajes y por poleas.

Además, existen dos tipos de taladros de banco:

- **Sensitivos**: En este tipo de taladros el movimiento de avance se realiza de forma manual, están diseñados para realizar trabajos ligeros en plástico, metales, madera y materiales similares, en donde se pueden perforar orificios pequeños, tarea que demanda movimientos manuales de avance y de una alta velocidad. Los tipos puede ser de:

  * *Columna corta*, en donde la base de estas máquinas va montada sobre un banco de trabajo.

  * *Columna larga*, por lo cual la base puede atornillarse al piso, y pueden manejar brocas de hasta 15,5 mm de diámetro.

  La broca se inserta en la pieza de trabajo exclusivamente a mano, por lo que el usuario "siente" la acción de la herramienta de corte a medida que está atraviesa la pieza de trabajo.

- **No Sensitivos**: Son de mayor peso, potencia y mayor tamaño lo que los hace ideal para taladrar agujeros grandes y efectuar operaciones pesadas de mecanizado en piezas de tamaño mediano pudiendo lograr orificios con un diámetro de hasta 50mm.

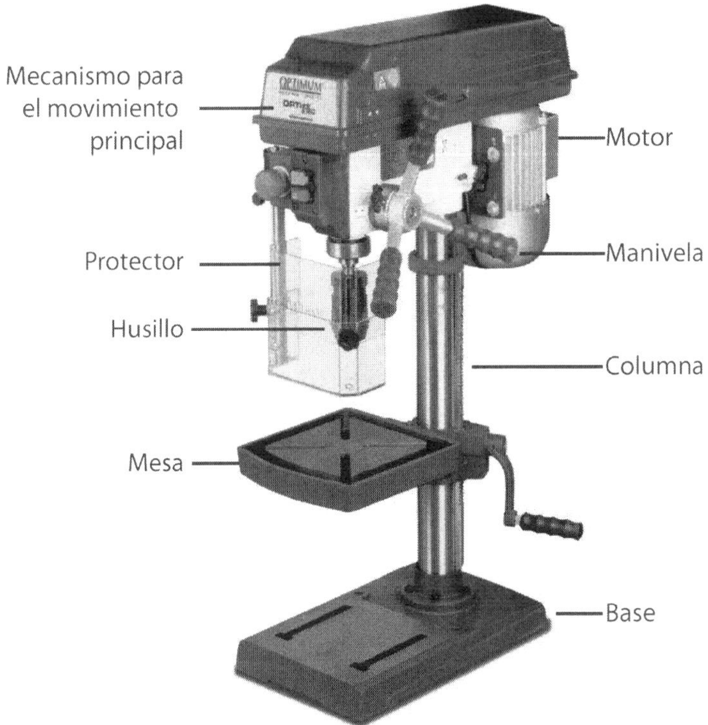

Partes principales del taladro de banco

3. **Taladros a batería**. Los hemos visto en otro tema al referirnos a los trabajos de carpintería. Se han ido desarrollando favorablemente con el tiempo. Cada vez son más utilizados, pues son fáciles de manejar y son potentes. El hecho de no necesitar un punto de luz para trabajar, como había que hacer con los antiguos taladros, los hace más cómodos.

Taladro-batería

Recuerda que...

La elección de la broca más adecuada será clave. Deberá realizarse en función del material: madera, metales, paredes, vidrio u otros. Para taladrar el hormigón necesitaremos una broca de plaquita de carburo de alto rendimiento o carburo de tungsteno.

1.6. Herramientas de curvado y conformado

Como su propio nombre indica, se usan para curvar los tubos, que suelen ser rígidos, y para quitar las rebabas, limarlas, etc.

1.6.1. Mandril

Es un instrumento utilizado, principalmente, en tuberías de hierro y galvanizados.

Su función es limpiar el interior del tubo de las rebabas que quedan al ser cortado con paicker u otra herramienta *(recordemos que las rebabas son el sobrante que se forma al cortar con herramientas de corte basto, que son molestas a la hora de ensamblar y pueden acabar atascando las cañerías al retener los residuos arrastrados por el agua).*

En los tubos de cobre, para la limpieza de rebabas, se suele utilizar la lengüeta que llevan los mismos cortadores, puesto que el cobre es un metal más blando.

Hemos de tener cuidado a la hora de eliminar estas rebabas ya que presentan perfiles muy afilados y pueden clavársenos como si de astillas se tratasen.

1.6.2. Curvatubos

En las instalaciones es habitual encontrarse con un cambio de dirección en las tuberías. Generalmente, las tuberías son suministradas y fabricadas en tramos rectos, que tendremos que transformar para obtener la forma deseada.

En fontanería las curvas se realizan para evitar la conexión mediante codos, lo que supone un ahorro en materiales y, a su vez, evita el riesgo de pérdida que suponen las soldaduras y roscas.

Este tipo de herramientas se clasifica en:

- **Curvatubos múltiple**. Esta herramienta es capaz de curvar hasta 180º las tuberías de cobre, latón y acero dulce que no sean de un gran diámetro. Con esta herramienta podremos realizar ángulos de:

  * 45º.
  * 90º.
  * 135º.
  * 180º.

  Sirve para distintos diámetros de tuberías, que se indican sobre la misma herramienta expresado en mm o en pulgadas, según proceda.

  Es una herramienta de fácil manejo; para ello deberemos proceder de la siguiente manera:

  1. Colocaremos el tubo en la guía de la tenaza de curvar marcando, previamente, el lugar exacto desde donde tiene que partir la curva.
  2. A continuación haremos presión hacia el lado de la curvatura, realizando el giro hacia nosotros y de forma continua, sin quites.
  3. Cuando alcancemos la curva deseada dejaremos de presionar.

- **Tenaza curvatubos**. Es prácticamente igual que la anterior. Sólo se diferencian en que ésta sirve exclusivamente para una medida de tubos, que viene representada en la herramienta.

- **Curvatubos eléctricos y neumáticas portátiles**. Estas herramientas se utilizan en instalaciones grandes en las que hay que realizar muchas curvas de tubos o para tubos que tienen un diámetro con el cual no se pueden realizar las curvas manualmente.

Dependiendo del diámetro del tubo, del tipo de material o del espesor de la pared, tendremos que usar máquinas de mayor o menor potencia. En general, diremos que la fuerza necesaria aumentará al aumentar el diámetro, el espesor de la pared del tubo, la dureza del material y el tratamiento térmico de templado al que ha sido sometido.

Las curvadoras necesitan unos patines que sean ajustables para poder asegurar la calidad de sus curvas.

Las hay con cuerpo de aluminio, lo que has hace menos pesadas, más fáciles de transportar y de ser usadas a pie de obra. Otras son de mayor envergadura, para usarse encima de un banco de trabajo.

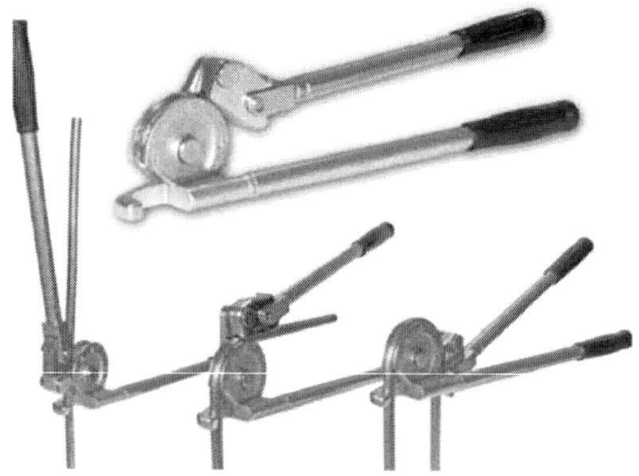

Tenazas curvatubos

1.6.3. El muelle de curvar

Son muelles usados para realizar curvas en tubos blandos *(de bobinas)* que usaremos cuando debamos realizar curvas de gran radio y poca precisión.

Con esta herramienta no se consiguen codos tan cerrados como con la "curvadora". El diámetro interior del muelle deberá ser el más ajustado al diámetro exterior del tubo.

Se marcan en el tubo las señales entre las que va a producir el doblez, se introduce el tubo en el doblador de muelle centrando las marcas hechas y se le va dando poco a poco la curva que se desee.

Si la curva no es muy cerrada, el muelle sale fácilmente; por el contrario, si la curva es tan cerrada como por ejemplo 90º, se lubrica el "gusano" y se saca dando vueltas en el sentido del enrollamiento del alambre del muelle.

1.6.4. Escariadores

Se denomina escariador a una herramienta manual de corte que se utiliza para conseguir agujeros pulidos y de precisión cuando no es posible conseguirlos con una operación de taladrado normal.

Lo utilizamos principalmente para dejar los cortes hechos con cortatubos o con la sierra de mano sin rebabas. Las rebabas podrían impedir que puedan entrar dentro de los tubos, bloqueando la instalación.

Hemos de dejar los cortes de los tubos limpios, de forma que se puedan empalmar perfectamente para realizar la soldadura.

Los cortatubos suelen traer un escariador interior que nos facilita la tarea.

1.6.5. Limas

La lima es una herramienta manual de corte/desgaste que consiste en una barra de acero al carbono templado, con ranuras llamadas dientes y con una empuñadura llamada mango. Se usa para desbastar y afinar todo tipo de piezas metálicas, de plástico o de madera.

Se suelen utilizar para limpiar la superficie de óxido que aparece en los metales, para que se puedan soldar.

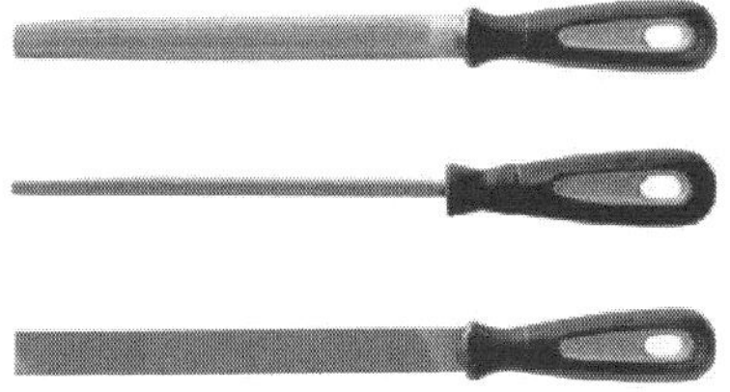

1.7. Herramientas de roscar

En los tubos de acero galvanizado es muy frecuente hacer una rosca para realizar la unión de los tubos de este material.

Las tuberías de acero suelen venir con roscas en los extremos. Así sólo tendremos que realizar la rosca cuando cortemos la tubería.

Las tuberías de acero, cuando se cortan, se les suele hacer una rosca en el exterior que enlazará con un manguito, que a su vez roscará en el otro tubo.

Hay que tener en cuenta que la longitud del fileteado debe de estar en relación con el número de roscas del manguito, que hemos de enroscar bien con la mano.

Como la unión de las tuberías tiene que estar sellada de forma hermética, la porción roscada en los extremos es levemente cónica. Consecuentemente, se requieren machos y terrajas especiales. Los hilos de rosca convencionales de la tubería se deben montar con cinta de teflón más un componente que une, de modo que el sellado sea total.

Las herramientas que sirven para hacer las roscas son principalmente las terrajas.

1.7.1. Terrajas

Portaterrajas

Son útiles que portan las terrajas. Pueden ser de dos tipos:

- Portaterrajas fijo.
- Portaterrajas regulable *(extensible)*.

Terrajas

Las terrajas son de dos clases:

- Diámetro fijo.
- Diámetro variable.

Estos instrumentos son tuercas de acero que reciben el nombre de terrajas o cojinetes de roscar.

Cuando tengamos que realizar una rosca macho en algún elemento (tubo, varilla, etc), la herramienta apropiada para la tarea es la terraja.

Las "terrajas" son herramientas que se utilizan para realizar roscas a mano para pernos, tornillos y otras piezas cilíndricas. En las terrajas van montadas cuchillas de acero (denominados peines) que son las encargadas de realizar las roscas.

Las terrajas pueden clasificarse en dos grupos:

- Fijas *(cada rosca tiene un peine fijo intercambiable)*.
- Ajustables o extensibles (*son las que, por medio de un sistema mecánico, pueden regular las distancias de los peines y, de esta forma, conseguir diversas medidas de rosca)*.

Ajustamos la herramienta en un mango (portaterrajas); antes de insertarlo debemos colocar el mango con la guía ajustable para arriba. Es necesario alinear la guía para que la rosca salga recta, luego ajustamos los tornillos de sujeción de la guía. Es conveniente emplear gafas de seguridad para toda operación de roscado.

Se ajusta la guía y luego se inserta la herramienta con el lado más pequeño hacia abajo. Debemos emplear ambas manos para sostener el mango. Aplicamos presión hacia abajo y comenzamos a girar el mango en sentido horario.

Cuando llega a cortar los primeros hilos, se alivia la presión, ya que avanza con el giro. Al completar la primera vuelta, retrocedemos un cuarto de vuelta y continúe avanzando.

Se puede realizar rosca en piezas de metal, madera, plástico, acrílico, etc. Las piezas plásticas son muy fáciles de roscar, para roscar madera, deben ser piezas de maderas muy duras, lubricando la pieza con cera de vela para un mejor corte.

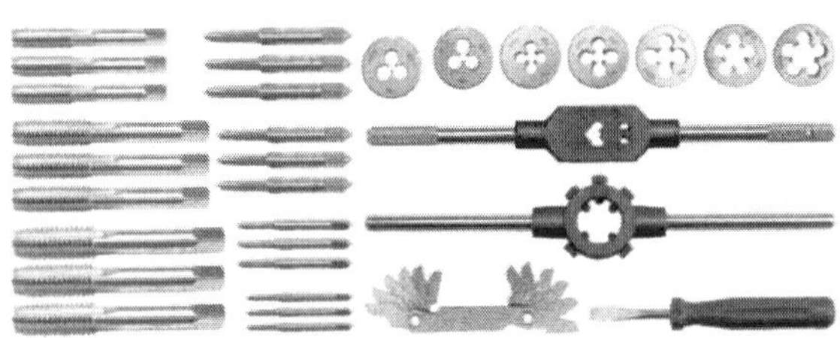

Detalle terrajas y portaterrajas

1.7.1.1. ¿Cómo se realiza el roscado a mano?

Para realizar el roscado a mano se debe preparar el tubo cortándolo a medida, con un arco de sierra o un cortatubo. Después se rebaban los extremos del tubo con una lima de hierro. Seguidamente se sujeta en un tornillo de tubo y se prepara la terraja con los peines adecuados a la rosca y el diámetro del tubo que deseemos roscar. Lubricamos con aceite donde vamos a roscar y realizamos la rosca girando la terraja. Una vez sacada la terraja y limpia la rosca de viruta, probamos que es correcta con un accesorio, por ejemplo, un codo.

Estos empalmes roscados se aseguran rodeándolos con estopa y untándolos con una pasta o pintura de minio, que los protege contra la corrosión. El uso del minio se debe a que, con la rosca, se ha perdido la protección de zinc que tenían y se pueden oxidar. Por otra parte, esta estopa deja estanca la rosca y no se pierde el agua.

1.7.1.2. Mantenimiento

A todas las terrajas, una vez terminado el trabajo de roscado, es necesario sacarles los peines. Después hay que limpiarlas con una brocha y eliminar las virutas que hayan quedado en su interior y en los peines. Una vez limpias deben engrasarse ligeramente para evitar posibles oxidaciones.

Los peines se guardan aparte, en un estuche adecuado, limpios y engrasados, para que las cuchillas no se deterioren ni pierdan su afilado.

No fuerce nunca una rosca. Asegúrese de que está en buen estado.

1.7.2. Máquinas eléctricas para roscar

La operación de roscar un tubo, cuando se trata de un diámetro superior a una pulgada, suele ser fatigosa cuando hay que efectuarla a mano. Esto se debe a que las terrajas manuales, para mantener la robustez necesaria, tienen un peso apreciable, lo que hace dificultoso su manejo.

Por estos motivos, se han ido imponiendo en la práctica de este trabajo las máquinas de roscar, las cuales efectúan este trabajo a la perfección y con diámetros que llegan hasta las 4 y 5 pulgadas.

El funcionamiento de estas máquinas es muy sencillo.

Constan de un motor eléctrico, el cual arrastra un plato giratorio con garras. Por el interior de este plato pasa: el tubo que queremos roscar, un sistema de terraja ajustable montado sobre unos soportes previamente centrados con el plato de arrastre, un dispositivo cortatubos (también montado sobre dichos soportes) y un centrador, en el exterior, que sirve de guía.

1.7.3. Mordaza de tubos

Se utiliza para la sujeción de tubos y redondos para trabajarlos y hace las veces de una tercera mano. Se utiliza en fontanería principalmente. Es una herramienta similar a los tornillos de banco de trabajo. Existen dos formas:

- Mordaza.
- Cadena.

Ambos realizan la misma misión, pese al diferente sistema de sujeción que tienen respecto al tornillo de banco.

En el de mordaza el apriete se realiza por medio de una manivela situada en la parte superior del tornillo. En este caso, este tornillo tiene dos mordazas (fijas y móviles); la fija tiene forma de V con superficie dentada y se encuentra situada en la parte inferior.

En el de cadena el apriete se efectúa pasando la cadena por encima de la pieza a apretar, tensando la cadena y ejecutando el apriete por medio de una manivela situada en la parte inferior.

1.8. Herramientas de soldadura

La soldadura se usa para unir dos piezas de forma permanente.

Existen dos tipos de unión:

- **Unión por fusión**. Se realiza calentando los dos cuerpos que se van a unir hasta que se fundan uno con el otro.

- **Unión por adhesión**. En este sistema de unión utilizamos lo que llamamos material de aporte. Consiste en una varilla de un material que se funde a menos temperatura que los materiales a unir que, al fundirse, queda unida a estos.

La soldadura, dependiendo del material que se quiera unir y el procedimiento que se utilice, se divide en:

- **Soldadura a baja temperatura**: es la que usamos generalmente en fontanería. Para soldar a baja temperatura se usan los sopletes.
- **Soldadura por arco eléctrico**: este tipo de soldadura se realiza por medio de un equipo de soldadura de arco eléctrico y una varilla o material de aporte llamado electrodo.
- **Soldadura oxiacetilénica**: es la soldadura que más alta temperatura alcanza debido a la llama oxiacetilénica.

La soldadura es una de las operaciones más frecuentes en fontanería.

La soldadura es propia de las instalaciones de tuberías de cobre. También se utiliza, aunque menos, en la instalación de los tubos de acero galvanizado.

Las herramientas y materiales propios de la soldadura son:

1. **El soplete manual o de cartucho**. Con este soplete podremos realizar las soldaduras a las que se puede acceder fácilmente y que tienen una buena toma de aire. Si la toma de aire no es óptima, la llama del soplete se apagará.

   Presenta la boquilla de la lámpara unida a la bombona; su inconveniente es el peso, ya que a la hora de soldar deberemos soportar también el de la bombona, lo que origina que nuestro pulso sea más difícil de mantener.

   El soplete, aparte de ser utilizado para la soldadura, también se utiliza para calentar piezas de PVC, para doblar tubos, etc.

   Generalmente estos sopletes están alimentados por cartuchos desechables (para atornillar o perforar) de gas líquido (butano o propano, utilizable hasta –15 °C).

Actividad 2

Cuando tengamos que realizar una rosca macho en algún elemento (tubo, varilla, etc.), la herramienta apropiada para la tarea es la:

- ☐ a) Portaterraja.
- ☐ b) Terraja.
- ☐ c) Torrija.

2. **Soplete de manguera o con botellas de gas.** Es más potente que el soplete de cartucho y tiene más autonomía. Está unido por medio de una manguera a grandes botellas de butano o de propano (generalmente provistas de un reductor de presión).

A la hora de soldar no es preciso soportar la botella que puede estar sobre cualquier superficie y nos facilita todas las posiciones de la lámpara, ya que la manguera conduce el gas hasta el soplete.

Con este tipo de soplete podemos realizar las soldaduras que sean de fácil o difícil acceso ya que la boquilla es más larga y manejable.

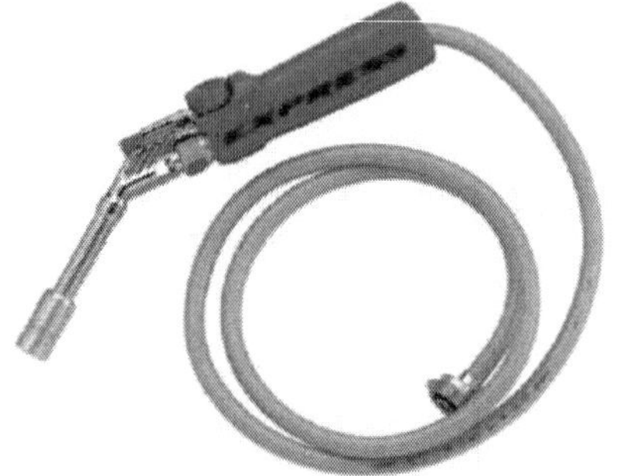

La llama del soplete tiene forma de dardo y se divide en dos partes: una exterior, de color azul claro, y otra más pequeña e interior (penacho), diáfana, de color azul oscuro. La máxima temperatura se alcanza en la punta del penacho.

Tendremos cuidado a la hora de soldar con las materias grasas de las tuberías, puesto que pueden arder, y mezcladas con oxígeno provocar explosiones.

Deberemos prestar atención a que la lámpara cumpla las adecuadas medidas de seguridad. Deberemos tener una serie de normas como son apagarla, cuando no la necesitemos, y evitar, de esa forma, quemaduras accidentales e incendios. Otra norma básica será la de mantener la botella alejada de cualquier foco de calor y nunca dejar un mechero de gas encima de la mesa de soldar o zona de trabajo.

Su gran caudal permite alcanzar temperaturas más elevadas que con el soplete de cartucho (1.500 °C).

Otra recomendación, a tener en cuenta, es que cuando aplicamos el soplete sobre tuberías estas cogen altas temperaturas, debiendo extremar las precauciones al manipularlas para evitar quemarnos. Usaremos guantes especiales aislantes del calor, para manipularlas en caliente, o no las tocaremos hasta que estén frías.

3. **Sopletes autógenos.** Estos aparatos consumen una mezcla de gas (butano, propano, acetileno) y de oxígeno. El combustible permite alcanzar temperaturas de 2800 ºC. Estos sopletes son los aparatos más eficaces para la soldadura fuerte del latón. También pueden usarse para otras soldaduras.

Aparte de las herramientas, para realizar la soldadura necesitamos algunos **materiales que no pueden faltar** en nuestra caja de herramientas.

Uno de los imprescindibles es el **estaño**. Este material viene en forma de rollo y es una aleación de estaño y plata.

El estaño se calienta con el soplete y se introduce en el hueco entre una pieza y otra. Esto da lugar a lo que se llama un **anillo de soldadura**.

El otro material que no debe faltar es el **decapante**, que no es más que un limpiador que hemos de aplicar sobre la zona que estamos soldando (a los dos elementos). El decapante limpia la zona de forma que el estaño, al calentarse, no deja ningún poro en la soldadura.

2. Conocimiento de los materiales más usuales

2.1. Materiales metálicos, plásticos y aislantes

Hay que conocer bien las tuberías, así como sus accesorios. Las tuberías sirven para la distribución de agua a presión. Van desde la acometida hasta los puntos de consumo que establezcamos.

Recuerda que...

La acometida es el conducto que enlaza la red pública con la red interior de un edificio particular.

De forma general, todos los materiales que se vayan a utilizar en las instalaciones de agua potable cumplirán los siguientes requisitos, según el CTE:

a) Todos los productos empleados deben cumplir lo especificado en la legislación vigente para aguas de consumo humano.

b) No deben modificar las características organolépticas ni la salubridad del agua suministrada.

c) Serán resistentes a la corrosión interior.

d) Serán capaces de funcionar eficazmente en las condiciones previstas de servicio.

e) No presentarán incompatibilidad electroquímica entre sí.

f) Deben ser resistentes y no presentar daños ni deterioro a temperaturas de hasta 40º C. Tampoco les puede afectar la temperatura exterior de su entorno inmediato.

g) Serán compatibles con el agua que transportan y contienen. No deben favorecer la migración de sustancias de los materiales en cantidades que sean un riesgo para el consumo humano.

h) Su envejecimiento, fatiga, durabilidad y todo tipo de factores mecánicos, físicos o químicos no disminuirán la vida útil prevista de la instalación.

Para que se cumplan las condiciones anteriores, se podrán utilizar revestimientos, sistemas de protección o los ya citados sistemas de tratamiento de agua.

Según el CTE, que es la norma que debemos seguir, las tuberías que se pueden utilizar en la instalación de agua potable son:

a) Tubos de acero galvanizado, según la Norma UNE 19 047:1996.

b) Tubos de cobre, según la Norma UNE EN 1 057:1996.

c) Tubos de acero inoxidable, según la Norma UNE 19 049-1:1997.

d) Tubos de fundición dúctil, según la Norma UNE EN 545:1995.

e) Tubos de policloruro de vinilo no plastificado (PVC), según la Norma UNE EN 1452:2000.

f) Tubos de policloruro de vinilo clorado (PVC-C), según la Norma UNE EN ISO 15877:2004.

g) Tubos de polietileno (PE), según la Norma UNE EN 12201:2003

h) Tubos de polietileno reticulado (PE-X), según la Norma UNE EN ISO 15875:2004.

i) Tubos de polibutileno (PB), según la Norma UNE EN ISO 15876:2004.

j) Tubos de polipropileno (PP) según la Norma UNE EN ISO 15874:2004.

k) Tubos multicapa de polímero / aluminio / polietileno resistente a temperatura (PE-RT), según la Norma UNE 53 960 EX: 2002.

l) Tubos multicapa de polímero / aluminio / polietileno reticulado (PE-X), según la Norma UNE 53 961 EX: 2002.

Estos tipos de tuberías son los que podemos utilizar en las instalaciones. Pero las tuberías que más utilizamos en las instalaciones de agua a presión, en cuanto al material en que están construidas, pueden ser:

1. **Tuberías metálicas:**
   - De acero galvanizado.
   - De acero inoxidable.
   - De cobre.

2. **Tuberías plásticas:**

- De polietileno.
- De polipropileno.
- De polibutileno.
- De multicapa.

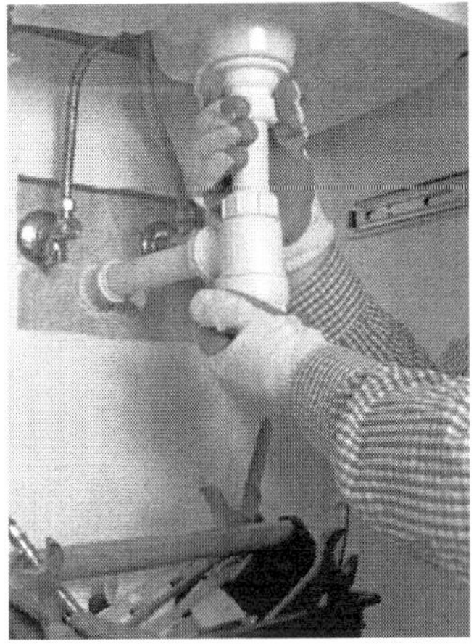

Dada la alteración que producen en las condiciones de potabilidad del agua, quedan prohibidos expresamente los tubos de aluminio y aquellos cuya composición contenga plomo.

2.1.1. Tuberías

2.1.1.1. Tuberías metálicas

A) De acero galvanizado

El tubo de acero galvanizado que se usa en las instalaciones a que nos referimos se comercializa bajo la Norma UNE 19 047:1996.

Pueden ser de acero estirado o soldado longitudinalmente. Éstos últimos son los más utilizados.

Propiedades

Tiene una buena resistencia mecánica y a la deformación.

Su gran inconveniente es la baja resistencia a la corrosión, pues, al contacto con el aire y la humedad, se oxida fácilmente. Para corregir este defecto, necesitan recubrir tanto su superficie como el interior con un baño de zinc por electrolisis que denominamos galvanizado y que protege al tubo de la oxidación.

No deben soldarse eléctricamente y menos aún con oxiacetileno, ya que perderían el galvanizado y se podrían oxidar.

No se deben instalar las tuberías de acero galvanizado después de haber instalado tuberías de cobre, ya que se produciría la llamada **corrosión electrolítica.** Sin embargo, se pueden instalar al revés, es decir, primero los tubos de acero galvanizado y después las tuberías de cobre, aunque tenemos que instalar entre ellos los llamados manguitos antigalvánicos, que nos permiten la unión de los dos materiales.

Este tipo de tuberías se suele utilizar para instalar las acometidas, así como los tubos de alimentación, en los grupos de presión y ramales de contadores divisionarios. No así en el resto de la instalación.

El acero galvanizado es el material para la construcción de tuberías que tiene el punto de fusión más alto (1540 ºC), por lo que es el más indicado para la instalación de la red contra incendios.

La tubería de acero galvanizado se comercializa en tubos rígidos de 5 ó 6 metros de longitud.

Los tubos de acero galvanizado pueden curvarse en frío mediante curvadoras.

Las uniones son roscadas, es decir, los tubos son roscables por el exterior. Se unen con los accesorios correspondientes comercializados ya roscados. Estos accesorios también están galvanizados.

Aquí vemos unos cuantos accesorios:

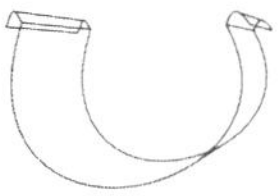

Manguito

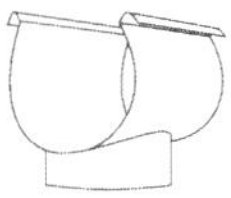

Conexión bajante

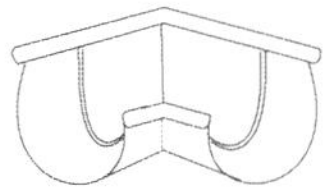

Esquina

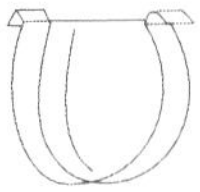

Tapón para canalón

Tapón para piezas

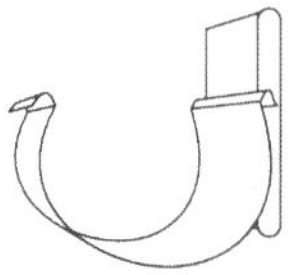

Gafa

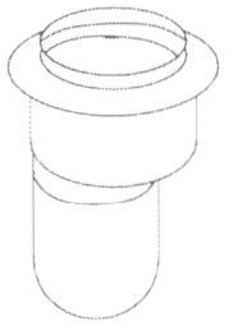

Reductor

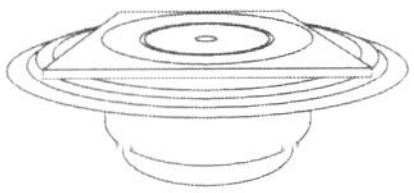

Caldereta sifónica

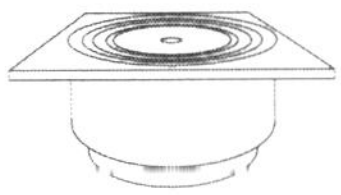

Sumidero sifónico

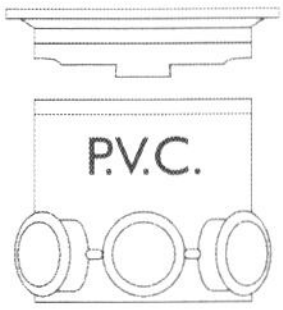

P.V.C.

Bote sifónico

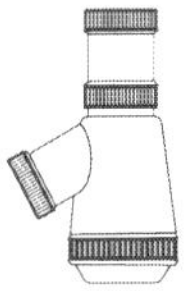

Sifones botella
salida inclinada

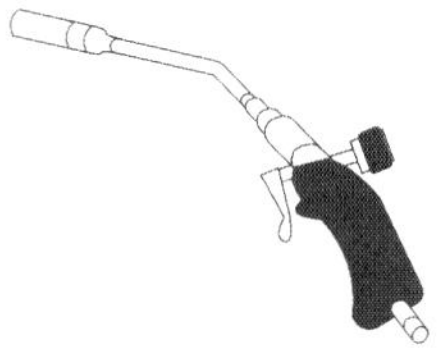

soplete butano-propano

Mango de soplete

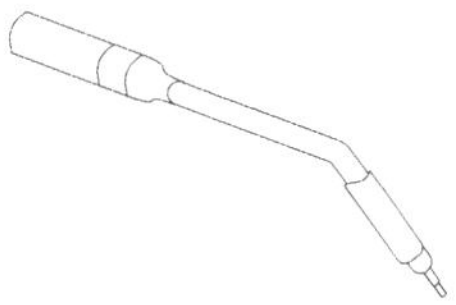

Quemador de llama fuerte

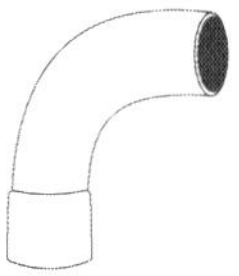

Curva 90°
Radio largo MH

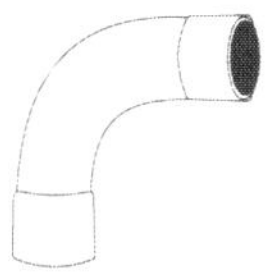

Curva 90° Radio largo HH	Curva 45° Radio largo MH	Curva 45° Radio largo HH
Codo Radio corto HH	Codo Radio corto MH	Manguito Reducción macho
Manguito Reducción hembra	Racor loco curvo HH	Curva 180° HH
Curva desviación HH	Codo hembra	Codo doble
Enlace R-M	Enlace R-H	Enlace

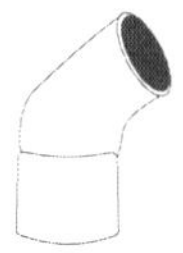

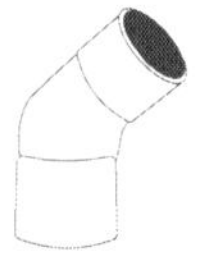

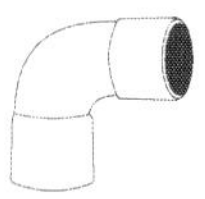

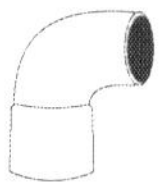

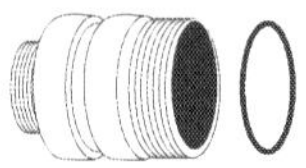

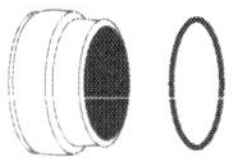

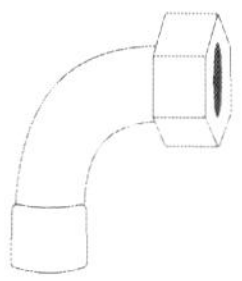

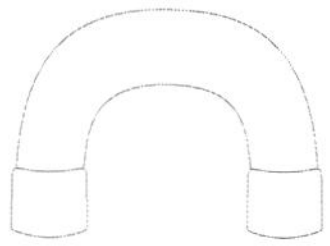

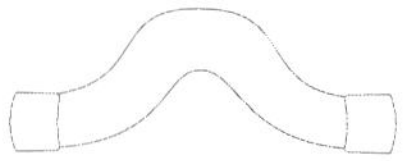

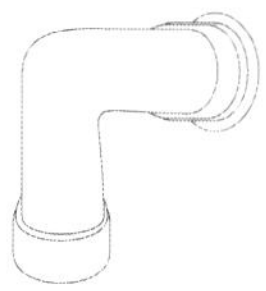

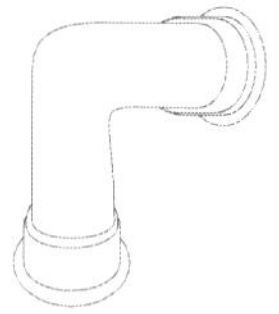

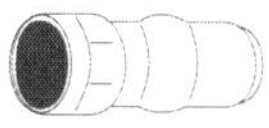

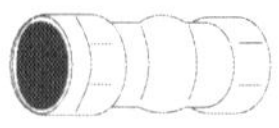

Los diámetros nominales de las tuberías de acero galvanizado que se comercializan se representan en **pulgadas** y son: 1/8"- ¼"- ½"- ¾"- 1"- 1 ¼"- 1 ½"- 2"- 2 ½"- 3"- 4"- 5" y 6".

B) De acero inoxidable

El tubo de acero inoxidable que se usa en las instalaciones se comercializa bajo la Norma UNE 19 049-1:1997.

Las tuberías de acero inoxidable son una aleación de hierro con un porcentaje pequeño de cromo, que protege al material de la oxidación.

Las propiedades del acero inoxidable permite que se puedan fabricar las tuberías con unas paredes bastante más delgadas que el acero galvanizado, por lo que no tiene el inconveniente del peso, ya que éste es menor, pero sin disminuir la resistencia.

Hemos de tener en cuenta que el acero inoxidable puede ser atacado por la electrolisis, por lo que hemos de tomar la precaución de no instalarlo después del cobre.

La tubería de acero inoxidable se comercializa en tiras de 5 ó 6 metros de longitud.

Los tubos de acero inoxidable se pueden curvar en frío mediante curvadoras.

Las tuberías de acero inoxidable se miden en milímetros y en las mismas medidas que el cobre, como podemos ver en la siguiente tabla:

Diámetro exterior	Diámetro interior
15 mm	13 mm
18 mm	16 mm
22 mm	19,6 mm
28 mm	25,6 mm
35 mm	32 mm
42 mm	39 mm
54 mm	51 mm

Las uniones se realizan por medio de estos procedimientos:

a) **Unión prensada**.

Es la forma más utilizada en la unión de acero inoxidable. Se efectúa por medio de una prensadora eléctrica o electromecánica, cuya misión es prensar el extremo del accesorio contra el tubo que se aloja en su interior.

b) **Unión soldada**.

La soldadura que se emplea para la unión de acero inoxidable es la soldadura fuerte, mediante equipos oxiacetilénicos y la aportación de varillas con un porcentaje de plata.

c) **Unión por compresión**.

Esta unión se realiza por medio de lo que llamamos uniones rápidas. Las uniones rápidas consisten en el acople de un tubo a un accesorio de apriete por compresión.

d) **Unión mediante pegado**.

Existen algunos materiales que pueden unir los elementos de acero inoxidable mediante materiales adhesivos, que pegan el tubo y realizan una estanqueidad perfecta.

C) De cobre

El cobre, cuyo símbolo es (Cu), es un metal de color característico (rojo salmón), muy dúctil, maleable y buen conductor de la electricidad y el calor. No es atacado por gases, no se altera con aire seco, con la humedad se recubre de una capa de óxido que lo protege de posteriores ataques, formando éste una patina verdosa que se denomina "cardenillo". El cobre es un material que tiene buena resistencia a la corrosión por agua. Por ello, es un material muy adecuado para ser usado en tuberías de distribución, tanto de agua fría como caliente.

Todas estas características hacen que la mayoría de las instalaciones se realicen con cobre, puesto que también presenta otras ventajas como ser ligero, fácil de manipular y que suelda con facilidad.

Los tubos de cobre deben estar marcados por el fabricante con la referencia UNE EN 1 057:2007.

El tubo de cobre se fabrica por extrusión y, generalmente, es estirado en frío para calibrarlo y endurecerlo.

Por la textura lisa de sus paredes, el cobre presenta un rozamiento mínimo.

El cobre no debe soldarse nunca directamente a tuberías de acero galvanizado, bajo ningún concepto. Esto formaría un par electroquímico que destruiría tanto la tubería como la soldadura.

El diámetro de las tuberías de cobre se expresa en mm.

Las tuberías de cobre se presentan en dos calidades:

a) **El cobre recocido**

El cobre recocido es calentado y enfriado bruscamente, una vez se ha estirado. Se fabrica por calentamiento del cobre duro a una temperatura de entre 350 y 500 ºC.

Se suministra en rollos de entre 10 y 50 m y se utiliza para conducciones sinuosas y empotradas, instalaciones de gran recorrido o en derivaciones.

Tubo de cobre

Es más fácil de manejar, ya que se curva casi sin herramientas. Pero tiene el inconveniente de que se deforma transversalmente, es decir, que se aplasta fácilmente y pierde su forma cilíndrica, lo que puede originar inconvenientes a la hora de soldarlo.

b) **El cobre rígido**

Este cobre está sin recocer después de ser estirado, lo que le da la rigidez.

Se comercializa en barras rectas de 5 m.

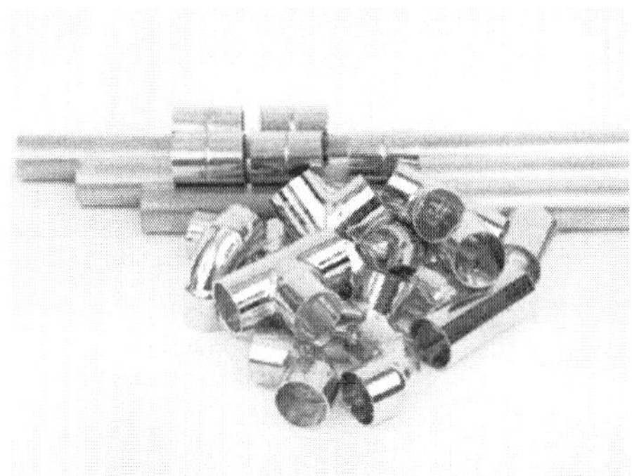

El cobre rígido es el más utilizado.

Se utiliza para las distribuciones con gran cantidad de accesorios.

Las medidas más usadas en la fontanería para tuberías de cobre son las que muestra la siguiente tabla:

Diámetro exterior Tubería de cobre	Diámetro interior Tubería de cobre
6 mm	4 mm
8 mm	6 mm
10 mm	8 mm
12 mm	10 mm
14 mm	12 mm
15 mm	13 mm
16 mm	14 mm
18 mm	16 mm
22 mm	20 mm
28 mm	26 mm
35 mm	33 mm
42 mm	40 mm
54 mm	51,6 mm

Las uniones de tuberías de cobre a sus accesorios se pueden realizar por los siguientes métodos:

a) **Soldadura blanda por capilaridad.** Es el sistema más empleado. La unión de los accesorios a un tubo se efectúa mediante el relleno con material de aportación de una aleación de estaño y plata que, al calentarse, rellena la unión de los dos elementos.

b) **Soldadura fuerte por capilaridad.** En este tipo de soldadura se emplea una temperatura más alta que en el anterior.

c) **Unión por empalmes mecánicos.** Por medio de uniones rápidas, con racores, manguitos y juntas se efectúa esta unión, que veremos más adelante.

El único inconveniente que se puede plantear en las tuberías de cobre es la dilatación.

Estas tuberías no tienen costuras y son de paredes lisas. Se cortan con el cortatubos o con sierras de dientes finos.

Existen todo tipo de complementos para estas tuberías: racores, acoples en T o L, etc.

Para hacer una buena instalación con esta tubería tendremos en cuenta lo siguiente:

- Realizaremos uniones en perfecta estanqueidad.
- Tomaremos las medidas correctas, teniendo en cuenta las dilataciones.
- Los dimensionados de las tuberías irán acordes a los caudales máximos de consumo previsto.
- Las tuberías se colocarán apoyadas de modo que el peso de los tubos cargue sobre los soportes y no sobre las uniones.

Recuerda que...

En las viviendas, las tuberías de entrada de agua suelen tener los siguientes diámetros de tubo:

- Entrada general a la vivienda: 22 mm.
- Distribución por los ramales; 18 mm.
- Tuberías a cada aparato: 15 mm.

2.1.1.2. Tuberías plásticas

El uso de las tuberías procedentes de materias plásticas está en aumento, debido a las ventajas que aporta y que son:

- Su ligereza. Las tuberías de plástico son bastante menos pesadas que las de acero o cobre.
- Su gran resistencia. Son capaces de resistir presiones de hasta 20 ó 25 kg/cm^2 y temperaturas de hasta 110 ºC.
- No les afecta la electrolisis, por lo que son muy resistentes a la corrosión.
- Ofrecen mucha resistencia a la formación de incrustaciones.
- Tienen poca pérdida de carga, debido a que su cara interior es muy lisa.
- No presentan problemas de corrosión ni con el agua ni con los elementos utilizados en construcción como el yeso, el cemento, etc.
- Estos tubos pueden trabajarse de forma fácil y eficiente. Se pueden doblar fácilmente. Su corte se realiza con facilidad. Se han llegado a crear uniones con sus accesorios en los que no hacen falta herramientas.

- Se comercializan en distintos colores, lo que nos hace una instalación fácil (azul para el agua fría y roja para la caliente). Esto permite también que no sea preciso pintura.

  Se puede afirmar sin temor a equivocarse que el uso de los materiales plásticos está desbancando a los materiales empleados hasta ahora.

  Los materiales plásticos son diversos, debido a su composición, a sus espesores y a sus propiedades.

Para designar a estas tuberías hemos de regirnos por los siguientes parámetros:

a) Por el diámetro exterior del tubo.

b) Por el espesor de la pared del tubo.

c) Por la presión nominal que puedan soportar.

d) Por la temperatura que pueda admitir el tubo.

e) Por el SDR.

   El SDR es la relación entre el diámetro nominal de la tubería y su espesor.

f) Por la clase:

   La clase es para lo que puede servir dicha tubería. Las clases son:

   - Clase 1. Suministro de agua caliente hasta 60 ºC.
   - Clase 2. Suministro de agua caliente hasta 70 ºC.
   - Clase 4. Calefacción por suelo radiante y radiadores a baja temperatura.
   - Clase 5. Calefacción por radiadores a alta temperatura.

g) Por la serie:

   La serie es la relación entre el esfuerzo tangencial y la presión de trabajo.

A) Tuberías de polietileno (PE)

El polietileno es probablemente el polímero que más se ve en la vida diaria. Es el plástico más popular del mundo. Éste es el polímero con el que se fabrican las bolsas de almacén, los frascos de champú, los juguetes de los niños, e incluso los chalecos a prueba de balas y las tuberías. Por ser un material tan versátil, tiene una estructura muy simple, la más simple de todos los polímeros comerciales.

Las tuberías de polietileno se pueden fabricar en distintas densidades. Mientras mayor es la densidad del polietileno, mejores prestaciones ofrecen.

Las **características de dicho material** son:

- Gran flexibilidad.
- Instalación y manipulación fácil gracias a su ligereza.

- Resistencia a la corrosión, a los productos químicos y a los rayos ultravioleta.
- Ausencia de toxicidad, que lo hace apropiado para el transporte de agua potable.
- Buen comportamiento hidráulico debido a su baja rugosidad.
- Gran variedad de accesorios y bajos costes de mantenimiento.
- La gran capacidad como aislante de los tubos de PE hace que ofrezcan una gran resistencia a la congelación. En el caso de que el agua se hiele en el interior del tubo, el aumento del volumen no provocará la rotura del tubo, debido a su flexibilidad.

La tubería de polietileno se fabrica en color negro, con una franja de color azul que indica que se puede utilizar para el transporte de agua potable.

Las **tuberías de polietileno** se presentan en:

- Barras de 6 a 12 m de diámetro grande, a partir de 110 mm.
- Rollos de 50, 100, 150, 200 ó 300 m, con un diámetro exterior inferior a 50 mm.
- Bobinas de 200, 500, 1000 y 1500 m, con diámetros de 63, 90 y 110 mm.

La unión de la tubería de polietileno con sus accesorios se puede realizar por los siguientes procedimientos:

1. Por compresión.
2. Uniones soldadas térmicamente (tubo a tubo).
3. Por accesorios electrosoldables. Esta es la más utilizada.

La tubería de polietileno está diseñada sólo para transportar agua a la temperatura de la red. No soporta una temperatura de más de 25 ºC, por lo que sólo se puede utilizar para acometidas, ramales generales y montantes, nunca para agua caliente. Las tuberías de polietileno son las más utilizadas para las instalaciones de riego.

B) Tuberías de polietileno reticulado (PE-X)

Las tuberías de polietileno reticulado son un derivado de las de polietileno.

La principal característica de la tubería de polietileno reticulado es la capacidad que tiene para que pueda circular por ella el agua caliente, hasta 95 ºC.

Las tuberías de polietileno reticulado (PE-X) se presentan en color neutro, es decir, sin tintar, aunque puede venir en color azul o rojo, para diferenciar las instalaciones de agua fría y caliente.

Pueden venir en barras semirrígidas o en rollos.

Cuando los tubos se utilicen en rollos, deberán desenrollarse en sentido contrario. Se iniciará el movimiento a partir del extremo exterior.

Cuando se utilicen para columnas montantes en centralización de contadores, se instala un caballete en los pisos y se va desenrollando el tubo desde arriba hacia abajo, hasta la batería.

Según la Norma UNE-EN ISO 15875, las aplicaciones para las tuberías de PEX serán instalaciones de agua caliente y fría en el interior de la estructura de los edificios (para la conducción de agua destinada o no al consumo humano) y las instalaciones de calefacción, a las presiones y temperaturas de diseño apropiadas para la **clase de aplicación** correspondiente:

- Clase 1 (suministro agua caliente 60ºC).
- Clase 2 (suministro agua caliente 70ºC).
- Clase 4 (calefacción por suelo radiante y radiadores a baja temperatura).
- Clase 5 (radiadores a alta temperatura).

Algunas de las **aplicaciones** son:

- Instalaciones de agua sanitaria caliente y fría.
- Calefacción por radiadores (instalaciones bitubular y monotubular).
- Calefacción por suelo radiante.
- Climatización (fan coils).
- Conducciones de agua en ambientes salinos (buques, cocederos, etc.).
- Aplicaciones industriales (redes de aire comprimido, redes de vacío, instalaciones de refrigeración por agua, conducción de sustancias químicas, redes contraincendios, etc.).
- Instalaciones ganaderas.
- Instalaciones solares.
- Instalaciones geotérmicas.

Los tubos van **marcados** de forma indeleble en cada metro. La información mínima que debe aparecer es la siguiente:

- Nº de la Norma: UNE-EN ISO 15875.
- Nombre del fabricante / Marca comercial.

- Diámetro exterior nominal y espesor de la pared nominal.
- Clase de dimensión del tubo.
- Material: PEX.
- Clase de aplicación combinada con la presión de diseño.
- Información del fabricante (lote, año producción, etc.).

El **almacenaje** de los tubos ha de realizarse siguiendo estos consejos:

- Conviene que se haga en los embalajes que proporcionan los fabricantes (cajas de cartón o bolsas de plástico o rafia).
- No deben apoyarse sobre superficies cortantes.
- No deben sujetarse con elementos agresivos durante el transporte (alambres, cadenas, etc.).
- No deben quedar expuestos a la luz directa del sol, ya que los rayos ultravioletas mermarían sus propiedades.

La **unión de la tubería de PE-X** con sus accesorios se puede realizar por los siguientes procedimientos:

1. **Unión por casquillo deslizante:**
   - Cortar el tubo de forma perpendicular al eje longitudinal. Introducir el casquillo en el tubo.
   - Expandir el tubo con un abocardador e introducir el accesorio hasta la última estría.
   - Deslizar el casquillo con la prensa hasta fijar el tubo en el accesorio.
2. **Unión por casquillo de presión:**
   - Cortar el tubo de forma perpendicular al eje longitudinal.
   - Introducir la tuerca en el tubo y posteriormente el anillo bicono.
   - Insertar el accesorio y roscar la tuerca. El roscado de la tuerca cerrará el anillo y se comprimirá contra el tubo. Quedará éste fuertemente sujeto al accesorio.
3. **Unión por casquillo Q&E (solo en tuberías adecuadas para este tipo de unión):**
   - Cortar el tubo en ángulo recto con un cortatubos para plástico. Montar el anillo en el tubo de forma que sobresalga ligeramente (máximo 1mm) del extremo del tubo.
   - Abrir totalmente los brazos del expandidor y expandir. Retirar la herramienta y girar el tubo (o la herramienta) un octavo de vuelta.
   - Volver a expandir.
   - Retirar la herramienta y efectuar el montaje.

4. **Unión por press-fitting:**

   - Cortar el tubo de forma perpendicular al eje longitudinal e introducir el casquillo.
   - Introducir el tubo en el accesorio y verificar a través del visor que ha entrado hasta el tope.
   - La compresión se produce mediante prensa electrohidráulica, prensa electromecánica o tenaza manual.

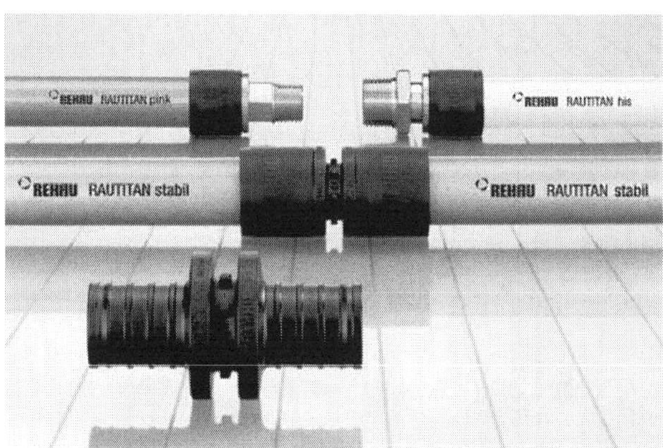

Recuerda que...

En las uniones por *press-fitting* el cierre sólo es correcto cuando las mordazas están en posición cerrada. Verificar a través del visor que el tubo se encuentra en la posición correcta.

5. **Unión por push-fit:**

   - Cortar perpendicularmente la sección de tubo. El corte se realiza fácilmente usando un cortatubos o unas tijeras.
   - Calibrar y biselar el extremo del tubo cortado. Dos o tres giros de muñeca con el biselador adecuado serán suficientes. Comprobar visualmente el resultado.
   - Introducir el extremo del tubo biselado en el accesorio hasta comprobar que éste sobrepasa el orificio de comprobación visual.

C) Tuberías de polibutileno (PB)

Los tubos de polibutileno se utilizan para el transporte y distribución de agua fría y caliente a presión y a temperaturas de hasta 70ºC, en régimen continuo y 95ºC, en régimen discontinuo.

Clase de aplicación 1, 2 ó 4, con presión de diseño 10 bares.

Clase de aplicación 5, con presión de diseño 8 bares.

Algunas de las aplicaciones son:

- Instalaciones de agua sanitaria caliente y fría.
- Calefacción por radiadores (instalaciones bitubular y monotubular).
- Calefacción por suelo radiante.
- Climatización (fan coils).
- Conducciones de agua en ambientes salinos (buques, cocederos, etc.).
- Aplicaciones industriales (redes de aire comprimido, redes de vacío, instalaciones de refrigeración por agua, etc.).
- Instalaciones ganaderas.

Los tubos de polibutileno van marcados igual que los de PE-X.

El polibutileno es de color gris. Se comercializa en barras de 4 ó 5 metros o en rollos de 25, 50 ó 100 metros.

Existe una completa gama de accesorios que se usan en la instalación de las tuberías de polibutileno.

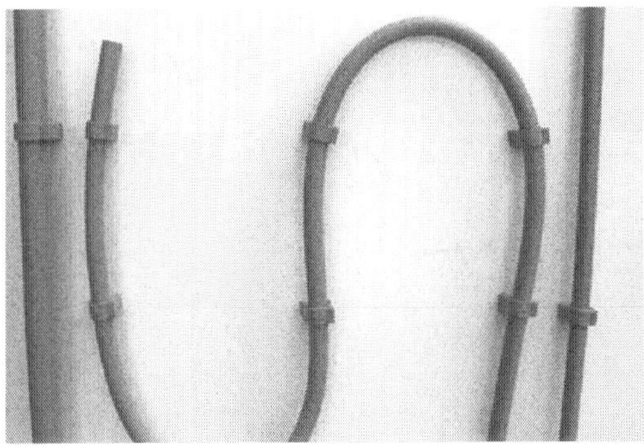

Recomendamos el empleo de tubos y accesorios certificados por AENOR.

Los accesorios pueden estar fabricados en polibutileno o mixtos, es decir, parte en polibutileno y otra parte en latón, bronce o acero inoxidable.

Se seguirán siempre las instrucciones de montaje que facilita cada fabricante.

La unión se realiza con accesorios de polibutileno, sin necesidad de herramientas y mediante la técnica de **push-fit** (conexión rápida).

La técnica push-fit es de fácil instalación. **Los pasos que dar son**:

1. Cortar el tubo con tijeras o cortatubos profesional.
2. Después de comprobar que no hay rebabas, insertar el casquillo en el extremo del tubo.
3. Insertar el tubo firmemente. La junta, lubricada de fábrica, facilita la inserción. Girar y presionar hasta la introducción total del tubo.
4. Sujetar el accesorio y comprobar, tirando del tubo, que la unión es correcta.

D) Tuberías multicapa

Las tuberías llamadas multicapa están compuestas generalmente por una conducción base de polietileno reticulado (PE-X), una lámina intermedia de aluminio y otra capa de PE-X, o bien de polietileno de alta densidad (PE-AD).

El color característico de este tubo es el blanco. Se comercializa en barras de 4 ó 5 m y rollos de 25, 50 ó 100 metros.

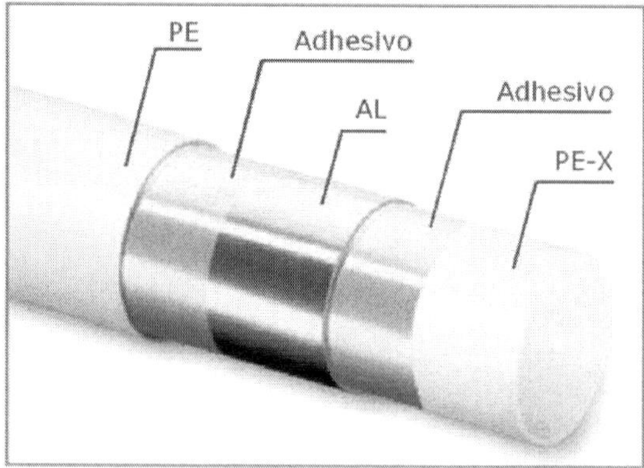

Las tuberías multicapa se pueden utilizar en las instalaciones de agua caliente y fría en el interior de la estructura de los edificios (para la conducción de agua destinada o no al consumo humano) y en las instalaciones de calefacción, a las presiones y temperaturas de diseño apropiadas para la clase de aplicación correspondiente.

- **Clase 1** (suministro agua caliente 60ºC).
- **Clase 2** (suministro agua caliente 70ºC).
- **Clase 4** (calefacción por suelo radiante y radiadores a baja temperatura).
- **Clase 5** (radiadores a alta temperatura).

Algunas de las aplicaciones son:

- Instalaciones de agua sanitaria caliente y fría.
- Calefacción por radiadores (instalaciones bitubular y monotubular).
- Calefacción por suelo radiante.
- Climatización (fan coils).
- Conducciones de agua en ambientes salinos (buques, cocederos, etc.).
- Aplicaciones industriales (redes de aire comprimido, redes de vacío, instalaciones de refrigeración por agua, etc.).
- Instalaciones ganaderas.

Los tubos van marcados de forma indeleble en cada metro. La información mínima que llevarán es la siguiente:

- Identificación del fabricante.
- Referencia del material y constitución de las capas.
- Diámetro nominal en milímetros.
- Condiciones de funcionamiento.
- Año de fabricación.
- Referencia a la norma UNE.

Existe una completa gama de accesorios que se usan en la instalación de las tuberías multicapa.

La unión se basa en montar el tubo multicapa entre la tetina y el casquillo de compresión o entre la tetina y anillo con tuerca de compresión. Se unen a presión con las mordazas correspondientes o apretando la tuerca del accesorio a rosca.

El perfil de la tetina del accesorio garantiza, al comprimir el polietileno contra la tetina, una conexión segura. La estanqueidad se efectúa entre la tetina del accesorio y la pared interior del tubo con las juntas tóricas. Estas juntas tóricas son resistentes a las altas temperaturas y al envejecimiento.

Se seguirán siempre las instrucciones de montaje que facilita cada fabricante.

La unión se realiza mediante la técnica de press-fitting.

El sistema *press-fitting* con junta elástica garantiza una perfecta estanqueidad y permite girar el accesorio después de la unión para facilitar su montaje:

1. Cortar la tubería a escuadra.
2. Calibrar el interior de la tubería y su escariado interior de 1 mm desde diámetros de 16 a 25 o de 2 mm desde diámetros de 32 a 75. Este proceso facilita el montaje del tubo y evita que la tubería arrastre la junta elástica del accesorio.

3. Introducir el tubo en el accesorio y verificar a través del visor que ha entrado hasta el tope
4. Se procede a la compresión mediante prensa electrohidráulica, prensa electromecánica o tenaza manual. Recuerde que el cierre sólo es correcto cuando las mordazas están en posición cerrada.

   Verificar mediante el visor que la tubería se encuentra en posición correcta.

E) Tuberías de PVC (Policloruro de Vinilo)

Este tipo de tuberías son actualmente las más utilizadas en las instalaciones.

Las tuberías de policloruro de vinilo (PVC) son baratas y fáciles de trabajar.

Entre sus ventajas cuentan:

- No se oxidan.
- No les afectan las heladas.
- Son muy resistentes a productos corrosivos.
- Son muy ligeras y económicas.

En las instalaciones se usan para circuitos de:

- Agua sucia.
- Agua caliente.
- Agua fría.

Los tubos son normalmente de color gris, presentando diámetros de diferentes milímetros. Asimismo, los codos y demás elementos de unión tienen el mismo diámetro.

La unión de elementos se realiza por medio de un pegamento compuesto de dos productos que son: un limpiador y una cola.

El limpiador es el que prepara la superficie a unir para que el fundido de las piezas sea perfecto. La cola es el elemento de unión.

Las tuberías de este material se cortan con muchísima facilidad, puesto que lo mismo se pueden cortar con una sierra eléctrica que con un serrucho de carpintero.

Estas tuberías no van soldadas. Su unión se realiza por medio de roscado, son fáciles de desmontar y de limpiar cuando se atascan. Todos estos elementos a unir precisan de una junta de goma, lo cual asegura su estanqueidad.

Las tuberías de PVC no se deben doblar, ya que existen piezas de todos los ángulos que son fáciles de ensamblar. Entre los accesorios tenemos codos, manguitos, reductores, injertos, etc.

Pero si debemos doblarlo usaremos una pistola de aire caliente para ablandar el material y que nos permita deformarlo ligeramente.

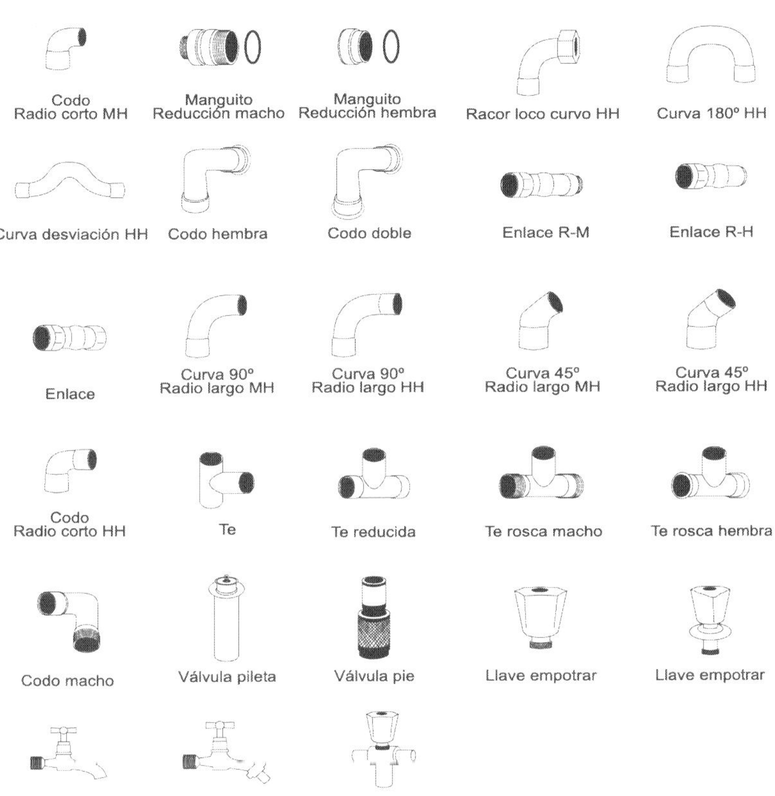

En el mercado tenemos tuberías de PVC flexible que se puede curvar fácilmente sin necesidad de calor, y las cuales se fijan por medio de abrazaderas.

Su uso se recomienda para tragantes (evacuación de aguas sucias), bajantes (tubo principal del desagüe), sifones, etc.

Las bajas temperaturas afectan negativamente al PVC, puesto que provocan gran rigidez en el plástico y elevan su sensibilidad a los golpes.

Sabías que...

En China se han encontrado **tuberías ancestrales**. Los tubos se encontraron en el año 2002 en el Monte Baigong en la provincia de Qinghai, 40 kilómetros al sur de una ciudad llamada Delingha. Los análisis indicaron que las tuberías tenían unos 150 mil años de antigüedad (periodo en el que, se supone, los humanos ni siquiera habían llegado a China).

2.1.2. Aislantes

Las tuberías de agua que en su recorrido cruzan zonas frías de la casa han de aislarse para evitar congelaciones en la época invernal.

También es indispensable aislar los grifos exteriores y las tuberías que los alimenten. A su vez, las tuberías de agua caliente precisan de aislamiento para evitar las pérdidas térmicas.

Según el CTE *"el aislamiento térmico de las tuberías utilizado para reducir pérdidas de calor, evitar condensaciones y congelación del agua en el interior de las conducciones, se realizará con coquillas resistentes a la temperatura de aplicación".*

El material con el que resulta más fácil aislar tramos largos y rectos de tubería es un aislamiento de espuma (**coquillas**), al que de antemano se le dio la forma adecuada para acordarlo por encastre a la forma del conducto. Se encuentra en diferentes longitudes: la más común es de unos 2 cm. Se presenta en diversos diámetros.

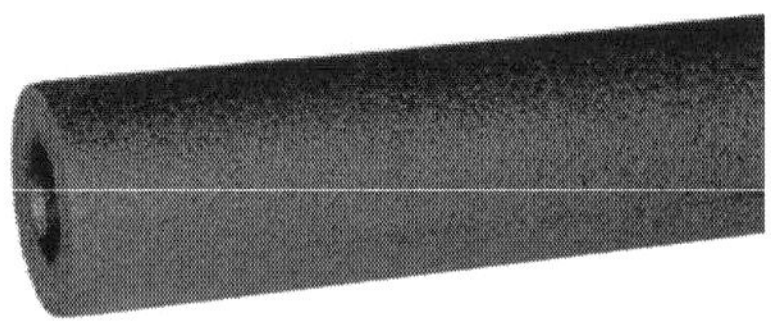

Aislamiento de espuma

La colocación es fácil: se abre la pieza por el corte que al efecto trae de fábrica y se encaja, envolviendo la tubería.

Las llaves de paso y de compuerta se aislarán cortando trozos de material aislante, que se sujetarán a las tuberías con cinta adhesiva.

Actividad 3

Los tubos de polibutileno se utilizan para el transporte y distribución de agua fría y caliente a presión y a temperaturas, en régimen discontinuo, de hasta:

☐ a) 150 ºC.

☐ b) 200 ºC.

☐ c) 95 ºC.

2.2. Elementos y materiales de sellado y estanqueidad

2.2.1. El teflón

El teflón es un material que se utiliza en fontanería para evitar fugas de agua.

Es una especie de cinta adhesiva que se emplea en las roscas. Consigue que las uniones entre las tuberías y las juntas de los grifos, las llaves de paso, las llaves excéntricas u otras queden estancas. Basta con dar varias vueltas sobre la rosca para que la cinta de teflón se fije y actúe de barrera frente al agua.

Resiste a la humedad y a las altas temperaturas sin perder sus propiedades

Se comercializa en forma de rollo, en diferentes medidas. Hay distintas anchuras y espesores, para adaptarse a cada trabajo. Las dimensiones del teflón determinan el tipo de junta en la que se enrolla, así como el número de vueltas que hay que dar.

Este material es útil en tuberías de agua fría y caliente, ya que responde bien en ambos casos. Resiste a la humedad y a las altas temperaturas sin perder sus propiedades. Además, presenta una toxicidad muy baja, no aporta sustancias químicas a los fluidos y dificulta la formación de bacterias. El teflón es eficaz frente a la oxidación, puesto que protege las roscas y permite que se mantengan en buen estado. Es un material que envejece bien, sin apenas deteriorarse, romperse o endurecer.

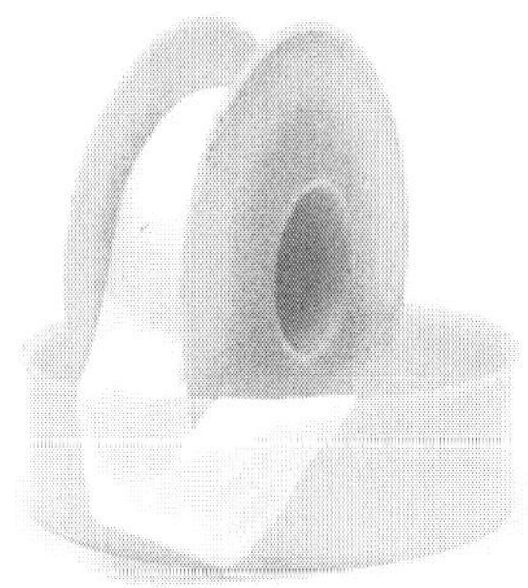

El teflón se encuentra en roscas y tuberías de plástico, cobre, hierro o acero.

En la mayoría de los casos, la manera de colocarlo es la siguiente: se enrolla en **dirección contraria al sentido de la rosca, es decir, hacia la derecha**. Sólo una pequeña proporción de roscas se fijan de derecha a izquierda, en cuyo caso el teflón girará hacia la izquierda.

Hay que evitar que la cinta se superponga en capas.

Se debe repartir con firmeza por toda la zona, desde el inicio de la rosca.

Previamente, ésta se puede lijar para mejorar el agarre.

El número de vueltas que se da a la cinta depende de la anchura y del espesor, aunque, en general, son necesarias entre 20 y 25 vueltas.

Una vez envuelta la zona, se procede a la unión de las tuberías o de las juntas. Por su parte, cuando se utilice teflón líquido o en pasta, es imprescindible realizar esta operación en seco y asegurarse de que la junta está totalmente limpia.

El teflón es el principal sustituto de la **estopa**, una fibra vegetal en forma de hilo que también protege frente a las fugas.

2.2.2. La estopa

La estopa es una fibra vegetal que se utiliza en fontanería para unir piezas roscadas. En la actualidad, aunque resulta muy efectiva para lograr la estanqueidad de los circuitos de agua, prácticamente ha sido sustituida por el teflón.

La estopa es un material tradicional compuesto a partir de fibras de lino de grosor medio. Las fibras más finas se destinan a la confección de ropa, mientras que los hilos gruesos son empleados en la fabricación de esparto.

La estopa es tensa y uniforme.

Se comercializa en botes o bolsas, en forma de madeja. Por este motivo, debe cuidarse que, al colocarla, los hilos no se entrecrucen o amontonen. Hay que repartirla de manera uniforme por toda la rosca para que sea efectiva y garantice la estanqueidad de la unión.

Al colocarla, hay que evitar que los hilos se entrecrucen o amontonen.

Debe quedar tensa a lo largo de la rosca y enrollarse en el mismo sentido que ésta, para evitar que, al colocar la otra pieza, se salga de su posición. En el caso del teflón ocurre al contrario: hay que colocarlo en dirección opuesta al sentido de la rosca.

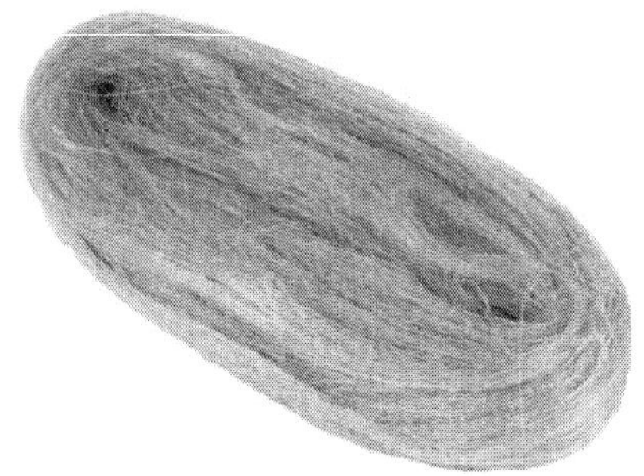

Estopa

Para aplicarla hay que coger una tira fina de unos 30 cms (para una rosca de 1/2 pulgada) y aplicarla en el sentido de la rosca, desde fuera hacia dentro, procurando que cada vuelta tape dos o tres giros de rosca.

Por último, para evitar la aparición de óxido en la unión de ambas piezas es conveniente aplicar **minio** en el punto de contacto. Otra opción es utilizar masilla anticorrosión impermeabilizante para uniones roscadas. Su uso es más sencillo y rápido, ya que se aplica fácilmente antes de roscar las piezas.

Un truco para confirmar que la estopa está bien colocada consiste en comprobar la fijación de las piezas. Cuando al apretar la tuerca o pieza roscada hay que recurrir a la llave inglesa en las últimas vueltas, significa que la estopa está en posición correcta. No obstante, siempre es conveniente realizar otras pruebas que confirmen la estanqueidad del circuito.

2.2.3. Cáñamo

Es una planta anual, de unos dos metros de altura, con un tallo erguido, ramoso, áspero, hueco y velloso, hojas lanceoladas y opuestas, y flores verdosas.

Su fibra textil, que es natural, se utiliza en fontanería y en trabajos de escayola para dar consistencia.

Este material se aplica sobre una pieza roscada para conseguir una buena estanqueidad en la unión. En la actualidad está cayendo en desuso, puesto que es más práctico el uso de teflón sobre las piezas roscadas.

2.2.4. Selladores químicos de roscas

En el mundo imperfecto de los montajes mecánicos se admite que las uniones roscadas de tuberías requieran selladores. Aparte del teflón y la estopa, se pueden usar otros tipos de selladores: en forma de laca o en forma de pegamento.

- **Lacas selladoras sin curado para tuberías**: es uno de los métodos más antiguos de sellar las vías de fuga en espiral de las uniones roscadas. Son pastas compuestas de aceites y cargas de relleno.

  Ventajas: lubrican las uniones y obturan las roscas, pero no aportan fijación.

  Desventajas: pueden fluir bajo presión, tienen una baja resistencia a los disolventes y no funcionan en roscas paralelas.

- **Lacas selladoras para tuberías con base disolvente**: también es un método antiguo de sellar las uniones roscadas.

  Ventajas: aportan lubricación y obturan las holguras, pero fluyen con menos facilidad.

  Desventajas: se contraen durante el curado, al evaporarse los disolventes. Para minimizar los huecos, es necesario volver a apretar las uniones. Fijan por fricción.

- **Selladores tipo pegamento:** Se convierten en un plástico tenaz e insoluble que rellena las roscas y evita las fugas, sea cual sea la presión o el par aplicado.

Ventajas:

a) Lubrican durante el montaje.

b) Sellan sin importar el montaje de que se trate.

c) Sellan hasta el valor límite de rotura de la tubería.

d) Proporcionan un par de desmontaje controlado, incluso años después.

e) No curan fuera de la unión y son fáciles de limpiar con un paño.

f) Están disponibles sin cargas para uniones hidráulicas críticas.

g) Tienen un coste más bajo por unión sellada.

h) Son fácilmente dosificables en las líneas de producción.

i) Existen también como preaplicados.

Desventajas:

a) No sirven para sellar a temperaturas superiores a 200° C.

b) No está recomendado su uso en tuberías de diámetro superior a M80 (R3").

- **Silicona**: son compuestos orgánicos derivados del silicio desarrollados durante la II Guerra Mundial, que tienen las propiedades físicas de los aceites, resinas o caucho, y son extremadamente útiles al ser más estables expuestas al calor y al oxígeno.

  Es un sellante de primera, sobre todo en lugares con alto grado de humedad. Su aplicación es rápida, sencilla y limpia gracias a su presentación en cartuchos con boquilla dosificadora.

  Las siliconas de uso sanitario están provistas de componentes fungicidas para evitar el riesgo de aparición de hongos y bacterias.

  Como hemos dicho anteriormente, gracias a la presentación en cartuchos con boquilla dosificadora, la aplicación en cualquier hueco o rincón resulta bastante sencilla. Antes conviene proteger todos los bordes de las superficies próximas con cinta *(carrocero, de paquetería, etc.)*, dejando un único canal para poder extender el producto sin problemas.

  Después de haberlo aplicado, podremos presionarlo simplemente con el dedo humedecido con agua jabonosa, para evitar que se pegue a la piel.

  La silicona endurece *en 24 horas* y alcanza su dureza máxima en una semana.

  Llevan productos fungicidas, cosa que las hace idóneas para aplicar en lugares que sean húmedos, como pueden ser baños y aseos, puesto que en estos lugares se pueden generar bacterias y hongos.

Una vez abierto el tubo sólo se puede usar por poco tiempo, debe conservarse el envase abierto el menor tiempo posible taponando la salida y cerrándolo de la forma más hermética posible.

Para la eliminación de viejas manchas de silicona usaremos algún disolvente como puede ser la acetona.

Las hay de diferentes aplicaciones, por esta razón es bueno tener claro para qué la vamos a utilizar y elegir la adecuada.

Las siliconas de calidad han de envejecer lentamente y no encoger ni alterarse con los agentes atmosféricos.

Poseen una gran resistencia al calor, son totalmente insensibles al agua *(incluso hirviendo)* y son muy buenas como aislantes eléctricos.

Los lugares en los que se trabaje con silicona deberán estar aireados, o sin presencia de personal. Al secarse este producto despide un olor penetrante.

- **Masilla**: pasta hecha de tiza y aceite de linaza, usada para sujetar cristales.

  La masilla la aplicaremos amasándola simplemente con la mano y se procederá a su aplicación a continuación con una espátula sobre la periferia del marco. Se debe apretar y aplastar oblicuamente para que quede repartida uniformemente eliminando excesos: se apoya con fuerza la hoja de la espátula sobre el borde del marco y el vidrio y se va repasando todo el contorno.

  Masilla de cristalero

  Antes de pintar se debe dejar secar la masilla como mínimo una semana.

- **Espuma de poliuretano**: estas espumas son autoexpansivas, es un material plástico. La espuma de poliuretano es porosa formada por una agregación de burbujas, conocido también por el nombre coloquial de goma-espuma.

  Se forma básicamente por la reacción química y un gas que va formando las burbujas.

  Esencialmente, y según el sistema de fabricación, se pueden dividir los tipos de espumas de poliuretano en dos:

  * Espumas en caliente.
  * Espumas en frío.

  Son de secado rápido, puesto que empiezan a formar piel en unos 10 minutos y endurecen 2 cm de profundidad en la hora.

  * Tiene alta adhesión, por tanto se puede usar como fijador en algunos casos.
  * Esta espuma se puede pintar cuando está seca.

* Sus usos son múltiples, como rellenar huecos, grietas, etc.

* Sus restos o sobrantes se pueden eliminar por corte, por ejemplo con un cutter.

Cuando la vamos aplicar es necesario agitar el envase para que coja la presión necesaria y así aumente el volumen.

Crece dos o tres veces de volumen en una hora, por tanto cuando la apliquemos sólo deberemos rellenar el hueco menos de la mitad, después de pasada una hora, si el hueco no está completamente relleno, pasaremos a echar más espuma.

2.2.5. Las juntas

Las juntas son unas piezas que se intercalan en las uniones. Al hacer presión sobre las piezas que tiene que unir, evitan la fuga de fluidos, evitan las vibraciones y aíslan de la electricidad.

Una junta deber ser resistente al envejecimiento y a los esfuerzos. Debe tener máxima impermeabilidad.

Es importante que a la hora de instalarlas las pongamos de forma que no se arrollen, pues produciríamos una fuga de agua.

Las juntas de estanqueidad se comercializan en distintos materiales, así como en distintas formas y diámetros. Las hay de caucho, de goma, metálicas, etc.

Dependiendo del material que vayamos a unir, se emplea un tipo de junta u otra. Las juntas suelen venir con el accesorio al que se van a instalar.

1. Junta estanca

La que impide el paso del agua. Las juntas se colocan en la unión de dos tubos u otras partes de un aparato o máquina, para impedir el escape del cuerpo fluido que contienen.

2. Junta plana

Anillo formado por el corte transversal de un cilindro hueco de poco espesor, cuya misión es la de evitar roces y dar estanqueidad a las uniones de las piezas en las que se incorporan.

3. Junta tórica

En fontanería es una arandela o junta de goma de sección circular.

4. Juntas intumescentes

Las juntas intumescentes están diseñadas para contener el paso del humo y gases de un compartimento a otro dentro de un mismo edificio.

Se trata de un compuesto intumescente (que se expande) con un componente adhesivo flexible contra el fuego.

5. Juntas no estancas

Las que dejan el paso del agua.

2.2.6. Abrazaderas y latiguillos

A) Abrazaderas

Abrazadera metálica

Pieza de metal u otra materia que sirve para asegurar algunas cosas ciñéndolas; las abrazaderas pueden ser: plástico, metal.

B) Latiguillos

Útil de fontanería empleado para conectar las tomas de líquidos. Llevan en sus extremos unas piezas roscadas para su acople y presentan en su exterior una malla metálica de protección.

Latiguillos flexibles

2.3. otros elementos y materiales para fontanería

2.3.1. Bote sifónico

Es un elemento de la red de desagüe de los cuartos de baños en el que se centralizan las aguas sucias procedentes del lavabo, bañera, bidé, etc., para su posterior evacuación a través de la bajante general.

Contiene una barrera de agua que evita el paso de los malos olores.

2.3.2. Racor

Pieza metálica con dos roscas internas en sentido inverso, que sirve para unir tubos y otros perfiles cilíndricos.

Pieza de otra materia que se enchufa sin rosca para unir dos tubos.

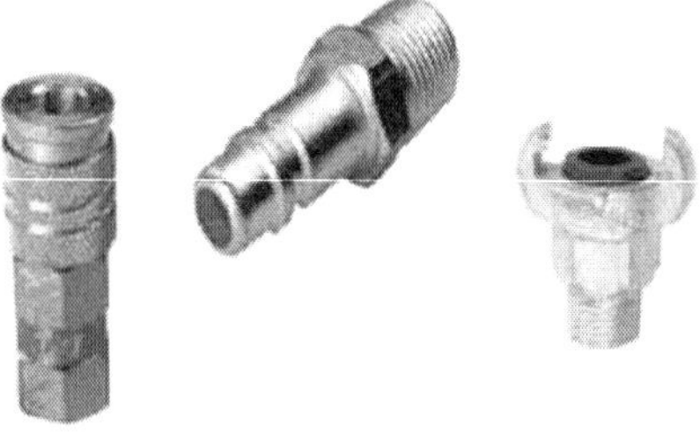

2.3.3. Racor de rosca exterior

Este objeto es un tubo roscado en su exterior y sin reborde, que se emplea para dar empalme a otras dos tuberías.

2.3.4. Sifones

Existen sifones de diferentes formas y materiales, cada uno de los cuales se adapta a un sanitario en particular.

Los sifones son tuberías-filtro, que se colocan en los conductos de evacuación de aguas residuales, y cumplen dos misiones:

- Filtrar.
- Evitar malos olores.

El filtro permite recuperar la mayor parte de las impurezas y desechos sólidos. La evitación de malos olores, se debe a que siempre queda algo de agua en los sifones, que hace que impida el paso de malos olores y actúa como tapón.

Las formas de los sifones más usadas para sanitarios son tres:

- Botella.
- En forma de "P".
- En forma de "S" (estos últimos de S tumbada y de plomo se están sustituyendo por los más modernos de tipo botella).

Los sifones se deterioran, sobre todo los antiguos, produciendo goteos continuados. Cuando esto pasa lo mejor es sustituir el dañado por uno más moderno y de material más resistente.

Los sifones de material plástico pueden ser estropeados por la acción de materiales químicos y disolventes y, también, pueden reventar o agrietarse cuando el agua en su interior se congela.

En las pilas de dos senos no es necesario colocar dos sifones, es suficiente uno, para esto lo deberemos colocar antes de la tubería de evacuación general, lo que impedirá los malos olores en ambos senos.

Detalle piezas del sifón de ojo de fregadero

2.3.5. Válvulas

Una *válvula* es un elemento mecánico con el cual se puede iniciar, detener o regular la circulación de líquidos o gases mediante piezas móviles que abren o cierran, de forma parcial o total, el paso del fluido.

En las instalaciones de suministro de agua potable se utilizan básicamente tres tipos de válvulas:

A) Válvulas de bola o esfera

Pueden ser de dos o tres vías y cuentan con un cierre esférico giratorio y una bola en su interior con un lateral perforado. Cuando se gira en una dirección, esa incisión se alinea con el paso del agua, mientras que, cuando se gira en la opuesta, la llave se cierra y el orificio permanece en sentido manera perpendicular a la entrada y a la salida del agua, lo que impide que fluya.

Este tipo de válvulas no ofrecen una regulación precisa al ser de ¼ de vuelta. Su ventaja es que la bola perforada permite la circulación directa en la posición abierta con una pérdida de carga bastante reducida, y corta el paso cuando se gira la maneta 90° y cierra el conducto.

Las válvulas con cuerpo de dos piezas suelen ser de paso estándar. Este tipo de construcción permite su reparación.

Las válvulas de tres piezas permiten desmontar fácilmente la *bola*, el *asiento* o el *vástago* ya que están situados en la pieza central. Esto facilita la limpieza de sedimentos y reemplazo de partes deterioradas sin tener que desmontar los elementos que conectan con la válvula.

B) Válvulas de compuerta

Permite la circulación del fluido alzando una compuerta o cuchilla redonda o rectangular. De funcionamiento sencillo y bajo coste de instalación, en este tipo de válvulas la compuerta se ajusta al cierre por completo, lo que permite obtener una absoluta estanqueidad e impide que exista la posibilidad de fugas. Siempre debe permanecer abierta o cerrada por completo.

Se instalan en conducciones como válvulas de aislamiento, y no deben usarse como válvulas de control o regulación.

Las válvulas de compuerta sirven para detener o reanudar completamente un fluido, abren y cierran el circuito mediante un disco que cierra gradualmente en vertical hasta amoldarse al asiento. Son bidireccionales y de paso integral por lo que ofrecen una mínima perdida de carga.

C) Válvulas de mariposa

Son útiles para detener o regular la circulación del agua potable en una tubería, incrementando o aminorando la sección de paso mediante una placa que gira en un eje. A esta placa se la suele llamar mariposa, de ahí el nombre de la válvula. Para abrirla por completo sólo es necesario ejercer una rotación de 90 grados del disco. La llave de paso de agua potable de mariposa siempre está contenida en el interior de la propia conducción y cuando está abierta por completo presenta una baja pérdida de carga.

2.3.6. Cisternas

La función de la cisterna es el almacenar agua, que puede variar entre 10 y 15 litros, para efectuar la limpieza del inodoro.

Las cisternas, que pueden ser altas (fijas a la pared a una altura de casi dos metros) o bajas. Por su posición, la cisterna alta requiere menos cantidad de agua para funcionar.

Los mecanismos de las cisternas son idénticos en todos los modelos de depósitos.

Las cisternas básicamente se componen de dos sistemas:

- El de llenado de agua
- El de descarga

El mecanismo de llenado debe accionar la entrada de agua desde la tubería y también pararlo cuando el nivel llegue a un punto.

El circuito que realiza el agua dentro de la cisterna se inicia cuando ésta pasa a través de la válvula de entrada al depósito. A medida que sube el nivel del agua se va levantando la boya o flotador, conectada a la válvula por una varilla, cuando alcanza su altura cierra la válvula y por tanto cierra el paso de agua.

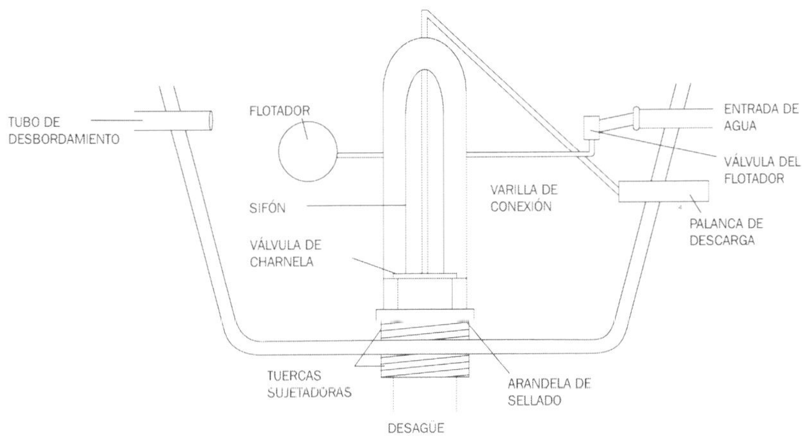

Carga de cisterna

El desgaste de la válvula de entrada del agua es una de las averías más corrientes dando como consecuencia el fluir continuo de agua.

El mecanismo de descarga se acciona por botón, palanca o cadena. Al tirar o levantar cualquiera de estos mecanismos, se libera la válvula de salida de agua.

Suelen causar fugas sus juntas, generalmente por depósitos de cal.

2.3.7. Fluxor

El fluxor es un aparato basado en un sistema de válvula de regulación, para limitar el caudal en caso necesario, que se intercala directamente en la red de suministro del agua, sin necesidad de contar con depósito alguno.

El fluxor o válvula de descarga es un grifo de cierre automático que se instala para ser utilizado en el inodoro.

Está provisto de un pulsador que, mediante una presión sobre el mismo, produce una descarga abundante de agua, de duración variable a voluntad, procedente de la red de distribución o de un depósito acumulador intermedio.

Su diseño es estético, ocupa menos espacio que los habituales depósitos de descarga y la duración del ruido es menor en comparación con el que se produce en las instalaciones corrientes cuando se almacena el agua para la siguiente descarga.

El fluxor se sitúa a una altura entre los 120 y los 140 cm sobre el nivel del suelo, adosado a la pared.

Los inconvenientes son:

- Demandan un elevado caudal instantáneo (de 1,25 a 2 l/s) muy superior al de los restantes aparatos domésticos, exigiendo, además, una presión residual de agua a la entrada del aparato no inferior a siete metros de columna de agua. En consecuencia:
  * Para satisfacer estas exigencias, los diámetros de las tuberías, llaves y contadores, deben ser mucho mayores que para las instalaciones sin fluxor.
  * El error en la medición del consumo de los demás aparatos domésticos aumenta debido a la necesidad de emplear contadores de mayor calibre.
  * Para edificios de una misma altura, la existencia de fluxores exige una presión cinco metros más alta que la necesaria con sólo aparatos corrientes.
  * Si la instalación no está suficientemente dimensionada, la pérdida de presión en el conjunto de acometida e instalación interior, durante el empleo del fluxor, puede ser tal que haga descender la presión disponible en los pisos altos, los cuales no sólo pueden quedar momentáneamente sin agua, sino resultar sometidos a una depresión capaz de producir por succión retornos de agua sucia hacia la instalación general.
- Por la misma razón, durante el empleo del fluxor, pueden quedar prácticamente sin agua los demás servicios del propio suministro donde esté instalado.

3. Conocimiento y mantenimiento básico de llaves de paso y grifos

3.1. LLaves de paso

Las llaves de paso cumplen la misión de cortar y, en algunos casos, la de regular el caudal de paso del agua en algunas instalaciones.

Estará situada en la unión de la acometida con el tubo de alimentación, junto al umbral de la puerta en el interior del inmueble.

Las llaves empleadas en las instalaciones deben ser de buena calidad y no deberán originar pérdidas de presión excesivas cuando se encuentren totalmente abiertas.

Las llaves de paso más comunes son:

- **De compuerta**: en posición abierta deja el paso de agua de forma total, en posición de cerrado, cierra el paso herméticamente.
- **De escuadra**: esta es la llave que se coloca en la entrada de agua a los sanitarios.
- **Normal**: esta llave es la que se encuentra a la entrada del contador, no se coloca empotrada, con ella podremos regular el paso del caudal de agua.
- **De empotrar cuello largo**. Se coloca en las instalaciones de empotrado al tener el cuerpo del husillo más largo, puesto que permite la colocación de azulejos y que el cuerpo quede libre.
- **De empotrar con roseta**. La diferencia de esta llave con respecto a la anterior está en la roseta o embellecedor que lleva para tapar su cuerpo.

La llave de paso del abonado será del mismo diámetro interior que el tubo ascendente o montante correspondiente.

Las llaves de paso, generalmente, se usan con poca frecuencia, dando como resultado que éstas se estropeen simplemente por no haberlas usado nunca, puesto que una inmovilidad durante largo tiempo llega a agarrotar las piezas del mecanismo.

3.2. Grifos

Existen grifos de muy diversos tipos, pero su funcionamiento es siempre el mismo: todos llevan un mecanismo que abre o cierra el paso del agua.

Los grifos están colocados en los extremos de las conducciones y son los que dirigen y dosifican el agua.

Los grifos están presentes en lavamanos, fregaderos, bañeras, etc. Debemos tener en cuenta que existen diferentes tipos de grifos según sus necesidades de uso.

En la actualidad podemos clasificar los grifos en cuatro grupos:

- **Grifos sencillos**. Llave que permite el paso de líquidos.
- **Grifos mezcladores**. Los grifos mezcladores son los que tienen una boquilla fija o móvil, por la cual puede pasar el agua caliente o fría, o también mezcladas según lo precisemos.

Los grifos mezcladores pueden ser de dos tipos:

- Monomandos.

  Los grifos monomando cada día son más utilizados, ya que, con una sola palanca, seleccionas el caudal de agua fría o caliente. Esta palanca hace todas las funciones.

  En el caso de que este tipo de grifos tengan pérdida o goteo se deberá cambiar por entero el cartucho cerámico, ya que carecen de reparación.

- Pomo doble.

  En ambos casos siempre hay dos tubos enroscables para la entrada de agua.

- **Grifo dosificador mecánico o monomando**. Los grifos monomando cada día son más utilizados, ya que, con una sola palanca, se selecciona el caudal de agua fría o caliente. Esta palanca hace todas las funciones.

  En el caso de que estos tipo de grifos tengan pérdida o goteo se deberá cambiar por entero el cartucho cerámico ya que carecen de reparación.

- **Grifo dosificador termostático**. Sistema de grifería que permite regular la temperatura de salida del agua. Su uso más frecuente es para duchas y bañeras.

Montura de grifo

Las continuas aperturas y cierres del grifo conducen a un deterioro de la guarnición que cierra la apertura a través de la cual pasa el agua.

Los grifos tradicionales, es decir, los que no son monomando, van dotados de un sistema a tornillo sinfín central en cuyas extremidades inferiores se encuentra la guarnición.

Para eliminar el goteo es necesario sustituir la guarnición, o sea, la arandela de goma dura colocada al final del tornillo sinfín del grifo.

Cartuchos cerámicos

El cartucho cerámico es un equipo de regularización y mezcla, puesto que hace cambiar la cantidad de agua y la temperatura en función de la postura de su manilla.

Estas válvulas funcionan por medio de unas arandelas cerámicas, que no necesitan ningún cuidado o mantenimiento especial.

Este tipo de cartuchos no están normalizados y, por tanto, no son intercambiables.

3.3. Reparación de averías en grifos

La avería fundamental que puede aparecer en un grifo es su goteo. Éste puede producirse debido a tres causas fundamentales:

a) La zapata o arandela de goma se ha gastado y deja pasar el agua.

b) Las roscas del grifo se han aflojado y dejan pasar el agua.

c) El empaque del casquillo se ha gastado.

La zapata no es más que una arandela de plástico semirrígido. Su misión es hacer de válvula que bloquee el paso del agua cuando cerramos el grifo. Para reparar el grifo habrá que realizar los siguientes pasos:

a) Cerrar la llave de paso y abrir el grifo hasta el máximo.

b) Aflojar la tuerca y la cabeza del grifo.

c) Sacar el cuerpo principal del grifo y proceder a desprender la zapata usada con un cuchillo o destornillador.

d) Colocar una zapata nueva de la misma medida.

e) Volver a colocar el cuerpo del grifo y enroscar las tuercas de la cabeza y de la llave superior.

f) Volver a abrir la llave de paso y comprobar que no tiene fuga ni gotea.

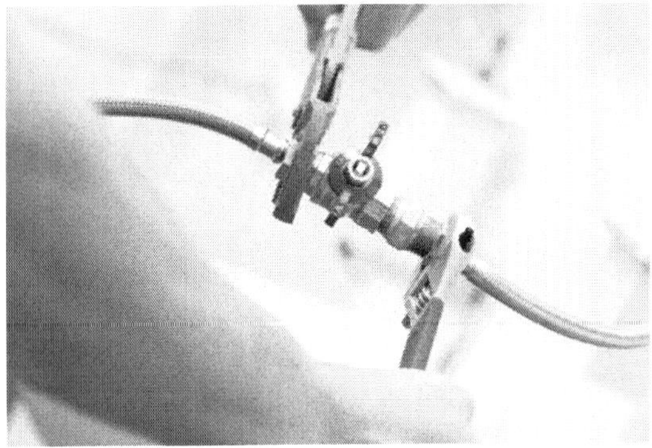

En el caso de una rosca que pierde agua será necesario proceder igual que en el caso anterior (pasos a, b y c) y proceder después a desenroscar, con una llave fija o en su defecto una llave inglesa, las diversas tuercas del cuerpo del grifo. Una vez desmontado,

recubrir las roscas con un material de estanqueidad (estopa o más modernamente cinta de teflón). Para ello, es conveniente darle tres o cuatro vueltas siguiendo el sentido de la rosca. Por último, se vuelven a enroscar las piezas y se instala el cuerpo del grifo en su sitio, ajustándolo con las llaves necesarias.

Si la fuga se produce en el empaque del casquillo, es decir, en los ejes por los que gira la pieza que acciona la apertura o cierre del grifo, igualmente se llevará a cabo para su reparación el desmontado de las piezas y su recubrimiento con cinta de teflón.

Si a pesar de todas estas operaciones el grifo sigue goteando, puede deberse al desgaste del asiento del grifo, justo donde se acopla la zapata. Será preciso, si se encuentra desgastado o con ralladuras, limarlo levemente para lograr su rectificación mediante una fresa especial que se adapta a la superficie angosta del grifo. Si esto no fuera posible, deberá sustituirse toda la pieza o el grifo completo.

4. Conocimiento y mantenimiento básico de desagües, sifones y cisternas

4.1. desagües y sifones

Las instalaciones de **desagüe** en una vivienda tienen como misión la de recoger las aguas que hemos utilizado para bañarnos, para lavar o la que utilizamos en el inodoro y conducirlas hasta la red de alcantarillado o hacia un sistema de depuración (fosa séptica).

Existen tres tipos de **aguas residuales**:

1. Las aguas que recogemos de las lluvias o aguas pluviales, también llamadas **aguas blancas**.
2. Las aguas negras o fecales, que son las que recogemos después de ser usadas en la vivienda. Pueden llevar consigo detergentes, sustancias orgánicas, etc.
3. Las aguas que resultan de un proceso industrial y que pueden ser altamente contaminantes.

En una vivienda, nos encontramos los dos primeros tipos de agua, que deben tener una instalación para su desagüe.

Esta instalación de desagüe la llamaremos **instalación de evacuación**.

Existen distintos tipos de redes de evacuación, dependiendo de si las aguas negras o pluviales se recogen de manera conjunta o de forma separada.

- **Sistema de red de desagüe unitaria.**

  Las aguas negras y pluviales se recogen por las mismas bajantes.

  Su ventaja es, aparte de la economía (es la más barata, ya que se comparte la instalación), que el agua de la lluvia es la encargada de lavar las tuberías.

Su desventaja es que no sirve en edificios de más de seis plantas o en zonas en que llueva mucho.

Este sistema se ha desaconsejado en el Código Técnico de la Edificación (CTE).

- **Sistema de red de desagüe separativa.**

  Este sistema separa las dos redes. Cada una tiene sus propias bajantes y colectores.

  Este sistema es el más costoso, aunque también el más adecuado, ya que permite desaguar en la misma red de alcantarillado o en redes diferentes, si existen.

  En algunas ciudades como Sevilla, existen dos redes de alcantarillado diferentes: una para recibir las aguas negras o fecales, que luego son tratadas en depuradoras, y otra propia para recibir el agua de lluvia, que se puede utilizar como agua para riego.

  Este sistema no tiene sentido si no hay dos redes de alcantarillado distintas.

- **Sistema de red de desagüe mixto.**

  En este sistema hay bajantes para cada tipo de agua, pero los colectores que las recogen son compartidos y depositan dicha agua en una sola red de alcantarillado.

  Este sistema es el más utilizado en los edificios de cierta altura y donde sólo existe una red de alcantarillado.

La **red de desagüe de las viviendas** tiene las siguientes **partes**:

- **Red horizontal** de desagües de aparatos.

  En esta instalación se recogen los desagües de todos los aparatos sanitarios. Son conducidos mediante tuberías, normalmente fabricadas en PVC, hasta las bajantes que forman la red vertical de bajantes, donde desembocan las aguas que trae la red horizontal de desagües.

- **La red vertical** conduce el agua de desagüe hasta la red horizontal de recogida de bajantes, que conduce a su vez el agua hasta la red de alcantarillado, la fosa séptica, el equipo de depuración o el pozo de filtración.

  Las instalaciones de desagüe funcionan por gravedad, es decir, que todos los tramos de una instalación deben construirse con algo de pendiente.

  Cuando tenemos un edificio o vivienda en el que algunos de los desagües estén más bajos que la red de alcantarillado (garajes, sótanos, etc.), debemos construir un pozo por debajo del piso del nivel inferior, desde donde elevaremos el agua hacia la red de alcantarillado, mediante una instalación adecuada de elevación.

4.2. Red de desagüe

Como hemos visto anteriormente, las partes de una instalación de saneamiento o de desagüe son:

4.2.1. Red horizontal de desagües

Desagües y derivaciones

Son las tuberías que enlazan los aparatos sanitarios con los bajantes. Recogen las aguas residuales de los desagües de los aparatos y las conducen hacia las columnas del sistema de evacuación.

El desagüe se une con los aparatos sanitarios por medio de las válvulas de desagüe, que a su vez se unen a los tubos de desagüe.

El manguetón

Los manguetones son los tubos de desagüe, normalmente fabricados en PVC, encargados de recoger los desagües propios de todos los elementos de un cuarto húmedo. Es decir, recogen las derivaciones y el tubo del inodoro o manguito para llevarlos a la instalación vertical o bajantes.

Los **manguitos** son los **desagües de los inodoros y placas turcas**. Es necesario que los inodoros adopten una forma para acoplarse a las bajantes, según tenga la salida el aparato, o bien por el suelo (salida vertical), o bien por detrás (salida horizontal). Los diámetros mínimos son de 90 a 100 mm.

Para realizar una correcta evacuación, los aparatos (inodoros, placas turcas y vertederos) deben ubicarse lo más próximos a la bajante. Hay que calcular una distancia que no supere 1 metro de la línea de la bajante.

El empalme debe ser directo a la bajante, por medio de piezas y codos, que se dejarán previstos en la etapa de montaje.

El inodoro lleva su propio sifón. Un sifón es un cierre hidráulico cuya misión es evitar el paso de los malos olores que provoca la red de saneamiento a los distintos locales.

El cierre hidráulico permite la permanencia constante en la tubería de una altura mínima de 50 mm de agua, que es la que impide el paso de los olores.

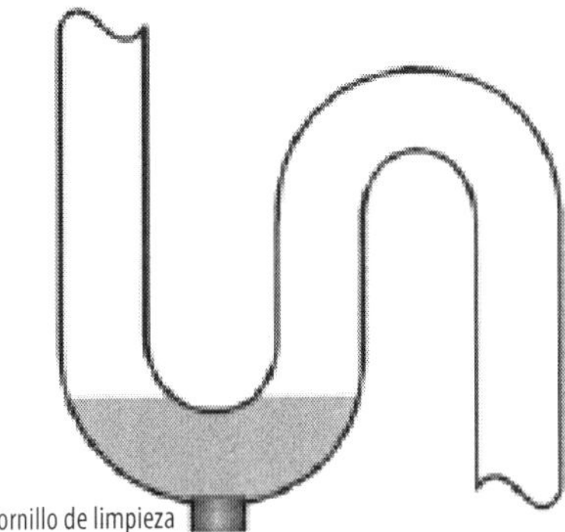

El resto de los aparatos de descarga son:

- **Con bote sifónico.**

  El bote sifónico es un elemento circular, que se utiliza para recoger varios desagües de distintos aparatos. Realiza la función de sifón para todos ellos. Luego los vierte a la bajante o al manguetón del inodoro.

  El bote sifónico queda oculto en el grosor del forjado. Sus dimensiones y la pendiente que deben tener las conexiones obligan a veces a la colocación de un falso techo que tape las del piso superior, en los casos de repetición vertical en los cuartos de servicio.

- **Con sifones individuales para cada aparato.**

  Los desagües de cada aparato llevan incorporados un sifón para cada uno. Vierten por separado al manguetón del inodoro y forman las derivaciones.

  Estos dos sistemas no se deben conectar en serie. No debemos conectar un aparato con sifón individual que luego conecte su desagüe con un bote sifónico.

Tanto los **sifones** como cualquier **tipo de cierre hidráulico** han de cumplir los siguientes **requisitos**:

- Deben ser autolimpiables, de tal forma que el agua que los atraviese arrastre los sólidos en suspensión.
- Sus superficies interiores no deben retener materias sólidas.
- No deben tener partes móviles que impidan su correcto funcionamiento.
- Deben tener un registro de limpieza fácilmente accesible y manipulable.
- La altura mínima de cierre hidráulico debe ser de 50 mm para usos continuos, y 70 mm para usos discontinuos. La altura máxima será de 100 mm. La corona debe estar a una distancia igual o menor a 60 cm por debajo de la válvula de desagüe del aparato. El diámetro del sifón debe ser igual o menor que el del ramal de desagüe. En caso de que exista una diferencia de diámetro, el tamaño debe aumentar en el sentido del flujo.
- Deben instalarse lo más cerca posible de la válvula de desagüe del aparato, para limitar la longitud del tubo sucio sin protección hacia el ambiente.
- No deben instalarse en serie. Cuando se instale un bote sifónico para un grupo de aparatos sanitarios, éstos no deben estar dotados de sifón individual.
- Si se dispone un único cierre hidráulico para servicio de varios aparatos, debe reducirse al máximo la distancia de estos al cierre.
- Un bote sifónico no debe dar servicio a aparatos sanitarios no dispuestos en el cuarto húmedo donde está instalado.
- El desagüe de fregaderos, lavaderos y aparatos de bombeo (lavadoras y lavavajillas) debe hacerse por medio de sifón individual.

Actividad 4

Las aguas blancas son:

- ☐ a) Las aguas que recogemos de las lluvias o aguas pluviales.
- ☐ b) Las aguas fecales.
- ☐ c) Las aguas resultado de proceso industrial y contaminantes.

4.2.2. Red vertical de bajantes

Las bajantes se suelen construir en PVC o en polietileno, aunque también las podemos encontrar de fibrocemento o incluso de plomo.

En la actualidad también se instalan tubos multicapas, debido a las exigencias de protección contra incendios y acústicas.

La conducción vertical no permite variaciones en todo su recorrido, de manera que los aparatos que se sitúen alejados de la bajante deben evacuar por otra conducción vertical más próxima.

El criterio de diseño empleado en casi todos los casos es agrupar los cuartos de servicios sobre la misma vertical, para que la bajante realice el recorrido más corto posible.

Por lo general, esta conducción **discurre por patios y patinejos de ventilación de servicio**. Si su recorrido tuviera que hacerse por interiores habitados, se oculta en cajones de obra o con fundas de acero u hormigón. Esta misma protección se adopta en los tramos finales de su trazado, al nivel del suelo. La altura máxima es de 2,50 metros.

Las **bajantes** se componen de tubos que se enchufan o empalman unos con otros. En estos tubos se intercalan también enchufados las piezas especiales destinadas a recibir los manguetones y derivaciones.

La parte superior de las bajantes se deja abierta para permitir su ventilación.

Las bajantes se instalan desde abajo hacia arriba.

4.2.3. Red horizontal de recogida de bajantes

En la porción inferior de las bajantes, se prevé la instalación de lo que llamamos una **arqueta**, desde la cual discurre el colector horizontal o albañal.

En el caso de haber sótanos a un nivel inferior al de la alcantarilla, se instalan los colectores colgados del primer forjado, para permitir el desagüe. Donde no hay sótanos, los colectores van enterrados.

La **pendiente**, en todos los casos, **no debe ser inferior al 1,5 %**, con el objeto de evitar la acumulación de residuos o taponamientos, sobre todo en los codos.

4.2.4. Red de ventilación

Los **aparatos sanitarios**, para evitar que los olores penetren en la vivienda, deben ir provistos de un **sifón con cierre hidráulico**. Este sifón está lleno de agua permanentemente. Cuando se produce una descarga en la red de saneamiento, se crea una depresión en la bajante, que genera el descebado de los sifones en cada aparato. Al irse el agua del sifón, filtrarían los malos olores al interior de la vivienda.

Al crear una ventilación exterior, no se produce el descebado, porque la red queda sometida a la presión atmosférica. De este modo aislada de los olores la instalación.

Según la disposición de la ventilación, esta puede ser:

- **Ventilación primaria**. La ventilación primaria consiste en dejar abierto el extremo superior de la bajante a una altura por encima de las zonas habituales. Esto hace

que no tengamos olores en la azotea, por ejemplo. Esta ventilación previene el desifonamiento por aspersión. Es el más barato y el mínimo exigido para las instalaciones, pero no es eficaz para edificios de más de 7 plantas.

- **Ventilación secundaria**. Consiste en colocar una tubería o columna de ventilación paralela a la bajante y conectada con ella en la parte superior (por encima de los aparatos que estén a una mayor altura) y en la parte inferior (por debajo de los aparatos más bajos). Esto se hace cada dos plantas, en edificios *de 7* a 15 plantas y en cada planta en edificios de más de 15 plantas.

  Las conexiones intermedias se hacen por encima de la acometida, como mínimo a 20 cm más alto de la red horizontal de cada planta. La ventilación primaria ha de hacerse antes de la secundaria.

- **Ventilación terciaria**. Cada uno de los tubos de la derivación de cada aparato se conecta con un tubo de ventilación a la columna de ventilación. Debe hacerse si es posible en sentido ascendente por las paredes laterales del cuarto en cuestión. Es el sistema de ventilación más efectivo, pero también el más caro. Se utiliza en edificios de más de 15 plantas, o que, en la derivación horizontal, el aparato más alejado de la bajante supere los 6 m.

  Para resumir, cuando el agua sale del aparato sanitario, pasa a través de un sifón que contiene, permanentemente, una cantidad de agua. El agua desempeña una función selladora. Se renueva cada vez que se evacua el agua contenida en el aparato. El sellado mediante agua impide que penetren en la casa los efluvios y malos olores. En las tazas de váter, el sifón ya forma parte integrante del aparato. En otros aparatos se halla empalmado a la tubería de evacuación mediante un manguito que lo retiene.

  Del sifón, el agua usada entra en una derivación que la conduce a las bajantes principales, desde donde es llevada por debajo del nivel del suelo al primer tramo subterráneo de la red de evacuación de la instalación sanitaria. Allí suele pasar por un pozo de registro (recubierto con una tapa), hasta que es vertida a una cloaca pública. Igualmente, pero no de manera regular, en esta instalación de evacuación se hace confluir el agua de lluvia, que podía ser descargada a nivel del suelo, bien en la calle o bien en un pozo de drenaje especial.

4.2.5. Atasco de conductores: tuberías y cañera

Otra avería frecuente es el atasco de los desagües. Estos se producen por la acumulación de materias sólidas en los orificios de salida del agua de lavabos y retretes. El tapón suele aparecer inmediatamente en la tubería, en el sifón o bien en los tubos de desagües. Para desatascar se puede utilizar ventosas, o bien desatascadores mecánicos o químicos. En el primer caso, cuando se usa una ventosa desatascadora, es preciso llenar el lavabo de agua y tapar el respiradero o rebosadero con trapos. A continuación el bombeo de la ventosa permitirá mover el tapón que obstruye el desagüe. Si no se puede liberar la tubería con este sistema habrá que proceder al vaciado del sifón, quitando el tapón e introduciendo un alambre en forma de gancho para extraer las partículas sólidas. Si aun así persistiese el atasco habrá que recurrir a desatascadores mecánicos (sondas) o bien químicos, que disuelven las partículas o eliminan su sujeción a la cañería.

Los desatascadores mecánicos, como las sondas, trabajan mejor si es posible desenroscar las piezas de tubería que no están obstruidas, así, sifones y codos pueden, en virtud de su enroscado sin materiales adhesivos, retirarse para actuar mejor con las sondas de fontanero.

En el caso de que el tapón de obstrucción no esté cerca de los desagües habrá que actuar sobre los colectores, partiendo de las arquetas o pozos de registro, desde los que se pueden introducir varas de desembozar, combinándolas con tornillos sin fin, discos de goma, cepillos y rasquetas plegables. Habrá que proceder de la siguiente forma:

a) Localizar la arqueta más cercana al edificio y proceder a su apertura.
b) Si el fondo se encuentra seco es evidente que la obstrucción se encuentra en el tramo del colector que va desde el edificio hasta la arqueta.
c) Introducir las varillas de desembozar produciendo un movimiento de vaivén.
d) En caso de que la arqueta esté llena, la obstrucción se encontrará entre la arqueta y el sistema de alcantarillado, quedando fuera del alcance del operario–peón.

A veces la obstrucción se puede localizar en el sistema de desagüe de aguas pluviales: canalones y bajantes de aguas procedentes de las lluvias. Estos atascos se deben a la acumulación de residuos sólidos en las canalizaciones abiertas al aire libre (canalones). Las lluvias arrastran hacia ellos todos los restos depositados en los tejados y tienden a obstruirse con frecuencia. Para limpiarlos, en el caso de los canalones basta con recoger los residuos con una paleta apropiada. Para desatascar los bajantes lo mejor es desmontarlos de su conexión con canalones y arquetas y proceder a su desembozado mediante el sistema de varillado. Una vez libres y aclarados con agua se pueden volver a montar.

Sabías que...

No es lo mismo **tubería** que conducto. La tubería es de sección circular y el conducto puede tener otras secciones. Cuando se trata de una **tubería de acero galvanizado** para el suministro de agua se llama **cañería**.

4.2.6. Mantenimiento de sifones

Para evitar constantes atascos el sistema de desagüe de cualquier instalación de fontanería cuenta con los sifones o acodamientos, que actúan de filtro para evitar que pasen los residuos sólidos a través de las tuberías, al tiempo que con su forma específica en P o en S realizan el trabajo de un tapón acuoso que cierra el paso a los malos olores que, de otra forma, invadirían el edificio.

Los sifones se encuentran, generalmente, cerca de los conductos de evacuación de agua de los sanitarios. Están realizados en materiales resistentes de PVC. Los más corrientes son metálicos por cuestiones de estética, ya que están colocados en lugares donde quedan a la vista, como es el caso de servicios y urinarios públicos.

El principal cometido del peón laboral debe ser la limpieza de los sifones, al menos cada 6 meses. Para ello, basta con desenroscar la tapa inferior que suele sujetarse a presión mediante juntas de goma.

4.2.7. Tuberías congeladas

La descongelación de tuberías se lleva a cabo porque la temperatura puede bajar hasta el punto de congelar el agua en el interior de las cañerías. Al congelarse el agua aumenta su volumen y puede llegar a reventar el conducto. Para resolver provisionalmente la obstrucción hay que proceder a abrir el grifo más próximo y calentar la tubería bien mediante un sistema de aire caliente, por ejemplo, un secador de pelo, bien envolviendo la tubería con trapos viejos y empapándolos de agua hirviendo, para que conserve el calor. Es necesario comenzar desde la punta más próxima al grifo y avanzar hasta que desaparezca el tapón de hielo.

4.2.8. Reparación de escapes y reventones de tuberías

Las reparaciones de mantenimiento urgente que se pueden realizar en las cañerías se reducen a dos principalmente: las fugas o goteos de agua y la congelación de las cañerías. Una fuga de agua en una tubería se resuelve cortando primeramente la llave de paso más próxima a la avería. A continuación para resolver provisionalmente la fuga se puede cubrir la zona de fuga, ya sea agujero o grieta de escape con una tira de goma plástica, que sujetaremos a la tubería mediante una abrazadera de tornillo bien apretada o bien con una pieza de metal atornillada igualmente, para impedir que salga el agua. Si no dispone en ese momento de materiales apropiados puede cortar un trozo de manguera, abrirlo y fijarlo a la tubería con alambre que puede apretar con unos alicates. Si la fuga se produce en una tubería de desagüe, donde la presión es menor, se puede utilizar un sellante de silicona o masilla que debe aplicarse sobre la fuga cuando la superficie esté bien seca, a fin de garantizar su sujeción y adherencia al PVC.

Estas son medidas provisionales de urgencia. Con las medidas anteriores se pretende recuperar el control de la situación para, una vez conseguido, acometer una reparación definitiva.

Ante una fuga por goteo o pequeño reventón que se halle en una zona intermedia de una tubería, se debe cortar la misma con una sierra para metales a uno y otro lado de la fuga, a una distancia de unos 2 cm de longitud. A continuación, se puede intercalar un racor a presión, comprimiéndolo entre las dos bocas de tubería y ajustándolo mediante el giro opuesto de dos llaves.

Cuando el reventón ha afectado a una superficie mayor de la tubería, será necesario cortar toda la sección donde se halla la fisura. Se inserta una nueva sección de tubería del mismo grosor y material, enroscándola a la tubería antigua por medio de dos racores. A veces es aconsejable sustituir la parte averiada por una sección de tubo de PVC, pues permite reducir la presión sobre la zona afectada e impide su nueva rotura.

Si el escape se produce a través de un racor que soporta una elevada presión, es necesario desmontarlo y envolver la rosca en cinta de teflón. Si el racor ha sido fijado por el método de soldadura por capilaridad, realizada sobre tubos de cobre manualmente, será imposible restaurar la estanqueidad del racor, ya que el sistema de capilaridad exige que se efectúe ésta sobre el material absolutamente seco. En consecuencia, deberá de sustituirse el racor por otro nuevo que se instale a base de compresión.

4.2.9. Malos olores y bolsas de aire en las tuberías

Los malos olores procedentes de los desagües y los ruidos producidos por las bolsas de aire que se forman en las tuberías son dos de las reparaciones más usuales que deberá efectuar el personal laboral de peón.

Los malos olores deben detenerse, como antes hemos expuesto, mediante los sifones. Las curvas de los sifones en forma de P o de S mantienen un nivel permanente de agua contra el que chocan los malos olores. Sin embargo, los malos olores pueden tener otras causas:

- El propio sifón, donde se descomponen restos alimenticios y grasientos en descomposición.
- Las bases de asentamiento de los aparatos sanitarios, por las que pueden ascender olores desde la parte extensa de las tuberías.
- El mal sellado de arquetas y registros.

La solución más práctica será revisar, como hemos dicho, el estado de los sifones y sellar el basamento de los sanitarios y de las arquetas, para cerrar el paso al aire que circula en las cámaras de aislamiento del edificio.

En el caso de las bolsas de aire que se instalan en el interior de las tuberías, puede ser debido frecuentemente a diferencias en la presión del agua, provocadas por el propio suministro o bien por el uso a la vez de varios sanitarios. Esto es especialmente frecuente en las tuberías de agua caliente, debido a que su presión es menor por la necesidad de su calentamiento.

Actividad 5

Indica el orden el que ejecutarás cada una de las siguientes acciones en la reparación de un grifo:

- Volver a colocar el cuerpo del grifo y enroscar las tuercas de la cabeza y de la llave superior ☐
- Aflojar la tuerca y la cabeza del grifo ☐
- Colocar una zapata nueva de la misma medida ☐
- Sacar el cuerpo principal del grifo y proceder a desprender la zapata usada con un cuchillo o destornillador ☐
- Cerrar la llave de paso y abrir el grifo hasta el máximo ☐
- Volver a abrir la llave de paso y comprobar que no tiene fuga ni gotea ☐

A veces, las bolsas de aire aparecen porque existe un depósito de agua insuficiente para el consumo del edificio, o bien las tuberías carecen del diámetro necesario.

A menudo, estas bolsas de aire provocan una reducción del caudal de salida del agua, silbidos, burbujas y salpicaduras repentinas en los grifos.

Para reparar estos inconvenientes será necesario, en principio, un remedio casero. Se conecta un extremo de manguera de jardín al grifo que plantea problemas de bolsas de aire, y el otro extremo al grifo de un fregadero o similar. Se abren ambos grifos a la vez y se espera unos minutos. Retirada la manguera, el problema debe haber desaparecido por la mayor presión que suele tener el grifo del fregadero. Si aun así la avería persiste, habrá que acudir a un profesional.

4.3. Instalación de recogida de aguas fluviales

La instalación de recogida del agua de lluvia está muy unida a la instalación de desagües de las viviendas, tanto si el sistema de recogida es unitario como si es separativo o mixto.

En teoría, tanto la instalación de bajantes como la de su red de recogida son muy similares. Sin embargo, algunos elementos de recogida de agua son diferentes a los anteriores.

La recogida de agua en las instalaciones pluviales se realiza mediante:

4.3.1. Canalones

El canalón es un conducto que recibe y conduce el agua de los tejados a la red de recogida de aguas pluviales. Se instala en el borde del alero en la parte inferior de los tejados.

Los canalones se instalan con una ligera pendiente, que permite canalizar el agua hasta las bajantes. A su vez, las bajantes llevan el agua hasta la arqueta encargada de recogerla.

Se pueden construir en aluminio, zinc, cobre o PVC. El PVC es el material más usado, por lo fácil que es colocarlo, por su peso y por sus propiedades.

Los canalones pueden fabricarse en dos tipos de sección:

- **Circular, con desarrollos de 25 y 33 cm**. Se fabrican con uno o dos rebordes cerrados.

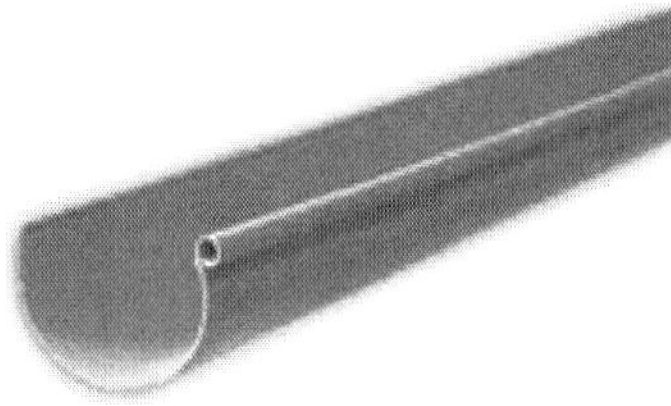

- **Trapezoidal, con base recta y paredes simétricas o asimétricas**, dependiendo del fabricante. Este diseño le confiere una mayor rigidez y aumenta el nivel de agua en su interior. Los desarrollos de este canalón son de 26 y 34 cm.

Los canalones pueden ir ocultos o vistos y, dependiendo de su instalación, pueden ser pegados o ensamblados.

Los canalones van unidos a las bajantes por medio de unas piezas que encajan tanto en los canalones como en las bajantes.

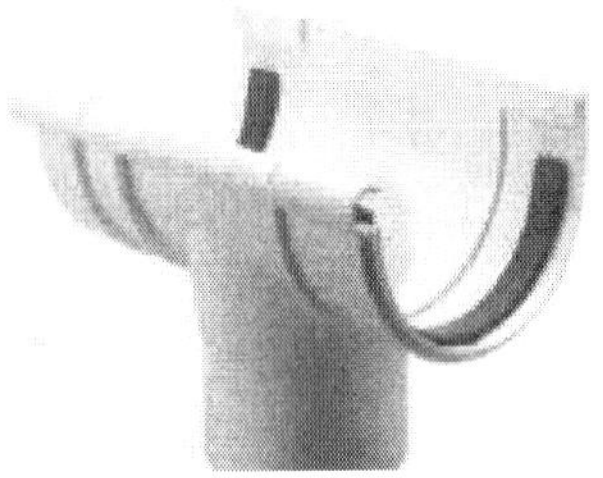

4.3.2. Cazoletas

Las cazoletas o calderetas se utilizan para recoger del agua en los patios o terrazas y llevarlas a las bajantes. Es, por así decirlo, el extremo superior de la tubería de desagüe que llega al suelo. Está cubierto con una rejilla para que no pasen sólidos que obstruyan la tubería.

4.3.3. Sumideros

La diferencia con las cazoletas es que son de un diámetro menor que éstas. Por lo tanto, tienen unos tubos de salida también más pequeños.

Los sumideros se fabrican de fundición, chapa galvanizada o PVC.

Los sumideros se instalan con sifones especiales de cierre hidráulico que evitan la salida de gases y malos olores de la red de evacuación.

4.3.4. Limahoya

Línea de intersección de dos vertientes del tejado que se juntan. Llevan el agua de lluvia, por el ángulo que forman, hasta el canalón.

Limahoya

4.4. Cisternas

La función de la cisterna es el almacenar agua, que puede variar entre 10 y 15 litros, para efectuar la limpieza del inodoro.

Las cisternas, que pueden ser altas (fijas a la pared a una altura de casi dos metros) o bajas. Por su posición, la cisterna alta requiere menos cantidad de agua para funcionar.

Los mecanismos de las cisternas son idénticos en todos los modelos de depósitos.

Las cisternas básicamente se componen de **dos sistemas**:

- El de llenado de agua
- El de descarga

El mecanismo de llenado debe accionar la entrada de agua desde la tubería y también pararlo cuando el nivel llegue a un punto.

El circuito que realiza el agua dentro de la cisterna se inicia cuando ésta pasa a través de la válvula de entrada al depósito. A medida que sube el nivel del agua se va levantando la boya o flotador, conectada a la válvula por una varilla, cuando alcanza su altura cierra la válvula y por tanto cierra el paso de agua.

El desgaste de la válvula de entrada del agua es una de las averías más corrientes dando como consecuencia el fluir continuo de agua.

El mecanismo de descarga se acciona por botón, palanca o cadena. Al tirar o levantar cualquiera de estos mecanismos, se libera la válvula de salida de agua.

Suelen causar fugas sus juntas, generalmente por depósitos de cal.

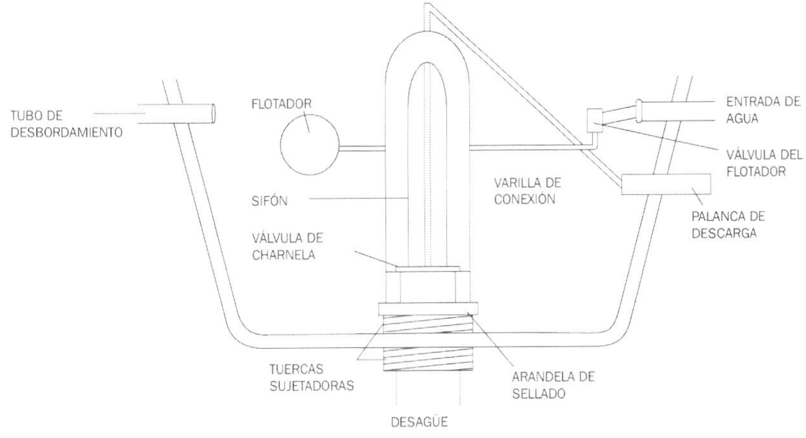

Carga de cisterna

5. Conocimiento y mantenimiento básico de válvulas y purgadores

5.1. Válvula de retención o antirretorno

Es el dispositivo que permite el paso del fluido en un solo sentido. Impide los retornos de agua no deseada.

Las válvulas de retención sólo dejan pasar el agua, mientras esta circule en un sentido determinado. Cuando el agua invierte este sentido, estas válvulas se cierran automáticamente, impidiendo el tránsito.

Se dispondrán sistemas antirretornos para evitar la inversión del sentido del flujo en los puntos que figuran a continuación, así como en cualquier otro que resulte necesario:

- Después de los contadores.
- En la base de las ascendentes.
- Antes del equipo de tratamiento de agua.
- En los tubos de alimentación no destinados a usos domésticos.
- Antes de los aparatos de refrigeración o climatización.

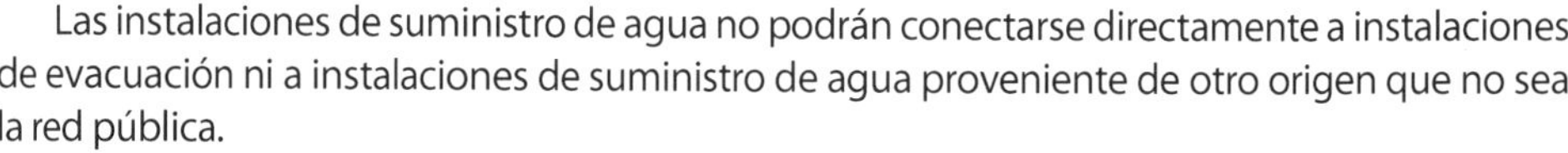

Las instalaciones de suministro de agua no podrán conectarse directamente a instalaciones de evacuación ni a instalaciones de suministro de agua proveniente de otro origen que no sea la red pública.

En los aparatos y equipos de la instalación, la llegada de agua se realizará de tal modo que no se produzcan retornos.

Los antirretornos se dispondrán combinados con grifos de vaciado, de tal forma que siempre sea posible vaciar cualquier tramo de la red.

5.2. Válvulas reductoras de presión o de seguridad

Las válvulas de presión o de seguridad son un dispositivo que se abre automáticamente cuando la presión del circuito sube por encima del valor de tarado. Se descarga entonces el exceso de presión a la atmósfera. Su escape será reconducido hasta el desagüe.

Estas válvulas deben instalarse para que cuando en el ramal o derivación pertinente no se supere la presión de servicio máxima (500 kPa).

Cuando se prevean incrementos significativos en la presión de red, deben instalarse válvulas limitadoras, de tal forma que no se supere la presión máxima de servicio en los puntos de utilización.

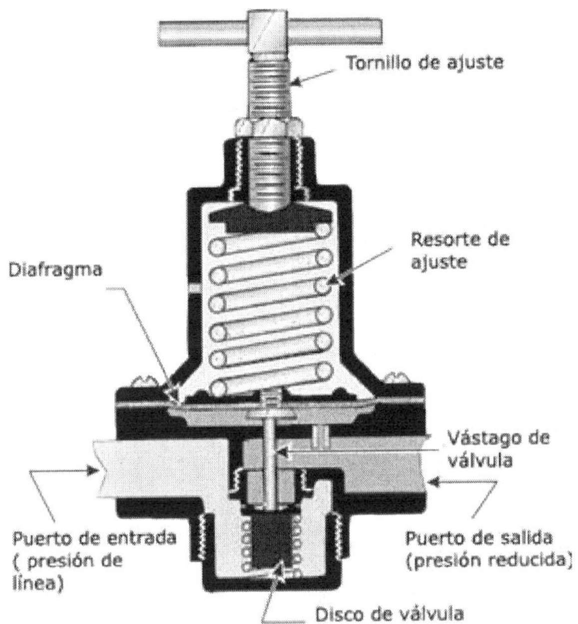

5.3. Purgadores

Un purgador es una válvula que se utiliza para drenar, es decir, eliminar el aire existente en las tuberías de la instalación.

Cuando entra aire en una instalación, sale hacia arriba, por lo que hemos de instalar el purgador en la zona más alta de la instalación, que suele ser la parte superior de los montantes o ascendentes.

Los purgadores pueden ser automáticos o manuales, con un separador o cámara que reduzca la velocidad del agua y que facilite la salida del aire. Se disminuyen así los efectos de los posibles golpes de ariete.

El golpe de ariete es un fenómeno causado por los cambios súbitos en la velocidad del flujo de agua, o por su interrupción repentina. Por ejemplo, cuando se cierra el grifo. El cierre provoca que se produzcan presiones, al verse detenido el avance del líquido. Se generan ruidos y tensiones en las cañerías.

Estas vibraciones también pueden aparecer si se produce un desplazamiento brusco del aire que contienen las tuberías en su interior desde un tanque o tubería cerrados. Éstos comienzan a verter líquido por su parte superior, para contrarrestar la presión pro-

vocada. Por ello, el agua tiende a desplazarse y puede provocar alguna avería al buscar una salida, porque no puede ser contenida en las cañerías, debido a que el espacio que antes ocupaba se encuentra lleno de aire.

El golpe de ariete se evita instalando una válvula antirretorno en la zona de contadores generales de cada vivienda o bloque de pisos. De esta manera si se cierra repentinamente un grifo el agua, el agua no volverá hacia abajo y por lo tanto no provocará molestos ruidos. Las presiones provocadas se disiparán.

Este efecto también puede evitarse llenando los tanques o tuberías cerradas desde su extremo inferior, al tiempo que se permite la salida del aire por el superior (purgadores).

5.4. Antiariete

Es un elemento para absorber los aumentos de presión en la red, básicamente los producidos por golpes de ariete. Los hay de muy diversos tipos: de colchón de aire, de resorte, de membrana, etc. Se colocan en los puntos altos de las columnas, en instalaciones donde la velocidad del agua o el caudal sean elevados.

6. Símbolos básicos en instalaciones de fontanería

Cada tipo de esquema de instalación tiene una simbología propia del profesional que la va a llevar a cabo. No es lo mismo una instalación de fontanería que una instalación eléctrica, ya que los elementos que se utilizan son distintos.

Para la interpretación de los esquemas, en cada ramo, sea fontanería, electricidad, etc., se emplean signos muy variados. Estos signos nos ayudarán a comprender de manera más objetiva la composición de las instalaciones.

Para el estudio de las instalaciones de agua fría del interior de los edificios nos vamos a valer de la representación gráfica de estas instalaciones. Por lo tanto, en primer lugar, es preciso adoptar una serie de símbolos que se representan a continuación, cuyo significado y utilización en agua fría y caliente vamos a analizar.

———	**Tubería de agua fría. Se representa por una línea continua.**
- - - - -	**Tubería de agua caliente. Se representa por una línea discontinua.**

	**Retorno de agua caliente. Se representa con una línea que se alterna entre continua y discontinua.**
	**Indica la dirección de la corriente en el tubo.**
	**Indica la dirección de la pendiente del tubo.**
	Tubería de desagüe. Se representa por dos líneas paralelas.
	**Manguito de paso.**
	**Tubería calorifugada. Observamos la línea discontinua que va por dentro (agua caliente).**
	**Tubo ascendente.**
	**Tubo descendente.**
	**Anclaje de un tubo.**

	**Reducción de tubería.**
	**Filtro.**
	**Llave de paso o válvula.**
	**Llave de paso.**
	**Llave de paso con grifo de vaciado.**
	**Válvula de retención.**
	**Válvula de retención. La flecha superior indica la dirección del líquido.**
	**Válvula reductora de presión.**
	**Válvula reductora de presión.**

	**Válvula de flotador.**
	**Válvula de flotador.**
	**Válvula de seguridad.**
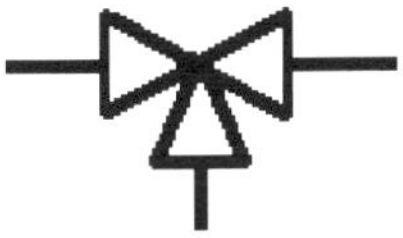	**Válvula de distribución de dos o tres vías.**
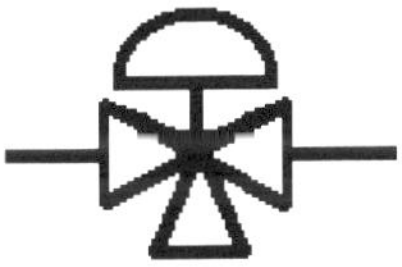	**Válvula de distribución de dos o tres vias motorizada.**
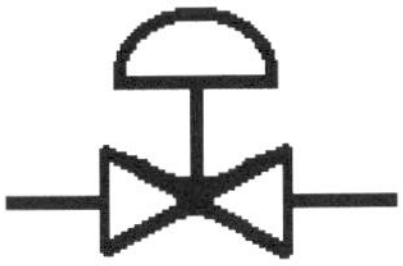	**Válvula normal motorizada.**
	**Válvula de compuerta.**
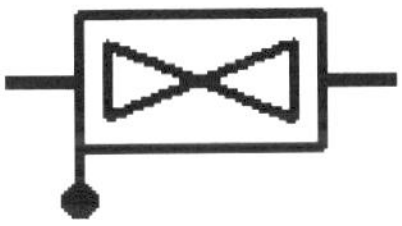	**Llave de paso o válvula con desagüe.**
	**Llave de paso general.**

	Grifo.
	Grifo.
	Fluxómetro.
	Fluxómetro.
	Contador.
	Contador divisionario.
	Contador divisionario.
	Bomba.
	Grupo de presión.

Símbolo	Descripción
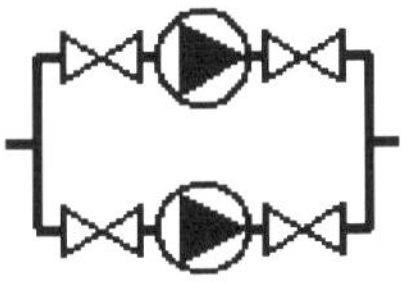	**Grupo de presión.**
	**Depósito acumulador.**
	**Purgador.**
	**Dispositivo antiariete.**
	**Dispositivo antiariete.**
	**Dilatador.**
	**Dilatador.**
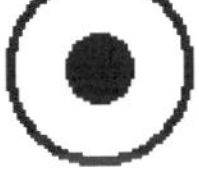	**Calentador.**
	**Calentador.**

	Calentador acumulador.
	Válvula purgadora o ventosa.
	Hidromezclador.
	Lavabo.
	Bañera.
	Plato de ducha.
	Inodoro.
	Bidé.
	Polibán o media bañera.

	Urinario colgante.
	Urinario colgante.
	Urinario mural.
	Placa turca.
	Fregadero.
	Fregadero doble.
	Lavavajillas.
	Lavadora.

Estos son los símbolos necesarios para instalar y comprender un esquema de instalación de agua.

Actividad 6

¿Qué significado tiene el siguiente símbolo?

- ☐ a) Filtro.
- ☐ b) Manguito de paso.
- ☐ c) Plato de ducha.

Solución a las actividades

Actividad 1.

Falsa.

Actividad 2.

- ☐ a) Portaterraja.
- ☑ b) Terraja.
- ☐ c) Torrija.

Actividad 3.

- ☐ a) 150 ºC.
- ☐ b) 200 ºC.
- ☑ c) 95 ºC.

Actividad 4.

- ☑ a) Las aguas que recogemos de las lluvias o aguas pluviales.
- ☐ b) Las aguas fecales.
- ☐ c) Las aguas resultado de proceso industrial y contaminantes.

Actividad 5.

- Volver a colocar el cuerpo del grifo y enroscar las tuercas de la cabeza y de la llave superior. **5**
- Aflojar la tuerca y la cabeza del grifo. **2**
- Colocar una zapata nueva de la misma medida. **4**
- Sacar el cuerpo principal del grifo y proceder a desprender la zapata usada con un cuchillo o destornillador. **3**
- Cerrar la llave de paso y abrir el grifo hasta el máximo. **1**
- Volver a abrir la llave de paso y comprobar que no tiene fuga ni gotea. **6**

Actividad 6.

- ☐ a) Filtro.
- ☑ b) Manguito de paso.
- ☐ c) Plato de ducha.

TEMA 4

Albañilería

Albañilería. Conocimiento, conservación y manejo de herramientas más usuales. Conocimiento de los materiales más usuales. Reparaciones básicas de fijación: azulejos, rodapiés, baldosas y ladrillos. Pequeñas reparaciones: arquetas, grietas interiores, etc. Conocimientos básicos en «Pladur» y techos desmontables

Tu Curso MAD360 te explica cómo puedes emplear los **recursos** *online* que te facilita para complementar tus manuales.

Índice

1. Conocimiento, conservación y manejo de herramientas más usuales
2. Conocimiento de los materiales más usuales
3. Reparaciones básicas de fijación: azulejos, rodapiés, baldosas y ladrillos
4. Pequeñas reparaciones: arquetas, grietas interiores, etc
5. Conocimientos básicos en «Pladur» y techos desmontables

1. Conocimiento, conservación y manejo de herramientas más usuales

Estas herramientas de mano deberán estar construidas con materiales resistentes y de calidad, no tendrán defectos ni desgaste que dificulten su correcta utilización.

La unión entre sus elementos será firme, para evitar la rotura o proyección de cualquiera de sus elementos, como puede ser que se suelte la cabeza del martillo del mango en plena fase de clavado o golpeo.

Los mangos o asideros serán de la dimensión adecuada para poder cogerlos con comodidad, no tendrán bordes agudos, melladuras y la superficie de estos no será resbaladiza.

Las cabezas metálicas carecerán de rebabas y en caso de criarlas con el uso, estas deberán ser eliminadas, como es el caso de los cortafríos, cinceles, etc.

Durante el uso y trabajo con estas herramientas deberán estar limpias de tierra, masas, grasas, etc.

Para el traslado de herramientas cortantes o punzantes se utilizarán fundas o cajas adecuadas, para evitar melladuras o posibles cortes.

A lo largo de este apartado, sin el ánimo de ser exhaustivo, vamos a detallar diferentes herramientas con las que el peón de albañilería ha de estar familiarizado y fin de cumplir con sus tareas en el puesto.

1.1. Herramientas de construcción

1.1.1. Esparavel

Útil generalmente de madera con dos lados bordeados sujetados de forma horizontal; esta superficie tiene un mango para sujetar con la mano. Con este útil podemos transportar morteros y demás masas.

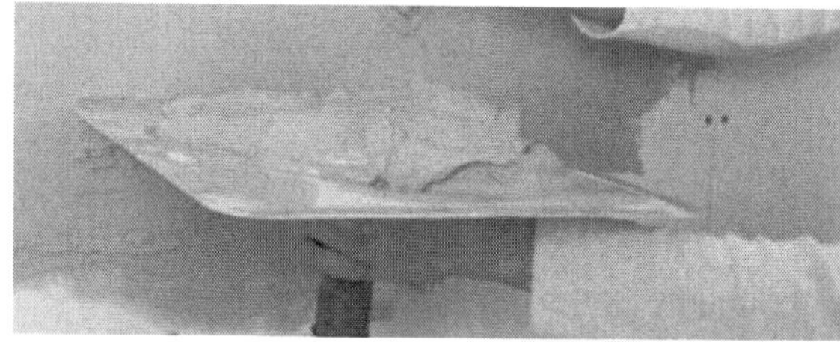

1.1.2. Llanas

Es una conocida herramienta de albañilería. Es un fratás de acero para yesos y cemento. Esta herramienta se usa para extender revocos y enlucidos, que se aplican en paredes y suelos.

Es una herramienta cuya parte principal es una hoja metálica de forma trapezoidal o rectangular de unos 18 – 20 cm con una agarradera en su parte central.

Esta herramienta, mojada, se usa para "pulir" la pared una vez que el cemento o yeso hayan secado.

Tenemos **llanas dentadas** también conocidas como peines; estas llanas tienen dos aristas consecutivas dentadas, que se usan para marcar la primera capa de revoque, para facilitar que la segunda capa se agarre con firmeza.

Una vez terminado el trabajo debemos proceder a una correcta limpieza para su buena conservación. Para ello usaremos agua cuando los restos de masa aún estén frescos, y si la masa se ha quedado seca, se raspará con la paleta, con otra llana, etc., añadiendo agua para facilitar su limpieza.

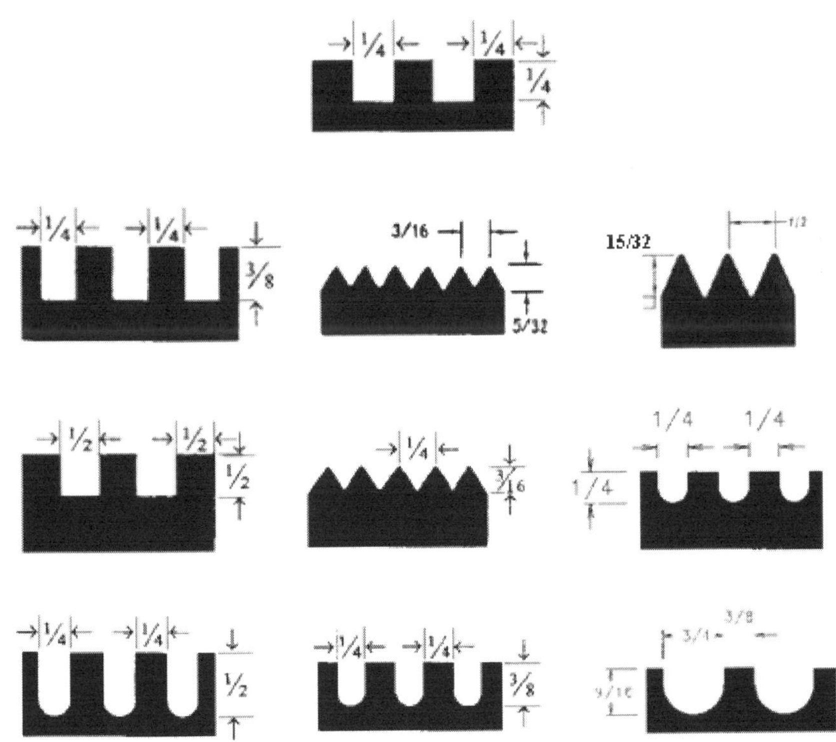

Tipos de destado o muescas en llanas

1.1.3. Fratás

Es también una herramienta de albañilería. Puede ser de madera o de plástico. Su forma es rectangular, similar a la llana.

Sirve para alisar el revoque de morteros de cemento o yeso.

1.1.4. Paleta

Es la herramienta con la que todo el mundo identifica al albañil. Bajo esta denominación genérica existen varios tipos, y las más comunes son:

- **Paleta**. Es instrumento de cuchara plana y de punta redondeada provista de un mango, normalmente de madera, y destinada para cargar el material de que se trate (mortero, yeso, etc.). En el mercado las hay con mango de material plástico. La hoja suele tener una longitud de 20 a 30 cm; una vez cargada de mortero sirve para lanzar "pelladas".

- **Paletín**. Es una variedad de la paleta, algo más pequeño y con forma puntiaguda. Se usa para trabajos pequeños y para realizar las juntas de mortero que quedan al colocar el ladrillo visto, puesto que su punta entra en lugares estrechos. Su hoja tienen una longitud comprendida entre los 75 y los 200 mm.

- **Espátula**. Es otro instrumento derivado de la paleta terminado en una punta no tan pronunciada como la del paletín. Se utiliza para aplicar el mortero en paredes, en poca cantidad y, sobre todo, para reparar pequeños defectos o remates cuidados.

Como característica de una buena paleta podríamos hacer alusión a la rigidez de su hoja que no debe de doblarse cualquiera que sea el esfuerzo a que la sometamos, puesto que en ocasiones la usaremos para levantar ladrillos de alguna hilada. Su puño debe de estar alineado con la punta.

La paleta, además de para extender y recoger el mortero, la usaremos para partir el ladrillo golpeándole con el canto o filo de la chapa y nos ayudaremos con ella para realizar el asiento del ladrillo mediante unos golpes dados a este con el mango.

También se usa para realizar mezclas manualmente de los morteros en pequeñas cantidades.

1.1.5. Pisón

Sirve para compactar y aplanar diversos materiales. Se trata de una pieza de hierro acoplada a una barra o mango que, también, puede ser de hierro o madera. Es una herramienta pesada.

Su cabeza puede tener diversas formas: redonda, cuadrada, rectangular.

Se usa, entre otras labores, para:

- Pisar el hormigón en trabajos de encofrado.
- Pisar fondos de tierra en las zanjas.
- Compactación de rellenos.

1.1.6. Raedera

Esta herramienta se conoce con diferentes nombres, por ejemplo en Asturias este útil es conocido con el nombre de raya o rayón, y en otros lugares se le conoce como batidera.

Es una herramienta destinada al batido de morteros y demás masas. Está formada por una chapa de hierro plana que tiene la resistencia necesaria para oponerse a la que ofrece la pasta. Dicha chapa termina en un borde recto y con un elemento donde se introduce el astil o mango (de madera) liso sin muletilla.

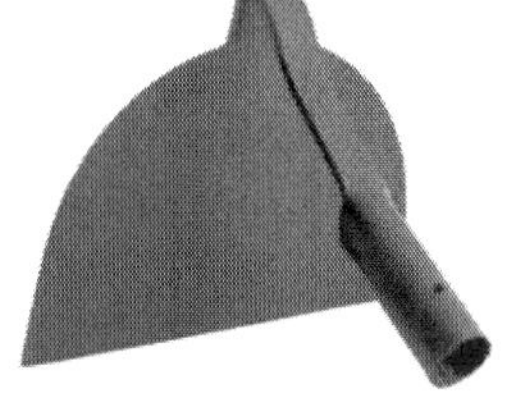

También se utiliza en limpiezas de escombros, áridos, arenas, etc. Las raederas adoptan diversas formas como son en semicírculo o rectangular y tienen diferentes medidas.

1.1.7. Rastrillo

Es muy semejante a la batidera o raedera, con la diferencia o modificación impuesta por el uso, que la chapa de hierro plana está recortada en forma de peine o púas. Esta herramienta, como la anterior, se emplea para el batido manual de morteros y hormigones.

Esta herramienta también se utiliza para manipulación de áridos.

1.1.8. Cedazo

Instrumento compuesto de bastidor cuadrado o redondo y de una tela, por lo común de cerdas, más o menos clara, que cierra la parte inferior.

Sirve para separar las partes finas de las gruesas de algunas cosas como la arena. El cedazo de malla muy tupida se llama tamiz.

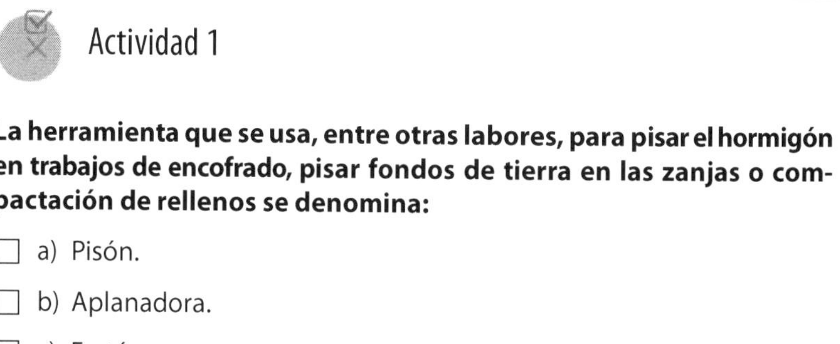

Actividad 1

La herramienta que se usa, entre otras labores, para pisar el hormigón en trabajos de encofrado, pisar fondos de tierra en las zanjas o compactación de rellenos se denomina:

- ☐ a) Pisón.
- ☐ b) Aplanadora.
- ☐ c) Fratás.

1.1.9. Zaranda

Esta herramienta está formada por un bastidor de madera que lleva una tela metálica o malla, más o menos tupida, destinada a la criba de arenas o gravas.

1.1.10. Puntales telescópicos

Se utilizan en el sector auxiliar de la construcción, para soportar pisos durante la ejecución de obras, encofrados, etc. Se trata de tubos redondos que, por medio de diferentes formas o mecanismos, los pueden hacer variar de tamaño.

Durante su uso prestaremos atención a los siguientes pasos:

- Todos los puntuales se colocarán sobre durmientes de tablón bien nivelados y perfectamente aplomados.
- Si fuera necesario colocar puntuales inclinados se acuñará el durmiente de tablón, nunca el usillo de nivelación del puntal.
- Es necesario realizar el hormigonado tratando de no desequilibrar las cargas que van a recibir los puntales.
- Una vez que los puntales están soportando carga, no podrán aflojarse ni tensarse y si por cualquier razón se viera que algunos puntales trabajan con exceso de carga, se colocarán a su lado otros que absorban este exceso de carga sin tocar para nada el sobrecargado, en evitación de desplomes sobre las personas.

- Nunca se usarán los puntales a su altura máxima, para evitar la merma de la potencia portante.
- Los puntales se desmontarán desde el lugar desencofrado en dirección hacia el encofrado, para evitar los golpes por desplome de la sopanda.
- Al desmontar un puntal se controlará la sopanda con el fin de evitar su caída brusca y descontrolada.

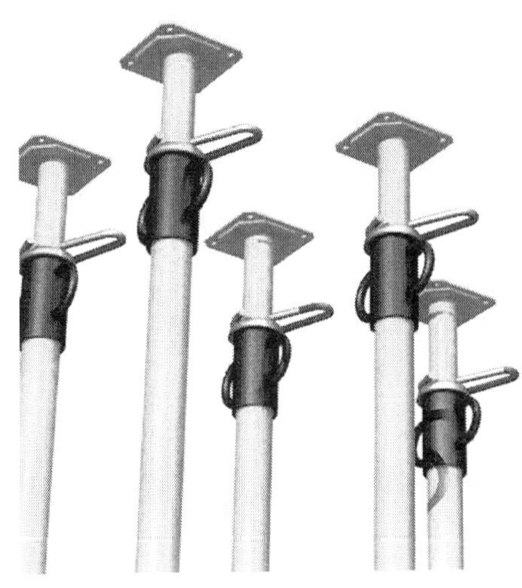

Puntales

Recuerda que...

El abujardado es una antigua forma de tratamiento superficial de todos los materiales pétreos para revestimientos de exteriores y otros trabajos artesanales y uno de los efectuados manualmente más utilizados. También se conoce por labrado.

1.2. Herramientas de picado y destrucción

1.2.1. Maceta

Son herramientas compuestas por un mango y una cabeza metálica de gran peso, siendo las macetas para utilizar con una sola mano, y los mazos o mazas son herramientas con un mango más largo y mayor peso, que exigen utilizar ambas manos.

Las macetas se pueden utilizar solas golpeando sobre el material a destruir, pero en muchas ocasiones se utiliza un elemento intermedio para concentrar la energía del golpe en una superficie pequeña para romper materiales de mayor dureza. La maceta es usada para golpear otros útiles como pueden ser cortafríos, cinceles, etc.

La cabeza de la maceta **(mochetas)** es de extremos iguales y equilibrados, siendo su principal característica el impacto provocado por su propio peso.

Los mangos de estas herramientas serán de madera o de metal recubierto de goma para eliminar las vibraciones producidas por los impactos **(golpes).**

Las macetas suelen tener un peso de:

- 995 gramos.
- 1335 gramos.
- 1475 gramos.

Por su propia fortaleza, es una herramienta que soporta malos tratos. Pero siempre hay que vigilar los mangos de madera que son los que antes se deterioran.

Cuando golpeemos con la maceta deberemos tenerla cogida por la parte del mango más alejada de la cabeza.

1.2.2. Maza

Se conoce como maza a una masa de acero provista de un mango. Es una herramienta usada por diferentes profesionales, el calderero, el albañil, etc., de un tamaño mayor que la **maceta** y destinada a trabajos como pueden ser:

- Clavar estacas en el suelo.
- Clavar barras en el suelo.
- Doblado de chapas metálicas.
- Demolición de tabiques.

Las mazas deberán estar libres de rebabas, en sus caras de golpe. Su mango será de madera dura, resistente y elástica, debiendo hallarse correctamente anclado a la maza. Una comprobación habitual consistirá en verificar que la herramienta se encuentre en buen estado y que el eje del mango quede perpendicular a la cabeza.

Nunca deben reemplazarse los mangos de madera por mangos de hierro, ya que los metales trasmiten en exceso las vibraciones e impactos y repercutirían en nuestras articulaciones de manos y codos.

1.2.3. Bujarda

Es un martillo con una o dos cabezas de acero que contienen pequeños dientes piramidales.

Hoy en día todavía se utiliza la bujarda manual, aunque las más empleadas son las neumáticas, ya sean sencillas o automáticas, en las que las cabezas se van desplazando sobre la superficie de la roca. Esta herramienta se utiliza en piedras, mármoles, hormigones, etc.

En bujardas manuales se suelen emplear cabezas de 16 - 36 y de 49 - 64 dientes (dos muy utilizadas son las de 25 y 49 dientes).

El abujardado es una antigua forma de tratamiento superficial de todos los materiales pétreos para revestimientos de exteriores y otros trabajos artesanales y uno de los efectuados manualmente más utilizados. También se conoce por labrado.

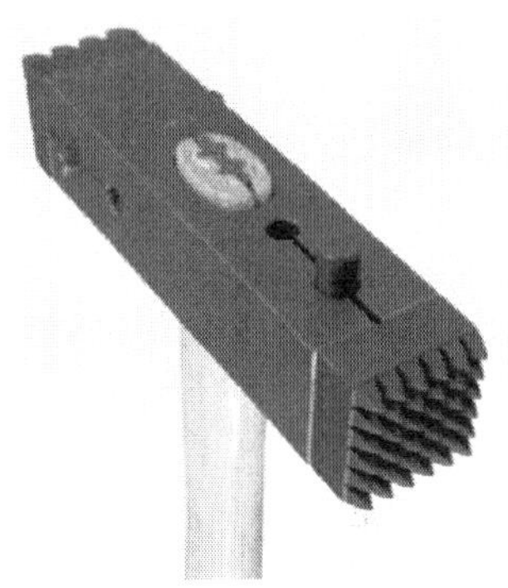

La superficie de la roca, previamente aplanada, se golpea repetidamente con un martillo (bujarda) con una o dos cabezas de acero que contienen pequeños dientes piramidales.

Se emplean frecuentemente en pavimentos exteriores por su característica de antideslizante.

1.2.4. Escoda

Herramienta semejante al martillo con corte en ambos lados y un mango. Se utiliza para labrar piedras y picar paredes.

1.2.5. Mazo

Es una herramienta usada en diferentes oficios. Tanto el **mazo** como el martillo son herramientas de percusión, es decir, ideadas para golpear. La diferencia entre estas dos herramientas hemos de buscarla en el uso al que están destinadas.

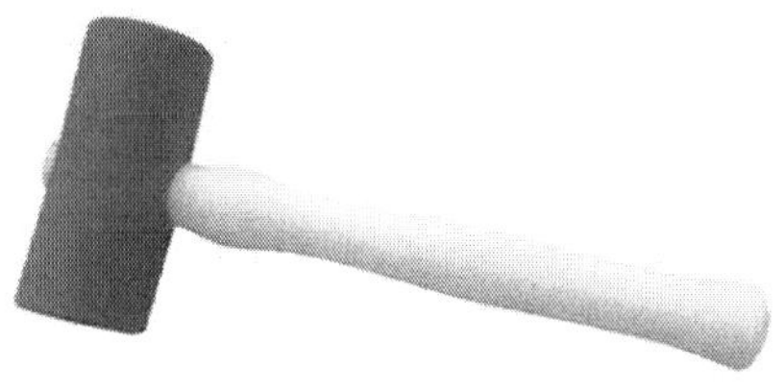

Mazo de goma

Los hay con la cabeza de:

- Madera (usados normalmente en carpintería para golpear el formón).
- Plástico (se caracterizan por producir golpes más secos).
- Goma (se usan para trabajos de colocación de materiales cerámicos).
- Mixtos (son polivalentes).

1.2.6. Pico

Hay una gran variedad, tanto en tamaño como de forma. Esta pieza puede terminar en dos puntas o en una punta, en un extremo y un corte angosto en el otro.

Los picos se utilizan para cavar, tirar tabiques, levantar suelos, etc. En esta herramienta deberá estar firmemente sujeta la parte metálica con el mango.

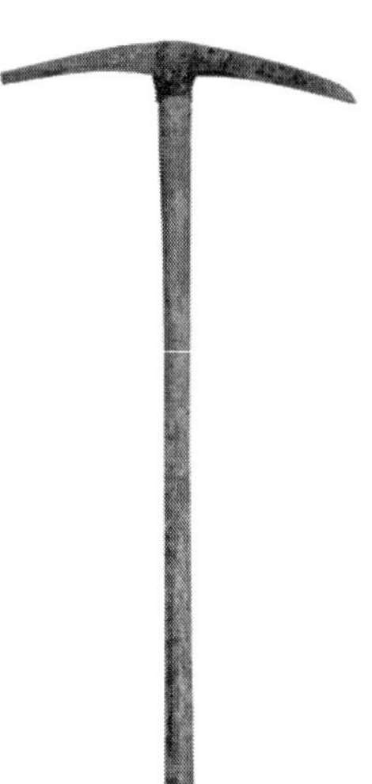

Cuando trabajemos con esta herramienta comprobaremos que no se interponga ningún obstáculo o persona en el arco descrito para su uso (tanto en la parte delantera como en la posterior).

Tamaño del mango:

- Los mangos largos permiten llegar más lejos y son mejores palancas, pero requieren más fuerza en los brazos.
- Los mangos cortos resultan muy útiles en zonas de trabajo limitadas, pero requieren realizar más fuerza con las piernas. Según su altura, puede llegar a flexionarse muchas veces. Los mangos cortos suelen ser más gruesos y pueden llevar una pieza de agarre, por lo que resultan más pesados que los utensilios más largos.

1.2.7. Piqueta

Herramienta de albañilería que termina, por uno de sus extremos en forma de azuela y por el otro en forma de hacha, y que tiene en medio un anillo en que entra y se asegura un mango de madera, de aproximadamente medio metro de largo. Hay algunas con boca de piqueta, en vez de corte. Se asemeja a un pico, pero de menor tamaño.

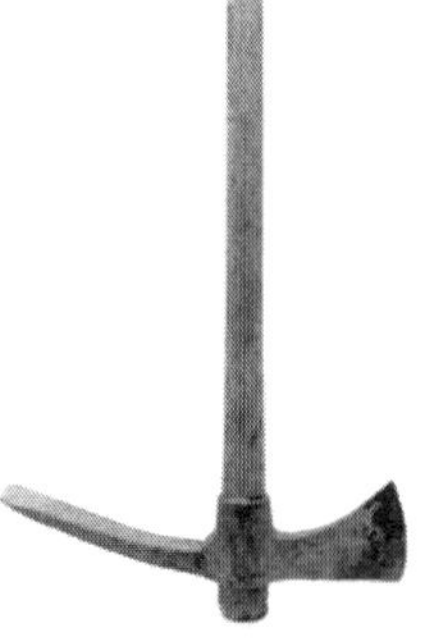

También conocida como alcotana es una herramienta asimilada, generalmente, con el oficio de albañil.

La piqueta también se encuentra emparentada con el martillo; son de mango largo, con una boca de forma cuadrada y la otra parte afilada.

1.2.8. Cuña

Barra de acero cilíndrica con un corte de 30 a 40 cm de largo y de 38 a 51mm de diámetro, terminada en punta o como cincel. Esta herramienta se usa para romper piedras colocándola en las grietas y golpeando con una maza.

1.3. Herramientas utilizadas en operaciones de encofrado

En operaciones de encofrado con madera se utilizan herramientas comunes en carpintería, como pueden ser: sierras, formones, martillos, etc.

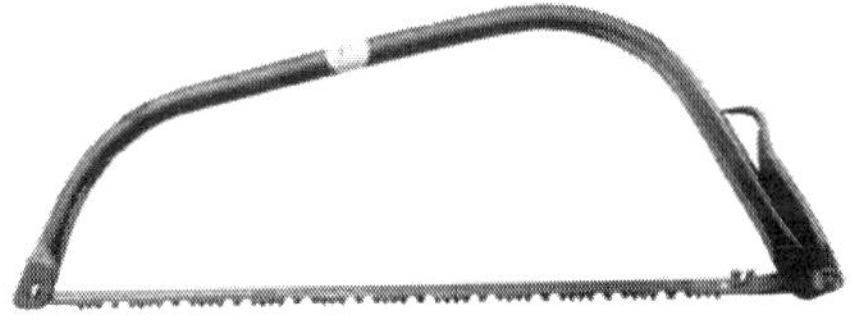

Sierra de arco

Las sierras de arco constan de un arco metálico de alta resistencia con protector de mano soldado y una hoja dentada (dentado normal o americano) de 20 mm de ancho.

Los serruchos de carpintero existentes en el mercado son de diversas formas y dimensiones, siendo los de uso más habitual de forma rectangular; en los de uso profesional, el filo se somete a un proceso de templado que garantiza la duración del triscado. El triscado es una operación que consiste en disponer los dientes de una sierra de manera que la muesca del aserrado sea más ancha que el cuerpo de la hoja, de modo que ésta pueda pasar fácilmente por la hendidura sin ser frenada.

Las características fundamentales son el tipo de diente y el paso de corte, siendo los habituales los siguientes:

Tipos de dientes	Pasos	
Universal	Para corte en contra y a favor de veta	Corte rápido o basto
Isósceles	Para corte en contra veta	Corte medio fino
Japonés	Para corte rápido en contra y a favor de veta	Corte medio muy fino

Los **formones** son herramientas de corte recto y ancho. Su filo vivo en el extremo y su sección trapezoidal con aristas vivas permiten un corte perfecto y agresivo; el mango, de madera lacada, ha de tener un diseño ergonómico que evite el deslizamiento de la mano.

Formones

Una herramienta fundamental en las labores de desencofrado de madera es el **pata de cabra**.

Es una herramienta de trabajo conocida bajo diversas denominaciones según la zona de España, entre otras las más comunes son:

- Desencofradora.
- Barreta.
- Barra de uñas.

Está realizada con una barra de hierro acerado y provista de un diseño especial para la apertura de cajas de embalaje, desencofrado, etc. Uno de sus extremos presenta forma de palanca y, por el otro, además de palanca, acaba casi de la misma forma que un "martillo de orejas". La forma de uña partida sirve para la extracción de puntas y su similitud con la pata de una cabra da origen a su nombre más común.

En albañilería esta herramienta se usa para retirar los encofrados, se la conoce como barra desencofradora.

El uso de barretas es para reducir el esfuerzo con el brazo de palanca de la misma. Las barretas deben ser de resistencia adecuada.

- Al hacer brazo de palanca con la barreta, el trabajador deberá situarse al costado de la barreta, haciendo presión sobre la misma. No se debe sentar sobre la barreta para lograr mayor fuerza, ni hacer esfuerzo tirando de ella hacia el cuerpo de uno.
- Se deben colocar en un lugar visible y agrupadas.

Actividad 2

¿Qué nombre recibe un martillo con una o dos cabezas de acero que contienen pequeños dientes piramidales?

- ☐ a) Maza.
- ☐ b) Maceta.
- ☐ c) Bujarda.

El martillo es una herramienta de uso frecuente en labores de encofrado, aunque el más utilizado es el martillo de encofrador que tiene un extremo plano que permite golpear los clavos y el otro extremo en forma de uña para la extracción de los mismos. Otros martillos, como los denominados mecánicos de bola o de peña, pueden ser también utilizados en algunas operaciones.

Martillo

Por otro lado, también se utilizan en el encofrado el **hacha encofradora**.

Es una herramienta muy utilizada por el encofrador para el desbaste, aguzar y hacer hendiduras de la madera que es utilizada en los encofrados.

Esta herramienta consta de una pieza de metal con cabeza afilada en el mismo sentido que el mango.

Antes de comenzar el trabajo, inspeccionaremos la herramienta para asegurarnos de que no tenga desperfectos. Revisaremos que el mango esté bien sujeto, especialmente porque esta es una herramienta cortante.

Las hachas deberán estar siempre bien afiladas; un filo defectuoso, aparte de exigir mayor esfuerzo, resulta peligroso.

Llevaremos las herramientas filosas o con corte, alejadas del cuerpo, nunca en los bolsillos. Mantendremos las herramientas con punta o filosas alejadas de las aceras y caminos donde puedan lesionar a alguien que pase.

Cuando terminemos el trabajo, devolveremos las herramientas a su lugar de almacenaje, protegidas contra contactos inesperados.

Las herramientas nunca deben tirarse a otro trabajador, sobre una superficie o desde un lugar alto; se deben entregar con seguridad al otro trabajador o colocarse directamente sobre otra superficie o nivel.

1.4. Herramientas utilizadas en labores de ferralla

Cortafríos o cinceles, cizallas o cortavarillas, tenazas y alicates son herramientas habituales en los trabajos de ferralla.

1.4.1. Cizalla

Máquina para cortar chapas y perfiles de metal. Esta máquina consta de una robusta armadura y de dos cuchillas: una fija, acoplada a la mesa, y otra móvil, acoplada a un puente que se desliza, en movimiento ascendente y descendente, sobre unas guías verticales colocadas a los lados de la mesa.

El movimiento se efectúa por medio de un tirante que une el pedal de accionamiento con el puente móvil. La cuchilla fija tiene el filo paralelo al plano de la mesa y la móvil ligeramente inclinada, de forma que el corte del material se va realizando de manera progresiva.

La guillotina o cizalla a motor es similar a la anterior, pero en este caso el impulso necesario para realizar el corte se hace a través de unas excéntricas accionadas por un motor eléctrico.

Existe otro tipo de cizalla eléctrica, es la vibratoria, que utiliza dos cuchillas pequeñas, por lo que es posible realizar cortes curvos, imposibles de hacer con las cizallas anteriores. Estas cuchillas vibran la una sobre la otra, provocando un esfuerzo de corte o cizalladura.

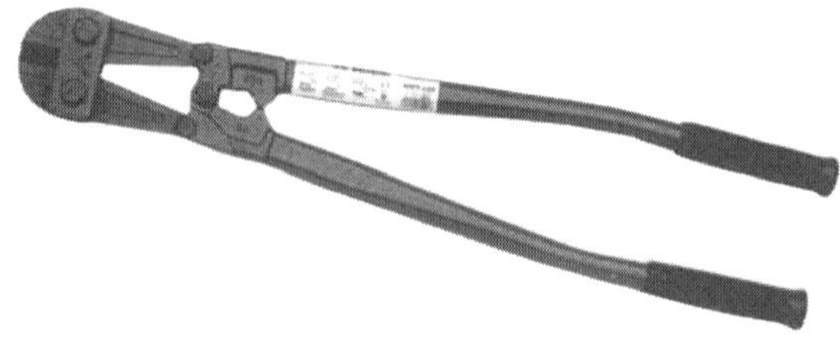

Cizalla

1.4.2. Cinceles

Los cinceles también se utilizan cuando es necesario eliminar rebabas de mortero o romper pequeñas partes de un elemento de la obra (rozas en paredes, paso de una tubería, etc.). Si la cantidad o la dureza del mortero lo aconsejaran, se utilizarían máquinas eléctricas como el martillo automático (motopico) o amoladoras.

1.4.3. Martillo automático

El martillo automático es una herramienta de percusión que va provista de un puntero intercambiable que permite la realización de pequeños trabajos de demolición, apertura de zanjas, etc. Los hay hidráulicos, neumáticos, eléctricos.

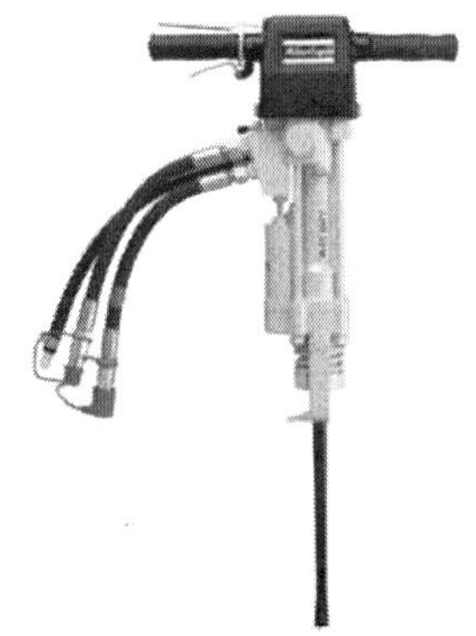

Los martillos eléctricos o neumáticos son herramientas similares entre sí, pues constan de un elemento intercambiable que no es más que un cincel o un puntero de grandes dimensiones, y que es el que produce la rotura del material sobre el que se apoya.

Pueden ir equipados con numerosos accesorios, como brocas perforadoras o cinceles especiales para realizar tareas de construcción, demolición, etc.

La diferencia consiste en que los neumáticos trabajan con aire comprimido, lo cual requiere un compresor, mientras que los eléctricos disponen de un motor que solo necesita un cable de alimentación desde cualquier enchufe de obra.

1.4.4. Tenazas

La tenaza es el antepasado del alicate, su uso era el de atenazar. El atenazar consiste en sujetar fuertemente con tenazas.

Son instrumentos de hierro formados por dos brazos móviles los cuales están unidos por medio de un eje. Estos brazos son rectos y paralelos entre sí.

Una variante poco corriente de las tenazas es la "rusa", en la que los labios de las bocas se hallan desplazadas respecto a la línea media que pasa por entre los brazos y el eje de giro. Con ellas se logra doble empleo: tenaza clásica y también de pinza para corte.

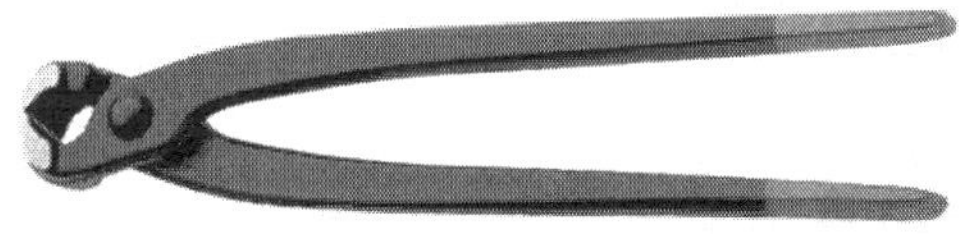

Cuando no utilicemos estas herramientas durante tiempo las guardaremos en sitio seco, lejos de humedades y engrasaremos su eje.

1.4.5. Cortavarillas

Esta herramienta tiene forma de tijera robusta y se utiliza para cortar a mano y en frío planchas y redondos metálicos.

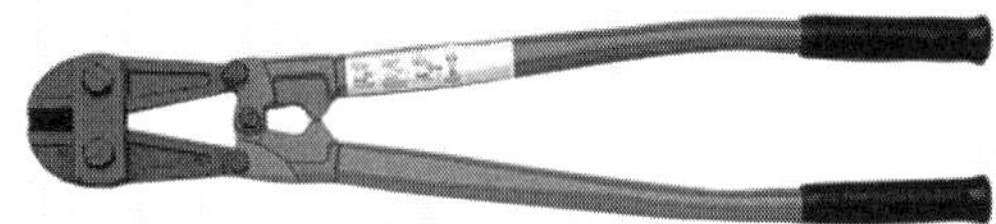

Esta es una herramienta con cuchillas muy cortas y brazos muy largos, y los mangos tienen una bisagra en uno de los extremos.

El material a cortar se deberá colocar lo más adentro posible de la mordaza.

Se observarán las siguientes instrucciones para su correcto manejo:

- No se utilizarán como llave para apretar o aflojar tuercas o tornillo, ni tampoco para golpear o apalancar.
- No se martillearán los mangos para favorecer el corte.
- No se utilizarán para cortar materiales más duros que el constitutivo de la propia herramienta.
- Si se utilizan para cortar cables o alambres sometidos a tensión mecánica, deberán sujetarse con firmeza los dos extremos para evitar la proyección violenta de éstos.
- Para su utilización en trabajos con riesgo eléctrico deberán estar equipados con mangos protegidos con material aislante.
- Los operarios se protegerán durante el trabajo con guantes de caucho y gafas anti-impacto si fuese necesario.
- Para su transporte se utilizarán cajas y/o portaherramientas especiales, y nunca se dejarán en sitios de paso o lugares elevados, en prevención de posibles accidentes.

1.5. Herramientas de transporte y acarreo

1.5.1. Artesas

Se conocen también con las denominaciones de **cuezos o gavetas**. Son recipientes que se usan para realizar pequeñas masas, bien sean de hormigón, de cemento, yesos, etc., así como para su transporte. Generalmente presentan forma de cajón rectangular como el tronco de pirámide invertida.

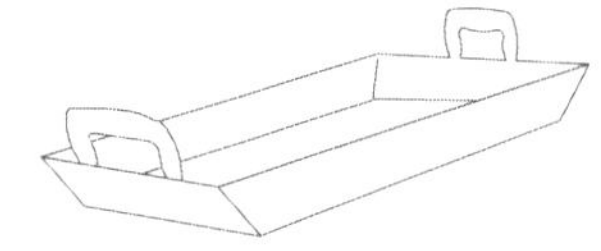

Estos recipientes presentan diversos tamaños y están construidos de diferentes materiales. Los más comunes son de caucho entelado y forma rectangular, con las paredes hacia fuera y asas para su transporte.

En la actualidad están en desuso las artesas construidas en metal o madera.

Es recomendable que, una vez usadas, procedamos a su limpieza diaria, eliminando los restos de material, ya que una vez se sequen será difícil hacerlo.

1.5.2. Cubo

Generalmente son de caucho entelado y sirven para dosificar y transportar morteros y demás masas.

Es recomendable que una vez usadas procedamos a su limpieza diaria, eliminando los restos de material ya que, una vez que se sequen será difícil hacerlo.

1.5.3. Carretillo

Se trata de un carro de mano, con una rueda delantera sostenida por un eje horizontal, apoyado en dos largueros de metal, sobre los que se apoya una caja destinada al transporte de diferentes tipos de material, como pueden ser:

- Áridos.
- Sacos.
- Escombros.
- Ladrillos.

Los carretillos se pueden cargar fácilmente con una pala y son fáciles de volcar para descargar su contenido sin dificultad. Además de para transportar tierra, masas, etc., los usamos para trasladar las herramientas.

Los hay de una o de dos ruedas; los del primer tipo necesitan más fuerza y sentido del equilibrio para usarlos, y los de dos ruedas son más útiles para trabajos pesados. Cuánto más ancha sea la rueda, más fácil y cómodo nos resultará circular por suelos húmedos.

Las cajas de las carretillas pueden ser metálicas, a las que hay que hacerles un mantenimiento adecuado pues pueden oxidarse con facilidad, o de plástico, que son mucho más resistentes a las inclemencias del tiempo.

1.5.4. Pala

Es una herramienta formada por una lámina de hierro de forma rectangular, trapezoidal, etc., adaptada a un mango de tamaño y forma muy variados según los diversos usos.

Las palas son herramientas para trabajos de envergadura en la albañilería, como es el amasado y extendido, el movimiento de áridos, escombros, etc.

Detalle tipos de palas y mangos

Las palas más comunes en albañilería pueden ser:

- Pala redonda.
- Pala cuadrada.

Las palas se clasifican, además de por su forma, por el tamaño de la parte de carga.

La pala redondeada, además de lo anteriormente dicho también sirve para excavar.

Por la forma del mango de esta herramienta su empuñadura puede terminar:

- En muleta.
- En mango de anilla.
- En mango recto.

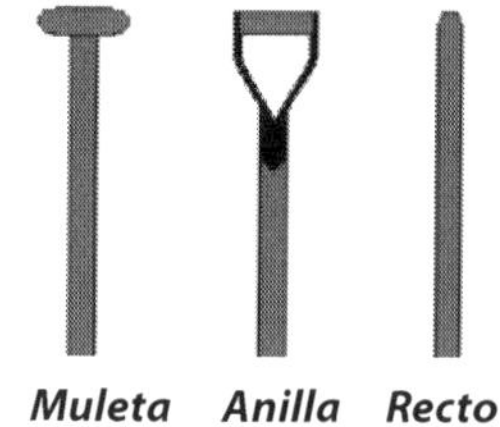

También tenemos el mango recto largo aunque este tipo es el menos frecuente.

Estas herramientas para su óptimo estado precisan una buena limpieza y mantenimiento.

Por tanto, una vez que terminemos el trabajo, las palas han de ser limpiadas para que no queden restos del material que han trabajado, puesto que en ocasiones se producen costras de difícil eliminación una vez secas como son las de: mortero, barro, hormigón, etc.

Las hojas de las palas se limpian, cuando están llenas de barro, usando un chorro de agua a presión y pasando un cepillo de alambre, y las incrustaciones de cemento se eliminan raspando con una espátula o con suaves golpes de martillo.

En jardinería, las palas limpias evitan el deterioro de estas, y a su vez es una forma de prevención de la transmisión de plagas y enfermedades.

Si dicha herramienta va a ser guardadas durante un tiempo el metal de las palas se frotará con grasa para evitar él oxido. Los mangos de estas serán frotados con aceite, para mantener la elasticidad de la madera.

Los mangos son los que más sufren y si no los cuidamos se vuelven frágiles y se rompen con facilidad.

1.5.5. Polea

Las grúas más simples con una sola rueda de poleas fueron inventadas hace unos 3.000 años, y las poleas compuestas con varias ruedas hacia el año 400 a.C. Se dice que Arquímedes inventó la polea compuesta y fue capaz de levantar un barco y llevarlo a la costa.

La polea es un dispositivo mecánico de tracción o elevación, formado por una rueda (también denominada roldana) montada en un eje, con una cuerda que rodea la circunferencia de la rueda.

1.6. Herramientas de corte y perforación

1.6.1. Amoladora angular

Las amoladoras angulares reciben diversas denominaciones según la región o el lugar en el que nos hallemos. En Asturias esta máquina se conoce con el nombre de "radial"; en cambio en Lugo, se la conoce como "rebarbadora".

Otras denominaciones de las amoladoras angulares son:

- Desbarbadoras.
- Tronzadoras.
- Pulidoras.

La amoladora es una máquina dotada de empuñadura y en su eje se ubican discos rotantes. Para cada trabajo disponemos un disco específico; si elegimos el apropiado podremos trabajar sobre cualquier tipo de material.

Cuando se trata de pulidoras es fácil confundirlas con las amoladoras angulares, puesto que su aspecto externo es similar. Estas máquinas presentan diferentes características técnicas y diversas potencias de trabajo, por lo que podemos afirmar que es una máquina polivalente, que podremos utilizar en diferentes trabajos, siendo los más habituales:

- Cortar perfiles.
- Cortar cerámicas.
- Alisar cordones de soldadura

Su eje de trabajo está colocado perpendicularmente respecto al eje del motor, de ahí su nombre de amoladora angular.

En función del trabajo a realizar podremos clasificar el amolado en tres grupos:

- **Tronzado o corte**. Sirve para cortar piezas de acero, fundición gris, metales no férricos y piedras, etc.
- **Devastado**. Es la función más típica de las amoladoras consistente en igualar superficies.
- **Afilado**. Para esto usaremos discos abrasivos; se utiliza para afilar útiles. También con estos discos podremos alisar y realizar rectificaciones.

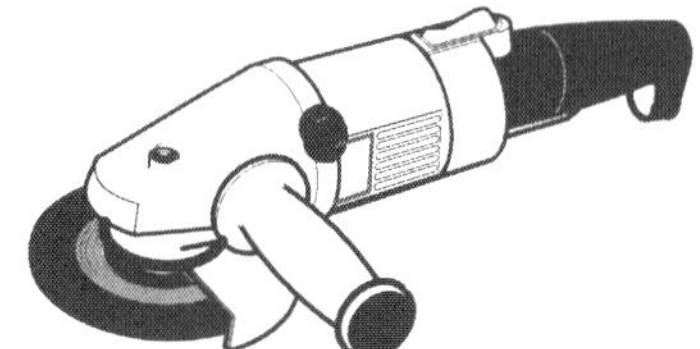

Otras clasificaciones de las amoladoras podrían establecerse en función de su potencia, del diámetro del disco, etc.

Las de pequeño tamaño suelen utilizar discos entre 110, 115 o 125 mm de diámetro. Estas tienen un husillo de rosca M14.

Las máquinas pequeñas se conocen con la denominación genérica de "mini-amoladoras"; pueden ser manejadas con una sola mano, pero siempre con la máxima atención debido a su peligrosidad, siendo recomendable que, siempre que podamos, usemos las dos.

Las amoladoras de gran potencia eléctrica y tamaño pueden usar discos de 225 mm de diámetro; estas máquinas superan, normalmente, los 4 kg de peso y se suelen usar para grandes trabajos.

Para la realización de trabajos con las grandes amoladoras siempre usaremos las dos manos, puesto que son pesadas y muy revolucionadas y, por tanto, muy difíciles de poder controlar. Las amoladoras podemos convertirlas en máquinas estacionarias con los acoples apropiados, logrando de esta forma realizar trabajos precisos de corte con mayor calidad y mayor seguridad para el profesional.

Normalmente estas máquinas sólo tienen una velocidad y sus revoluciones oscilan entre 9000 y 11000 pm.

Cuando trabajamos con este tipo de máquinas el rozamiento que producen origina una gran cantidad de chispas, virutas, etc., por lo cual deberemos usar guantes fuertes y proteger la cara y ojos con los medios adecuados (*careta, gafas, etc.*).

1.6.2. Brocas de mampostería

Son las que se usan para perforar diversos materiales: ladrillo, piedra, hormigón, arenisca, etc.

Podemos utilizarlas para hacer agujeros de alojamientos para tacos, etc., o para realizar agujeros pasantes.

1.6.3. Cortador de cerámicas

Cuando se han de colocar baldosas, cerámicas, azulejos, etc., es imprescindible realizar cortes en los mismos con el objeto de adaptarlos a la medida deseada y, para ello, disponemos de una herramienta específica que es "el cortador manual".

Consta de una plataforma, sobre la que se apoya la pieza, unas guías para desplazar el rodel y una palanca para romper el material que se quiera ajustar.

El rodel es una punta o rueda de carburo de tungsteno afilada, similar a las usadas en los cortavidrios. Los cortadores suelen venir con dos rodeles, de 10 y 18 mm de diámetro, respectivamente, para su aplicación a trabajos de mayor o menor dureza en función de la cerámica de la pieza a cortar.

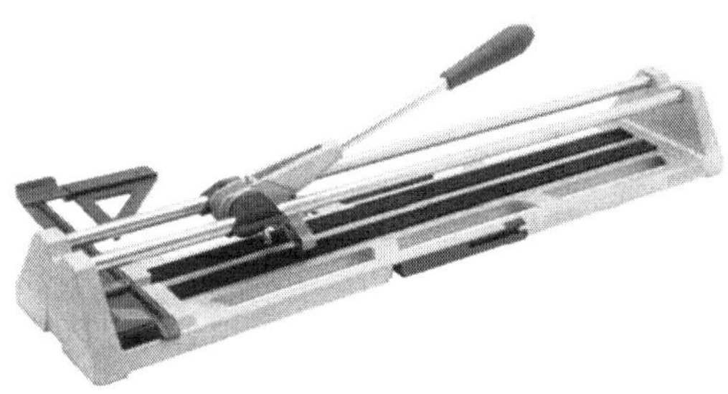

1.6.4. Cortafríos

El cortafríos es una barra de acero macizo **(de unos 25 cm de longitud)** y con boca plana y semiafilada que sirve para diferentes funciones, entre las más comunes podemos citar:

- Hacer rozas.
- Eliminar remaches.
- Cortar chapas.

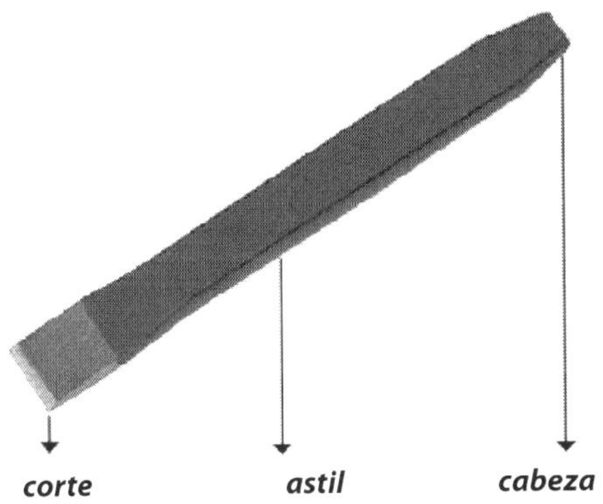

Suelen estar fabricados en acero al carbono o acero al cromo manganeso. Su corte no es de los denominados del tipo "limpio", ya que no es un instrumento ideado con el fin de cortar, por lo cual siempre deberemos afilar esta herramienta para su uso.

Podríamos definir el cortafrío como el escoplo con el que se trabajan los metales. Sólo debemos usarlo para cortar chapas cuando no podamos hacerlo con las herramientas adecuadas al efecto *(por ejemplo: una sierra).*

El cortafrío consta de tres partes:

- Cabeza.
- Astil o caña.
- Corte o boca.

Disponemos en el mercado de gran variedad de cortafríos, y cada uno de ellos tiene una misión específica. Son muy prácticos los de mango de caucho y provistos de para-golpes de goma, ya que aíslan del frío y la electricidad y nos protegen de posibles accidentes de trabajo.

Durante su utilización se adoptarán las siguientes medidas preventivas:

a) Seleccionaremos el tipo y tamaño según la naturaleza del trabajo a realizar, con arreglo al siguiente criterio:
   - Cincel, para trabajos de acabado.
   - Cortafríos, para cortar elementos metálicos.
   - Punteros, en trabajos de demolición o para hacer orificios.

b) Antes de usarlos, deberemos comprobar su perfecto estado de utilización, verificando que:
   - La boca de corte esté perfectamente afilada.
   - La cabeza de golpeo no presente rebabas.
   - Que esté limpio de suciedad, pintura, grasas y aceite.

c) Se observarán las siguientes instrucciones para su correcto manejo:
   - Debemos utilizar un martillo o maceta de paso adecuado.
   - La pieza sobre la que trabajaremos estará firmemente sujeta.
   - Los/as operario/as que trabajen en labores de corte estarán equipados con guantes y/o protectores de caucho y gafas anti-impacto.
   - Si se golpean estos útiles con **maza**, se sujetarán con tenazas para aminorar el efecto de las vibraciones del golpe.

1.6.5. Amoladora

La amoladora es una herramienta eléctrica manual que para funcionar hace girar un disco a revoluciones muy altas, y que, en función del disco elegido permite realizar diferentes trabajos de bricolaje: desbastar (quitar las partes más gruesas y los restos de material de la superficie sobre la que se trabaja), lijar, pulir, bruñir, cortar, en materiales tan variados como granito, metal, madera, ladrillo, cerámica, piedra o azulejos.

La amoladora está compuesta por tres partes generales que son: la amoladora, el disco y la empuñadura.

Básicamente, existen dos tipos de amoladoras: las amoladoras estáticas, que necesitan fijarse al suelo o a una mesa de trabajo, y las amoladoras portátiles.

Son amoladoras estáticas:

- Amoladora de banco.
- Amoladora de pedestal.
- Amoladora de banda.

Son amoladoras portátiles:

- Amoladora recta.
- Amoladora angular.
- Amoladora neumática.

Entre los tipos de discos para amoladoras, nos encontraremos con:

- Discos abrasivos. Están compuestos de corindón, carbono o carborundum. En este grupo encontramos:
    * Discos abrasivos para piedra; para cortar materiales de construcción de gran grosor.
    * Discos abrasivos para metal; para cortar y desbastar todo tipo de metales de cualquier grosor.
    * Discos abrasivos universales multicorte; permiten cortar todo tipo de materiales.

El grosor y las características del disco será muy importante ya que, dependiendo del tipo que elijamos lo podremos usar para cortar o para desbastar. Podemos encontrar discos abrasivos que van desde los 0,8 hasta los 8 milímetros o más. Por ejemplo, los discos más finos los podemos utilizar para cortar materiales duros como el acero inoxidable; el metal o también para realizar cortes más limpios con un acabado más fino.

Los discos de pulido y los de corte se diferencian por su grosor:

- Discos de corte 2,5 mm de espesor.
- Discos de pulido o desbaste 6 mm de espesor.
- Discos de diamante. Fabricados en acero de primera calidad con unas pastillas de diamante en su parte más externa. Se utilizan para cortar materiales de gran dureza con mucha precisión y velocidad.

Existen:

* Discos de diamante segmentados. Ofrecen una mayor velocidad de corte, un mayor rendimiento y una duración del disco superior.
* Discos de diamante continuos. Se utilizan principalmente para conseguir un acabado más fino o que requiera una delicadeza mayor; tienen menor velocidad de corte.
* Discos de diamante turbo. Velocidad de corte media con un acabado normal.

- Discos de widia. Fabricados en acero con dientes que contienen muy bien sus puntas; especialmente recomendados para la madera.
- Discos de lámina. Consisten en un soporte de fibra de vidrio o plástico donde vienen fijadas las láminas de tela abrasiva que a su vez están puestas en forma de abanico. Este tipo de discos sirven para lijar y pulir.

1.7. herramientas de replanteo

1.7.1. Estacas

La estaca es un palo afilado en uno de sus extremos que se clava en el suelo. Las estacas tienen muchas aplicaciones pero principalmente se utilizan como delimitadores de zonas de terreno, etc.

Para este trabajo necesitaremos los útiles siguientes: cinta métrica o metro común, carretes de hilo de varios metros de largo, estacas de madera, clavos, martillo o maceta para clavar las estacas y cal para marcar en el terreno.

Otro uso muy generalizado de las estacas se da en el ámbito de la jardinería y la horticultura donde facilitan el crecimiento de las plantas, ya que sirven de apoyo a estas.

1.7.2. Hilo

Nos permite el marcar las líneas de construcción para trabajos de albañilería, jardinería, etc.

Permite ver si las líneas están a plomo y paralelas en ladrillos y bloques.

1.7.3. Regla de albañil

Esta es una tabla perfectamente rectangular y derecha de unos 30 x 100 x 2.000 mm que, junto con el nivel de burbuja sirve como prolongación de este.

También se usan para esta labor reglas metálicas.

1.7.4. Escuadras de albañilería

Son útiles que utilizan los albañiles para replanteos y comprobaciones.

Son de dos tipos:

- Madera.
- Metálica.

Las escuadras de madera están formadas por tres tablas unidas en forma de triágulo rectángulo.

Este tipo de escuadras también se fabrican metálicas, formadas por dos piezas de metal, en forma de L siendo la vertical una regla fina y la horizontal más gruesa y fuerte.

Las primeras se usan sobre todo para comprobar la perpendicularidad entre dos paredes. Las segundas para comprobar ángulos rectos de elementos más pequeños.

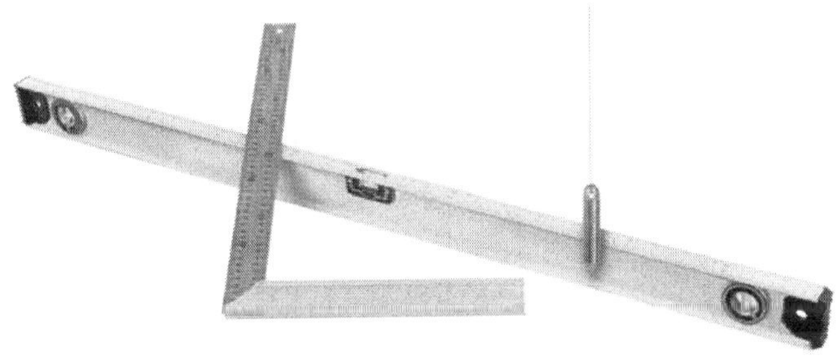

Detalle nivel de burbujar, escuadra metálica y plomada

1.7.5. Plomada

Es un cordón con lastre que se usa para la comparación de verticales.

Con este instrumento conseguimos que los trabajos no queden torcidos ni desnivelados.

La plomada de albañilería está compuesta por un rodillo, generalmente de madera, sobre el que se desliza una cuerda fina que sostiene una pieza puntiaguda de metal. Dejándola extendida nos marcará la vertical.

La plomada es un instrumento que complementa al nivel.

1.7.6. Tiralíneas

También conocido por bota o plomada trazadora. Sirve para marcar líneas de gran longitud. Consiste en un cordón entintado, normalmente, con azulete, vertido en una caja en la cual se recoge el cordón para que quede impregnado de él. La longitud del cordón de estas plomadas es de 15 a 30 metros.

Tiene dos funciones que son:

- Plomada.
- Trazadora de líneas.

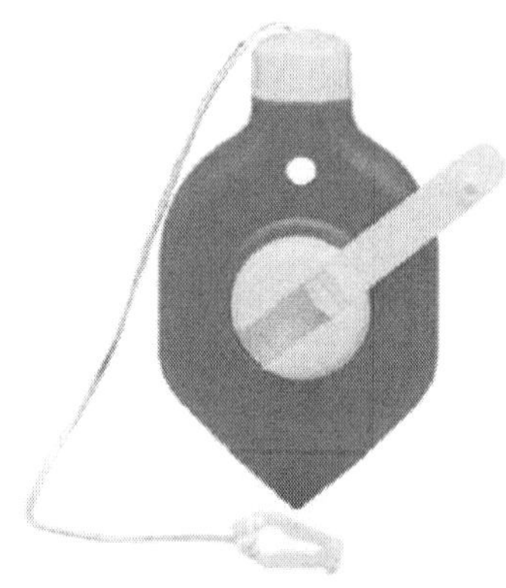

Como plomada sólo consiste en dejarla balancear con el cordón extendido, cuando la carcasa (bota) queda quieta nos estará marcando la vertical.

Para usar este útil en grandes longitudes para trazar líneas, se suelen precisar dos personas para sujetar cada extremo y además tensar la cuerda. Cuando la cinta esté tensa, la levantaremos ligeramente por el centro (si podemos hacerlo) y cuando golpee la superficie quedará marcada con tinta la línea exacta de corte.

1.8. Otras herramientas y máquinaria de albañilería

1.8.1. Escantillón

Es un útil de madera recta y plana que tiene marcado, a intervalos, el equivalente a un ladrillo o bloque, más la junta del mortero. Su uso nos facilita que realicemos las hiladas de mampostería por igual. También podemos usarlo como regla.

1.8.2. Hormigonera

Esta máquina nos facilita el trabajo para realizar morteros y hormigones, previo mezclado de los componentes que lo forman como son los áridos y aglomerantes, agua etc.

Están compuestas de un chasis y un recipiente cilíndrico que se hace girar en un eje central graduable en inclinación, el cual se mueve por un motor, a través de correas y piñón que engrana en una corona instalada en el vientre del cilindro.

Estas máquinas pueden funcionar por electricidad o gasolina.

Las hormigoneras estarán dotadas de freno de basculamiento del bombo, para evitar sobreesfuerzos y movimientos descontrolados.

En las máquina de este tipo podemos distinguir **dos movimientos de giro**:

- Alrededor de su eje.
- Alrededor del eje de sustentación.

El primer movimiento corresponde a la parte de amasado y el segundo a la parte de carga y descarga.

Durante el amasado, el eje de giro del tambor se mantiene sensiblemente vertical. Dicho eje va acoplado a una horquilla y el movimiento se obtiene por medio de una corona dentada que tiene el tambor, que engrana con el piñón acoplado al motor.

El movimiento basculante viene impuesto por el hecho de que el tambor sólo dispone de una boca para la carga de los materiales y la salida de las mezclas. Dicho movimiento proporciona la inclinación más adecuada para la carga y descarga. Un mecanismo de freno permite retener el tambor en cualquier grado de inclinación.

El tambor es, generalmente, de chapa de acero y reforzado en la boca de carga, lleva en su interior unas paletas, las cuales arrastran hacia el centro los componentes más pesados de la mezcla, que por el movimiento centrífugo a que se hallan sometidos tienden a colocarse en la periferia.

La mezcla se realiza porque dentro del tambor, donde van alojados los materiales, lleva dispuestas unas palas fijas, las cuales al girar realizan la mezcla de los componentes.

En el tambor se echa el componente de la mezcla y se amasa en seco; cuando esta mezcla está idónea se le agrega el agua y se vuelve a mezclar.

Esta es una máquina que puede ser peligrosa si no sabemos trabajar con ella.

Nunca meteremos la pala en la cuba cuando está funcionando.

El operario debe utilizar en todo momento el casco de seguridad y gafas con el fin de protegerse de la proyección de partículas.

Cuando se hagan trasvases de cemento del silo o de los sacos de cemento a la hormigonera, se utilizará mascarilla contra el polvo.

La zona de trabajo estará acotada, ordenada y libre de obstáculos.

El mando de parada y puesta en marcha estará situado de forma fácil de localizar y de manera que no pueda accionarse accidentalmente su marcha.

La hormigonera debe limpiarse después de cada jornada, aun incluso si la vamos a utilizar al día siguiente, puesto que de esta forma evitaremos incrustaciones; también deberemos dejarla desenchufada en el caso de ser eléctrica.

El mantenimiento de esta máquina será siempre a motor parado, jamas en marcha.

Cuando trabajemos con esta máquina y para evitar la proyección de partículas de mortero a los ojos deberemos usar gafas de seguridad.

Tendremos que tener siempre tapados todos los elementos de transmisión y giro por medio de la carcasa, para evitar posibles atrapamientos del trabajador. A su vez deberá tener accesibilidad para la limpieza, engrases, reparaciones, etc.

Si la hormigonera se alimenta de corriente eléctrica, las masas de toda la máquina deberán estar conectadas a la toma de tierra. Siempre conectaremos esta máquina con la clavija y enchufe adecuados a la potencia de esta.

Dado el peligro que podrá suponer tener contactos indirectos en esta máquina, deberá disponer de un interruptor automático diferencial de sensibilidad 300 mA.

Si dicha máquina es de motor de explosión, deberemos utilizar la técnica correcta para su arranque.

La máquina deberá estar perfectamente nivelada para así evitar vuelcos en los desplazamientos.

Una hormigonera de 160 litros puede tener un rendimiento de 3 a 4 metros cúbicos por hora.

1.8.3. Vibrador

Elimina las bolsas de aire en las capas de hormigón (herramienta electromecánica).

La vibración al hormigón puede ser realizada utilizando equipos externos, que normalmente transmiten la vibración a través del moldaje por medio de elementos que se introducen directamente a la masa del hormigón, llamados Vibradores Internos.

Estos equipos transmiten su energía directamente al hormigón y, por tanto, son muy efectivos. Por su diseño, tamaño, peso, maniobrabilidad están indicados para la mayoría de las aplicaciones.

Los vibradores eléctricos tendrán doble aislamiento eléctrico, por tanto deberán tener una placa de características.

El cable de alimentación estará protegido y dispuesto de modo que no presente riesgo al paso de personas.

En los vibradores de motores de explosión, se tendrá el riesgo que puedan surgir por inflamación de los combustibles.

El manejo del vibrador se hará siempre desde una posición estable sobre una base o plataforma de trabajo segura, nunca sobre bovedillas, etc. que son elementos poco resistentes.

Cuando el trabajo se realice en zonas de riesgo de caídas de altura se dispondrá de la protección colectiva adecuada y, en su defecto, se usará el cinturón de seguridad.

El operario utilizará botas aislantes de goma de caña alta y de suela antideslizante.

Cuando se termine el trabajo se limpiará la máquina de las materias adheridas; si es eléctrica lo primero que haremos es desenchufarla.

Una correcta compactación del hormigón por medio de vibración interna permite:

- Eliminar el aire acumulado que queda atrapado durante el vaciado del hormigón. Con ello, aumenta la resistencia mecánica y la densidad de la mezcla y, en consecuencia, la durabilidad del hormigón.
- Disminuir la posibilidad de segregación del hormigón fresco y los cambios de volumen por retracción posterior.
- Que el hormigón se comporte "como un líquido" dentro del diámetro de acción del vibrador, permitiendo un mejor llenado de los moldajes, obteniéndose geometrías más definidas en los elementos y mejorando la terminación superficial. Se mejora, además, la unión con las armaduras de refuerzo, al quedar embebidas completamente en el hormigón.
- Mejora la calidad de las juntas de hormigonado o de construcción.

1.8.4. Proyector de revocos

Este aparato es, fundamentalmente, un tambor dentro del que gira un juego de paletas accionadas a mano por medio de una manivela, que en su movimiento bate y lanza afuera, convenientemente dirigido, un chorro de revoco o pintura toscamente pulverizada.

La tirolesa trabaja con líquidos muy densos, de consistencia cremosa, por lo que resulta apta para revocos de mortero, estucos y pinturas al cemento.

1.9. Conservación de las herramientas de albañilería

Dado que la mayoría de las herramientas utilizadas en albañilería son metálicas, y en los trabajos propios de la profesión la presencia del agua es permanente, para evitar la oxidación, cada vez que se dejen de utilizar se han de seguir los pasos siguientes:

- Limpiar a fondo los restos del material aplicado.
- Secar al sol o por ventilación.
- Aplicar un líquido protector contra la oxidación.

El almacenaje ha de ser cuidadoso, ya que los golpes entre las herramientas pueden producir daños (rebabas en mangos y en partes metálicas) que las hacen inservibles y pueden ser peligrosos para las personas. Pongamos algún ejemplo:

- Un mango astillado puede cortar la mano del operario.
- Una llana dañada en sus filos araña el revestimiento sobre el que se aplique.

En el caso de máquinas eléctricas las precauciones de manejo han de ser especiales, pues los accidentes derivados de averías en ellas o la ruptura de los útiles (brocas, discos de corte, etc.) que se le acoplan pueden dar lugar a accidentes muy graves.

2. Conocimiento de los materiales más usuales

2.1. Árido

El árido es un material inerte que no participa en el fraguado y endurecimiento del hormigón, pero sin embargo desempeña un papel muy importante, ya que le dan compacidad, estabilidad ante la retracción y economía.

Son arenas, gravillas, pedruscos, etc., que se agregan al cemento o la cal, para así formar morteros u hormigones. O sea, son el complemento de estos aglomerantes, hacen la función como de su esqueleto.

Su naturaleza y origen deben ser tales que no deberán reaccionar con el cemento, cal, etc.

Según el tamaño de los áridos se clasifican en dos grandes grupos:

- Arenas o áridos finos (menor de 5 mm).
- Gravas o áridos gruesos (superior a 5 mm).

Cada uno de estos grupos (gravas y arenas) se subdivide en otras denominaciones según tamaño. El volumen del árido suele ser el 80% del total, por tanto influye decisivamente en las masas.

Normalmente los áridos son de procedencia caliza o granítica y para hormigones ligeros serán de piedra pómez, verculita, perlita, etc.

Los áridos y arenas deben estar libres de impurezas, las partículas de suciedad pueden alterar los buenos resultados de la mezcla y del fraguado.

2.1.1. Arena

La arena o árido fino es el material que resulta de la desintegración natural de las rocas o que se obtiene de la trituración de estas, y cuyo tamaño es inferior a los 5 mm. Si supera este tamaño se denominan gravas.

Para su uso se clasifican las arenas atendiendo a su tamaño. A tal fin se les hace pasar por unos tamices o cribas que van reteniendo los granos de mayor grosor dejando pasar los más finos.

Atendiendo a lo indicado tenemos:

- **Arena fina**: cuando sus granos pasan por un tamiz de mallas de 1 mm de diámetro y son retenidos por otro de 0,25 mm.
- **Arena media**: cuyos granos pasan por un tamiz de 2,5 mm de diámetro y son retenidos por otro de 1 mm.
- **Arena gruesa**: si sus granos pasan por un tamiz de 5 mm de diámetro y son retenidos por otro de 2,5 mm.

Las arenas de granos gruesos dan, por lo general, morteros más resistentes que las finas, si bien tienen el inconveniente de necesitar mucha pasta de conglomerante para rellenar sus huecos y ser adherentes. El amasado de los morteros se realiza removiendo y agitando los componentes de la mezcla las veces necesarias para conseguir su uniformidad. Esta operación se denomina "batir la mezcla".

Criba

Preferentemente el amasado se efectúa en hormigoneras, batiendo la mezcla por un tiempo mínimo de un minuto, según dicen algunos autores. El amasado a mano debe hacerse sobre una plataforma impermeable y limpia, realizándose como mínimo tres batidos. Recordemos que el agua deberá ser lo más pura posible. El conglomerante en polvo se mezcla en seco con la arena, añadiendo después el agua.

2.1.2. Grava

La grava es un conglomerado suelto de piedra que ha sido extraída de un depósito superficial, del fondo de un río o se ha arrancado de una cantera y se ha machacado al tamaño requerido. Se consideran como gravas los fragmentos de roca con un diámetro inferior a 15 cm, agregado grueso resultante de la desintegración natural y abrasión de rocas o transformación de un conglomerado débilmente cementado.

Tienen aplicación en mampostería, confección de hormigón armado y para pavimentación de líneas de ferrocarriles, caminos y carreteras. Además de las rocas que se encuentran ya troceadas en la naturaleza, se pueden obtener gravas a partir de rocas machacadas en las canteras. Como las arenas o áridos finos, las gravas son pequeños fragmentos de rocas, pero de mayor tamaño. Por lo general, se consideran gravas los áridos que quedan retenidos en un tamiz de mallas de 5 mm de diámetro. Pueden ser el producto de la disgregación natural de las rocas o de la trituración o machaqueo de estas.

Grava

La grava utilizada en el hormigón deberá estar limpia de gangas arcillosas. En cuanto a la forma, se prefiere los áridos rodados, esto es, los procedentes de ríos y playas. Los áridos naturales, de forma más o menos redondeada, dan hormigones más dóciles y de más fácil colocación que los obtenidos con piedra machacada.

2.1.3. Zahorra

La mezcla natural de grava, gravilla y arena se llama zahorra. Las zahorras artificiales son el producto del machaqueo de piedras y están formadas por áridos de todas las dimensiones.

2.2. Cementos

2.2.1. Definición

Sustancia en polvo que, mezclada con agua, se utiliza en estado pastoso para unir cuerpos sólidos.

El cemento es un ligante hidráulico, o sea, una sustancia que, mezclada con el agua, está en condiciones de endurecer ya sea en el aire, como debajo del agua. La piedra de cemento en vía de formación presenta resistencias elevadas y no se disuelve en el agua.

El cemento Portland es el cemento de mayor aplicación en las obras de albañilería. El proceso de fabricación es el siguiente: la mezcla de caliza y arcilla, se somete a un tratamiento térmico llamado sinterización, dando el "Clinker Portland", el cual se muele conjuntamente con aljez y otros productos como cenizas volantes, puzolanas, escorias siderúrgicas o filler calizo hasta obtener un polvo grisáceo muy fino.

2.2.2. Notas históricas

Los romanos utilizaban en la antigüedad una mezcla hidráulica compuesta de calcáreos arcillosos con agregados de puzolanas o bien harina de laterita. Con los agregados apropiados, ellos estaban en condiciones de producir el **Opus Caementitium** o "cemento romano", precursor de nuestro hormigón y que dio origen al término cemento.

En 1824, el inglés J. Aspin, elaboró y patentó un producto similar al cemento, obtenido mediante la cocción de una mezcla de calcáreos y arcilla finamente molida. Este ligante permitiría confeccionar un hormigón similar al obtenido con la piedra Portland (calcáreo muy resistente de la isla de Portland) comúnmente utilizado en Inglaterra para la construcción. De aquí la denominación "Cemento Portland".

La primera fábrica de cemento artificial se inauguró en España en 1898 en Tudela Veguín (Asturias). Fue la única cementera que se instaló en España antes del siglo XX, con unos 50 años de retraso respecto al resto de Europa.

2.2.3. Tipos de cementos

Los cementos más usados en la construcción son los artificiales. Existen diferentes tipos:

- El **Portland corriente o normal** empleado para obras de albañilería en general, hormigón en masa y armado, y prefabricados no resistentes.
- El **Portland de alta resistencia** se emplea para prefabricados, hormigón pretensado y trabajos de encofrado rápido.
- Los **cementos siderúrgicos** se utilizan en hormigón armado y masas en ambientes agresivos y en hormigones compactos y de grandes volúmenes.
- Los **puzolánicos** en obras marítimas, vertederos industriales y sanitarios, y para morteros de gran plasticidad.
- Los **cementos de adición** se emplean para cementaciones y cementaciones hidráulicas de hormigón en masa y también para pavimentos de industrias químicas.
- Los **cementos aluminosos** están destinados a obras de carácter temporal, cementaciones urgentes, para taponar vías de agua y trabajos expuestos al calor. Es un conglomerante hidráulico procedente de la fusión de piedra caliza y bauxita. El

clinker resultante tiene un contenido en alúmina superior al 35% de la masa total. Los hormigones elaborados con este tipo de cemento tienen unas propiedades que los hacen indicados para obras de carácter especial:

* Endurecimiento rápido.
* Cualidades refractarias.
* Resistencia a la corrosión química.
* Resistencia al desgaste.
* Posibilidad de trabajo en tiempo frío.

- Los **cementos naturales** son los menos usados en la construcción; con los de fraguado lento se realizan trabajos de albañilería en general y morteros de baja resistencia, los de fraguado rápido se destinan a trabajos complementarios de albañilería, aristado o doblado de bóvedas.
- El **cemento zumaya** mezclado con el Portland se utiliza en obras marítimas.
- El **cemento cola** es un material de los denominados de agarre. Son materiales de fácil preparado y aplicación. Están compuestos de cemento Portland, colas sintéticas y arenas. Hay que mezclarlo con agua.

  La resistencia del cemento cola será mayor si la base del preparado es de Portland gris, y menor si es blanco. El primero tiene más agarre en soportes con revoques; el segundo es el indicado para soportes de yeso.

  Los preparados de cemento cola son ideales para trabajos pequeños. Se utilizan para colocar mosaicos, piezas de gres, azulejos. El cemento cola está disponible en almacenes en sacos y cajas.
- El **cemento cola con látex y acrílicos**, también conocido como cemento o adhesivo de látex, este producto es similar al cemento cola, pero lleva látex o resinas acrílicas añadidas. Estos aditivos mejoran la adhesión y reducen la absorción de agua.
- El **cemento hidráulico** recibe su nombre porque al igual que el Portland tiene la propiedad de poder fraguar bajo el agua.

Se obtiene a partir de materiales calcáreos y de arcilla y ofrece una gran resistencia.

2.3. Yeso

El yeso es el aglomerado más antiguo que se conoce, pues esta argamasa ya la usaron los egipcios en la construcción de las pirámides, en un principio, y más tarde utilizaron estuco y yeso en su interior para su revestimiento interno.

Los griegos lo denominaron **gypsus** (yeso).

Los romanos generalizaron su uso por Europa y, posteriormente, fue llevado por los españoles a América.

Es una argamasa que permite unir los materiales de construcción, como pueden ser ladrillos, bloques, etc. Se obtiene de la deshidratación total o parcial de aljez o piedra de yeso. Reducido a polvo y amasado con agua, el yeso recupera su cristalización endureciéndose.

El yeso se utiliza normalmente en los trabajos de interior. El yeso, como revestimiento, tiene unas buenas cualidades, como son:

- Buen aislamiento térmico, que, en revestimiento de interior, puede aumentar un 30%.
- Absorción acústica, debido a su estructura finamente porosa. Disminuye ecos y reverberaciones.
- Protección contra el fuego, el yeso es totalmente incombustible y resistente al agua.
- Se puede usar solo o mezclado con otros materiales de revestimiento.

El yeso lo podemos clasificar en dos grupos:

- Yeso de albañil o también conocido como negro.
- Yeso fino o de yesero, o también yeso blanco.

El yeso de albañil (negro) es el más utilizado para los trabajos bastos, como es levantar tabiques o fijar otros materiales en tabiques. Su color es grisáceo y de consistencia granulada. Su fraguado es rápido, este yeso contiene gran cantidad de impurezas, por eso se utiliza en trabajos en que no han de quedar vistas.

El yeso fino (blanco), está bien molido y se utiliza para enlucir paredes y techos. Su color es blanco y su granulado es fino; su fraguado es rápido.

La escayola es el yeso blanco de mayor calidad, obtenido a partir de la piedra de yeso en flecha o espejuelo, contiene un 90% de semihidrato, está esmeradamente fabricado y de gran finura, se emplea para vaciados, molduras y decoración.

Como vemos, estos tipos de yeso son de fraguado rápido, por tanto nunca añadiremos al preparado más agua de lo debido para retrasar su fraguado, puesto que con esto lo que obtendremos es un yeso muerto y no se endurecerá.

El yeso no se adhiere a material pétreo y oxida el hierro, no se puede emplear en exteriores, porque la humedad y el agua lo reblandecen.

También tenemos otros tipos de yeso menos conocidos, como son:

- Yeso hidráulico, conocido como yeso de pavimento, que se obtiene calentando la anhidrita a temperaturas de 900 a 1.000º.

  Para su amasado se precisa de 35 al 40% de agua, su secado es lento, al aire tarda 5 horas y debajo del agua de 24 a 48 horas.

- Yeso alúmbrico, éste no tiene expansión ni retracción, alcanza gran resistencia a la comprensión, gran dureza y puede ser pulido, con éste se fabrican baldosas y se imitan mármoles.

El amasado del yeso se realiza en artesas, etc. Este amasado se debe realizar en el mismo momento en que se aplique y en pequeñas cantidades a fin de que se endurezca antes de su empleo. Para ello pondremos agua en la artesa, añadiremos el yeso en proporción necesaria y se moverá o batirá con una paleta hasta formar la pasta más o menos clara. A menor cantidad de agua, mayor dureza y mayor rapidez de fraguado.

Para tabicar o lucir es necesario un amasado espeso para que endurezca rápidamente y sujete los materiales o se sostenga por sí mismo.

Sabías que...

Se denomina guarnecido al revestimiento de yeso negro que constituye la primera capa aplicada sobre los paramentos interiores de un edificio, antes de ser revestidos con otros tipos de acabado más fino mediante yeso blanco o escayola (normalmente el enlucido).

2.4. Escayola

Como hemos indicado, es el yeso más blanco, con mayor calidad y a su vez el más caro. La escayola es más fina que el yeso y menos porosa. También fragua más rápidamente que el yeso.

El tiempo de fraguado y calor desarrollado se determina contando el número de minutos pasados desde que el yeso se mezcla con el agua hasta el momento en que no pueda verterse la pasta ni extenderse con la paleta.

Es muy importante no excedernos en la proporción de agua, para no hacer una cantidad excesiva de escayola que posiblemente no podamos consumir y, por tanto, haya que desechar. Siempre es preferible hacer poca masa y trabajarla más cómodamente.

Para preparar la masa se espolvorea con cuidado en el recipiente, procurando repartirla de forma uniforme por toda el agua. Si quedamos cortos al echar la escayola, la mezcla será muy líquida y no se podrá aplicar hasta pasado un buen tiempo, y si, por el contrario, echamos demasiada escayola, se endurecerá rápidamente y, posiblemente, no nos dé tiempo a gastar la mezcla. Procederemos a remover la mezcla, que ha de quedar blanda y sin grumos.

La escayola es un polvo blanco muy ligero que se desplaza por el aire con gran facilidad e impregna de blanco todo su entorno.

2.5. La cal

Mediante la calcinación o descomposición de las rocas calizas, calentándolas a temperaturas superiores a los 900ºC, obtenemos la llamada cal viva (óxido de calcio). A esta cal viva, si le añadimos agua, el óxido de calcio que contiene se transforma en hidróxido de calcio, que es la cal lista para su utilización en obra, y que se conoce como cal apagada.

Según el empleo en construcción, podemos clasificarla en:

- Cal dolomítica. Llamada cal gris o cal magra. Tiene un contenido de magnesio de más del 5%, que hace que no reúna las condiciones satisfactorias necesarias para ser utilizadas en construcción.
- Cal grasa. Cal que contiene como máximo un 5% de óxido magnésico, dando una pasta fina, trabada, blanca y untuosa que aumenta mucho de volumen.
- Cal hidráulica. Es un material que, además de fraguar y endurecer en el aire, lo hace debajo del agua. Se obtiene de la calcinación de rocas calizas a elevada temperatura, y se clasifica en tres tipos:
  * Cal hidráulica I. Con un mínimo de anhídrido de silicio soluble y óxidos alumínicos y férricos igual al 20%.
  * Cal hidráulica II. Contendrá un 15% de anhídrido de silicio soluble y óxidos alumínicos y férricos.
  * Cal hidráulica III. Solamente contendrá un 10% de los mismos.

2.6. Ladrillos

Los ladrillos son masa de barro o arcilla de forma rectangular que, después de cocida, de diversas formas, sirve para construir muros, habitaciones, etc. Los diseños, texturas, colores, formas o dimensiones pueden variar tanto como el fabricante desee.

Las aristas de que consta un ladrillo son:

- **Grueso**: lado corto de un ladrillo.
- **Tizón**: se denominan así a los lados medianos.
- **Soga**: cada lado largo del ladrillo.

Las dimensiones de los ladrillos se expresan en función de las aristas.

(Por ejemplo, un ladrillo 24 x 11,5 x 2,5 cm, indica que sus aristas son: soga= 24, tizón= 11,5 y grueso= 2,5).

En cuanto a las texturas, estas dependen de los moldes utilizados en la fabricación, por lo que pueden ser de lo más variadas: ralladas, punteadas, con motivos decorativos, etc., y tener dibujos en una sola de sus caras o en todas.

Atendiendo a su tipo, los ladrillos pueden ser:

- **Macizos**: son planos y tienen, en una de sus superficies, un nivel más bajo que las restantes (cara hundida). Esta depresión sirve para unir los ladrillos unos con otros cuando se rellena con materiales de agarre.
- **Especiales**: presentan formas variadas por lo que solucionan el toque final de las paredes decoradas. Los hay rematados con doble canto, terminados en curvas, con ángulos esquinados y con puntas redondeadas.
- **Perforados**: tienen agujeros que los atraviesan de lado a lado y que cumplen la función del hundido de los ladrillos estándar.

- **Huecos**: constituyen una verdadera muralla contra la humedad. Pesan muy poco y tienen múltiples aplicaciones en la construcción, como la de levantar dobles muros entre los cuales insertar materiales antirruidos o aislantes. También se les conoce con el nombre de "rasillas".

Cuando recibamos los ladrillos en la obra deberemos verificar lo siguiente:

- Que los ladrillos lleguen en buen estado.
- Que el producto corresponda con la muestra presentada.

- Que en el albarán, o en su caso en el empaquetado, figuren como mínimo los siguientes datos:
  * Fabricante o en su caso marca comercial.
  * Tipo y clase de ladrillo.
  * Dimensiones nominales (soga, tizón, grueso) en cm.
- Los ladrillos presentarán regularidad en dimensiones y forma que permitan la obtención de tendeles de espesor uniforme, igualdad de hiladas, paramentos regulares y asiento uniforme de las fábricas.
- Resistencia a la compresión (en kg/cm2).
- La descarga de los ladrillos deberemos realizarla con esmero, sin rozar los paquetes entre sí.
- Los almacenaremos en lugares protegidos de la suciedad. Los suelos o superficies serán planos y limpios.
- También los protegeremos de la lluvia.
- Siempre que se pueda se almacenarán los paquetes en la planta correspondiente a su colocación, para evitar daños en el traslado de un lado a otro, ya que son muy frágiles y se desconchan fácilmente.
- El desafilado del paquete se hará de forma escalonada, para conseguir la mezcla de las distintas capas.

Sabías que...

La construcción de tabiques con ladrillos huecos de media asta, colocados de canto se conoce con el nombre de tabicón.

2.7. Morteros

Se denomina mortero a la mezcla de arena u otras sustancias con cal, cemento u otro aglomerante y agua, que forma una masa capaz de endurecer, más o menos pronto, en el aire o en el agua, adheriéndose fuertemente a los materiales que se une. Así, podremos preparar morteros para unir materiales de construcción o para realizar revoques y/o guarnecidos.

Los morteros pueden dividirse en dos tipos diferentes:

- *Morteros grasos* son los que tienen mayor cantidad de material base, mucha arena y poco aglomerante.
- *Morteros magros* son los que contienen menor cantidad de material base. La diferencia depende del empleo que se haga del mortero.

Actividad 3

El complemento de los aglomerantes, como el yeso o el cemento, que hace la función de su esqueleto, se denomina:

Comúnmente, según sus características, se distinguen tres tipos de morteros:

- *Cemento, arena, agua.*
- *Cal, arena, agua.*
- *Mortero mixto, el cual está hecho de cemento, cal, arena y agua.*

Los principales **componentes del mortero** son:

- Arena.
- Aglomerante.
- Agua.

La **arena** debe de ser limpia, lavada, sin lodos ni impurezas orgánicas. Una buena arena debe "crujir" cuando se aprieta con la mano.

Puede ser procedente de ríos, mina, playa de machaqueo, o bien mezcla de ellas. La arena de playa nunca se usará con armaduras, puesto que el contenido en sal atacará a dicho material.

La granulometría de la arena a emplear debe de estudiarse con cuidado, dado que una buena composición granulométrica adecuada ofrece excelentes resultados, siendo rechazables las arenas cuyos granos tengan predominantemente forma de laja o acícula.

El diámetro de los áridos más grandes no debe de exceder de la mitad de la dimensión de las juntas.

Los **aglomerante**s empleados deben responder a las características mecánicas exigidas. El Portland es el aglomerante más utilizado en la confección de morteros.

El agua tiene mucha importancia en el amasado, puesto que su función es provocar el fraguado del aglomerante mezclado con la arena, permitiendo con esto que se verifiquen las reacciones químicas.

El agua debe ser lo más pura posible y, en cualquier caso, debe rechazarse el agua que contenga materias orgánicas. En caso de duda, que su **pH** no sea inferior a 5 ni superior a 8.

2.7.1. Aditivos

Son productos pulverizados o líquidos que se añaden al mortero con el fin de mejorar sus cualidades, como el caso de los hidrófugos, que tienen la misión de impermeabilizar los plastificantes para mejorar su docilidad. Otros son destinados para asegurar el fraguado en tiempo frío, o para retrasarlo en tiempo de calor. Todos deben usarse en proporciones que no afecten la resistencia del mortero.

Estos aditivos se incorporan al mortero antes o durante el amasado (o durante el amasado suplementario) en una proporción superior al 5% del peso del cemento.

El fabricante suministrará el aditivo correctamente etiquetado, según UNE-EN 934-6:2002 y UNE-EN 934-6:2002/A1:2006.

Como aditivos se pueden emplear unos colorantes especiales, recomendados por los fabricantes de ladrillos, que permiten obtener combinaciones y contrastes muy interesantes. Tendremos cuidado con la dosificación de éstos, ya que pueden reducir la resistencia del mortero.

Los morteros de cal aéreo e hidráulico, de baja resistencia mecánica, se usan por su plasticidad, trabajabilidad; requieren más agua que los de cemento. También la arena fina exige más agua que la gruesa o media. En todos los casos el exceso de agua es perjudicial, dado que reduce la resistencia del mortero.

El mortero de cal podrá usarse durante tiempo ilimitado si se conserva en las debidas condiciones.

Los morteros no deben de prepararse más fuertes que el material sobre el que se va aplicar.

Si el mortero se seca con demasiada rapidez, a medida que se use rociaremos la mezcla con agua para mantener húmeda la masa o cubrirla con un plástico para conservar su humedad.

El mortero tiene un periodo determinado de uso. Este tiempo se puede alargar o acortar según las condiciones ambientales.

La principal ventaja del mortero de cemento es su gran resistencia y la rapidez de secado y endurecimiento, sin embargo le falta flexibilidad, por lo que es más difícil de aplicar.

Se usará dentro de las dos horas de amasado; pasado este tiempo se desechará sin intentar volver a usarlo.

2.7.2. Tipos de morteros

- Morteros de yeso (actualmente en desuso). Lo más usado es la pasta de yeso que es una mezcla de yeso y agua, sin arena.
- Morteros bastardos o mixtos: son morteros compuestos por dos conglomerantes compatibles, es decir, cemento y cal, modificando ventajosamente las propiedades requeridas en ambos; si ponemos más cemento será más resistente y si ponemos más cal más flexible.

  Se caracteriza por su alta trabajabilidad comunicada por la cal, y presenta colores claros por lo que se usa en fábricas de cara vista.
- Morteros de cemento aluminoso: en su fraguado producen una considerable reacción térmica. Su uso se restringe a taponamientos y vías de agua, y si se utiliza arena refractaria obtenemos morteros refractarios para hogares de chimeneas y hornos.

Se dice que el contenido del agua de un mortero es correcta cuando la masa se sostiene horizontalmente con una llana y no se mueve, y esta masa comienza a deslizarse cuando inclinamos la llana a 40º.

Un mortero compuesto de cemento Portland corriente con arena, mezclado en una proporción 1-6, con 50 kg de cemento en las proporciones indicadas, obtendremos un mortero para unos 450 ladrillos.

2.7.3. Dosificación

Para expresar la dosificación de los morteros se indicará el número de partes en volumen de sus componentes. El último número siempre corresponderá a partes de arena. Las cantidades se miden con el mismo recipiente.

Un mortero pobre lleva más arena y, evidentemente, es menos resistente que uno con mayor contenido de aglomerante. Ejemplos de dosificación y resistencia:

- 1:4, 1:6, 1:8, etc. dosificación.
- M - 40, M – 50, resistencia.

Composición/dosificación			**Utilización**
Cemento	Arena		
1	1		Bruñidos y revoques impermeables
1	2		Enlucidos, revoque de zócalos, corrido de cornisas
1	3		Bóvedas tabicadas, muros muy cargados, enlucidos de pavimento, enfoscados
1	4		Bóvedas de escalera, tabiques de rasilla
1	5		Muros cargados, fábrica de ladrillos, enfoscados
1	6		Fábricas cargadas
1	8		Muros sin carga
1	10		Rellenos para solado
Cal	Arena		
1	1		Enlucidos
1	2		Revoques
1	3		Muros de ladrillo
1	4		Muros de mampostería
Cemento	Cal	Agua	
1	1	6	Muros cargados, impermeables
1	1	8	Muros poco cargados
1	1	10	Cimientos
4	1	12	Revoques impermeables

2.7.4. Cómo hacer un mortero

En construcción recibe la denominación de mortero la mezcla de uno o dos aglomerantes y arena amasada con agua. Esta mezcla da lugar a una pasta más o menos plástica que después fragua.

El mortero se adhiere a las superficies más o menos irregulares de los ladrillos o bloques dando al conjunto cierta compacidad y resistencia de compresión.

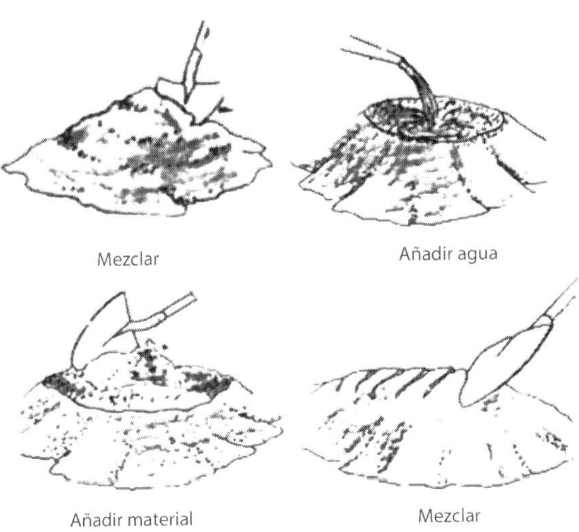

Deberemos tener en cuenta una serie de normas para realizar un buen mortero:

- Las cantidades de arena o áridos, cementos y agua serán siempre proporcionales.
- Las proporciones varían según sea el uso de la masa.
- Antes de comenzar el amasado, procuraremos tener todos los elementos a mano: arena, agua, etc.
- Cuando el amasado se realice a mano, se hará sobre una superficie impermeable y limpia.
- Colocaremos la arena en forma de montaña, añadiendo la cantidad necesaria de cemento.
- Procederemos al amasado en seco con la pala, una vez bien mezclado y que presente un color gris uniforme, abriremos un hueco en forma de cráter y verteremos agua, en la cantidad necesaria, añadiéndola poco a poco.
- El agua que usemos deberá de ser potable.
- A continuación echaremos con la pala material seco de los lados del montón en el hoyo del agua, desde el exterior hacia el interior del hueco.

- Removeremos varias veces hasta que la pasta quede homogénea.
- Para saber si la masa está bien realizada haremos ondulaciones con la pala; éstas no deben hundirse ni deshacerse.
- Dejaremos pasar unos minutos antes de comenzar a trabajar con la masa.
- Si notamos que la masa está seca, agregaremos un poco más de agua en forma de lluvia.
- El mortero de cemento se utilizará dentro de las dos horas inmediatas a su amasado, pasado este tiempo el mortero debe ser desechado.
- Si el mortero es de cal podrá usarse durante tiempo ilimitado siempre y cuando se conserve en las condiciones adecuadas.

2.8. Hormigón

El hormigón es un material que proviene de la mezcla de cemento, agua, arena y grava, que, al fraguar y endurecer, adquiere una consistencia similar a los de las mejores piedras naturales, pudiendo considerarse como el conglomerante pétreo natural que resulta de agregar grava a un mortero.

Mientras se mantiene en estado plástico, la mezcla recibe el nombre de hormigón fresco, y después de fraguar y endurecer, el de hormigón endurecido.

Algunas de sus características son su resis0tencia, su larga duración, su bajo coste.

El hormigón es casi el único material que puede moldearse de diferentes formas. Presenta una amplia variedad de texturas y se utiliza para construir muchos tipos de estructuras, puentes pilares, presas, etc.

El hormigón puede hacerse absolutamente hermético para contener y repeler agua. También podemos realizar hormigones filtrantes, se puede hacer poroso y muy permeable. Al igual, se realizan hormigones con una superficie lisa y pulida. Por tanto diremos que existe una gran variedad de tipos de hormigón.

El hormigón se puede clasificar por su densidad, por su composición o por su tipo de armadura.

Según su densidad tendremos hormigones:

- **Ligeros**: 1200/2000 kg/m^3.
- **Normales**: 2000/2800 kg/m^3.
- Pesados: >2800 kg/m^3.

Según su composición se dividen en:

- Ordinarios: obtenido al mezclar cemento Portland, agua y áridos minerales.
- **Sin finos**: sin arenas.

- **Ciclópeo**: es ordinario con elementos pétreos de gran tamaño > 30 cm de largo. Se usa cuando el firme es muy profundo.
- **De cascote**: A base de cascotes de derribo.
- **Unimodular**: árido de un solo tamaño.
- **Aligerados**: con áridos de baja densidad como la pumita y la arlita, y con aditivos aireantes que incorporan en su interior una cantidad de aire para disminuir su densidad.
- **Pesados o de árido pesado**: con áridos de alta densidad. Se utilizan para evitar el paso de radiación.
- **Refractarios**: con árido refractario y cemento de aluminato de calcio.

Según su armado:

- **Hormigón en masa**: sin acero en su interior o con muy poco. Sólo admite esfuerzos de compresión. Se suele utilizar para ciertas cimentaciones.
- **Hormigón armado**: lleva en su interior una armadura de acero corrugado, debidamente situada y dimensionada. Este hormigón soporta perfectamente los esfuerzos de compresión y de flexión, ya que la armadura absorbe las tracciones transmitidas al hormigón por la flexión.
- **Hormigón pretensado**: su armadura está compuesta por acero de límite elástico > 6000 kp/cm^2, la cual se tracciona mientras se hormigona y se suelta una vez endurecido el hormigón, con lo que la unión hormigón-acero es mucho mayor que en el hormigón armado.
- **Hormigón postensado**: la armadura, introducida en unas fundas, se tensa después de hormigonar. Este tipo de hormigón es muy utilizado en obras públicas.

Recuerda que...

El hormigón es un material que proviene de la mezcla de cemento, agua, arena y grava, que, al fraguar y endurecer, adquiere una consistencia similar a la de las mejores piedras naturales, pudiendo considerarse como el conglomerante pétreo natural que resulta de agregar grava a un mortero.

2.8.1. Realización de hormigón

Cuando realicemos una masa a mano, el monto de esta se moverá como mínimas tres veces al objeto de que el cemento se mezcle bien con los áridos, cosa que observaremos cuando este montón haya tomado un color gris uniforme.

Los componentes principales del hormigón son cemento, arena, árido fino y agua.

Para la preparación a mano el volteo del hormigón se realizará en seco: se mezclará separadamente la arena con el cemento y después a este montón resultante se le añadirá la grava, todo esto se volverá a voltear. El agua deberá ser lo más pura posible.

Todo esto es para que el cemento se mezcle bien; cuantos más volteos mejor uniformidad tendrá el hormigón.

Para pequeñas cantidades podemos realizar esta masa a mano, pero sólo las máquinas de mezclado garantizan un hormigón uniforme.

En la confección del hormigón, tanto a mano como mecánicamente, la relación agua cemento es de vital importancia, puesto que un exceso de agua resta un poco de resistencia mecánica. Cuanta más agua se añada a la mezcla, más fácil será de elaborar, pero más débil será el hormigón cuando se endurezca.

Si cogemos en la mano un poco de hormigón y al oprimirlo se forma una bola, rezuma ligeramente y conserva su forma al soltarlo, puede admitirse que la cantidad de agua es la conveniente.

La densidad y la dureza del hormigón cuando fragua lo convierten en el rey de la albañilería.

Al igual que a los morteros, al hormigón se le pueden añadir aditivos para mejorar algunas de sus propiedades en una proporción no superior al 5% del peso del cemento.

La forma más habitual de espesar la proporción existente entre las partes de materiales empleados para la preparación de hormigón es mediante cifras; ejemplo: 1, 3, 5: una parte de cemento, tres de arena, cinco de áridos.

La temperatura de la masa de hormigón, en el momento de verterla en el encofrado, no será inferior a 5 ºC.

Está totalmente prohibido verter el hormigón en encofrados, superficies, etc., cuando la temperatura sea inferior a cero grados centígrados. En casos extremos en tiempos de heladas podemos usar aditivos anticongelantes pero siempre con cautela.

En épocas de mucho calor, se adoptarán medidas oportunas para evitar la evaporación del agua de amasado; a más de 40º se suspenderá el hormigonado.

Por este motivo, los materiales que constituyen el hormigón y los encofrados, etc., estarán protegidos del soleado.

En condiciones normales el hormigón se endurece con el paso de los años.

Como áridos más comunes para la fabricación de hormigones, pueden emplearse arenas y gravas existentes en yacimientos naturales, rocas machacadas o escorias siderúrgicas apropiadas.

Los áridos deberán almacenarse de tal forma que se evite su contaminación y suciedad por terreno, etc., no debiendo mezclarse de forma incontrolada áridos de distintos tamaños.

2.8.2. Bloque de hormigón

Presentan la forma de paralelepípedo rectangular construidos por un conglomerado de cemento y/o cal y un árido natural o artificial.

Usando el hormigón se construyen bloques que tienen como misión y función la misma que los ladrillos. Al igual que los ladrillos, los bloques también son de diferentes tipos y calidades.

El bloque más común es el "estructural"; tienen color gris cemento y se utilizan para estructuras de paredes que, posteriormente, pueden ser enlucidas o enyesadas.

Los bloques se construyen de diferentes medidas:

- **Espesor** E: 6,5 – 9 – 11,5 – 14 – 19 – 24 – 29 cm.
- **Longitud de cara mayor C**: 39 – 49 – 59 cm.
- **Altura**: 19 cm.

Actividad 4

Comúnmente, según sus características, se distinguen tres tipos de morteros. Indica cuál de las siguientes opciones podemos clasificarla como mortero:

- ☐ a) Cemento, arena, agua.
- ☐ b) Cal, arena, agua.
- ☐ c) Ambas son correctas.

2.8.3. Encofrado

El encofrado consiste en moldear el hormigón. Por medio de maderas o chapas de metal se realiza un molde que, posteriormente, se rellena de hormigón.

Una vez que el hormigón fragua, se desmonta el encofrado y queda un bloque macizo que se denomina hormigón. El proceso de rellenado del encofrado es muy simple.

Cuando realizamos el encofrado deberemos hacerlo sólido para que la presión del hormigón fresco, o los efectos del método de compactación, no lo desarmen. Dichas condiciones deberán mantenerse hasta que el hormigón haya adquirido la resistencia suficiente para soportar, con un margen de seguridad, las tensiones a que será sometido durante el desencofrado.

Los moldes de encofrado serán lo suficientemente estancos para que, en función del modo de compactación previsto, se impidan pérdidas apreciables de lechada de mortero u hormigón.

Si el encofrado es de madera procuraremos que las superficies se encuentren limpias y que no tengan clavos que sobresalgan al interior del hormigonado. Los clavos del encofrado no se introducirán en su totalidad en la madera, con el fin de facilitar su posterior desmontaje. Los encofrados de madera se humedecerán para evitar que absorban el agua que contiene el hormigón.

Nunca realizaremos encofrados improvisados, puesto que estos suelen ser fuente de derrumbes, ocasionando daños y accidentes.

Para que el hormigón quede parejo, debemos evitar las hendiduras del encofrado por donde se le pueda escapar el material. Los encofrados y moldes deberán retirarse sin causar sacudidas ni daños al hormigón.

Se evitará el uso de gasóleo, grasa o cualquier otro producto análogo como desencofrante. Para ello utilizaremos productos adecuados que no deberán dejar rastros ni efectos dañinos sobre la superficie del hormigón.

Cuando vertamos hormigón en un encofrado conviene repartirlo, no depositando toda la masa en un punto, puesto que la masa no siempre escurre y va rellenando el encofrado. Por tanto es bueno distribuirlo, con esto evitaremos la segregación del agua y también evitaremos que la presión del hormigón se concentre sobre una parte determinada del encofrado.

A ser posible deberemos verter el hormigón de una sola vez. Nunca verteremos el hormigón sobre encofrados desde una altura considerable, puesto que, aparte de las segregaciones, puede producir presiones muy fuertes, lo que puede reventar los encofrados.

Los vertidos se realizarán a pequeñas alturas y de modo vertical. No deberemos arrojar el hormigón, una vez vertido, con pala a gran distancia o llevarlo con rastrillos o hacerlo caminar más de 1 metro dentro del encofrado.

El desencofrado no lo realizaremos hasta que el hormigón haya alcanzado la resistencia necesaria para soportar los esfuerzo a que va a estar sometido

2.9. Azulejo

El azulejo es una pieza formada por un bizcocho cerámico, poroso y prensado, y una cara esmaltada impermeable y escurridiza que la hace inalterable a los ácidos, a las lejías y a la luz.

Esta capacidad del recubrimiento cerámico de prevenir la humedad, evita el desarrollo de colonias de gérmenes y hongos, que se generan con facilidad en construcciones donde la permeabilización es deficiente.

Por este motivo hace que sea el revestimiento más utilizado para cocinas, baños, etc. Los azulejos se cuecen a más de 900º. No son muy resistentes y de ahí que sólo se instalen en superficies verticales. Su dureza en la escala Mohs no ha de ser inferior a 3. La cara esmaltada es más fina que la parte de bizcocho o galleta. La parte esmaltada se puede rayar, por eso evitaremos los productos de limpieza abrasivos y los estropajos excesivamente duros.

Los azulejos son piezas planas de poco espesor. El espesor del azulejo no ha de ser inferior a 3 mm ni superior a 15 mm.

El azulejo deberá tener ausencia de esmaltado en la cara posterior y en los cantos; para favorecer su agarre debe tener las caras perfectamente planas y las aristas vivas y rectas. Sus medidas serán uniformes y no tendrá defectos en el esmalte. Cuando no se cumpla alguno de estos parámetros se considerará material de segunda. Su marca deberá venir troquelada en el reverso (bizcocho).

La parte trasera del azulejo, denominada bizcocho o galleta, podrá ser de dos tipos:

- Pasta roja: arcilla roja sin mezcla de arena ni cal.
- Pasta blanca: caolín con mezcla de carbonato de cal, productos silícicos y fundentes.

La cara no esmaltada ha de ofrecer una superficie de excelente adherencia. El azulejo tiene que cortarse y partirse con facilidad. Los azulejos especiales para remates, esquinas, etc., podrán llevar los cuatro cantos lisos o bien en inglete o borde romo en uno o dos de ellos. Se fabrican con formas variadas: cuadradas, rectangulares, cenefas, etc.

Nunca colocaremos azulejos en el suelo, ya que son muy resbaladizos y no soportan el desgaste de las pisadas.

Los recubrimientos con azulejo no precisan mantenimiento y su limpieza es muy simple. Basta pasar un paño húmedo y, si la superficie presenta suciedad o grasa, se pueden añadir agentes de limpieza como detergentes o lejías. Los azulejos se pueden rayar si se utilizan en su limpieza productos abrasivos. El azulejo resulta ser un revestimiento algo frío.

2.10. Materiales pétreos

Las rocas se encuentran en la naturaleza en grandes dimensiones, sin forma predeterminada, y constituyendo el principal componente de la parte sólida de la corteza terrestre. Por constituir un material natural, la piedra no precisa para su empleo más que la extracción y la transformación en elementos de forma adecuada.

Los materiales pétreos, pueden clasificarse según su origen, pudiendo ser:

- **Rocas eruptivas**. Las rocas eruptivas proceden de masas de materiales fundidos a elevadas temperaturas en el interior de la tierra y que han salido al exterior, bien de forma rápida como las piedras arrojadas por los volcanes, o lentamente por los movimientos geológicos. Las primeras en salir rápidamente al exterior se han enfriado muy deprisa; las otras, por el contrario, han tenido un enfriamiento lento. Esto explica el hecho de que ambas clases de rocas, teniendo aproximadamente los mismos componentes, aparezcan con propiedades y apariencias distintas.

  Estas diferencias determinan una subdivisión de las rocas eruptivas en dos grupos:

  * **Rocas plutónicas o intrusivas**: formadas en el interior de la corteza terrestre, tienen una estructura granular sin dirección determinada. Las más importantes son:

    - *Granito*. Formado por una mezcla de cuarzo, feldespato y mica. Es de color gris en la mayoría de las ocasiones, aunque también se puede presentar de color rosa; su coloración varía en razón del contenido de cada mineral. Es un material de construcción apto para resistir grandes cargas, pero no admite grandes labras. Si se pule aumenta su resistencia a los agentes atmosféricos y se realza su coloración. Tiene el inconveniente de que se agrieta con el fuego, se estropea al aumentar su volumen con el agua absorbida o por la descomposición del feldespato. Esa descomposición empieza siempre con un redondeamiento de los cantos. Es muy abundante en España, utilizándose como elemento constructivo y en decoración.

    - *Sienita*. Formada por feldespato y mica, diferenciándose del granito por la falta de cuarzo. Tiene un gran efecto decorativo, con un pulimento muy notable, aunque más blanda que el granito. Por el contrario, es más tenaz y uniforme. Su textura es granulada, de color variable (desde los rosas hasta los grises y verdes).

* **Rocas volcánicas o efusivas**. que afluyeron a la superficie durante las convulsiones de la corteza terrestre o después de ellas, esparciéndose en forma de lavas.

  - *Pórfido*. Está formado por fenocristale de cuarzo, ortosa y biotita. Es una roca de gran dureza, por lo que se utilizó para pavimentación (actualmente poco frecuente) y para decoración por su bello pulimento.

  - *Basalto*. Está constituida por feldespato, algita, olivino y magnetita, en forma de fenocristales, sobre una pasta vítrea. Es una roca muy dura aunque frágil y resiste muy poco al fuego. Sus elementos metálicos se descomponen ante los agentes atmosféricos, por lo que no se aconsejan para la intemperie. Se utilizan para cimientos, peldaños, obras de ingeniería y pavimentación.

  - *Traquita*. Presenta la composición de la sienita, estando constituida por feldespato, hornablenda, augita y mica. Se adhiere bien a los morteros pero no es muy resistente. Su color es gris, amarillento, verde o rojizo.

- **Rocas sedimentarias**. Son rocas que proceden de la destrucción de las eruptivas por la acción de las lluvias, heladas, vientos, terremotos, etc. Disgregadas, fueron depositándose en su propio lecho o en otros lugares más distantes, dando lugar a otra clase de rocas, de naturaleza distinta. Puede ser que haya tenido lugar una nueva unión o consolidación de los sedimentos o que éstos se mantengan sueltos. En este último caso se originan tipos de rocas disgregadas, tales como:

  * Áridos gruesos o gravas. Se encuentran en grandes depósitos o aluviones. Se consideran como áridos todos los fragmentos de rocas de un diámetro inferior, generalmente, a 15 cm. Se emplean para la pavimentación de líneas de ferrocarriles y carreteras.

  * Áridos finos o arenas. Formadas por granos de un diámetro inferior a 5 mm, procedentes del desmenuzamiento de rocas de distintas clases. Se utilizan para la confección de morteros y hormigones. Las arenas pueden ser naturales o artificiales, obtenidas de machaqueo y trituración de rocas extraídas en canterías.

  * Arcillas. Son partículas finísimas, inferiores a 0,06 mm de diámetro, procedentes de rocas feldespáticas. Una de las propiedades principales de la arcilla es su plasticidad (facilidad en darles forma) en contacto con el agua. Tiene la característica de ser refractaria, es decir, resistir elevadas temperaturas.

  * Calizas. Formadas principalmente por carbonato cálcico. Constituye una excelente piedra para construcción que se emplea en mampostería, sillería, y como materia prima para la fabricación de conglomerantes.

  * Dolomia. Es una roca simple cuyo mineral esencial es la llamada dolomita. Se comporta bien en exteriores excepto en lugares sometidos a ambientes ácidos que la atacan. Por ser resistente al fuego, se utiliza en la construcción de hornos.

- **Rocas metamórficas**. Esta clase de rocas se han formado por transformación de rocas eruptivas y sedimentarias. Esa transformación se produce por efecto de las altas temperaturas y elevadas presiones que se producen en el interior de la tierra.
  * Gneis. Se compone de cuarzo, feldespato y mica. Se emplea mucho en pavimentación por su estructura hojosa, que facilita su división en lajas, y es generalmente una mala roca para la construcción.
  * Pizarra. Existen diferentes variedades, siendo los componentes fundamentales cuarzo y mica. Tiene poca dureza y se pueden separar en láminas con facilidad. Se utilizan en pavimentación, tejado y como material refractario.
  * Mármol. De origen sedimentario, que proviene de la transformación de piedras calizas y dolomíticas. Adquieren gran brillo con el pulimento y son muy apreciados y utilizados en construcción y decoración, tanto en interiores como en exteriores.

Labra de piedras

Una vez que hemos extraído los bloques de piedra, se procede a darles la forma en que han de ser colocados en la obra. A este trabajo se le denomina labra. La labra de la piedra comprende dos trabajos primordiales:

- El desbaste, que consiste en preparar el bloque en una forma aproximada por exceso a la que ha de recibir definitivamente. Suele realizarse en la propia cantera, dejando todas sus dimensiones unos cuantos centímetros mayores a las del elemento que de él debe obtenerse.
- La labra propiamente dicha, que abarca una serie de operaciones realizadas cada vez con más esmero según avance el trabajo, hasta dar a la piedra el tamaño y forma definitivos.

Dependiendo del grado en el que han sido trabajadas las piedras antes de disponerse en la obra, podemos encontrar:

- Mampuestos. Son piedras sin labrar que se pueden colocar en una obra con la mano, y se emplean en las obras de mampostería. Esta obra se realiza con simples cantos, pudiendo ser: mampostería ordinaria, si se realiza con mampuestos de cantera; mampostería careada, si se realiza con mampuestos que tienen una cara plana, quedando así las paredes hacia fuera completamente lisas; o mampostería concertada, que es en la que los mampuestos están perfectamente combinados de modo que encajen unos con otros.
- Sillarejo. Cuando presenta un desbaste mínimo, el preciso para que se puedan asentar unos sobre otros. Este puede ser: aplantillado, si se trata de piezas manejables a mano, de forma aproximadamente prismática recta, con una o más caras labradas y uniformes de tamaño; o toscos, de piedras manejables a mano, de forma aproximadamente prismática recta, sin ninguna cara labrada.
- Sillares. Son las piedras que, por sus dimensiones, exigen el empleo de útiles y mecanismos para su traslado y empleo, con una o más caras labradas.

2.11. Madera

La madera es la parte sólida y rígida que se encuentra bajo la piel de los tallos leñosos en forma de tejido vascular, siendo su composición básica:

- **Celulosa**: 50%.
- **Lignina**: 30%.
- **Productos orgánicos varios**: 20%.

Entre los diferentes productos orgánicos que encontramos, tenemos *materiales de reserva,* como el almidón, azúcares, grasas..., y *materias de secreción*, como aceites esenciales, colorantes, sales minerales...

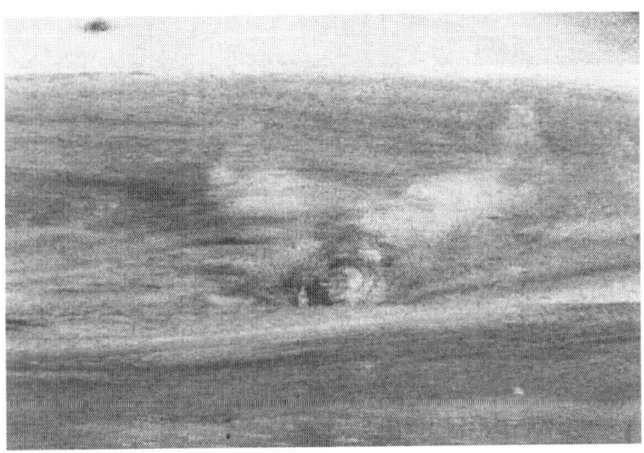

El dibujo que presentan todas las variedades de madera se llama veta, y se debe a su propia estructura. La madera consiste en pequeños tubos que transportan agua, y los minerales disueltos en ella, desde las raíces a las hojas. Estos vasos conductores están dispuestos verticalmente en el tronco. Cuando cortamos el tronco en paralelo a su eje, la madera tiene vetas rectas. En algunos árboles, sin embargo, los conductos están dispuestos de forma helicoidal, es decir, enrollados alrededor del eje del tronco. Un corte de este tronco producirá madera con vetas cruzadas, lo que suele ocurrir al cortar cualquier árbol por un plano no paralelo a su eje.

El tronco de un árbol no crece a lo alto, excepto en su parte superior, sino a lo ancho. La única parte del tronco encargada del crecimiento es una fina capa que lo rodea llamada cámbium. En los árboles de las zonas de clima templado, el crecimiento no es constante. La madera que produce el cámbium en primavera y en verano es más porosa y de color más claro que la que aparece en invierno. De esta manera, el tronco del árbol está compuesto por un par de anillos concéntricos nuevos cada año, uno más claro que el otro. Por eso se llaman anillos anuales.

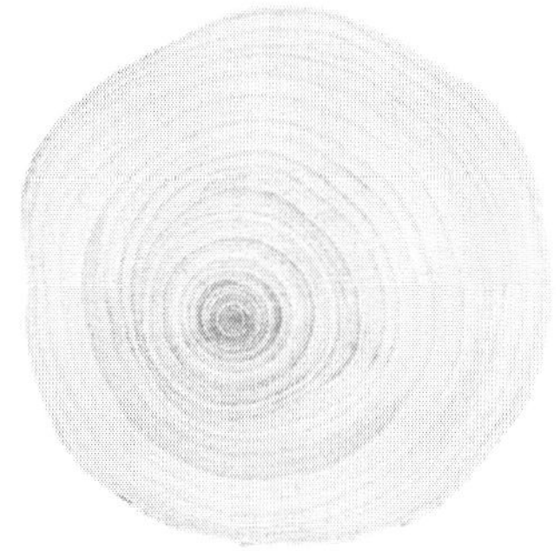

Aunque la fina capa de cámbium es la única parte del tronco que está viva, en el sentido de que es la parte que crece, también hay células vivas esparcidas por el xilema de la albura. Según envejecen los árboles, el centro del tronco muere; los vasos se atascan y se llenan de goma o resina, o se quedan huecos. Esta parte central del tronco se llama duramen. Los cambios internos de los árboles van acompañados de cambios de color, diferentes según cada especie, por lo que el duramen suele ser más oscuro que la albura.

Los troncos y ramas de los árboles son las fuentes de donde se obtiene la madera; según su disposición los tejidos poseen unas determinadas características y se clasifican en:

- **Médula o meollo**: también es conocida como madera joven; es la zona central del tronco, es más esponjosa que el resto de capas y constituye el centro o corazón del árbol.
- **Duramen**: son las capas del tronco que han adquirido la máxima consistencia, desarrollo y resistencia. Es la «madera» del árbol, son las partes más duraderas de la planta, contienen menos humedad y suelen ser más oscuras que el resto de capas. Son las capas que rodean al meollo y forman la mayor parte del tronco del árbol.
- **Albura**: son las capas que rodean al duramen. Es una madera que se encuentra en estado de elaboración, posee más humedad y un color más claro que el duramen.
- **Cámbium**: es una capa muy fina que se sitúa entre la albura y la corteza y es la zona de producción de nuevas células en la disposición que determina la especie del árbol. En la mayoría de las especies esta nueva materia se constituye en capas concéntricas paralelas al eje principal, en otras, como el sapeli, el crecimiento es en espiral alrededor del tronco.

Sabías que...

El *Hippomane Mancinella* **o** "manzanillo de arena" **es uno de los árboles más peligrosos para el ser humano que existen**. Puede encontrarse en Centroamérica y es conocido como "manzanillo de la muerte". Este árbol contiene toxinas potentes capaces de irritar la piel del hombre y provocar desde eczemas hasta dermatitis alérgica; su fruto es probablemente mortal. Tanto es así que en muchas zonas del Caribe, donde puede encontrarse, está marcado con una señal para que ningún despistado se acerque más de la cuenta.

Características organolépticas

De las características organolépticas de la madera destacamos las siguientes:

- **Color**. En las maderas duras encontramos un color intenso y acentuado. El color blanco y marfil pálido lo encontramos normalmente en maderas blandas.

- **Lustre** (brillo natural): la madera presenta más lustre en su sección radial, y menos en su sección tangencial.
- **Translucidez**. Es la capacidad de dejar pasar la luz a su través. Aumenta proporcionalmente al porcentaje de materias resinosas que posee.
- **Olor**. Cada tipo de madera posee un olor diferente. Además, mediante el olor podemos apreciar su estado de conservación.

2.11.1. Clasificaciones de las maderas

2.11.1.1. Clasificación botánica

Dentro del grupo de vegetales productores de madera con relevancia económica y notables aplicaciones técnicas, se establece la siguiente clasificación:

- **Conífera**. Son árboles cuyo fruto son los conos; están provistos de hojas aciculares que conservan su verdor todo el año y la semilla descubierta. Son árboles de madera blanda y estructura sencilla. Su tronco se caracteriza porque la zona más ancha y oscura de la madera tardía de los anillos de crecimiento, alterna con la más estrecha y clara de la madera primeriza. Es una madera que se trabaja con facilidad.
- **Frondosa**. Obtenidas de árboles de hoja ancha, caducifolios o perennifolios, con madera dura, más pesada que las maderas de coníferas. La mayoría de las maderas de frondosas ofrecen resistencias superiores a las de coníferas. La formación de sus anillos determina unas formas en las secciones testeras y radiales de bellísimo aspecto. Estas maderas son más difíciles de trabajar que las coníferas. Según su estructura, también pueden ser monocotiledóneas y dicotiledóneas.

2.11.1.2. Clasificación según calidad y dureza

Las maderas se clasifican en duras y blandas según el árbol del que se obtienen. La madera de los árboles de hoja caduca se llama madera dura, y la madera de las coníferas se llama blanda, con independencia de su dureza. Así, muchas maderas blandas son más duras que las llamadas maderas duras. Las maderas duras tienen vasos largos y continuos a lo largo del tronco; las blandas no, los elementos extraídos del suelo se transportan de célula a célula, pero sí tienen conductos para resina paralelos a las vetas. Las maderas blandas suelen ser resinosas; muy pocas maderas duras lo son. Las maderas duras suelen emplearse en ebanistería para hacer mobiliario y parqués de calidad.

Esta clasificación se basa en las cualidades y defectos que presenta la madera en su estructura. Así, podemos dividirla en cuatro grupos o clases:

- 1.ª Clase. Se engloba en este grupo a las maderas que no presentan ninguna grieta.
- 2.ª Clase. Presentan una sola grieta testera que no exceda del 4% de la longitud de la pieza y que no alcance los 10 cm de longitud.

- 3.ª Clase. Presentan 2 grietas como máximo, de las mismas características que las de 2.ª Clase, una en cada extremo de la pieza.
- 4.ª Clase. Presenta grietas testeras medianas, que no exceden del 8% de la longitud total, y que no pasen de los 20 cm.

Las maderas, según su dureza, se clasifican en seis categorías:

a) Durísimas: ébano, boj, encina.

b) Duras: cerezo, arce, olmo, roble.

c) Semiduras: haya, nogal, castaño, peral, plátano.

Nogal

d) Blandas: abeto, abedul, aliso, pino.

e) Muy blandas: pino de América, chopo, tilo, sauce, balsa.

2.11.1.3. Otras clasificaciones

1. **Madera del país**

   Maderas duras. Son las más numerosas.

   - *Acacia.* De color blanco amarillo, o amarillo verdoso. Su estructura es fina, dura, flexible y de fibras gruesas. Resiste a la carcoma y crece rápido. Se endurece en el agua.
   - *Boj.* De color amarillento muy vivo. Es muy compacta, dura, pesada y con anillos apenas visibles. Se pule muy bien.
   - *Castaño.* De color ocre rojizo, con estructura y fibras gruesas, es de madera fuerte y elástica. Se hiende bien y se vuelve quebradiza al aire.
   - *Cerezo.* De color castaño claro, se deja pulir y admite bien los tintes. Se contrae con facilidad.

- *Eucalipto*. Madera de color pardo rosado pálido. Fibras entrecruzadas, dan una madera pesada y fuerte.
- *Nogal*. Es una de las maderas más nobles y apreciadas, presentando un duramen claro cuando es joven, y oscuro al envejecer. Tiene una estructura compacta y fina. Se trabaja bien.
- *Olivo*. Madera amarillenta con veteados oscuros. Su estructura es dura y compacta, y se pule muy bien. Se usa para objetos de lujo.
- *Roble*. De lento crecimiento, es muy duro, resistente al agua, dentro de la cual se endurece. Se puede presentar en dos tonalidades: blanco y rojo.

Maderas blandas. Casi todas de color claro.

Son maderas blandas:

- *Abedul*. Blanca, entre amarillento y rojizo, con vetas cortas y compactas. Es fuerte, se trabaja bien, pero se pudre pronto.
- *Álamo*. Color entre el blanco y el gris, de estructura blanda, tenaz y fácil de trabajar, aunque es propenso a agrietarse y al alabeo. Es poco resistente a la humedad y carcoma, y se encuentra gran variedad de especies como el chopo blanco, el canadiense, el lombardo, el negro...
- *Tilo*. Con propiedades parecidas al álamo, y color blanco rojizo. Su madera es ligera y se trabaja bien.

Sabías que...

Las maderas blandas pueden ser empleadas para trabajos específicos. Por ejemplo, la madera de cedro rojo tiene repelentes naturales contra plagas de insectos y hongos, de modo que es casi inmune a la putrefacción y a la descomposición, por lo que es muy utilizada en exteriores.

Maderas de especies resinosas:

- *Abeto*. De color blanco, anillos anuales gruesos y fibras largas y rectas. Tiene nudos durísimos y oscuros que contrastan con su madera blanda. Se pudre pronto en ambiente húmedo y poco ventilado.
- *Pinsapo*. De color blanquecino, ligero y fácilmente alterable al aire libre.
- *Ciprés*. De color pálido, con vetas rojas, estructura y anillos vinos debido a la lentitud de su crecimiento. La resina le hace incorruptible.
- *Pino de Canarias*. De color blanquecino, se emplea en construcción y carpintería.

- *Pino Carrasco*. De color blanco, poco estimado en construcción, aunque algo en carpintería.
- *Pino Piñonero*. De madera blanca, con estructura de fibras torcidas y formas irregulares, es resistente y elástico.

2. **Maderas exóticas**

- *Balsa*. Madera blanda, pardusca, extremadamente suave y ligera.
- *Caoba colonial*. Madera densa, de poro fino, gran dureza y color rojizo oscuro.
- *Limoncillo*. Madera de color muy claro, con tendencia al color limón. Es de fácil elaboración.
- *Okumé*. Madera rosada asalmonada, resistente a pudriciones y fácilmente labrable.
- *Teka*. Madera dura de color rojo oscuro, que se aplica a la construcción de elementos que precisen de gran seguridad por sus formidables condiciones de resistencia dinámica.

Detalle mueble madera Caoba

3. **Maderas de otros países**

- *Amaranto*. Madera compacta con vasos muy visibles de color grisáceo que se transforma en violeta intenso.
- *Caoba*. Albura estrecha, roja, con anillos de crecimiento irregulares.
- *Ébano*. El duramen es oscuro y durísimo, con vasos finos, color negro intenso. Es apreciadísima.
- *Pino de Flandes*. De color claro, con vetas de color siena-ocre, y piezas muy largas.
- *Pino de Oregón*. Muy resinoso y de gran utilidad.
- *Secuoia*. O pino de California, de color parecido al abeto, que luego se oscurece.

- *Tejo*. De color blanco amarillento y duramen marrón. Se considera imputrescible por su larga duración.

- *Tuya*. Con duramen pardo agrisado, de aroma alcanforado, que se oscurece al contacto con el aire. Es muy apreciada en ebanistería.

2.11.2. Propiedades

Las propiedades principales de la madera son resistencia, dureza, rigidez y densidad. Esta última suele indicar propiedades mecánicas puesto que cuanto más densa es la madera, más fuerte y dura es. La resistencia engloba varias propiedades diferentes; una madera muy resistente en un aspecto no tiene por qué serlo en otros. Además, la resistencia depende de lo seca que esté la madera y de la dirección en la que esté cortada con respecto a la veta. La madera siempre es mucho más fuerte cuando se corta en la dirección de la veta; por eso las tablas y otros objetos como postes y mangos se cortan así. La madera tiene una alta resistencia a la compresión, en algunos casos superior, con relación a su peso a la del acero. Tiene baja resistencia a la tracción y moderada resistencia a la cizalladura.

La alta resistencia a la compresión es necesaria para cimientos y soportes en construcción. La resistencia a la flexión es fundamental en la utilización de madera en estructuras, como viguetas, travesaños y vigas de todo tipo. Muchas clases de madera que se emplean por su alta resistencia a la flexión presentan gran resistencia a la compresión y viceversa; pero la madera de roble, por ejemplo, es muy resistente a la flexión pero más bien débil a la compresión, mientras que la de secuoya es resistente a la compresión y débil a la flexión.

Otra propiedad es la resistencia a impactos y a tensiones repetidas. El nogal americano y el fresno son muy duros y se utilizan para hacer bates de béisbol y mangos de hacha. Como el nogal americano es más rígido que el fresno, se suele utilizar para mangos finos, como los de los palos de golf.

Otras características mecánicas menos importantes pueden resultar críticas en casos particulares; por ejemplo, la elasticidad y la resonancia de la picea la convierten en el material más apropiado para construir pianos de calidad.

2.11.2.1. Propiedades físicas de la madera

1. **Color**: el color es una propiedad muy variable de una especie a otra. En general, las maderas duras tienen un color más oscuro o intenso; las maderas blandas tienen colores más blancos. Las hay blancas, como el arce, el chopo, el tilo; de un amarillo moreno tostado, que es el más corriente, como el roble, encina, castaño, peral, manzano, maderas rojizas, como el haya vaporizada, aliso, caoba. Hay maderas intensamente coloreadas, como el ébano que es negro, el palisandro de color violeta oscuro y el boj que es amarillo.

2. **Grano y textura**: el grano de una madera es la dirección de las fibras en relación con el eje longitudinal del árbol o a una pieza particular de madera. Cuando se habla de grano recto es algo que no precisa aclaración, pero hay varias figuras de grano irregular, algunas de las cuales tienen un gran valor decorativo. En la mayoría de especies el grano es irregular sin que siga una norma particular de dibujo o veteado, tal como ocurre con el olmo. Una forma no muy corriente de irregularidad la proporciona el grano espiral, que carece de valor decorativo.

   La distribución y tamaño de las células y de los radios determina la textura en la madera dura. La madera con vasos grandes, como el roble, se dice que tiene la textura basta o áspera, en tanto que las maderas con vasos pequeños se califican de textura fina. Igual a como se distinguen entre madera basta y fina, cabe diferenciar entre textura lisa o desigual. Si las células se mantienen consistentes durante el desarrollo anual de los anillos la textura será lisa, pero si se producen notables diferencias entre la madera temprana y la tardía, resulta una textura desigual, no lisa, células de gran diámetro, tal como lo son los vasos de las frondosas.

   La velocidad de crecimiento de las plantas influye en la textura; las maderas de rápido crecimiento tienden a tener unas células más largas que las de desarrollo lento.

3. **Veteado**: o aguas de la madera, son los dibujos que se producen en la superficie longitudinal de la madera. En algunas maderas las aguas o vetas son muy visibles, como la encina, castaño, alerce, abeto y nogal; en otras son apenas perceptibles.

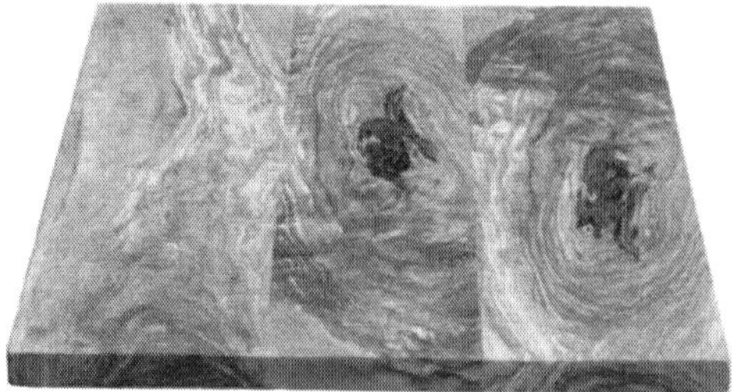

Detalle veta madera de olivo

4. **Olor**: una propiedad característica de cada una de las especies de madera es el olor. Algunas tienen un olor muy agradable, como el cedro, el ciprés, sándalo, al-

canforero, palo rosa, etc. El olor a veces denota el buen o mal estado de la madera. A menudo, una alteración de fibras por descomposición va acompañada de un olor desagradable.

5. **Dureza**: la dureza consiste en la mayor o menor dificultad puesta por la madera a la penetración de otros cuerpos como clavos, tornillos, o a ser trabajada con el cepillo, la sierra o el formón y depende casi siempre de la cohesión de las fibras y de su estructura. Las maderas más duras son las fibrosas, las más ricas en vasos, son más blandas. La dureza varía según la clase de árbol, aun en el mismo tronco, el árbol es más duro en su interior (corazón o duramen), y más blando al exterior (albura). La dureza es una cualidad de la madera que cambia con el secado.
6. **Hendibilidad**: es la facilidad que tiene la madera de hendirse o partirse en el sentido de las fibras. Las maderas más proclives a esta propiedad son las que tienen las fibras largas y carecen de nudos. Algunas maderas, como el castaño, el abeto, el alerce, se hienden con facilidad. La madera verde es más hendible que la seca.
7. **Densidad**: es la relación que existe entre su peso y su volumen. Esta relación viene expresada en kilos por decímetros cúbicos, o toneladas por metros cúbicos. En las maderas hay que distinguir la densidad absoluta y la aparente. La absoluta es sensiblemente constante, por serlo el peso sin huecos de la celulosa y sus derivados, que constituyen la materia leñosa. La aparente, que comprende los vasos y poros de la madera, es muy variable, pues depende del grado de humedad de éstas.
8. **Flexibilidad**: es la capacidad que tienen algunas maderas de poderse doblar o ser curvadas en el sentido de su longitud, sin romperse. Si son elásticas, vuelven a su forma primitiva cuando ha cesado la fuerza que las presiona. La madera verde, húmeda o caliente, es más flexible que la seca y los árboles son flexibles especialmente si son jóvenes, como el fresno, el olmo, el abeto, el pino, etc. Las maderas viejas o secas no admiten presiones bruscas ni exceso de carga; las jóvenes tienen mayor límite de deformación. No son flexibles maderas como la encina, el arce, etc., y en general las maderas duras.
9. **Plasticidad**: es una propiedad que poseen algunas maderas, al igual que algunos cuerpos, de dejarse modelar. Esta cualidad es posible en las maderas que permiten la compresión de sus fibras sin resquebrajarse, mediante una presión entre un molde y un contra molde. Mediante la utilización de esta propiedad se fabrican sillas, percheros, muebles curvados, y, también, mediante el prensado, se reproducen piezas en relieve.
10. **Porosidad**: son los espacios vacíos que existen entre las moléculas de la madera.
11. **Higroscopicidad**: es la propiedad que posee la madera de absorber o desprender humedad, según el medio ambiente en que está situada, es decir, por evaporación, las células disminuyen de volumen, y la madera experimenta contracción; en cambio, cuando el grado de humedad de la madera es inferior al del ambiente, la madera absorbe agua; entonces las células aumentan de volumen y la madera se

hincha. *La hinchazón* es otra propiedad, derivada de ésta, que tiene la madera de absorber, a través de los vasos, la humedad atmosférica. La absorción del agua o de la humedad origina un aumento de volumen, o hinchazón de las fibras leñosas.

12. **Retractibilidad o contracción**: por la propiedad de la higroscopicidad, la madera conserva normalmente de un 15 a un 20% de agua. La contracción es mayor en las fibras jóvenes que en las viejas; y en las maderas blandas que en las duras. En pleno desarrollo, la madera llega a tener un 60% de humedad, que, mediante el secado artificial, disminuye hasta un 10%.

    La madera se contrae en tres direcciones: en dirección del eje longitudinal de las células (largo), en dirección de los radios medulares (grueso), y en dirección de los anillos anuales (ancho). Longitudinalmente experimenta un 0,3% de contracción, por lo que la deformación en este sentido es prácticamente nula. En dirección de los radios medulares, la contracción es de un 5%. Pero donde la contracción puede adquirir hasta un 10% es en dirección de los anillos anuales.

13. **Homogeneidad**: la uniformidad de la estructura y composición de las fibras de la madera determina su homogeneidad. Son poco homogéneas las maderas con radios medulares muy desarrollados, como la encina y el fresno, y las que presentan los anillos anuales de crecimiento con diferencias notables entre la madera crecida en primavera o en otoño; tal sucede con el abeto, que es una de las maderas menos homogéneas. Lo son, en cambio, el peral, el manzano, el tilo, el boj, el arce, etc.

14. **Conductibilidad**: la humedad de la madera influye notablemente en la capacidad de conducción; la seca es mala conductora del calor y de la electricidad, pero la húmeda se hace conductora. La conductibilidad es mayor en el sentido longitudinal de sus fibras que en el radial y en el de los anillos anuales, y más en las maderas pesadas que en las ligeras o porosas.

2.11.2.2. Propiedades mecánicas de la madera

Dependen principalmente del grado de humedad que contenga la madera, así como de su densidad o peso específico.

1. **Resistencia al choque**: es la resistencia que opone la madera sometida al golpe de un cuerpo duro. La resistencia es mayor en el sentido axial de las fibras, y menor en el sentido transversal.

2. **Compresión**: es la resistencia que opone la madera a la acción de una fuerza que tiende a aplastarla. Este aplastamiento será mayor en el sentido perpendicular a sus fibras, y menor en el sentido axial o de testa.

3. **Cortadura**: es el esfuerzo que oponen las diversas moléculas de una pieza a la acción de las fuerzas paralelas, que tienden a cortar la sección transversal de la madera.

4. **Desgaste**: es la resistencia a la pérdida de materia como consecuencia del roce o la erosión. La resistencia al desgaste es mayor en las secciones testeras, menor en las tangenciales, y muy pequeña en las radiales.

5. **Tracción**: es la resistencia a la acción de dos fuerzas de signo contrario, que tienden a romper la pieza de madera, alargando su longitud y reduciendo su sección transversal.
6. **Flexión**: la flexión es el esfuerzo al que está sometida una pieza de madera, que descansa sobre dos apoyos situados en sus extremos, sobre un punto de la misma, varios puntos o uniformemente repartido en su longitud. El esfuerzo es de sentido contrario a los apoyos.
7. **Deslizamiento longitudinal de las fibras**: cuando una pieza estirada está sujeta por su extremo, se produce un esfuerzo que tiende a hacer deslizar unas fibras sobre otras en sentido longitudinal.
8. **Torsión**: es la resistencia que opone la madera a un esfuerzo que tiende a deformar la madera mediante un giro normal a su eje longitudinal. Es el esfuerzo característico de retorcimiento de la madera.
9. **Inflamación y combustión**: es la propiedad de arder y ser un buen combustible. Las maderas más inflamables y combustibles, son: pino, abeto, sauce, chopo, aliso, etc.; las medianamente combustibles son: haya, caoba, castaño y tuya; y las menos inflamables son: encina, ébano, boj y alerce.
10. **Propiedades acústicas**: hay algunas maderas que, por su constitución, refuerzan y transmiten los sonidos, y se emplean en la construcción de cajas de resonancia de los instrumentos musicales. Las maderas más sonoras empleadas en dichos instrumentos, son: fresno, arce, cedro, picea, ébano, abeto, boj, etc.
11. **Propiedades térmicas**: la madera es un buen aislante térmico, gracias a la propiedad y discontinuidad de su materia. Por eso el corcho es un gran aislante. Las maderas ligeras, blandas y con mucha porosidad, son las más aislantes del calor y las duras, densas, y compactas, las menos aislantes.

Sabías que...

Como hemos indicado, la madera cuenta con propiedades higroscópicas, es decir, absorbe humedad del ambiente, lo que permite regular la humedad relativa y la temperatura del entorno, creando ambientes templados, más cálidos en invierno y más frescos en verano. Asimismo, la madera limpia el ambiente y, al mantener unos niveles óptimos de humedad (entre el 40% y el 60%), no sólo aporta bienestar, sino que disminuye el riesgo de sufrir infecciones o reacciones alérgicas. Esto es debido a que los ácaros proliferan en ambientes templados con una humedad relativa elevada (por encima del 70%), por lo que los entornos de madera limitan su presencia.

2.11.3. Defectos de la madera

La madera está expuesta a múltiples agresiones externas como son los agentes atmosféricos o el ataque de insectos, hongos y otros seres vivos. Sus características pueden cambiar notablemente dependiendo de la acción de estos agentes, pues afecta su calidad y utilización como material de aplicación técnica.

Los defectos de las maderas pueden tener distinto origen: naturales, del proceso de secado, en la transformación, por estar expuestos a la intemperie, por la acción de insectos u hongos, etc.

1. **Los defectos naturales** pueden ser como consecuencia de los nudos, grano irregular, fragilidad (del corazón), madera de reacción, bolsas de la corteza y de resma, etc.

   Las bolsas que se producen bajo la corteza tienen lugar cuando una parte del cambio se muere y la bolsa se incorpora a manera de un nuevo cámbium que viene a sustituir la zona muerta.

   Los nudos son las secciones de las ramas que se hallan incluidas dentro del tronco. Ocasionan un grano irregular y disminuyen la resistencia de la madera. Los nudos ocasionan serios inconvenientes si tienen que ser atravesados por un corte. Algunas maderas con muchos nudos se utilizan con fines decorativos para paneles en los que la resistencia es algo que no merece ser tenido en cuenta y también tienen poca importancia la presencia de algunos nudos dentro de maderos de medidas grandes.

   El grano irregular, como el que produce el veteado entrelazado o el ojo de perdiz, puede llegar a ser considerado como una cualidad a los efectos decorativos, pese a que resulte difícil de trabajar y se requiera un cuidado especial para conseguir buenos acabados lisos. El grano irregular puede ocasionar muchos trastornos cuando se hallen en chapas anchas y de poco grosor.

   La madera reactiva o de reacción procede de los troncos y ramas que no han crecido verticalmente. La madera reactiva posee unas peculiaridades de resistencia distintas de la madera norma·

   La fragilidad es un defecto natural que se produce cuando la parte exterior del tronco se halla en un estado de tensión tal que no es capaz de contrarrestarlo la parte central del mismo. Esto ocasiona una gran cantidad de pequeños fallos en las paredes celulares de la madera.

2. **Defectos de secado** son los que se producen durante el proceso de secado de la madera, y pueden ser: pandeo, deformaciones, insensibilidad, grietas, etc.

   El pandeo se produce cuando una madera completamente saturada de paredes celulares, relativamente delgadas, seca rápidamente. Con ello se crea una gran tensión entre el agua contenida en el interior de las células, comprimiendo las paredes celulares unas contra otras, dando lugar a una distorsión y a un encogimiento anormal que suele traducirse a modo de una corrugación conocida con el nombre de tabla de lavar.

Las rajas y las fendas son grietas longitudinales ocasionadas por retracciones durante el secado, y se producen sobre todo con un secado muy rápido. Una raja es una grieta que no se extiende en profundidad en tanto que una fenda atraviesa de una cara a otra del madero. Las fendas se producen particularmente en los extremos de maderas duras muy densas si las tablas y tablones no se protegen durante el secado. Es por este motivo que los extremos de tablas y tablones deben ser impermeabilizados durante el proceso de secado por aire caliente.

La insensibilidad de la madera es la tensión y deformación que sufre como consecuencia del proceso de secado, puesto que, cuando en el secado la madera seca por las caras externas, antes que la parte interna, da lugar a una tensión que se ve restringida por el encogimiento de la parte interna más húmeda, adquiriendo estabilidad.

3. **Los defectos de troceado o de la transformación** pueden ser como consecuencia del grano alzado, grano inclinado, reacción de aserrado, grano desgarrado, etc. Veamos en qué consiste cada uno de estos defectos.

   Un mal aserrado que proporcione tablones en los que el grano esté dispuesto paralelamente al sentido longitudinal de las piezas, ocasiona el defecto del grano inclinado.

   Reacción al aserrado se produce cuando a un madero, poseyendo una tensión interna de pandeo, se aserra o cepilla a fondo en todas sus caras y luego se aserra en dos partes, ambas se arquean, comban o alabean inmediatamente si no adquieren dos o más de estas deformaciones al mismo tiempo.

4. **Los defectos de intemperie** ocurren con la madera expuesta al aire libre, que se ve sometida a un sucesivo encogimiento y dilatación a tenor de los cambios de temperatura y también por la acción solar.

5. **Defectos como consecuencia de la acción de los insectos**. Los árboles o madera troceada sana o enferma suelen ser atacados por las numerosas especies de insectos. Los grupos más activos son cuatro tipos de escarabajos (coleópteros) que tienen interés para el artesano. Se trata de la carcoma de los muebles, la carcoma de la ambrosía, la carcoma del polvo y los algavaros.

2.12. Corcho

El corcho es la corteza del alcornoque. Esta corteza está constituida por millones de pequeñísimas celdas, distinguiéndose por ellos su estructura de la mayoría de los árboles. Esas diminutas celdas, pueden guardar pequeñas cantidades de aire, por lo que se convierten en un material aislante muy interesante, utilizándose de manera aglomerada.

Es un material imputrescible y elástico, de lenta combustión, lo que lo hace idóneo para proteger las estructuras metálicas de la acción del fuego. Un espesor de 2,5 cm de corcho puro aglomerado aísla como 55 cm de pared de ladrillo.

2.13. Betunes

En **pavimentación** y en técnicas para impedir la entrada del agua y otros líquidos en las construcciones, juegan un papel muy importante los compuestos bituminosos (derivados del betún).

El **betún** es una sustancia natural obtenida por aplicación de calor en rocas calizadas o areniscas, en las que están impregnadas dicha sustancia, que está compuesta casi por completo de carbono e hidrógeno, con muy poco oxígeno, nitrógeno y azufre, siendo insolubles en el agua, álcalis y ácidos.

Entre ellos, podemos encontrar:

- **Betún asfáltico**. Es un betún refinado, sólido o semisólido, que contiene una reducida cantidad de productos volátiles. Se obtienen en cantidades comerciales del petróleo.

  Productos elaborados con betún asfáltico.

  * *Emulsión bituminosa*. Productos obtenidos por la dispersión de las pequeñas partículas en un producto bituminoso en agua o en una solución acuosa. Se utiliza para recubrimientos impermeabilizantes.
  * *Másticos bituminosos*. Productos de consistencia pastosa que tienen en su composición asfaltos naturales, betunes asfálticos o derivados del alquitrán. Se emplean para rellenar juntas y preparación de superficies.
  * *Pinturas*.

Arreglo de grieta en carretera con betún asfáltico

- **Asfalto**. Recibe la denominación de asfalto la mezcla natural en la que el betún asfáltico está asociado a una materia inerte, es decir, que no reacciona químicamente. Se emplea en la construcción de carreteras mezclando el asfalto caliente con un agregado especial y caliente de grava.

- **Alquitrán**. Es un producto bituminoso obtenido de la destilación de materias carbonáceas. A la palabra alquitrán debe añadirse siempre el nombre de la materia de origen y el método de obtención (alquitrán de hulla a alta temperatura, por ejemplo).
- **Creosota**. Obtenida de la destilación de alquitrán de hulla, de la que se obtiene un pigmento que se utiliza para impregnar los pilotes de cimentación, postes telegráficos..., para hacerlos inmunes al ataque de hongos, termitas...

2.14. Metales

El **hierro** es el metal más conocido y utilizado. Presenta la peculiaridad de que, en estado puro, tiene pocas aplicaciones industriales, por lo que es necesario transformarlo hasta convertirlo en productos utilizables directamente, como es el acero.

El **acero** se obtiene en lingotes que son transformados en barras en los llamados laminadores, obteniendo así productos laminados. Estos productos se designan por la forma geométrica del perfil. Estos perfiles se utilizan en las estructuras metálicas o en las estructuras mixtas de acero y hormigón.

Las **armaduras para el hormigón** serán de acero y estarán constituidas por:

- **Barras coarrugadas**. Son barras que por su rugosidad presentan una gran adherencia con el hormigón. Los diámetros nominales autorizados son: 6 – 8 – 10 – 12 – 14 – 16 – 20 – 32 y 40 mm.
- **Mallas electrosoldadas**. Se fabrican con barras o alambres coarrugados, de diámetros nominales que van desde 5 – 5,5 – 6 – 6,5 hasta 12 y 14 mm.
- **Armaduras soldadas en celosía**. Están formadas por un sistema espacial de barras o alambres que en los puntos de contacto van unidos por medio de soldadura eléctrica automática. Se componen de un elemento longitudinal superior, dos elementos longitudinales inferiores y elementos transversales de unión.

Armadura para hormigón

2.15. Pinturas

Son productos destinados a revestir superficies para protegerlas de los agentes externos (acción del aire, humedades, luz solar, etc.) y a la vez darles una determinada coloración con fines estéticos o puramente decorativos.

Las pinturas pueden ser:

1. **Pinturas a la cal**. El material básico para este tipo de pintura es la cal, previamente apagada, con la adición de colorantes. Se aplica en capas delgadas en paredes y techos, conociéndose esta operación como enjalbegado.
2. **Pintura al temple**. Conocida también como pintura a la cola. Consiste en un tinte disuelto en agua y añadiendo una carga de blanco de España, para darle el temple.
3. **Pintura al óleo**. O pintura **al aceite**. Se obtiene con esta pintura una película resistente a toda acción de agentes atmosféricos, dando un acabado casi mate. Se utiliza tanto para interiores como para exteriores; además se puede usar para elementos metálicos o de madera.
4. **Pintura al esmalte**. Este tipo de pintura lleva incorporada en su masa una resina que aumenta sus condiciones de resistencia y al propio tiempo da brillo al acabado.
5. **Pinturas plásticas**. Se fabrican con resinas sintéticas, de variada procedencia, emulsionadas con agua. Pueden aplicarse sobre cualquier material.
6. **Pinturas especiales**. Son las pinturas que se preparan para solucionar un problema constructivo determinado, como pueden ser las humedades.
7. **Pintura intumescente**. Se trata de un tipo de pintura que, bajo la influencia del calor de una llama, reacciona cambiando su estructura física y química, para hincharse a continuación formando una capa esponjosa que al carbonizarse se convierte en una cámara alveolar aislante del calor. A este proceso de cambio se le denomina intumescencia.
8. **Pintura ignífuga**. La función principal de estos preparados es la de proteger el soporte de la pintura que, por su composición especial, no arde ni propaga la llama bajo la influencia o el efecto del calor de un incendio o fuego.

La tabla siguiente muestra, de forma resumida, las características de los tipos de pinturas y barnices más habituales:

Tipo de Pintura	Características
Al temple	Aspecto mate. Acabado liso, rugoso o goteado. Coloraciones pálidas, porosas y permeables. Poca resistencia al agua y al roce.
A la cal	Aspecto mate. Acabado liso. Blanca o coloración muy pálida, porosa y absorbente. Endurece con la humedad y el tiempo. Buenas propiedades microbicidas.

.../...

.../...

Al silicato	Aspecto mate. Acabado liso. Coloración pálida, algo absorbente. Dura y de gran resistencia a la intemperie.
Al cemento	Aspecto mate. Acabado liso. Absorbente. Dura y de gran resistencia a la intemperie.
Plástica	Aspecto mate o satinado. Acabado liso, rugoso o goteado. Gama completa de coloraciones. Buena resistencia al lavado y al roce.
Al óleo	Aspecto satinado. Acabado liso. Gama completa de coloraciones. Buena resistencia al roce y lavabilidad media.
Al esmalte	Aspecto mate, satinado o brillante. Acabado liso. Gama completa de coloraciones. Buena resistencia al lavado y al roce.
Martelé	Aspecto brillante con reflejo metálico. Acabado con ligero relieve. Coloración diversa. Buena resistencia al lavado y al roce.
Laca nitrocelulósica	Aspecto mate, satinado o brillante. Gama completa de coloraciones. Buena resistencia al lavado y al roce. Buen extendido y rápido secado.
Barniz hidrófugo de silicona	Aspecto brillante. Acabado liso y transparente. Gran resistencia al agua.
Barniz graso	Aspecto mate, satinado o brillante. Acabado liso y transparente. Buena resistencia al roce y al lavado.
Barniz sintético	Aspecto mate, satinado o brillante. Acabado liso y transparente. Buena resistencia al roce, al lavado y a la intemperie.

2.16. Vidrio

El vidrio es una sustancia dura, sin forma regular, quebradiza y fabricada mediante fusión de una mezcla de uno o más óxidos de sílice, boro o fósforo con otros óxidos básicos que se someten a fusión.

Los vidrios más corrientes usados en construcción son:

1. **Vidrio común**. Es el utilizado en el acristalamiento corriente de ventanas. Es un vidrio plano, transparente e incoloro que se obtiene por estirado.
2. **Vidrio impreso**. Son vidrios traslúcidos que se obtienen por colada continua y laminación de la masa de vidrio en fusión.
3. **Vidrio armado**. Son vidrios impresos que llevan incorporada en su masa una malla metálica soldada de retícula cuadrada. Se utilizan en los casos en que hay posibilidad de una fácil rotura que puede ser peligrosa.
4. **Vidrios moldeados**. Son piezas obtenidas por el pretensado de una masa fundida de material vítreo en unos moldes especiales de los que toma su forma.
5. **Vidrios especiales**. Como son las unidades de acristalamiento, formadas por varias lunas pulidas formando entre sí cámaras de aire; o lunas pulidas y soldadas entre sí mediante una junta metálica.

2.17. Prefabricados

2.17.1. Baldosa de terrazo

Elemento prefabricado de hormigón, apropiadamente compactado, de forma y espesor uniforme.

La baldosa puede ser:

- **Monocapa**: compuesta sólo por una capa de huella.
- **Bicapa**: compuesta por una capa de huella y una capa de base o apoyo.

La **capa de huella** estará compuesta por cemento gris o blanco, arena muy fina o marmolina, mármol o piedras duras capaces de soportar un tratamiento secundario de acabado superficial con el fin de dejar a la vista los áridos o de conseguir diversas texturas.

La **capa de base o apoyo**, de existir, estará compuesta de cemento y arena de río o de machaqueo, pudiendo incorporar aditivos o pigmentos, debidamente amasado todo con agua.

Las caras de las baldosas de terrazo son:

- Cara de base o cara de apoyo: superficie generalmente paralela a la cara vista y que queda en contacto con el suelo después de la colocación.
- Cara vista: superficie que queda a la vista cuando está en uso.
- Cara vista texturada: cara vista no plana. La textura puede conseguirse bien directamente del molde o por medio de un proceso secundario.

Las características de resistencia que han de cumplir las baldosas son:

- Resistencia al deslizamiento: propiedad de la superficie para mantener la adherencia de la rueda de un vehículo.
- Resistencia al resbalamiento: propiedad de la superficie para mantener la adherencia de la pisada de un peatón.

En función del uso que se les asigne se clasifican en:

- Uso normal: tráfico peatonal en el interior de viviendas particulares.
- Uso intensivo: tráfico peatonal en interiores públicos (por ejemplo: locales públicos, comercios, acceso a viviendas, centros sanitarios, etc.).
- Uso industrial: tráfico peatonal y, eventualmente, vehículos ligeros (por ejemplo: fábricas, almacenes, talleres, etc.).

Los materiales utilizados para la fabricación de baldosas son: cemento, áridos, agua y aditivos. Los áridos empleados serán arenas de río, de mina o piedras trituradas o cortadas; no contendrán piritas o cualquier otro tipo de sulfuros, estarán desprovistos de polvo de trituración o de otra procedencia, que puedan afectar al fraguado, al endurecimiento o a la coloración.

Se utilizarán, tanto para el amasado como para el curado, todas las aguas que no perjudiquen al fraguado de los hormigones.

Se podrán usar aditivos siempre que la sustancia agregada en las proporciones previstas produzca el efecto deseado sin perturbar las demás características del hormigón o mortero.

El espesor de la capa de huella de la baldosa será de al menos 8 mm para un producto que deba ser pulido tras su colocación y de 4 mm para un producto que no deba ser pulido tras su colocación. Para determinar este espesor se ignorarán las partículas aislada de áridos de la capa de base que puedan quedar introducidas en la parte inferior de la capa de huella.

2.17.2. Bloques de hormigón

Los primeros bloques se hicieron macizos, pero, como resultaban demasiado pesados y caros, se aligeraron, haciéndolos huecos en el sentido de su altura, llenando unos moldes metálicos con morteros de 150 a 200 Kg de cemento por metro cúbico de arena gruesa. Se comprimen con prensas hidráulicas, y desmoldan inmediatamente, dejándoles veinticuatro horas sobre la plancha que forma el fondo del molde, depositándoles en una cámara húmeda, regados dos veces por día en la primera semana, pudiendo ser empleados en obra al mes.

Su forma habitual es de paralelepípedo rectangular, siendo sus medidas normalizadas las siguientes:

- Espesor (**E**) 19 – 24 – 29
- Longitud de la cara (**C**) 39 – 49 – 59

Se construyen bloques de medidas muy diferentes, siendo espesores habituales 10, 15 y 20 centímetros, ya que las medidas antes citadas tienen carácter orientativo.

Los bloques huecos presentan perforaciones uniformemente repartidas, del eje normal al plano de asiento, de volumen no superior a los dos tercios del volumen total del bloque.

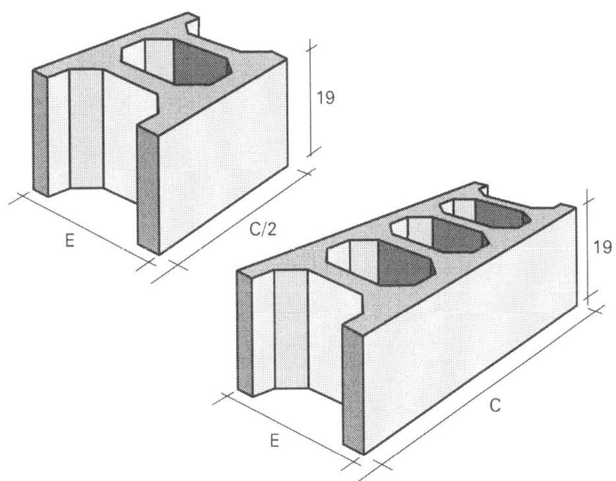

2.17.3. Piedra artificial de cemento

Se fabrica con mortero Portland gris claro o blanco, arena de piedra caliza y mármol machacado, pudiendo antes de que haya terminado el endurecimiento labrar, picar, pulir, etc. Se fabrican principalmente peldaños, fregaderos, elementos ornamentales, etc.

2.17.4. Tubos de cemento

Se emplean tanto para la conducción de aguas potables como residuales.

2.17.5. Fibrocemento

Es un material formado por un mortero de cemento cuyo árido es el amianto u otras fibras minerales o vegetales.

El cemento empleado es generalmente el Portland, y, como amianto, la variedad denominada crisotilo, serpentina u olivino, que es un silicato magnésico hidratado. Sus fibras son cortas, de pocos centímetros de longitud, pero muy resistentes a la tracción y flexión.

El amianto confiere al fibrocemento una serie de propiedades tales como: poco peso, homogeneidad, gran resistencia mecánica, poder aislante elevado, incombustible e imputrescible, y se puede serrar, taladrar, clavar y tornear fácilmente.

En el mercado, encontramos elementos de fibrocemento como: placas onduladas, tejas, canalones, tragaluces, chimeneas, depósitos, tubos, etc.

Las placas onduladas de fibrocemento pueden ser de perfiles simétricos y asimétricos, siendo las más utilizadas las representadas en la figura.

Tipología de placas de fibrocemento	Perfil	Altura cresta en mm	Inclinación o pendiente mínima en grados	en %
Simétricas Onda grande Cresta Onda	A	> 42	5	10
Asimétricas Nervadura grande Cresta Nervio	B	> 42	5	10
Nervadura media Cresta Nervio	C	42.30	14	25

3. Reparaciones básicas de fijación: azulejos, rodapiés, baldosas y ladrillos

Los revestimientos cerámicos aplicados a suelos y paredes pueden desprenderse o deteriorarse con el paso del tiempo por múltiples motivos: humedades, variaciones superficiales en el soporte, deterioro por el uso, etc., obligando a su reposición.

3.1. Preparación del soporte

En la actualidad existen materiales que permiten colocar un pavimento o revestimiento cerámico de paredes sin retirar el antiguo; para su aplicación requieren de la preparación del soporte, que ha de cumplir las siguientes condiciones:

a) Planeidad

- Verificar, con la ayuda de una regla (regle), los defectos de planeidad en soportes, para evitar gruesos excesivos del material en una sola aplicación.
- En soportes de rehabilitación, si los defectos son superficiales, alisar con mortero.
- En el caso de irregularidades profundas, rellenar los huecos y coqueras (Oquedad producida al fraguar los morteros y hormigones) del soporte con mortero monocapa.
- En interiores, tapar los agujeros y coqueras, y alisar el soporte con un producto de emplaste (compuestos de escayola, minerales y aditivos inorgánicos).

b) Porosidad

La porosidad dependerá del soporte sobre el que estemos trabajando, si es de cemento o yeso.

Sobre soportes de cemento:

- Si el agua resbala, el soporte se considerará no absorbente.
- Si el agua es absorbida en menos de 1 minuto, el soporte se considera muy absorbente.

Sobre soportes de yeso:

- Mojar el soporte.
- Si el agua resbala sin empaparlo, el soporte no es absorbente.
- Si el agua es absorbida en menos de 1 minuto, el soporte se considerará muy absorbente. Aplicar una imprimación tapaporos.

Sobre soportes lisos y no absorbentes (por ej. hormigón liso) aplicar la imprimación de adherencia.

Sobre soportes pulverulentos en superficie, aplicar la imprimación endurecedora.

Sobre soportes muy absorbentes, aplicar una imprimación tapaporos.

Sobre antiguas mamposterías de piedra y/o ladrillo para revestir, añadir a la primera capa del mortero de revestimiento un producto compuesto de resinas sintéticas para mejorar la adherencia.

c) Dureza

Para determinar la dureza de un soporte presionar con un destornillador en varios puntos o mediante movimientos rotativos. Si el destornillador no penetra, rallando sólo la superficie, el mortero se considera duro.

Si el destornillador penetra ligeramente el mortero no es duro, pero está suficientemente conexionado. Si el destornillador entra con profundidad hay que eliminar todo el mortero.

Sobre soportes polvorientos, aplicar una imprimación endurecedora para fijar y sellar la superficie.

d) Adherencia

Para morteros de cemento y/o cal, sondear con un martillo las partes accesibles. En particular, las zonas fisuradas, con el fin de comprobar si el mortero suena a hueco.

Si las zonas que suenan a hueco son muy extensas, eliminar el mortero en su totalidad. Si son muy localizadas, hay que eliminarlas y sanearlas.

e) Limpieza

Para obtener una limpieza óptima, mediante bomba, la distancia aconsejada entre la boquilla y la pared está entre los 10 y 30 cm.

En principio se regula la bomba a una presión baja, para aumentarla si fuese necesario. Nunca se ha de superar los 80 bars ya que, a partir de ese valor, existe el riesgo de deteriorar el soporte.

Para eliminar los decapantes químicos o los restos de grasas, es imprescindible utilizar un detergente con agua caliente. Es necesario un cuidadoso aclarado final con agua abundante, para eliminar por completo el detergente.

Eliminar las acumulaciones importantes de microorganismos mediante un cepillado o un raspado, o bien con una limpieza con agua a presión. Aplicar un desinfectante (lejía) en toda la superficie afectada. Después de la limpieza y secado de 1 a 2 días, aplicar el nuevo revestimiento.

En revestimientos interiores, eliminar las manchas de humedad y mohos lavando con lejía diluida en agua al 50%, aclarar con abundante agua limpia y dejar secar.

3.2. Decapado

El decapado es un proceso para limpiar las manchas, contaminantes, óxido o escamas en las superficies (metálicas, de madera, de pintura, etc.) a través de una reacción química a la que se somete. Existen diferentes formas de decapar:

- **Decapado químico**: aplicar el decapante, dejar actuar y rascar con ayuda de una bomba de alta presión.
- **Decapado abrasivo**: chorreo de arena en seco o en húmedo.
- **Decapado en caliente**: calentar suficientemente el revestimiento para reblandecerlo, sin llegar a quemarlo. Rascarlo mediante un útil caliente y a continuación realizar una limpieza a alta presión.

3.3. Reparación de suelos

Las causas que pueden provocar el deterioro de los revestimientos cerámicos de los suelos pueden ser múltiples:

- Asentamiento del relleno de piso.
- Excesiva humedad que provoca retracciones en el material de relleno.
- Posible existencia de oquedades por ser un suelo rocoso.
- Golpes de objetos pesados.
- Zonas de excesivo tránsito.

Los efectos de estas deficiencias se observan claramente, ya que las piezas cerámicas se levantan y, cuando son golpeadas, suenan huecas. La rotura definitiva se produce acompañada de un ruido fuerte de manera repentina y se separan del asiento de la base.

La forma de resolver estas deficiencias consiste en picar en la zona afectada para quitar el material del piso que se encuentra en mal estado y observar en qué condiciones se encuentra el relleno.

Si éste está alterado, lo mejor será restituirlo por otro nuevo, con el proceso necesario para que quede lo más estabilizado posible y luego proceder a la colocación del piso con el material adecuado, sellando bien las juntas para evitar la entrada de agua.

Si el relleno está en buenas condiciones, colocar la cantidad necesaria para restituir lo que falte y luego proceder de la misma forma que se ha explicado.

3.4. Colocación de un pavimento nuevo sobre otro usado

Los pavimentos se desgastan a causa del uso, que se produce por el tráfico y las limpiezas continuadas, y, con el paso del tiempo, los golpes y las limpiezas agresivas deterioran la superficie.

La aparición de nuevos productos con mayores prestaciones y diseños más actuales induce a la renovación del pavimento.

Para renovar el pavimento era necesario, hasta ahora, arrancar el antiguo y preparar y nivelar el soporte. Esto ocasiona largos tiempos de espera y costes elevados.

Para evitar estos inconvenientes se debe utilizar un material de agarre que permita colocar el pavimento nuevo directamente sobre el antiguo.

Comprobar que el pavimento existente esté bien adherido. En caso contrario, eliminar las baldosas sueltas, limpiar la superficie, eliminando todos los residuos: ceras, grasas, etc.

Reparar los defectos de planeidad y rellenar los huecos con mortero nivelante. Dejar secar de 12 a 24 horas.

Amasar mortero cola con agua, hasta obtener una pasta homogénea y fluida. Verter sobre el soporte y extender con una llana dentada.

Colocar las piezas y macizar. Limpiar los restos de producto con una esponja húmeda, a medida que se aplica.

Dejar secar durante 4 horas, como mínimo, y rejuntar con un mortero para juntas coloreadas.

3.5. Colocación de un alicatado nuevo sobre otro antiguo

Las razones que pueden llevar a adoptar esta decisión pueden ser varias: que el alicatado (con azulejos) esté deteriorado o que, aun estando en buen estado, la amplia gama de cerámica moderna aconseje su cambio por razones estéticas.

Hasta no hace mucho tiempo, para renovar un alicatado era necesario arrancar el antiguo y, a continuación, nivelar el muro. Actualmente resulta más rentable colocar un alicatado nuevo sobre uno antiguo, utilizando una pasta adhesiva que garantice la adherencia.

Los pasos a seguir para realizar esta operación son:

- Comprobar que el alicatado existente esté bien adherido. En caso contrario eliminar los azulejos sueltos y rellenar los huecos con un mortero compatible con el soporte.
- Lavar el soporte con agua y detergente para eliminar todos los restos de grasa y polvo, aclarar bien y dejar secar.
- Extender la pasta en paños pequeños y peinar con una llana dentada (también llamada peine) para regular el espesor.
- Colocar y presionar las baldosas nuevas hasta conseguir el aplastamiento de los surcos, dejando una junta mínima entre piezas de 2 mm.
- Dejar secar durante 24 horas, como mínimo, y rejuntar con lechada o pasta de juntear.

3.6. Junteado de baldosas y azulejos

De una buena elección en las condiciones técnicas de uso y la posterior aplicación del producto de juntas dependerá el resultado final. Los dos sistemas para rejuntar, en lechada o en pasta, son válidos siempre y cuando se respete el agua de pastado del producto para rejuntar, ya sea mediante lechada o pasta.

El utilizar productos de rejuntado en pasta para lechar, significa añadir más agua de la recomendada. Por consiguiente, el exceso de agua para rejuntar con productos en pasta, supone una falta de dureza superficial, así como la aparición de carbonataciones.

Rejuntar con lechada en juntas superiores a 1 mm representa un riesgo de fisuración por un refundido mayor de los productos para lechar.

Por esto, es necesario elegir y utilizar correctamente el producto para juntas más adecuado en cada caso.

Respetar y tratar las juntas estructurales. Es necesario rellenarlas con materiales de elasticidad permanente, como por ejemplo másticos (pasta de yeso, cola y agua que se utiliza para igualar superficies), o bien utilizar cubrejuntas flexibles. Realizar la junta perimetral para evitar tensiones entre el pavimento y el revestimiento. Efectuar juntas de dilatación cada 10 m lineales.

4. Pequeñas reparaciones: arquetas, grietas interiores, etc

4.1. Corrección de humedades

En todo edificio habrán de tomarse las medidas necesarias para aislarlo de la humedad, de las variaciones térmicas y de los ruidos.

La acción del agua sobre los elementos estructurales de un edificio puede dañar gravemente tanto a éstos como a los demás elementos de la obra. El problema principal radica en la transmisión de la humedad, por capilaridad, del nivel freático del suelo a los cimientos y muros, aunque existen diversos tipos de humedades que pueden afectar directamente a los diferentes elementos de obra. Estas humedades son: de remonte capilar, meteórica, por condensación y de filtración.

- **Humedad de remonte capilar**. Son las que aparecen en las zonas bajas de los muros que absorben el agua del terreno a través de la cimentación. Pueden ser permanentes, cuando el nivel freático del terreno está muy alto, o temporales, cuando están relacionadas con las condiciones meteorológicas.
- **Humedad de filtración**. Es la causada por la penetración directa del agua en los edificios a través de sus muros. Es frecuente en sótanos enterrados que se encuentran por debajo del nivel freático.
- **Humedad meteórica**. Es una filtración producida por el agua de lluvia, que penetra directamente por la fachada y/o cubierta del edificio a consecuencia de una deficiente impermeabilización.

- **Humedad de condensación**. Se produce cuando el vapor de agua existente en el interior de un local entra en contacto con superficies frías (cristales, paredes, etc.) formando pequeñas gotas de agua. Este fenómeno, que suele producirse en invierno, favorece la aparición de microorganismos perjudiciales para la salud que alteran la estética del local.

Las medidas más habituales para atajar los tres primeros tipos de humedades son: drenaje del terreno, barreras anticapilares, juntas impermeables, tratamientos hidrófugos y cámaras de aire.

El **drenaje** es la primera medida para aislar los cimientos de la humedad derivada de las aguas subterráneas y de las recogidas por el terreno debidas a la lluvia. Esta medida consiste en practicar una zanja, de profundidad igual o superior a los cimientos, y rellenarla de grava de grano grueso.

En los terrenos constituidos por materiales de gran capilaridad (poros finos), la humedad del suelo penetra en los paramentos por la acción de las fuerzas capilares. La solución más adecuada consiste en la colocación de **barreras capilares** entre los elementos o paramentos de construcción y el suelo; éstas se construirán con elementos de porosidad elevada, tales como escorias u hormigón con gravas de grano grueso. Esta solución suele adoptarse cuando se trata de terrenos bajo terraplenes o en construcciones subterráneas. En casos extremos es conveniente reforzarlas mediante juntas impermeables.

Las **juntas impermeables** tienen como función evitar la filtración de agua por el suelo, e impedir que la humedad salga por los muros debido a las fuerzas capilares. Para conseguir esto último no es necesario que la barrera llegue al nivel del suelo, basta con que alcance la altura de saturación por capilaridad del muro.

La solución aparentemente más sencilla para evitar la propagación de la humedad consistiría en tratar los materiales de cimentación de modo que contuviesen tal propagación, es decir, tapando los poros del material.

Los **tratamientos hidrófugos**, que se obtienen por adición de productos específicos al hormigón en el momento de su puesta en la obra, tapan los poros del material de modo que evitan la propagación de la humedad.

Las **cámaras de aire** entre los muros de los sótanos y la tierra que los rodea son un medio eficaz para impedir el paso de humedades.

El recubrimiento de las partes bajas de las paredes, presenta fuertes manchas de humedad que se extienden a lo largo de ellas y hasta una altura promedio de 75 a 80 cm del nivel del terreno.

Estas manchas pueden ser debidas a:

- Ausencia de una barrera antihumedad en el muro que posibilita la absorción de agua del suelo sobre el que se asienta el edificio o de otros focos húmedos.
- Rebasamiento o fallo de la barrera antihumedad.

- Por una protección deficiente contra la lluvia (aleros), el agua cae y salpica las paredes exteriores.

Existen varios métodos para sanear y eliminar las humedades; entre ellos:

- Crear una zanja de drenaje, para dar salida al agua y ventilar la zona húmeda a través de esta.
- Hacer una barrera continua anticapilar. Cortar el muro en toda su longitud y espesor en sección horizontal, e introducir un plano o lámina sin actividad capilar. En este hueco se coloca la barrera, que puede ser metálica, asfáltica, de polietileno e incluso policloruro de vinilo, apoyada en un lecho de mortero de regularización y sobre ella uno de protección.

Soluciones técnicas de aplicación en casos extremos pueden ser:

- Sifones atmosféricos. Consiste en realizar pequeños taladros alineados sobre una horizontal del muro en su parte baja.
- Implantación de sifones electroosmóticos de desecación.
- Electroforesis. Se colocan electrodos dentro de agujeros practicados al muro y se rellenan con algún tipo de arcilla sensible a la acción de un campo eléctrico.

Para eliminar las manchas debidas a la humedad se procederá del siguiente modo:

- El recubrimiento se debe picar en su totalidad y sustituirlo por otro. Se empleará un mortero a base de arena sílice muy fina, cal y/o cemento que provoque que el recubrimiento sirva de puente a la humedad u otro mortero de componentes acrílicos, apto para su aplicación sobre el soporte blando. Con una preparación previa al muro a base de barnices y resinas de silicona (al 5 o 6%), es recomendable retrasar al máximo posible la colocación de los revoques para dar tiempo al secado espontáneo de los muros.
- Después de colocado el nuevo revoque del muro, se pintará la superficie con pinturas plásticas, que sean impermeables al paso del agua. Incluso se puede colocar un zócalo o revestimiento rígido e impermeable, hasta la altura deseada, para la protección contra la lluvia.

Sabías que...

En la actualidad existen otras técnicas que ayudan a solucionar los problemas de humedad en las paredes. Entre ellas, queremos destacar el uso de inyecciones químicas, que consiste en taladran agujeros a lo largo del muro por los que inyectamos una sustancia química (una resina hidro-repelente) que corta la humedad ascendente.

Debido a las pequeñas dimensiones de las perforaciones, no se altera el aspecto original de la pared. Tampoco necesita mantenimiento.

Tenemos dos sistemas para realizar este trabajo:

a) **Por obturación de los poros**: Se consigue el taponamiento de los capilares de la pared empleando silicatos de sodio, de potasio o el sistema "water glass", también llamado vidrio solubre. Estos líquidos **endurecen dentro de los poros de la pared**, hinchando y creando una barrera estanca, que cierra toda vía de entrada de agua. Tiene la ventaja de que incrementa la resistencia mecánica del muro.

b) **Por hidrofugación de los poros**: El líquido inyectado (una especie de silicona) **convierte los poros capilares en impermeables**, por lo que no se mojan y repelen el agua. La ventaja de este sistema es que, aunque impide la entrada de líquido, sigue permitiendo el paso del vapor, permitiendo que la pared transpire.

4.1.1. Humedades en zócalos exteriores

La humedad de zócalos se distingue porque el agua que asciende por los muros mancha de humedad y sales los revestimientos. Con el tiempo, tanto los revestimientos como los muros llegan a destruirse por completo. Este fenómeno es más rápido cuanto mayor es la cantidad de agua y sales que lleguen a ascender.

La utilización de revestimientos poco o nada transpirables, lejos de solucionar, agrava los problemas. La humedad del suelo contiene sales que ascienden hasta el muro. Estas sales, en presencia de agua o de humedad, se hidratan y aumentan de volumen. Este aumento de volumen provoca la destrucción del muro y del revestimiento.

La reparación debe mantener el muro sano, sin manchas de humedad ni sales. Además, debe conservar todas las funciones técnicas propias de un muro de cerramiento: impermeabilidad al agua de lluvia, permeabilidad al vapor de agua, dureza, etc.

Eliminar totalmente el antiguo revestimiento. Se debe eliminar, como mínimo, hasta un metro por encima de la mancha producida por la humedad o las sales.

Lavar con agua limpia. También se puede lavar con agua a alta presión o chorreo de arena, enjuagando posteriormente con agua limpia.

En el caso de existencia de huecos y/o coqueras, tras el lavado con agua limpia, rellenarlos con un mortero antihumedad.

4.1.2. Humedades en zócalos interiores

El problema se manifiesta con la aparición de manchas de humedad en las partes bajas de los muros que con el tiempo van acompañadas de eflorescencias o depositos de sales solidificadas. Es la expansión posterior de las sales depositadas en el muro, la que provoca el desprendimiento de pinturas y la degradación del revoco.

Detalle humedad con eflorescencias

La colocación de elementos poco transpirables supone un empeoramiento de los problemas. Es necesario realizar un tratamiento que mantenga el muro seco y a la vez limpio de sales.

Eliminar totalmente el antiguo revestimiento. Se debe eliminar como mínimo hasta un metro por encima de la mancha producida por la humedad o las sales, siendo necesario eliminar totalmente los restos de yeso adheridos a la pared.

Lavar la pared con agua limpia. También se puede lavar con agua a alta presión o chorreo de arena, enjuagando posteriormente con agua limpia.

Sobre el soporte húmedo proyectar mortero antihumedad con una paleta, hasta conseguir un espesor mínimo de 2 cm. El acabado final del mortero antihumedad puede ser un fratasado o un raspado.

4.1.3. Reparación de muros de piedra deteriorados

Los efectos se hacen visibles con manchas de humedad en las partes bajas de los muros. La humedad y las sales hacen que los materiales se deterioren con mucha facilidad. Cualquier revestimiento no transpirable hace que los efectos sean aún más violentos.

Habrá que favorecer la salida de la humedad para que no sea visible y evitar el efecto negativo que tienen las sales.

El proceso a seguir es:

- Eliminar las piedras y elementos disgregables así como restos de mortero o cualquier otro revestimiento. Vaciar las juntas en una profundidad de 2 a 5 cm.
- Limpiar el soporte eliminando todos los restos de suciedad y polvo. En soportes que sean muy o poco absorbentes, fijar una malla galvanizada y aplicar mortero antihumedad.
- Rellenar con piedras o cascotes aquellas coqueras que requieran gruesos importantes anclándolos con mortero antihumedad.
- Proyectar mortero antihumedad con una paleta, hasta conseguir un espesor mínimo de 2 cm. El acabado final del mortero antihumedad puede ser un fratasado o un raspado.

4.2. Reparación de muros y tabiques

Los daños más habituales en muros y tabiques son **grietas** que aparecen por causas diversas. Los daños más destacables son:

- Grietas o fisuras oblicuas, que siguen el trazado de las juntas de mortero entre los ladrillos o bloques de los muros o paredes de carga. Pueden ser progresivas y se extienden a todo lo largo del muro con aberturas superiores a los 2 cm.

- Grietas inclinadas que parten del apoyo de elementos aislados, sobre muros construidos con tapiales, mampuestos, bloques y ladrillos.
- Grietas verticales por asientos diferenciales, en el centro de los muros de carga, construidos con tapiales, mampuesto, bloques y ladrillos.
- Grietas verticales en las uniones entre muros de ladrillos o bloques, o uniones entre éstos y columnas de hormigón armado.
- Grietas en tabiques divisorios construidos con bloques y ladrillos.
- Deterioro de los materiales de revestimiento de muros y tabiques.

Entre las posibles causas de las grietas se pueden mencionar:

- Débil adherencia del mortero.
- Diferencia de retracción de los materiales de construcción que forman la unión.
- Errores de diseño y ejecución.
- Movimientos de la edificación.
- Cimentación sobre un suelo arcilloso, o a causa de condiciones climáticas excepcionales.
- Por la presencia de raíces de árboles.

Una vez detectada la grieta se comprobará si está activa o estabilizada. Si se ve que la grieta está activa, no se podrá realizar trabajo alguno de carácter permanente hasta no paralizar su expansión.

Si la grieta está estabilizada, existen varios métodos para su reparación, dependiendo de la causa que la haya producido:

- Vaciado y sellado con mortero.
- Grapado de la grieta.
- Sustitución del material de construcción en la zona afectada.
- Inyección de mortero a presión.
- Si la lesión se produce por presencia de raíces, se realizará una zanja próxima al muro dañado.
- Crear agarre mecánico en las uniones de los muros

4.2.1. Materiales de revestimiento

Una vez reparados los daños del soporte se procederá a aplicar un revestimiento que garantice las condiciones técnicas y estéticas del muro o tabique.

Los materiales más utilizados son:

a) Mortero monocapa

Un mortero monocapa es un producto industrial constituido por cemento y/o cal, áridos, pigmentos minerales y aditivos orgánicos e inorgánicos, listo para ser amasado con agua. Una vez aplicado sobre el cerramiento, proporciona un revestimiento para fachadas de rápida aplicación, competitivo económicamente, limpio y duradero. En una sola capa aporta todas las prestaciones exigidas a la fachada:

- Técnicas: impermeabilidad, adherencia, resistencia.
- Estéticas: texturas y colores.

b) Estuco de cal

Mortero de cal para el revestimiento de fachadas, coloreado en masa y con aditivos especiales, que proporciona exactamente las texturas propias de los estucos tradicionales. Su función es estrictamente decorativa.

c) Mortero acrílico

Revestimiento de facha en el que se han sustituido el cemento y la cal por resinas acrílicas especiales, que aportan flexibilidad y una gran adherencia sobre todo tipo de soportes, convirtiéndolo en muy indicado para obras de todo tipo. Aporta protección frente a la lluvia y se presenta en una amplia gama de texturas y colores.

d) Revestimiento plástico

Pasta de resinas plásticas en dispersión acuosa, pigmentos y cargas minerales, para revestimiento de fachadas. Forma una película impermeabilizante y con una gran resistencia a los agentes atmosféricos.

4.2.2. Reparación de muros de piedra o ladrillo

La humedad y otros agentes atmosféricos causan la degradación progresiva del muro. Las juntas dejan de proteger y el agua penetra hacia el interior del mismo. La humedad, salitres, y los cambios de temperatura, continúan deteriorando el muro.

Para evitar este proceso es necesario impermeabilizar el muro con un mortero monocapa que cumpla los siguientes requisitos:

- Compatible.
- Adherente.

- Resistente.
- Impermeable.

Los pasos a seguir para la reparación son:

- Vaciar las juntas en una profundidad de 2 a 5 cm.
- Eliminar las piedras y ladrillos degradados y sustituirlos.
- Limpiar el muro con un cepillo metálico y eliminar los restos de polvo lavando con agua.
- Rellenar las juntas con un mortero monocapa de acabado.
- Sobre soportes poco consistentes, armar el mortero con una malla de fibra de vidrio o metálica.
- Aplicar en una o dos capas mortero monocapa de acabado, según el espesor necesario.

4.2.3. Reparación de fachadas con morteros degradados

Las agresiones climáticas y la polución van alterando el mortero. La alteración llega a producir desprendimientos puntuales del mortero que, con el tiempo, llegan a afectar a toda la fachada y acaba por deteriorar y disgregar el muro.

Es necesaria la renovación de la fachada, preparando el soporte y revistiéndolo con un mortero monocapa adaptado con las siguientes características:

- Compatible.
- Adherente.
- Resistente.
- Impermeable.

El proceso a seguir sería:

- Eliminar el mortero en su totalidad.
- Limpiar el soporte con agua a presión para eliminar el polvo y los restos adheridos.
- Rellenar los huecos y coqueras del soporte con mortero.
- Realizar una capa de nivelación con un mortero monocapa de acabado.
- Aplicar en una capa mortero monocapa de acabado.

El mortero monocapa de acabado utilizado en la reparación de muros exteriores tiene la siguiente composición:

- Cemento blanco.
- Áridos de granulometría media.
- Aditivos.
- Pigmentos minerales.

4.2.4. Reparación de un hormigón degradado

La **alcalinidad natural** del **cemento** que tiene un pH cercano a 12 (alcalino), asegura la protección frente a la corrosión de las armaduras metálicas del hormigón armado. Cuando disminuye el pH, aumenta el riesgo de corrosión.

Algunos elementos del medio ambiente, como el gas carbónico, debido a la polución atmosférica o el anhídrido sulfuroso (componente de la lluvia ácida), provocan la disminución del pH del hormigón (fenómeno de carbonatación del hormigón) y por tanto la pérdida de protección de las armaduras.

La **carbonatación del hormigón** es un fenómeno lento. Por ejemplo, en un hormigón bien dosificado en cemento, la profundidad a la que llega la carbonatación es de 4 mm en dos años, 10 mm en 8 años, 20 mm en 25 años.

Cuando las **armaduras metálicas no están protegidas**, y entran en contacto con el agua o la humedad, se **oxidan**. El óxido aumenta el volumen de la armadura. Este aumento de volumen provoca que el hormigón estalle.

En ocasiones, la degradación del hormigón aparece rápidamente, porque desde su puesta en obra está fisurado, mal dosificado, es poroso. El medio ambiente es agresivo. **Las armaduras deben estar cubiertas con 2 cm de hormigón, como mínimo**.

La reparación debe restablecer las características propias del hormigón:

- Un pH alcalino.
- Protección contra la penetración de agua.
- Resistencia al medio ambiente.
- Resistencia y dureza original.

Para conseguir esas características se ha de utilizar un mortero especial que en su composición contiene: resinas sintéticas, sílice, ligantes hidráulicos e inhibidores de corrosión.

Los pasos a seguir son:

- Lo primero que habrá que hacer es detectar las zonas poco resistentes o despegadas. Picar las zonas a reparar formando aristas rectas, con el fin de asegurar un buen anclaje del mortero reparador con el hormigón.
- Descarnar completamente las armaduras oxidadas. Eliminar el óxido con la ayuda de un cepillo o con chorreo de arena, limpiar el polvo resultante para asegurar la adherencia.
- Aplicar con un pincel dos capas espesas de una imprimación antioxidante, sólo sobre las armaduras, teniendo cuidado de manchar lo menos posible el hormigón. Dejar que esté completamente seco antes de aplicar el mortero reparador.
- Mojar con agua limpia las zonas a reparar y esperar hasta que el hormigón absorba el agua. El hormigón debe estar húmedo pero no chorreando.
- Extender el mortero con un paletín apretando fuertemente sobre el hormigón para conseguir una buena adherencia. Aplicar en capas sucesivas, hasta conseguir el espesor deseado que nunca superará los 10 cm.
- Realizar el acabado con la ayuda de un fratás. Si se ha encofrado, esperar aproximadamente 2 horas antes de retirar las placas. Proteger la aplicación de los agentes metereológicos (lluvia, sol, viento, hielo, etc.).

4.3. Arquetas

Las arquetas son recipientes construidos con ladrillo para recoger los residuos procedentes de las bajantes. Las arquetas se unen entre sí mediante unas tuberías de hormigón, denominadas colectores que van enterrados y con pendiente para facilitar el movimiento de las aguas. Al conjunto de arquetas y colectores se denomina red horizontal de saneamiento y termina en una arqueta principal, desde la cual se realiza la conexión a los pozos de registro del alcantarillado.

Las aguas de lluvia se recogen mediante sumideros, que se conectan mediante tubos, a arquetas o a pozos de registro.

En la ejecución de la red horizontal enterrada, la unión de la bajante a la arqueta se realizará mediante un manguito deslizante arenado previamente y recibido a la arqueta. Este arenado permitirá ser recibido con mortero de cemento en la arqueta, garantizando de esta forma una unión estanca. Si la distancia de la bajante a la arqueta de pie de bajante es larga se colocará el tramo de tubo entre ambas sobre un soporte adecuado que no limite el movimiento de este, para impedir que funcione como ménsula.

Si son fabricadas "in situ" podrán ser construidas con fábrica de ladrillo macizo de medio pie de espesor, enfoscada y bruñida interiormente, se apoyarán sobre una solera de hormigón H-100 de 10 cm de espesor y se cubrirán con una tapa de hormigón prefabricado de 5 cm de espesor. El espesor de las realizadas con hormigón será de 10 cm. La tapa será hermética con junta de goma para evitar el paso de olores y gases.

Las arquetas sumidero se cubrirán con rejilla metálica apoyada sobre angulares. Cuando estas arquetas sumideros tengan dimensiones considerables, como en el caso de rampas de garajes, la rejilla plana será desmontable. El desagüe se realizará por uno de sus laterales, con un diámetro mínimo de 110 mm, vertiendo a una arqueta sifónica o a un separador de grasas y fangos.

En las arquetas sifónicas, el conducto de salida de las aguas irá provisto de un codo de 90º, siendo el espesor de la lámina de agua de 45 cm. Los encuentros de las paredes laterales se deben realizar a media caña, para evitar el depósito de materias sólidas en las esquinas. Igualmente, se conducirán las aguas entre la entrada y la salida mediante medias cañas realizadas sobre cama de hormigón formando pendiente.

5. Conocimientos básicos en «Pladur» y techos desmontables

5.1. Panel de yeso-cartón «Pladur»

Paneles formados por dos placas de yeso-cartón encoladas a un alma celular de 4 cm de espesor y cada placa estará forrada y canteada con cartón de 0,05 cm de espesor. El yeso utilizado será de calidad Y-25 G e Y-25 E.

Los paneles han de cumplir las siguientes condiciones de calidad:

- En sus caras no se apreciarán fisuras, concavidades, abolladuras o asperezas.
- Admitirán ser cortadas con facilidad.

- Las caras serán planas, con una desviación máxima respecto al plano teórico de 3 mm.
- Las aristas serán rectas, con una desviación máxima respecto a la recta teórica de 1 mm.
- Los ángulos serán rectos.
- Estarán protegidos contra la intemperie durante el transporte y almacenamiento.

Las dimensiones nominales y tolerancia, en cm, son: 90 ± 0,7 y 120 ± 0,7 con una altura de suelo a techo inferior a 3 metros y espesores de: 6 ± 0,1.

Previamente se instala un rastrel, que sirve de guía, de longitud y ancho igual a los del tabique y espesor de 2,5 cm, fijándolo al suelo por medio de clavos o tornillos cada 50 cm.

En el forjado superior y en los extremos del tabique se colocarán listones de ancho igual al alma del tabique y de 2,5 cm de espesor, nivelado y aplomado.

Los paneles se colocarán encarrilándolos en el listón del forjado superior y deslizándolos por el rastrel-guía hasta encajar con el listón vertical extremo, interponiendo entre cada dos paneles un listón cuadrado de lado igual al alma del tabique.

En los huecos se colocará un precerco de listones cuadrados de lado igual al alma del tabique, siendo los dos largueros de altura igual a la que exista entre techo y suelo.

Los paneles se clavarán a los listones con clavos que atraviesen la placa sin romper el cartón exterior.

El tabique quedará plano y aplomado, sin resaltes en las juntas y, una vez montado, se taparán las juntas con un material de relleno, cubriéndose después con cinta de protección fijada con pegamento y apretando con espátula para evitar burbujas.

El pegamento será suministrado por el fabricante de los paneles para que sea compatible con el tabique y evitar posibles desprendimientos.

Detalle revestimiento con cartón-yeso

Las **principales recomendaciones** para la conservación de los tabiques prefabricados son:

- No cuelgue elementos, ni produzca empujes que puedan dañar la tabiquería. En caso de objetos pesados, se podrá reforzar interiormente el tabique. Sin sobrepasar en ningún caso los 100 kg de peso.
- La limpieza de este tipo de tabiques se realizará siempre en seco, no los ponga en contacto con el agua. Recuerde: el yeso y el agua se llevan mal.
- En los paneles de cartón-yeso, para la fijación de elementos de mobiliario o decoración, es conveniente utilizar tacos especiales.

Las revisiones periódicas debemos de realizarlas cada 10 años.

5.2. Techos desmontables

Los paneles desmontables van montados sobre perfiles metálicos, por lo general de aluminio, sobre cuyas aletas descansan y de las que pueden retirarse cuando convenga, consiguiendo así un techo registrable.

En locales destinados a oficinas o servicios de carácter público se utilizan con mucha frecuencia los falsos techos construidos con estos paneles, alojando en ellos conducciones de instalaciones (electricidad, calefacción, etc.); en caso de una avería simplemente hay que retirar una placa, para volverla a reponer finalizada la reparación. En caso de deterioro de alguna placa, simplemente se repone ésta sin afectar al resto.

Los paneles desmontables de yeso son cuadrados o rectangulares, llevan perfiles internos igualmente de yeso, con el objeto de reforzar su estructura, y en muchos modelos van provistos de un material aislante que cubre los huecos entre nervios. Otros modelos son de yeso sólo, reforzado con productos inertes.

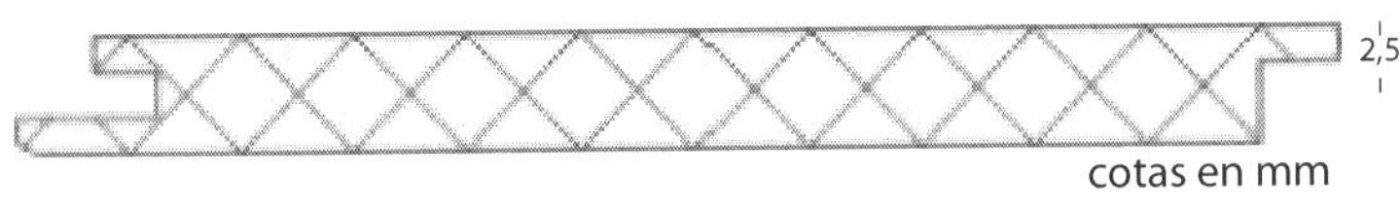

PLACA DE ESCAYOLA

Estos materiales de aportación tienen la misión de hacer incombustible la placa y evitar la propagación de un posible incendio, al mismo tiempo que aumentan la resistencia de la masa de yeso para asegurar la indeformabilidad de las piezas.

Los paneles provistos de perforaciones se utilizan en la construcción de techos acústicos.

La cara visible, una vez instalada, puede ser lisa, pero en la mayoría de los modelos se presenta con dibujo en relieve.

La suspensión de las placas se realiza por intermedio de perfiles metálicos terminados en **T**, cuya cabeza es la que encaja en las correspondientes escotaduras laterales de los paneles.

En cuanto a las **principales recomendaciones** para su conservación podemos indicar:

- Generalmente no se requiere otro cuidado que una observación periódica de que no existen fisuras o manchas de humedad. Procure mantenerlos secos y evitar en lo posible mojarlos. Si por cualquier causa recibe un exceso de agua, el revestimiento puede perder sus propiedades y únicamente podrá volver a su primitivo estado mediante una total sustitución.
- Los techos van provistos de los soportes necesarios para lámparas. Si tiene necesidad de modificar su situación ponga especial cuidado en la correcta sujeción al techo de los elementos a colgar.
- No sujete elementos pesados anclados sólo al espesor del revestimiento.
- La limpieza de éste se realiza periódicamente con una mopa seca.

Las revisiones periódicas debemos realizarlas cada 5 años inspeccionando la superficie del yeso para ver posibles desperfectos.

Actividad 5

La carbonatación del hormigón es un fenómeno lento. Por ejemplo, en un hormigón bien dosificado en cemento, la profundidad a la que llega la carbonatación en 8 años es de:

☐ a) 20 mm.

☐ b) 10 mm.

☐ c) 4mm.

Solución a las actividades

Actividad 1.

- ☑ a) Pisón.
- ☐ b) Aplanadora.
- ☐ c) Fratás.

Actividad 2.

- ☐ a) Maza.
- ☐ b) Maceta.
- ☑ c) Bujarda.

Actividad 3.

Árido

Actividad 4.

- ☐ a) Cemento, arena, agua.
- ☐ b) Cal, arena, agua.
- ☑ d) Ambas son correctas.

Actividad 5.

- ☐ a) 20 mm.
- ☑ b) 10 mm.
- ☐ c) 4mm.

Cómo acceder al Curso

Auxiliar de Mantenimiento
Temario volumen 2

El uso de los códigos **es exclusivo de los compradores de los productos de Editorial MAD**. Cada producto posee un código único y de un solo uso. Es personal e intransferible y da acceso a servicios y contenidos adicionales. Editorial MAD se reserva el derecho de hacer cuantas comprobaciones sean necesarias para identificar al legítimo poseedor del código y dejar de dar servicio a quien haga uso fraudulento del mismo, además de emprender cuantas acciones legales estime oportunas según la legislación vigente.

Deberás acceder a:

mad.es/registro-campus

Si una vez aceptadas las condiciones de uso del Campus decides hacer uso del mismo, necesitarás del siguiente código de acceso junto con los códigos del resto de títulos que se exigen (si fuera el caso):

WU7AEHBGVQ